"十一五"国家科技支撑计划项目"知识组织系统的集成及服务体系研究与实现"(2006BAH03B03)
中国科学技术信息研究所重点工作项目"汉语科技词系统建设与应用工程"
(2008KP01-3-1,2009KP01-3-2,ZD2010-3-2,ZD2011-3-2,ZD2012-3-2)

汉语科技词系统

（重大自然灾害监测与防御卷）

中国科学技术信息研究所　编著

科学技术文献出版社
SCIENTIFIC AND TECHNICAL DOCUMENTATION PRESS

·北京·

图书在版编目（CIP）数据

汉语科技词系统. 重大自然灾害监测与防御卷 / 中国科学技术信息研究所编著. —北京：科学技术文献出版社，2014.5
ISBN 978-7-5023-8519-4

Ⅰ.①汉… Ⅱ.①中… Ⅲ.①汉语–科技情报–机器检索–情报检索–检索系统　②自然灾害–灾害防治–科技情报–机器检索–情报检索–检索系统　Ⅳ.① G354.43

中国版本图书馆 CIP 数据核字 (2013) 第 305781 号

汉语科技词系统（重大自然灾害监测与防御卷）

策划编辑：周国臻　　责任编辑：周国臻　任昱仰　　责任校对：赵文珍　　责任出版：张志平

出　版　者	科学技术文献出版社
地　　　址	北京市复兴路15号　邮编　100038
编　务　部	（010）58882938，58882087（传真）
发　行　部	（010）58882868，58882874（传真）
邮　购　部	（010）58882873
官 方 网 址	www.stdp.com.cn
发　行　者	科学技术文献出版社发行　全国各地新华书店经销
印　刷　者	大恒数码印刷（北京）有限公司
版　　　次	2014年5月第1版　2014年5月第1次印刷
开　　　本	787×1092　1/16
字　　　数	584千
印　　　张	24.75
书　　　号	ISBN 978-7-5023-8519-4
定　　　价	158.00元（附1张CD）

版权所有　违法必究

购买本社图书，凡字迹不清、缺页、倒页、脱页者，本社发行部负责调换

《汉语科技词系统》指导委员会

主任委员　郑国安
委　　员　张晓原　袁海波　吴学梯　陈家昌　武夷山　沈仲祺　吴波尔
　　　　　孙增奇　马晋并

《汉语科技词系统》编写委员会

主任委员　贺德方
委　　员　陈家昌　乔晓东　蒋勇青　钱起霖　赵建华　马张华　侯汉清
　　　　　张　旭　曾建勋　郑彦宁　姚长青　朱礼军　张运良

《汉语科技词系统（重大自然灾害监测与防御卷）》编写组

主　　编　贺德方
副 主 编　乔晓东　朱礼军　张继权　张运良　刘兴朋　佟志军
参编人员　张兆锋　李　颖　许德山　张　琪　孙仲益　桂　婕　李　鹏
　　　　　王　晨　于海燕　张　凌　王永芳　胡　月　闫莹莹　李　楠
　　　　　刘亚洁　蔡配平　徐　硕　刘　耀　张均胜　张寅生　庞泽源
　　　　　陈　鹏　包玉龙　韩红旗　曾　文　李琳娜　任智军　潘继才
　　　　　何彦青　高影繁　史庆伟　农国武　朱　萌　郭恩亮　钱立辉
　　　　　屈　鹏　石崇德　徐红姣　于　薇　赵　婧　杨纷纷

前　言

在科技创新活动过程中，科研人员选题策划、立项评审、研发实施、结题验收、成果传播和成果评价都需要科技信息的支撑。面对大规模增长的科技信息资源，科研人员对及时、准确地获取信息的需求日益强烈，也对科技信息工作提出了新的、更高的要求，信息资源加工、组织和服务的理论方法及技术亟须创新。

科技信息工作的开展离不开信息技术尤其是知识技术的进步。知识组织系统是知识技术的核心，是提高各类信息资源开发利用效率的重要工具，也是推进知识服务的关键基础。知识组织系统包括图书分类法、主题词表、本体、词系统等多种类型。中国科学技术信息研究所（以下简称"中信所"）作为科技部直属的国家级科技信息机构，在知识组织系统研究和建设的不同历史阶段做了大量工作，曾先后牵头组织编制了《汉语主题词表》和《电子政务主题词表》，并主持制定了《汉语叙词表编制规则》（GB/T 13190—1991）、《文献多语种叙词表编制规则》（GB/T 15417—1994）、《电子政务主题词表编制规则》（GB/T 19486—2004）等国家标准。

当前，海量的网络化数字化信息资源使得知识组织系统产生了强烈变革需求，为了适应更加深入的语义应用和大规模信息即时处理的需求，知识组织系统不但更注重实用化和针对性，而且在某些局部变得日益丰富细化。中信所正是在这样的背景下，进一步加强了知识组织系统相关研究工作，针对科研活动跨学科特点，提出以领域为视角构建全面反映各学科知识相互渗透、交叉融合现状的汉语科技词系统。这是一种新型的知识组织系统，其本质是通过概念、概念内涵和概念之间的关系来构建领域知识体系，并通过相应算法对海量科技信息进行语义分析，实现科技信息的深度加工与服务。

汉语科技词系统从萌芽到发展，从理论到实践，前后历经五载。在研究开发过程中，中信所及其合作单位做了大量的研究论证和试验，努力解决了汉语科技词系统的理论研究、工具开发等环节中的一些关键性问题，包括领域概念知识的整理加工、概念知识的构建、管理和服务平台系统搭建等。2010 年以来，中信所先后开展了新能源汽车、新一代工业生物技术、智能材料与结构技术、重大自然灾害监测与防御、新能源等领域汉语科技词系统的建设。同时，在汉语科技词系统的基础上还开展了科技监测与评价、专利内容深度分析、企业知识管理和移动知识服务等方面的应用实践。在研究实践过程中，中信所也积累了一定的经验和教训，希望它们能够为今后领域汉语科技词系统和其他类型的知识组织系统建设应用提供借鉴。

《汉语科技词系统》有纸质版和电子版。本书即纸质版，由于内容体量较大，本书只收录了一部分内容，完整的电子版内容可以从配套光盘或者官方网站（www.vocgrid.org）上获取。为保证对本书概念理解的一致性，对必要的核心词我们附加了定义解释。在此过程中，编写组参考了领域相关的工具书、标准、教科书等，以保证定义的准确性和权威性，在此一并向这些文献的作者、编者和出版单位表示诚挚的感谢。

《汉语科技词系统》的编写是一项非常艰巨的工作，在本书出版之际，感谢在汉语科技词系统研发和内容建设中付出大量心血的科研人员，同时也感谢一直关心和支持这项工作的同行专家。由于时间有限，工作量大，虽然几经审校，但不妥和错误之处在所难免，欢迎同行专家和广大读者批评指正，以便我们在后续的更新版本中修正、不断完善。

衷心希望本书的出版能够推动其他领域词系统及知识组织系统相关研究和实践的发展。汉语科技词系统作为一棵小小的幼苗已经开始抽枝展叶，希望在国内外同行专家的帮助和指点下，在不远的将来能够成长为一棵参天大树。

中国科学技术信息研究所所长 贺德方

分卷前言

自然灾害一直是困扰人类社会发展的安全问题，是人类经济发展所面临的最大威胁，是实施可持续发展战略最严重的阻碍。自然灾害高风险区内的人口、经济密度迅速提高，使自然灾害的影响范围与危害程度不断扩大，成为一些地区长期难以摆脱贫困的重要制约因素。随着世界城市化进程的加速和全球环境进一步恶化，影响灾害发生因素的不确定性增大，世界局部地区和国家的自然灾害发生率也日趋增多。自然灾害的发生呈现种类多、发生频率高、分布区域广、造成损失大等特点，对灾害的管理难度也在增加。

自然灾害管理反映了一个国家或地区的政府治理能力，是维护社会稳定，减少国家、社会财产在突发灾害中遭受损失的重要措施。政府的应急能力和管理水平已成为评价政府工作与进步程度的一个重要标志。自然灾害管理是一个灾前预防、灾中应急和灾后恢复循环往复的过程，其中灾前防御是灾害管理的重点。目前，世界各国政府加紧了对灾害管理机制的建设，制定并颁布相关应急法律法规，形成了包括自然灾害在内的各类危机事件应急管理框架，建立责任政府组织，增强政府部门的责任感和透明度，加强开展危机管理的国际合作等。尽管如此，由于自然灾害管理是一项庞大而复杂的社会系统工作，涉及多项公共治理领域的改革，灾害管理体系仍有待完善。

重大自然灾害监测与防御是一个综合的灾害管理过程，需要根据自然灾害发生的潜伏期、爆发期、持续期和恢复期四个发展阶段来开展相关工作。从管理过程上，主要包括灾前监测预警、风险评估、灾中跟踪、实时评估、灾后评估以及提出减灾决策方案等，采用科学、系统、规范的办法对风险进行识别、处理，是以最低的成本实现最大的安全保障或最大可能地降低损失的科学管理方法。从管理措施上，重大自然灾害监测与防御工作包括工程性措施和非工程性措施。灾害管理强调的是在灾害发生前着手进行准备、预测、减轻和早期警报工作，综合利用法律、行政、经济、技术、教育与工程等手段，通过组织整合和社会协作，对可能出现的灾害预先处置，将许多可能发生的灾害消灭在萌芽或成长的状态，尽量降低灾害出现的概率。而对于无法避免的灾害，能预先提出控制措施，当灾害出现的时候，有充分的准备来应对灾害，以减轻损失。

重大自然灾害监测与防御词系统的建设，体现了自然灾害风险管理的理念。选择词条体现了灾害管理中的工作重点，要注重依据自然灾害形成机理和自然灾害管理过程选择词条。同时，该词系统将原来分散在各个领域中的自然灾害研究进行了系统的集成，创造了一个完整的自然灾害监测与防御研究体系，其必将成为自然灾害科研和教育工作的重要基础。

中国农学会农业气象分会原副会长
北京减灾协会原常务理事　郑大玮
中国农业大学教授

目 录

第一部分 词系统背景知识 ... 1

1 汉语科技词系统的发展 ... 3

2 汉语科技词系统的知识内容配置 ... 4

3 汉语科技词系统相关平台工具进展 ... 5
- 3.1 汉语科技词系统协同构建平台改进 ... 5
- 3.2 汉语科技词系统语料库平台建设 ... 5

4 汉语科技词系统的建设流程变化 ... 7
- 4.1 汉语科技词系统的人员配置建议 ... 7
- 4.2 汉语科技词系统的建设流程建议 ... 8
- 4.3 汉语科技词系统语料库平台使用 ... 9

5 汉语科技词系统的领域扩展尝试 ... 10

6 汉语科技词系统发展中的争议问题讨论 ... 11
- 6.1 知识的权威性 ... 11
- 6.2 知识的准确性和客观性 ... 11
- 6.3 同义词环引入词系统的分析 ... 12

7 汉语科技词系统的 SKOS 格式转换 ... 13
- 7.1 SKOS 格式转换 ... 13
- 7.2 导出格式中简化处理的说明 ... 16

第二部分 重大自然灾害监测与防御领域汉语科技词系统的建设 ... 17

1 重大自然灾害监测与防御领域的界定 ... 19
- 1.1 行业背景 ... 19
- 1.2 调研过程 ... 20

  1.3 领域内涵和外延 ……………………………………………………… 23
  1.4 最终领域界定 …………………………………………………………… 24
2 重大自然灾害领域的分类体系设计 ……………………………………… 26
  2.1 设计理念 ………………………………………………………………… 26
  2.2 设计方法 ………………………………………………………………… 26
  2.3 分类法概述 ……………………………………………………………… 27
3 重大自然灾害监测与防御领域的知识结构设计 ………………………… 30
  3.1 关系类型的设计 ………………………………………………………… 30
  3.2 属性类型的设计 ………………………………………………………… 31
  3.3 设计结果分布 …………………………………………………………… 32
4 重大自然灾害监测与防御领域的核心词条筛选 ………………………… 33
  4.1 核心词来源 ……………………………………………………………… 33
  4.2 核心词筛选方法 ………………………………………………………… 33
  4.3 核心词筛选结果 ………………………………………………………… 33
5 重大自然灾害监测与防御领域汉语科技词系统的建设特色 …………… 35

第三部分 重大自然灾害监测与防御领域汉语科技词系统实例 ………… 37
1 格式说明 …………………………………………………………………… 39
2 实例正文 …………………………………………………………………… 41

第四部分 附录 ………………………………………………………………… 319
  A 实例词条音序索引 ……………………………………………………… 321
  B 实例词条笔画索引 ……………………………………………………… 327
  C 自然灾害分类法 ………………………………………………………… 333
  D 全部核心词列表(4940条) …………………………………………… 334
  E 示例中定义来源参考文献 ……………………………………………… 378

《汉语科技词系统(重大自然灾害监测与防御卷)》完整电子版光盘 ……… 384

第一部分

词系统背景知识

1 汉语科技词系统的发展

继新能源汽车领域汉语科技词系统之后，新一代工业生物技术、智能材料与结构技术、重大自然灾害监测与防御、新能源等四个领域汉语科技词系统的建设也陆续完成。经过这五个领域汉语科技词系统的建设，建设思路和方法已经比较成熟，完成了词系统建设之初所设定的目标。为此，中国科学技术信息研究所（以下简称"中信所"）调整了词系统的发展战略，不再以自身为主单独启动词系统建设项目，而是结合其他项目综合需要或者根据合作单位的需求，开展建设任务或者建设咨询工作。近期，中信所开展了电动汽车领域科技词系统建设，也根据合作单位的需求，先后启动铝业、金融银行、航空等领域词系统建设的论证工作。这些领域词系统的建设有可能陆续开展。在相关工作开展过程中，中信所的研究人员先后多次与多家企业和科研机构的有关人员进行了深入细致的交流，了解业务需求，拓宽发展思路。

回顾汉语科技词系统近两年的发展，我们主要有以下三点的认识。第一，汉语科技词系统等知识组织系统的建设有巨大的现实需求，主要集中在企业知识管理和竞争情报方面。当然，不同行业不同领域的应用需求有一定差异，如有的需求强调同义词，有的需求强调主题分类一体化。不同领域涉及和关注的实体也会有所差别，如有的需要增加组织机构，有的需要体现政策方针。第二，汉语科技词系统作为一种典型的知识组织系统，具有一定的领域适应性。而且，经过过去的建设实践，相关的流程方法进一步规范和成熟，工具平台也进一步完善。可以预见，今后构建词系统的时间将进一步缩短，成本将进一步下降。第三，汉语词系统也不一定局限在科技领域。在其他领域，只要是涉及知识的组织、管理和服务，就会有词系统的一席之地。由于汉语科技词系统的知识类型是灵活的，只要配置得当，词系统就能发挥作用。

2 汉语科技词系统的知识内容配置

汉语科技词系统包含的各项知识内容,由于需求本身的差异,以及建设难易程度和对建设者的要求不同,所以不能也不应该在所有的领域都求全责备,这里涉及一个词系统知识内容灵活配置的问题。随着对不同领域词系统的建设实践及其研究,在建设过程中我们对相应的知识内容配置也可以做一些调整。在五个已经完成的词系统中,必备的部分包括核心词的英文翻译、核心词的定义、以核心词为中心的关系和属性、核心词和领域粗分类之间的映射关系。当然,这并不意味着这些内容是不可或缺的。

此外,尽管不同领域的知识内容配置的组成类似,但是在配置的比例上可能存在较为显著的差异。例如,以已经完成的两个领域汉语科技词系统作比较,就会发现:新一代工业生物技术领域关系实例数量较少而属性实例数量较多,而重大自然灾害监测与防御领域关系实例数量较多而属性实例较少。

3 汉语科技词系统相关平台工具进展

3.1 汉语科技词系统协同构建平台改进

随着汉语科技词系统各领域的建设，协同构建平台系统出现的一些问题已修改完善，其中典型的就是检索结果的分页浏览，以及对检索结果的排序处理。另外，在功能上也有少量的增加，主要有以下两点：一是在属性和定义添加中，允许增加图片等辅助说明材料，以富文本(Rich Text)方式进行编辑(如图1-1所示)；二是从编辑和审核细节角度进行了一些改进，如可以补充是否对删除信息进行检索查询，以满足对保留和删除状态的知识进行检索的个性需求。

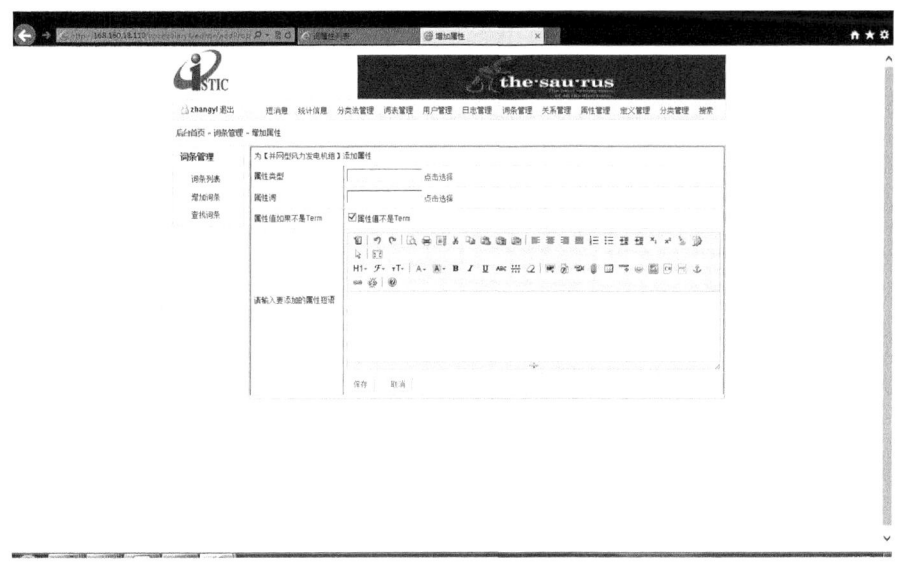

图1-1 添加属性界面

3.2 汉语科技词系统语料库平台建设

本语料库平台是为了配合汉语科技词系统建设流程而专门开发的。开发的核心思想是利用相关领域的期刊论文、会议论文、学位论文、专利等科技文献进行计算分析，提供对选词和关联关系构建的统计支持。当然，本语料库平台也可以基于企事业单位的自有资源进行有针对性的分析，只需对相关资源的元数据做一定的转换处理。

本平台具有三项前台功能和四项后台功能。前台功能包括关键词词频统计、关键词共现和语料全文检索。关键词词频统计，主要从文献中提取关键词，并对词频做分析；分析可以从所属领域、语料类型、出现位置、时间范围、出现频率等五个角度进行，从而实现初步的选词功能。关键词共现则是在选定的词条基础上（包括机器筛选的和人工修订完善的）进行两两共现分析，从而支持关系构建。共现类型分为关键词共现、句内共现和文献内共现三种，可以根据需要为不同的共现类型赋予不同的权重。全文检索基于Lucene构建，主要用于构建过程中临时的共现分析。这是因为知识工程师在知识构建过程中，总会引入一些已经筛选好的词表中没有的词，这些词与已有的词的共现信息并没有预先计算，需要以全文检索来补充。后台功能包括领域范围管理、语料管理、专业词典维护和数据计算。领域范围管理用于管理语料库平台中多个领域的增加、删除和修改；语料管理主要用于浏览、增加和删除各领域的语料；专业词典维护可以将人工修订的筛选词导入系统，使得系统能够在这一基础上进行共现计算；数据计算主要分为三个子功能，分别是索引建立、词频统计和共现计算，还有一些辅助计算功能。

4 汉语科技词系统的建设流程变化

4.1 汉语科技词系统的人员配置建议

汉语科技词系统的建设流程日益细化，人员分工进一步明确。首先，专家团队仍然由知识组织专家和领域专家，只是又进一步区分为高级专家和普通专家，从而达到分工协作和提高效率的目的。其次，至少要保证有两名高级领域专家在不同阶段发挥作用，一名参与词系统的建设，另一名以第三方领域专家的身份评估领域知识配置的合理性。第三，在新的建设流程中，增加了专业的平台维护和数据处理人员。他们将更好地维护平台稳定性，同时满足知识内容的导入导出的需求，提高工作效率。最后，还增加了用户代表他们参与整个建设流程，以保证词系统令用户完全满意。

新的词系统建设配置的流程主要人员的类型、职责、能力要求、参考数量和代号如表1-1。参考数量按建设一个大约5000条核心词，知识总量50000条规模的词系统的人员配置的建议取值。代号用于后续说明在建设流程中，哪些人员参与哪个阶段的工作。

表1-1 汉语科技词系统的人员配置建议

人员类型	职责	能力要求	参考数量(人)	代号
项目负责人	负责项目实施，协调相关资源	有管理和协调能力	1~2	A
高级知识组织专家	统筹知识架构，评估解决词系统知识架构相关争议，最终判定领域知识是否应该收录	词系统相关专家，有累计6年以上相关经验，最近2年有相关的经验，对词表、词系统和本体熟悉	1~2	B
知识组织专家	从知识架构角度，判断知识工程师提供的知识是否应该收录	词系统相关专家，有累计3年以上词表、词系统或本体相关经验	2~3	C
高级领域专家	一名参与统筹知识架构，评估解决词表知识内容相关争议，最终判定领域知识是否正确和准确。另一名作为第三方领域专家对阶段建设成果进行评估	专业领域相关专家，有累计6年以上相关经验，对本领域有广泛的了解，应有正高职称	2	D
领域专家	从知识准确和正确的角度，判断知识工程师提供的知识是否应该收录	专业领域相关专家，有累计3年以上相关经验，对本领域有广泛的了解，应有副高职称或者博士学位	2~3	E

续表

人员类型	职责	能力要求	参考数量(人)	代号
知识工程师	分别进行关系、属性、分类映射、定义、翻译等知识加工	相关专业或者情报学相关专业本科及以上(硕士研究生尤佳),需要简单培训,专兼职皆可	10~15	F
平台维护和数据处理人员	负责系统维护,在不同阶段导入导出数据,按照不同的要求给出输出结果	计算机相关专业,了解词系统平台,熟悉数据库操作	2	G
词系统用户代表	明确相关业务实际情况及业务需求	具有典型性	3~5	H

4.2　汉语科技词系统的建设流程建议

具体的建设流程如表1-2所示,工期也是以4.1节所述词系统的规模为参考给出的。如果规模增大,则相应工期也会延长。由于不同的工作任务可以重叠,尤其是知识加工和审核,所以表1-2中总的工期在125个工作日左右。

表1-2　汉语科技词系统建议流程

标识号	名称	前置任务	参与人员	工期
1	项目启动	—	A	1个工作日
2	知识结构设计	—	B,C,H	6个工作日
3	专家和知识工程师培训	—	B,C,E,F,D_1	3个工作日
4	检索策略制定	—	B,C,D_1,E,G	3个工作日
5	语料资源采集	4	G	3个工作日
6	初始加工实验	3	F,D_1,E	10个工作日
7	语料导入	5	G	2个工作日
8	词条筛选	7	B,C,D_1,E	2个工作日
9	正式数据加工	8	F	66个工作日
10	范畴分类设计	—	B,C,D_1,E	15个工作日
11	数据加工审核	—	B,C,D_1,E	51个工作日
12	数据抽样	10,11	G	1个工作日
13	内部自查	10,11	B,C,G	4个工作日
14	外部专家审核	12	D_2	16个工作日
15	内部补充修订完善	13	B,C,D_1,E,F	17个工作日

续表

标识号	名称	前置任务	参与人员	工期
16	根据外部专家意见修订	14	B，C，D_1，E，F	24个工作日
17	修订成果审定	16	A，B，C，D_1，D_2，E，H	6个工作日
18	导出方案确定	—	G，B，C	10个工作日
19	发布前最终修订	—	B，C，D_1，E，F	1个工作日
20	数据导出	18，19	G	1个工作日

4.3 汉语科技词系统语料库平台使用

在整个建设过程中，语料库平台得到广泛的使用。

首先是选词阶段，目前文献来源主要是来自万方数据的期刊论文、学位论文、会议论文和专利等文献数据。根据实际情况，可以补充实际中可能用到的用户的数据，这样效果会更好。目前选词主要遵循以下五个原则。

(1) 高频词优先，低频词尽量不选用。当然根据不同领域的情况以及选词要求，也可保留部分低频词。虽然理论上来说也有一些高频词实际上接近通用词，不宜选用，但是在初始处理上已经做到尽量选用作者所用的关键词或者已有词表词库作为选词基础，所以一定程度上可以避免这个问题。此外，后续还有人工审核互动过程，可以进一步排检。

(2) 关键位置上的词优先。针对目前涉及的文献，关键位置一般包括标题和关键词部分，在这些位置上的词相对更重要。

(3) 时间靠后优先。也就是同等情况下，近期出现频次较高的词，相对来说较为重要，并且有逐步变得更加重要的趋势。

(4) 用户自有资料优先。一般来讲，在用户自有资料中的频次比在通用文献中的频次更重要，因为以后可能大量处理类似的自有资料。

(5) 具体的频次数值、年代数值没有一个统一的参考值，因为不同领域所能得到的基础文献和资料的数据差异较大，但一般以希望选择出来的词的1.5~2倍为宜。这一过程，可以通过反复尝试和在检索结果中进行再检索实现。

核心词实际上有三个来源：一是语料库中的统计数据(经领域专家审定、删除后保留的)；二是领域专家审定过程中补充添加的词条；三是知识工程师在加工过程中补充的词条。

语料库平台在建设过程中的作用主要是共现分析：分析经过专家审定后的所有词条，计算共现频次，以适当的形式提供给知识工程师参考。此外，还利用了全文检索功能，为知识工程师新增词典外相关关系时提供一部分语料支撑。为保证新增的知识有依据，如果试图在两个词条间建立关联，在资料或者文献中从未共现过，则需要重新重点评估其准确性。

5 汉语科技词系统的领域扩展尝试

领域扩展第一批选取的是新一代工业生物技术、智能材料与结构技术、重大自然灾害监测与防御系统和新能源等四个领域，这些领域都来自2005年12月国家发布的《国家中长期科学和技术发展规划纲要（2006—2020年）》（以下简称《纲要》）。新一代工业生物技术属于"前沿技术"的"生物技术"分支下的重要领域，智能材料与结构技术属于"前沿技术"的"新材料技术"分支下的重要领域，重大自然灾害监测与防御是"公共安全"分支下的优先主题，"新能源"本身隶属于重点领域，在《纲要》中多次提及，此外《中共中央关于制定国民经济和社会发展第十二个五年规划的建议》（以下简称《建议》）明确新能源技术作为重点方向。

在合作建设单位的选择上，中信所也非常慎重，不但多次调研，还召开专家论证会进行论证。

机械工业信息研究院作为中信所建设第一个领域科技词系统（新能源汽车领域科技词系统）的合作单位，在词系统建设方面积累了较为丰富的经验，同时在人员和技术方面有一定储备，并且与新一代工业生物技术相关研究单位及研究者有较多的交流和联系。因此以机械工业信息研究院作为该领域的合作研究单位。

中国化工信息中心在材料科学等方面有较多资源和人才积累，同时也多次参与中信所词表的相关工作，因此选择其为"智能材料与结构技术"领域的合作建设单位。

在"重大自然灾害监测与防御"领域，选取东北师范大学自然灾害研究所为合作单位。该所在综合学术水平、团队构成及交通人力成本方面具有优势。该研究所主要的研究方向为自然灾害相关理论和工程研究，较为贴合词系统建设要求。带头人为日本京都大学（在灾害防治方面处于国际领先）的博士后，在博士后期间参与编写了自然灾害防治方面的词典和多语词汇列表各一部，有一定的知识组织系统建设经验，并且与京都大学联系密切，掌握相关的日文资源。该研究所研究人员和研究生力量较为雄厚，有能力承担该领域的词系统建设。

"新能源"领域与已经完成的"新能源汽车"领域有一定关联，但也有本质区别。《建议》提出"积极有序发展新一代信息技术、节能环保、新能源、生物、高端装备制造、新材料、新能源汽车等产业"，已将两个领域明确区分。由于河海大学在水电等方面具有突出优势，因此选择该校作为合作单位。该校有关的研究机构和项目除了水利水电外，还包括风能、海洋能源、可再生能源、太阳能热发电技术、光伏垂直一体化技术等。相关科研人员具有叙词表、本体和词系统相关知识，能够正确分析建设工作的难点，可以调动的教师和研究生力量充足，有能力承担该领域的词系统建设。

6 汉语科技词系统发展中的争议问题讨论

6.1 知识的权威性

汉语科技词系统选取的领域均选自《纲要》。既然相关领域一直处在发展之中，那么相对也是较新的，其确切的内涵可能还存在争议。因此，如何才能保证正确选取词条和建立知识的权威性？

我们首先想到的是借助权威领域专家的力量，但是在实际操作上存在一定困难：一是权威领域专家的时间非常宝贵，无法全力投入词系统的建设工作；二是权威领域专家也有自己的专长和特长，不可能对每个细分的子领域都非常熟悉。所以权威领域专家不能作为保证知识权威性的唯一途径。但是一些相对权威的文献，包括项目指南、会议论文、学位论文、期刊论文等，还是具有一定的权威性。在权威性保证方面，除了权威领域专家和权威文献之外，还需要保证其相对较高的使用率，即不能采用出现频率过低的词条和关联知识。对于这些新领域，要保证知识的权威性还应该注意词条或者知识的发展趋势，相对而言，出现频率增长较快的，更具发展潜力。这可能是与较为成熟领域词条和知识选择的差异。尽管有这些保证，知识的权威性也会随着时间的变化逐渐明朗，但仍需要在后续更新中加以完善。

6.2 知识的准确性和客观性

汉语科技词系统相关理论方法和建设平台并不能保证全部的知识都是正确的，我们的目标是尽可能准确和客观。但是也有一些专家学者对此，尤其是属性中优点和缺点类型的设置多次提出意见，下面就这个问题做进一步分析。

卡尔·波普尔指出"可以用经验证伪的理论才是科学，科学的发展是不断试错证伪的过程，尽管科学被不断证伪，但是不影响其在一定的约束条件下继续发挥作用"。由于我们建设的词系统本身也要保证科学性，所以可以借鉴这一观点。我们会在应用需求和时间资源的双重约束下，尽力保证全部知识的准确性，而不追求所有的知识绝对正确。

汉语科技词系统吸收了本体的思想，尽量保证建立知识的客观性。但是客观性也是相对的，"一千个读者眼里有一千个哈姆雷特""横看成岭侧成峰"都是对客观性的相对性的说明。因此，通常采用大多数或者相对多数的知识可能更好。但是这也会存在一个问题：对于一些矛盾冲突的知识，可能都有一定数量的支持者，在这种情况下，也许可以默许这些知识并存，从另一个角度如实反映现状。从某种程度上说，这也是客观性的表现，而且不可避免出现"真理掌握在少数人手中"的情况，所以为了保证客观性，应该让多种观点并存。这正是目前词系统在容错性上的支持，没有对本体的一致性全盘继承。这一看似矛盾的处理方法，将在汉语科技词系统多维表达理论发展成熟后得到解决。

汉语科技词系统在知识配置上，更多采用一种映射的思路，而不是一种固定值的思路。固定值的思路，代表某个属性绝对的取值，是必然这样，不能有其他可能。但是客观世界并非如此，往往一条知识反映的不是绝对的知识，这种情况更多的是一种映射关系，说明可能有这样的联系，但不绝对。既然如此，那么就应该允许多取值的情况。所以词系统中允许一个中文词条和多个英文词条映射，一个词条有同一类型的多种关系和多种属性，一个词条也可能与多个分类类目映射。

汉语科技词系统在知识配置的形式上是绝对的，但是运用上可以是相对的。例如，有的专家指出像"优点""缺点"这种属性是否应该配置的问题，并提出"所有的优点都是相对的，所有的缺点也是相对的"。这样的观点有一定的合理性，如果把相对性的知识依次剥离，我们的知识组织系统最后会剩下什么？毫无疑问，什么都不会存在。连最基本的同义关系甚至近义关系都是相对的，如在化学检测中，氯化钠和食盐的概念差之千里。如果推广这一判断，包括在《纲要》中有一些含有价值判断的提法都是错误的，如"新能源""新能源汽车"和"新一代工业生物技术"都会随着时间变化不再"新"了。

6.3 同义词环引入词系统的分析

关于同义关系在不同的知识组织体系中有不同的处理方法。在叙词表中，通常将同义词作为等同关系处理，但是对于同义词是有极性的，以用代关系(USE 和 USED FOR)这种不对称的关系来描述这种极性，同时需要指定优选词。在词系统中，并没有采用这种方案，而是采用同义词环来描述。同义词环的优点是无极性，所有的环中的词条同等对待，同义词中某个特定的知识可以附着在该词上描述，更加准确和自然。但是由于没有指定优选词，所以有的知识配置上可能存在重复，如同义词环 A(具体的词为 A_1，A_2，$\cdots$，A_n)中的部分或者全部的词都与另外一个词 B 建立了关系知识，也可能存在一些容易引起歧义的地方。假设 A_1 和 B 的关系为 R_1，A_2 和 B 的关系为 R_2，并且 R_1 和 R_2 不同，那么同义词环代表的概念和 B 代表的概念究竟是什么关系，这一问题目前还没有解决。所以从长期发展看，引入同义词环来表达同义关系本身会带来一些优点，但也有缺点，所以这方面还需要进一步探索。

7 汉语科技词系统的 SKOS 格式转换

7.1 SKOS 格式转换

汉语科技词系统的知识从格式上来看，原来有两种：一种是采用多张关联表的关系数据库格式，另外一种是格式化的供人阅读文档格式。但是，在实践中，有一些工具(如标引工具 Maui Indexer)采用了一些特定格式的词表数据，其中比较有代表性的是 SKOS 格式。SKOS 格式本身并不复杂，是 W3C 提出的用于语义网并推荐的词表格式。为了推动词系统在 SKOS 格式上的应用，我们尝试了 SKOS 格式转换并成功应用于基于 Maui Indexer 的标引系统。转换可以采用自己编写程序的方式，也可以采用已有的工具，如 D2RQ。我们在这里采用 D2RQ，该软件具有使用 SPARQL 语言查询 non-RDF 数据库、像访问网络上关联数据一样访问数据库中的内容、将关系数据库导出为 RDF 格式以便存储到 RDF 数据库以及使用 Apache Jena API 访问 non-RDF 数据库的信息的功能。SKOS 格式转换主要使用其将关系数据库导出为 RDF 格式的功能，但是其 RDF 格式是通用的，需要自己根据 SKOS 标准定义 RDF 的标签。由于 SKOS 标准设计是为了兼容大多数词表，所以其设置往往不够细致，因此词系统转化的时候需要做一些准备工作。首先，要把同义词环的关系合并，从同义词环中选取关系数量最多的一个作为优选词，其余的作为可替代的词条，并将关系命名为 alterLabel。然后将所有附加在非优选词上的其他关系都转移到优选词上。根据方向将三个子类层级关系重新归并为 narrower 和 broader 两类，将其余关系归结为 related。归并完成之后，存到两张表中，其中一张表是概念表(concept)，另一张表是关系表(relation)。概念表包含 CID(主键)和 CCN 两个字段，分别表示词条的 ID 以及中文概念名称，即中文词形。关系表包含 CID1、REL 和 CID2 三个字段，分别表示两个词条的 ID 以及它们之间的关系，自左向右来解释。由于经过上述处理获得的关系表可能是存在冗余的，所以关系表中没有设定主键。接下来，需要在关系表中查重，去掉重复的关系，然后查找 CID1 和 CID2 都相同但 REL 不同的数据。最后，需要根据关系的优先级进行删除，narrower 和 broader 之一如果出现，则优先选用这个关系，否则就选用 related 关系；如果 narrower 和 broader 的关系都出现，对于这种极端情况，则统一修订为 related。在这一过程中，尽量减少人工的判断，主要是由于原来的词系统都是领域专家和知识组织专家共同建设和审定而成，如果完全依赖一两个人进行人工判断，很难保证准确性。而按照以上的原则，则可以相对保证其一致性，同时，其速度也较快。

为了利用 D2RQ 工具，需要根据数据库结构和 SKOS 标签来编辑映射文件(*.ttl)，并将其置于工具所在目录。例如，在我们转换新能源汽车领域科技词系统的实验中，用到的映射文件如下：

```
        broader: 1
        narrower: 2
        alterLabel: 3
        related: 4

        @prefix: <#>.
        @prefix rdf: <http://www.w3.org/1999/02/22-rdf-syntax-ns#>.
        @prefix owl: <http://www.w3.org/2002/07/owl#>.
        @prefix d2rq: <http://www.wiwiss.fu-berlin.de/suhl/bizer/D2RQ/0.1#>.
        @prefix dc: <http://purl.org/dc/elements/1.1/>.
        @prefix dcterms: <http://purl.org/dc/terms/>.
        @prefix skos: <http://www.w3.org/2009/08/skos-reference/skos#>.
        @prefix jdbc: <http://d2rq.org/terms/jdbc/>.

        :database a d2rq:Database;
        d2rq:jdbcDriver "com.mysql.jdbc.Driver";
        d2rq:jdbcDSN "jdbc:mysql://127.0.0.1/d2rdata?autoReconnect=true";
        d2rq:username "root";
        d2rq:password "root";
        jdbc:keepAlive "3600";                # sends noop-query every 3600 seconds
#       jdbc:keepAliveQuery "SELECT 1";       # optional custom noop-query
        .


#   Table concept
:classmap_concept a d2rq:ClassMap;
        d2rq:dataStorage:database;
        d2rq:uriPattern "http://www.vocgrid.org/nev#c_@@concept.CID@@";
        .

:concept_CCN a d2rq:PropertyBridge;
        d2rq:belongsToClassMap:classmap_concept;
        d2rq:property skos:prefLabel;
        d2rq:column "concept.CCN";
        d2rq:lang "zh";
        .

#   Table relation
:classmap_relation1 a d2rq:PropertyBridge;
```

```
    d2rq: belongsToClassMap: classmap_concept;
        d2rq: property skos: broader;
        d2rq: refersToClassMap: classmap_concept;
    d2rq: condition "relation. REL ='broader'";
    d2rq: join "relation. CID1 = concept. CID";
    d2rq: join "relation. CID2 = conceptcopy. CID";
    d2rq: alias "concept AS conceptcopy";
    .
: classmap_relation2 a d2rq: PropertyBridge;
    d2rq: belongsToClassMap: classmap_concept;
        d2rq: property skos: narrower;
        d2rq: refersToClassMap: classmap_concept;
    d2rq: condition "relation. REL ='narrower'";
    d2rq: join "relation. CID1 = concept. CID";
    d2rq: join "relation. CID2 = conceptcopy. CID";
    d2rq: alias "concept AS conceptcopy";
    .

: classmap_relation3 a d2rq: PropertyBridge;
    d2rq: belongsToClassMap: classmap_concept;
        d2rq: property skos: related;
        d2rq: refersToClassMap: classmap_concept;
    d2rq: condition "relation. REL ='related'";
    d2rq: join "relation. CID1 = concept. CID";
    d2rq: join "relation. CID2 = conceptcopy. CID";
    d2rq: alias "concept AS conceptcopy";
    .
: classmap_relation4 a d2rq: PropertyBridge;
    d2rq: belongsToClassMap: classmap_concept;
        d2rq: property skos: alterLabel;
    d2rq: column "conceptcopy. CCN";
    d2rq: lang "zh";
    d2rq: condition "relation. REL ='alterLabel'";
    d2rq: join "relation. CID1 = concept. CID";
    d2rq: join "relation. CID2 = conceptcopy. CID";
    d2rq: alias "concept AS conceptcopy";
    d2rq: lang "zh";
    .
```

在以上基础上，我们做了测试，测试用机为台式机，其配置为英特尔 Core 2 Quad Q9550 @ 2.83GHz，4G 内存，运行 Microsoft Windows 7 Professional（SP1）操作系统，jdk1.6.0_24 开发包以及 MySQL 5.1，最终经过约 7min，得到最终的 RDF 文件，这个文件有 86368 行，其时间还是可以接受的。

7.2 导出格式中简化处理的说明

本来，词系统设计考虑了更为复杂的关系，但是导出为 SKOS 格式的时候却对关系做了归并，并且属性和定义以及分类映射等也没有加入到 SKOS 格式中。与此对应的叙词表转化为 SKOS 格式相对简单，那么是否意味着词系统的复杂的关系和属性等其他知识建设没有必要呢？其实不然，如对于定义可以用 skos：definition 的标准词汇来表示。之所以没有引入，只是因为对于我们使用的标引工具来说，是否利用这一知识，对系统改善没有差别。相应的，其他的知识配置也和应用有关系。对于简单的主题标引，上述一些 SKOS 标签反映的关系就足够了，但是对于更复杂的情报分析工作，必然需要更复杂的关系类型，尤其是领域特定的语义关系类型，以及其他知识。

第二部分

重大自然灾害监测与防御领域汉语科技词系统的建设

1 重大自然灾害监测与防御领域的界定

1.1 行业背景

人口膨胀、资源紧缺、环境恶化、全球变化、自然灾害是当今人类面临的最重大的全球性问题，这些问题互为因果、相互制约，正在影响社会和经济的可持续发展，严重威胁人类的生存。自然灾害是人类面临的最重大问题之一，是人类社会面临的共同挑战。它对人类活动的严重影响，已构成制约社会和经济可持续发展的重要因素，因而预防自然灾害的发生、减轻自然灾害造成的影响和损失已成为各国政府及其科学家共同关心的问题，是国家经济社会发展中迫切需要解决的重大问题，也是当今人类面临的一项紧迫任务。我国是世界上自然灾害最为严重的国家之一，灾害种类多，分布地域广，发生频率高，造成损失重。我国70%以上的城市、50%以上的人口分布在气象、地震、海洋等自然灾害频发的地区。

1972年联合国人类环境会议之后，环境问题引起了世界各国的高度重视。大家共同认识到：人类既是环境的产物也是环境的塑造者。人类可以保护与改善环境造福于人类，也可能破坏环境、危及人类的发展和生存。鉴于自然灾害日渐严重，危害人类的生存和发展，第42届联合国大会在1987年12月11日通过第169号决议，决定将1990—2000年的10年定名为"国际减轻自然灾害十年"，旨在通过国际上的一致行动，将当今世界上，尤其是发展中国家由于自然灾害造成的人民生命财产损失、社会和经济发展的停滞减轻到最低程度。为了推动国际减灾年活动，1990年原国家科委成立了全国重大自然灾害综合研究组（后更名为国家科委、国家计委、国家经贸委自然灾害综合研究组，科技部、国家计委、国家经贸委自然灾害综合研究组，三部委灾害综合研究组）。随后的多年中，自然灾害综合研究组在原国家科委、国家计委、国家经贸委和中国地震局、中国气象局、国家海洋局、水利部、地矿部、农业部、林业部、民政部等部门专家共同支持下，对我国各类重大自然灾害进行了全面的综合调查研究，涉及单类及综合灾情调查、灾害评估、灾害区划、灾害经济、灾害社会、灾害预测、灾害应急、灾害预防、抗灾救灾、灾后重建、灾害信息、减灾示范、灾害保险、成灾机理、减灾对策等方面，对我国综合减灾起到了重要的推动作用和开创作用。

按照国际减灾年工作的进程，自然灾害综合研究工作大体分3个阶段：第一阶段，1990年以前重点进行灾害自然属性即自然灾变的研究，主要是收集统计自然灾变事件、灾变强度、频次，研究自然灾变的空间分布与发展规律，并进行中国人口、资源与环境灾变时、空、强的预测研究。第二阶段，1990年以后对灾害双重属性进行了全面的研究，重点进行自然灾度的研究。除继续灾害自然属性的研究外，加强了灾变对社会影响的研究，包括人口伤亡、经济损失等，重视灾害损失的时空分布规律和大灾、巨灾区的分布，同时开展了减灾能力的初步调查和统计，开始重视自然灾害对社会与环境的影响和人类社会活动及环境变化对灾害和减灾的互馈影响，相继开展了减灾与发展、企业减灾、城市减灾、区域减灾工作。

第三阶段，1995年以后重点进行社会承灾体受灾程度和承灾能力的研究。在对灾害自然与社会双重属性研究的基础上以自然灾变、社会承灾体易损性、减灾能力三大因素的现状与发展为基础，开展了未来灾害风险的预测研究和评估，并在此基础上从定性到定量研究了自然灾害对人类、社会、经济、环境和可持续发展可能造成的影响及社会对灾害的可接受能力，进而制定了一系列灾害防御、灾害应急规划和计划，推动了减灾社会化与产业化的发展。

自1990年以来，我国科研工作者对我国地震、气象、洪水、海洋、地质、农、林等七大类自然灾害的概况、特点、规律及发展趋势进行了综合性的全面调研。对有关重大自然灾害历史文献的收集、整理分等分级，并且在计算机软硬件平台的支持下做了大量数据收集方面的工作，筹建了自然灾害综合数据库，将零散、杂乱的各种有关灾害的史料变成一个有序的信息源，为建立灾害科学体系和灾害数字化地图及有关抗灾、防灾的研究和决策提供方便、可靠的基础数据。同时我国在此期间开展了多项国家重大科技攻关项目，编制了各种全国性灾害与减灾区划图，编写并出版了《中国重大自然灾害和社会图集》、《自然灾害评估》、《中国重大自然灾害及减灾对策（总论）》、《中国重大自然灾害及减灾对策（分论）》、《中国重大自然灾害及减灾对策（年表）》和七类灾害的全国分布图。

虽然我国对于重大自然灾害监测与防御研究取得了前所未有的进展，但是在对自然灾害监测与防御知识的系统性总结方面还存在着很大不足。目前此领域中的词汇丰富，但尚没有形成一定的知识体系。本词系统从自然灾害分类和自然灾害应急管理过程出发，对本领域中的词汇进行分类总结，建立了完善的灾害分类与防御词系统，可以为教学、科研、知识挖掘和信息共享工作的开展提供基础资源。

1.2 调研过程

1.2.1 明确调研目标

重大自然灾害监测与防御是根据科研需求、市场需求调研而确立的领域主题。目前重大自然灾害监测与防御研究日趋深入，但是其中很多问题也逐渐突出：一是市场上没有针对重大自然灾害监测与防御的工具书；二是目前很多术语在使用上较混乱，还未形成一定的知识体系。

随着科技信息资源数量上的剧增，科技信息内容自动分类、标引、内容分析以及语义交换等信息智能处理需求越来越突出。科技词汇是科技信息智能处理的基石，在图书情报领域，主要体现为术语表、主题词表以及各种分类体系。长期以来，以科技类主题词表为代表的科技词汇知识体系存在着编制过程中知识丢失、维护机制落后、词更新周期长、开放程度不够、非面向机器使用等突出问题，难以满足信息加工和软件开发需求。究其原因，是因为我国目前还缺乏一个科技词汇知识构建、管理、维护工具的基础架构和服务平台。一些信息服务机构和高校虽然展开了相关的研究，但是缺乏整体性和系统性。

本工作通过全面收集国家标准术语和部委、行业的规范化术语，同时包括多部权威性辞书中的术语（每条术语包含有中文定义、汉语拼音、中文同义词以及各种附属信息，并标有相对应的英文术语、英文同义词等），完成重大自然灾害词系统的建设。该词系统从体系上对重大自然灾害与防御相关核心词和基础词进行分析，梳理了重大自然灾害及其防御核心词和基础词之间的关系，建立了基于知识结构的重大自然灾害与防御的词系统，这对于重大自然灾害研究、重大自然灾害防御以及重大自然灾害系统的信息服务具有重要意义。

1.2.2 调查内容

（1）重大自然灾害的类型确定

世界上存在着多种自然灾害，但还没有一个清晰的分类，以致在日常用语，甚至在科技文献里都出现了混杂的、含混不清的名称。自然灾害分类是一个很复杂的问题，根据不同的考虑因素可以有许多不同的分类方法。例如，根据其特点和灾害管理及减灾系统的不同，就可将自然灾害分为以下七大类：① 气象灾害，包括热带风暴、龙卷风、雷暴大风、干热风、暴雨、寒潮、冷害、霜冻、雹灾及干旱等；② 海洋灾害，包括风暴潮、海啸、潮灾、赤潮、海水入侵、海平面上升和海水回灌等；③ 洪水灾害，包括洪涝、江河泛滥等；④ 地质灾害，包括崩塌、滑坡、泥石流、地裂缝、火山爆发、地面沉降、土地沙漠化、土地盐碱化、水土流失等；⑤ 地震灾害，包括由地震引起的各种灾害以及诱发的各种次生灾害，如沙土液化、喷沙冒水、城市大火、河流与水库决堤等；⑥ 农作物灾害，包括农作物病虫害、鼠害、农业气象灾害、农业环境灾害等；⑦ 森林灾害，包括森林病虫害、鼠害、森林火灾等。

灾害分类是开展灾害研究的基础工作，在灾害研究中占有举足轻重的地位。灾害的科学分类有助于对灾害的特征、致灾机理、灾情等进行科学的分析，有助于选择有针对性的减灾防灾和灾害治理措施，建立最有效的灾害管理系统。目前关于灾害的分类还比较混乱，没有一个统一公认的分类体系。长期以来，对灾害分类含混的原因是多方面的。首先，由于各门学科和灾害科学及防灾技术的进步，学科之间的互相渗透和联系，国民经济建设对灾害的预测和防治提出了多方面的要求，加之各种灾害的连锁性和群发性特征，原有的分类已不能适应需要，导致对灾害分类观点出现不一致；其次，为了适应人们的习惯，总想力求在原有传统分类的基础上做些补充，结果给分类造成了一定的局限；再则，由于分类标志不够明确，有的分类方案甚至出现了混乱状况。目前对于灾害的分类主要有以下几种：一是根据承灾体对象进行灾害类型划分，如城市灾害、农业灾害和渔业灾害等；二是根据灾害成因分类，按照灾害的成因进行分类有三种分类体系：二元分类体系、三元分类体系、四元分类体系，还可以按照灾害损失类型进行分类、按照灾害发生频次进行分类等；三是同时需要从灾害成因分类和承灾体分类，如环太平洋地震带。此外，还有根据灾害的动力学因素进行分类和从灾害系统论的角度对灾害进行分类。但目前来看，灾害分类在全面性和系统性方面也有其不尽完善的地方。

（2）重大自然灾害监测与防御分类确定

自然灾害的发生具有一定的周期性。因此，对于自然灾害管理也可以分成不同的阶段。自然灾害的管理包括灾前、灾中和灾后 3 个阶段。灾前主要开展信息采集、监测、预测预报、预警、风险识别、风险分析和风险评估等工作。灾中主要开展实时监测、应急预案启动、实时灾情评估、灾情模拟、应急避难、应急决策、应急搜救和灾情会商等工作。灾后主要开展灾后救助、灾后重建、灾后灾情普查和经验总结等工作。现今全世界各国都非常重视灾害的应急管理，特别是美国、日本等发达国家，已经形成了一套行之有效的完整的应急管理体系。新中国成立后，党和国家对灾害的管理给予高度重视，通过多年总结，我们国家的应急管理体系已经基本形成，确立了统一的灾害领导组织体制、完整的运行机制、相对齐全的法制基础和相对完善的保障系统。

（3）重大自然灾害监测与防御核心词的范围确定

主要包括每一类自然灾害中核心词的范围和来源、重大自然灾害应急管理和防御方面核心词的范围的确定依据和文献的来源等。

1.2.3　调研过程

（1）上网收集资料

根据调研内容，从国内外网站上搜集资料。参考的国外网站主要包括国际著名重点实验室、科研机构、高校以及世界防灾减灾政府和民间组织部门的网站。如美国联邦应急管理局（http：//www.fema.gov/about/index.shtm）、新西兰梅西大学灾害研究联合中心（http://disasters.massey.ac.nz/）、荷兰特文特大学地理信息科学和地球观测学院（http：//www.itc.nl/）、德国卡尔斯鲁厄理工学院灾害管理和风险减轻技术中心（http：//www.cedim.de/index.php）、亚洲备灾中心（http：//www.adpc.net/2011/）、联合国减灾国际战略机构（http：//www.unisdr.org/）、巴基斯坦白沙瓦大学备灾管理中心（http：//www.upesh.edu.pk/academics/researchcenter/cdpm/cdpm.php）、日本防灾科学技术研究所（http：//www.bosai.go.jp/）、日本京都大学防灾研究所（http：//www.dpri.kyoto-u.ac.jp/web_j/index_topics.html）等。

参考的国内网站与数据库包括中国知网、中国万方数据库、中国期刊库、Engineering Village 数据库、ScienceDirect 数据库和 SpringerLink 数据库等国内著名大型期刊数据库。参考的国外期刊包括：Process Safety and Environmental Protection、Ecotoxicology and Environmental Safety、Soil Dynamics and Earthquake Engineering、International Training Program on Total Disaster Risk Management、Natural Hazards and Earth System Sciences、Agricultural Water Management、Isprs Journal of Photogrammetry & Remote Sensing、Agriculture, Ecosystems and Environment、Journal of Arid Environments、Remote Sensing of Environment、《京都大学防灾研究所年报》、Natural Hazards、Disaster Advances、Journal of Hazardous Materials、Journal of Flood Risk Management、Risk Analysis、Stochastic Environmental Research and Risk Assessment、Human and Ecological Risk Assessment、Disaster Prevention and Management、Disasters Quarterly、Geneva Papers on Risk and Insurance – issues and Practice、Geneva Risk and Insurance Review、Journal of Risk and Insurance、Journal of Risk Research、Journal of Risk and Uncertainty 等。国内期刊包括：《自然灾害学报》、《防灾学》、《防灾减灾学报》、《防灾减灾工程学报》、《中国地质灾害与防治学报》、《中国减灾》、《中国安全科学学报》、《干旱区资源与环境》、《干旱区地理》、《东北地震研究》、《气象与减灾研究》、《森林防火》、《地理学报》、《地理科学》、《中国环境科学》、《灾害学》、《干旱气象》、《生态学报》、《应用气象学报》、《遥感技术与应用》、《大气科学》、《高原气象》、《中国农村水利水电》、《农业灾害研究》、《地质灾害与环境保护》、《安全与环境学报》、《资源科学》等。

（2）查找相关资料

参考的书籍包括：① 词典及百科全书类，如《英汉汉英灾害科学词典》、《中国农业百

科全书》、《英汉农业生物学词典》、《环境学词典》、《汉英地质词典》、《气象学词典》、《地理学词典》、《土地大辞典》、《防灾事典》（日语）、《自然災害と防災の事典》（日语）、《防災学ハンドブック》（日语）、《多国語防災用語集》（日语）、《リスク学事典》（日语）、《自然災害の危機管理》（日语）、《農業気象災害と対策》（日语）、《新編農業気象学用語解説集—生物生産と環境の科学》（日语）等。

② 系列丛书，如"气象灾害丛书"的《冰雹灾害》、《寒潮和霜冻》、《气候变化与灾害》、《生态气象灾害》、《沙尘暴灾害》、《高温热浪与人体健康》、《空间天气灾害》、《地质气象灾害》、《雾和霾》、《海洋气象灾害》、《低温冷害》、《雷电灾害》、《交通气象灾害》、《气象与森林草原火灾》及《中国气象洪涝海洋灾害》、《灾害学导论》、《灾害社会学》、《灾害管理学》、《灾害经济学》、《灾害统计学》、《灾害历史学》等。

③ 学术专著类，如《工程抗震术语标准》、《洪水风险分析制图实用指南》、《危机管理》、《人为的灾害》、《城市防灾工程》、《洪灾风险及经济分析》、《防灾减灾工程学》、《气象学与气候学基础》、《城市灾害学原理》、《中国自然灾害影响评价方法研究》、《中国的灾害与危险》、《畜牧气象灾害及防御对策》、《灾害事故伤情评估及救护》、《煤炭瓦斯重大灾害预警理论及应用》、《自然灾害应急管理》、《自然灾害与防灾科学》（日语）、《灾害辨识与风险评价技术》、《中国海洋灾害应急管理研究》、《自然灾害风险管理与预警体系》、《农作物低温冷害检测预测理论和实践》、《中国的灾害与危险》、《农业灾害学》、《生态风险评价》、《建筑抗震设计规范应用与分析》、《地震预测与预警》、《中国地震次生地质灾害区域风险评估》、《论地震风险》、《喀斯特生态脆弱区土地利用覆被变化研究》、《主要气象灾害风险评价与管理的数量化方法及其应用》、《综合灾害管理导论》、《中国自然灾害风险综合评估初步研究》、《自然灾害评估》、《自然灾害风险分析》、《草原灾害》、《气象灾害风险评估与区划方法》、《灾害地质学》、《环境灾害学引论》、《灾害管理手册》、《水旱灾害学》、《防灾工程学导论》、《土木工程防灾减灾学》、《Natural Disaster》等。

(3) 专家咨询

通过专家咨询，确定重大自然灾害监测与防御分类方法以及核心词范围和数量，分析核心词关系，设计核心词属性类型。咨询专家包括自然灾害研究专家和灾害风险评估专家等。

(4) 资料的收集和整理

通过资料收集与整理，重大自然灾害监测与防御汉语科技词系统共录入 50 473 条词语，其中 45 472 条为基础词、5 001 条为核心词。在词条整理上，对基础词主要进行了基础词与核心词之间关系的加工，而对核心词则进行了注释、关系、来源、属性、分类等 5 个方面的详细加工。

1.3 领域内涵和外延

与传统的灾害科学词典和汉语主题词表相比，重大自然灾害监测与防御汉语科技词系统在应用场景与词汇知识内容上均有重大的变化。从应用场景方面分析，重大自然灾害监测与防御汉语科技词系统主要面向计算机应用程序，提供有关自然灾害科技词汇的各类信息，包括来源、关系、属性和分类。从词汇知识内容层面来看，不仅提供汉语主题词的用、代、属、分、参 5 种主要关系，还提供更为复杂的关系。例如：在用、代关系上，将细化出时变关系、不同域之间的同义关系等；在属分关系上，将细化结构上的部分与整体、学科上的包容关系等；在参关系上，将细化出逻辑上的因果关系、实证关系等。对于"自然灾害"这一概念，自然灾害是由自然事件或力量为主因造成的生命伤亡和人类社会财产损失的事件。自然灾害是在由自然系统和人类社会系统组合成的高度复杂系统中的现象。首先，从地球的构造来看，大气圈、水圈、岩石圈、生物圈都是处于相互渗透甚至相互重叠状态，这在地球表面附近表现得尤为显著。其次，各大圈层的物质时刻不停地处在相互影响的物质交换、能量交换当中，这其中尤以水最为活跃。水不仅存在于水圈（含冰雪圈），还存在于大气圈、岩石圈和生物圈。水在地球的正常温度范围内，就有液体、气体和固体三种形态变化，地球上的物质和能量的输送和传递大部分都是依靠水在进行。所以，不仅水文部门观测和研究的是水，气象部门观测和研究的在很大程度上也是水，气象灾害和水文灾害由此变得无法截然分开。气象灾害、水文灾害、地质灾害和生物灾害 4 个大类是依据孕灾环境对自然灾害的大致划分。更精细的划分取决于致灾因子，比如：大气圈变异孕育的致灾因子有雨、雪、风、雹、尘、雾、冻、热等；水圈（江河湖海）变异孕育的致灾因子有旱、涝、洪、潮、浪、冰、盐碱等；岩石圈变异孕育的致灾因子有地震、火山、放气，以及地表的流、滑、崩塌、沉陷、开裂等；生物圈变异孕育的致灾因子有微生物中的某些细菌和病毒、某些动物、某些植物以及与动植物紧密相关的火等。在此基础上，产生的是我们日常用语中的雨灾、雪灾、火灾、水灾、旱灾、病害、虫害、兽害等更为细小的灾害分类。灾害是人类的活动与自然界发生矛盾的产物。

重大自然灾害监测与防御的内涵是指本领域所特有属性。这主要包括对自然灾害范围的划定、自然灾害的分类、自然灾害监测与防御涉及的领域等。对于自然灾害范围的划分和自然灾害的分类，其外延包括了影响灾害形成的环境要素和自然灾害的属性要素等。重大自然灾害防御属于应急管理范畴，应急管理是近年来管理领域出现的一门新兴科学，是综合了运筹学、管理学、政治学、社会学、信息技术以及各种专门知识的交叉学科，是针对公共危机事件的决策优化的研究和管理。应急管理的范围比较广泛，包括自然灾害事前、事中、事后所有事物的管理。主要包括：其一是自然灾害发生前预防与预警；其二是自然灾害过程中对自然灾害的监控、评估和处置，缓解自然灾害的冲击，转移、缩减或消减自然灾害影响范围和影响强度；其三，是灾后处理事故，尽可能控制、遏制事态发展，把损失控制在一定范围内；其四，是总结经验，完善修复管理，迅速有效地减轻灾害事件的损失。应急管理内涵关注由灾中应急到全过程风险的预防管理与控制，做好风险识别、风险评估、风险处置和风险沟通。对于自然灾害应急管理，其外延包括应急管理方式和方法，以及相关的体制、法制和机制等。

1.4 最终领域界定

根据上述分类部分的内涵和外延，参考了国内外关于自然灾害风险管理方面的成果，将灾害监测与防御领域的范围界定为自然灾害类型、自然灾害监测预警、自然灾害预测预报、自然灾害模拟与评估和自然灾害管理与处置 5 个部分。

自然灾害类型：根据国家行业标准《GB/T 28921—2012 自然灾害分类与代码》，将自然灾害类型划分为 5 类 35 种。

自然灾害监测预警：各灾种监测预警方法，监测工具，监测技术手段，预警等级，预警信息发布，风险预警，灾害调查手段等。

自然灾害预测预报：各灾种预测预报方法，自然灾害预测预报技术，自然灾害预测预报指标，自然灾害预测预报模型等。

自然灾害模拟与评估：各灾种自然灾害模拟方法，自然灾害模拟技术，自然灾害评估指标，自然灾害灾情评估，灾中评估，灾后评估，自然灾害危险性、暴露性、脆弱性和防灾减灾能力评估指标和模型，自然灾害风险评估指标和模型，风险区划，灾情区划等。

自然灾害管理与处置：各灾种危机管理、应急管理和风险管理，自然灾害紧急救援，灾害救助，灾情会商，智能决策等。

2　重大自然灾害领域的分类体系设计

2.1　设计理念

2.1.1　体现自然灾害监测与防御新理念

目前，社会高度重视综合防灾减灾工作，把综合防灾减灾工作作为国民经济和社会发展的重要保障和社会公共安全体系建设的核心内容。自然灾害监测与防御包含了防灾、抗灾、救灾相结合的救灾工作思路，体现综合防灾减灾工作从"救灾"为主转向以"防灾"为主，所以在本词系统中重点开展了救灾应急预案管理机制、自然灾害救助应急预案、综合减灾示范社区、综合防灾减灾宣传、救灾基础设施建设体系、救灾物资储备库、救灾物资储备中心等相关词条选择。

2.1.2　体现自然灾害监测与防御体系化

自然灾害监测与防御词系统中，首先对自然灾害监测预警词条进行整理，主要从自然灾害综合监测系统建设进行词条整理。在自然灾害综合监测系统建设中，综合自然灾害监测网络，包括监测平台，如新一代天气雷达系统、减灾卫星和自然灾害监测与灾害预警工程建设，从雷电、酸雨、臭氧、大气成分、土壤墒情等观测，形成完善的自然灾害监测系统体系，强调重点区域的监测，如海洋监测、草原监测、地质监测、重要江河流域和地质灾害易发区域的自然灾害监测。在对自然灾害预测预报词条的整理时，完善了自然灾害预测预报体系和自然灾害预报业务系统词条，重点对分灾种如台风、暴雨（雪）、大雾、雷电、龙卷风、冰雹等灾害预测预报词条整理。

其次是自然灾害风险识别、风险分析、风险评估和风险区划等方面的词条的加工。主要包括自然灾害风险的概念、自然灾害风险的属性与特征、自然灾害风险的分类、自然灾害风险感知、自然灾害风险识别、自然灾害风险分析、自然灾害风险度量及重要的自然灾害风险指数等。

最后对自然灾害灾情评估、应急处置、应急决策、应急预案等方面的词条进行加工。主要包括对自然灾害灾情评估指标体系、灾情评估方法、灾情评估模型、灾情处置手段、灾情处置方法、物资库布局、救援最优路径优化、紧急避难场所设置、避难路径优化、灾情会商、心理救助、灾后重建和灾后恢复等方面词条进行详细加工。

2.2　设计方法

自然灾害的研究正在逐渐成为一门热门学科，而对于自然灾害分类这一问题，在学术界却存在颇多的争议。灾害可以依据人类的活动区域来进行分类，如：陆生灾害、海洋灾害、空间灾害、城市灾害、森林灾害、草原灾害、山地灾害等。也可以根据人类的活动领域来分类，如：农业灾害、牧业灾害、林业灾害、工矿业灾害、渔业灾害、交通灾害等。分类标准的不同，造成各种灾害之间的相互包容和交叉，必须加以双层或者多层的限制语来进行明确区分，以便给不同的灾害定性。例如：海啸、风暴潮、赤潮都属于海洋灾害，但海啸是海洋地质灾害，风暴潮是海洋气象灾害，赤潮是海洋生物灾害，同时这3种灾害也都是海洋渔业灾害。为了避免应用上的混乱，本系统依据目前下列本领域的国家行业标准，对重大自然灾害监测与防御系统划分为5类35种。

《GB/T 28921—2012　自然灾害分类与代码》

《GB/T 26376—2010　自然灾害管理基本术语》

《GB/T 24438.1—2009　自然灾害灾情统计第1部分：基本指标》

《GB/T 24438.2—2012　自然灾害灾情统计第2部分：扩展指标》

《GB/T 24438.3—2012　自然灾害灾情统计第3部分：分层随机抽样调查方法》

《GB/T 28923.1—2012　自然灾害遥感专题图产品制作要求第1部分：分类、编码与制图》

《GB/T 28923.2—2012　自然灾害遥感专题图产品制作要求第2部分：监测专题图产品》

《GB/T 28923.3—2012　自然灾害遥感专题图产品制作要求第3部分：风险评估专题图产品》

《GB/T 28923.4—2012　自然灾害遥感专题图产品制作要求第4部分：损失评估专题图产品》

《GB/T 28923.5—2012　自然灾害遥感专题图产品制作要求第5部分：救助与恢复重建评估专题图产品》

《MZ/T 031—2012　自然灾害风险分级方法》

2.3　分类法概述

自然灾害分类方法有多种，多数分类法以系统理论为指导，以地球表层系统结构为依据，确定其分类的原则和标志。目前常见的自然灾害分类方法，如根据自然灾害特点和灾害管理及减灾系统的不同，可分为七大类：气象灾害、海洋灾害、洪涝灾害、地质灾害、地震灾害、农作物灾害和森林灾害。根据孕灾环境及自然灾害和人为灾害的"主因说"，可以将大气圈变异为主因引发的灾害称为"气象灾害"，将水圈变异为主因引发的灾害称为"水文灾害"，将岩石圈变异为主因引发的灾害称为"地质灾害"，将生物圈变异为主因产生的灾害称为"生物灾害"。于是，自然便划分为四大类：气象灾害、水文灾害、地质灾害和生物灾害。这是从学术研究的角度对灾害进行的分类，还有一种从部门管辖范围的角度来进行的实用分类。比如：我国传统上有中国气象局、国家海洋局、水利部、中国地震局、农业部、原林业部（现国家林业局）、原地矿部（现并入国土资源部）等7个负责自然灾害管理的部门，因此我国一般将主要自然灾害分为七大类，即：气象灾害、海洋灾害、洪涝灾害、地震灾害、农作物生物灾害、森林生物灾害和地质灾害。很明显，这种分类方式实际上是相关管辖部门与灾害的一种对应，是很不完善、也很不严谨的一种分类方法。在我国 1998 年制定的《中华人民共和国减灾规划（1998—2010 年）》（2008 年 8 月 14 日中止执行）中，将我国的主要自然灾害分为四大类，即大气圈和水圈灾害：主要包括洪涝、干旱、台风、风暴潮、沙尘暴以及大风、冰雹、暴风雪、低温冻害、巨浪、海啸、赤潮、海冰、海岸侵蚀等；地质地震灾害：主要包括地震、崩塌、滑坡、泥石流、地面沉降、塌陷、荒漠化等；生物灾害：农作物病虫鼠害、草原和森林病虫鼠害；还有一大类是森林和草原火灾。可以看出，它部分采用的是依据地球圈层进行灾害分类的方式。而在 2006 年制定的《国家综合减灾"十一五"规划》中，仅仅直接列举了洪涝、干旱、台风、风雹、雷电、高温热浪、沙尘暴、地震、地质灾害、风暴潮、赤潮、森林草原火灾和植物森林病虫害等 13 类灾害，而没有再作大类的归纳。

自然灾害伴随着人类社会发展的全过程，我们虽然不能阻止其发生，但是可以逐步掌握其规律，及时做出预警，积极进行防御，将灾害的损失降至最低。对于自然灾害的防御，我国已经初步建立了比较完善的、适合我国国情的减灾体制和机制，有效提高了自然灾害监测、预警、应急和救助能力，并经过多年的探索和实践，形成了一整套自然灾害的防御体系。根据自然灾害应急管理过程，自然灾害防御可以划分为自然灾害监测预警、自然灾害预测预报、自然灾害模拟与评估、自然灾害管理与处置 4 个部分。

为保证自然灾害监测与防御汉语科技词系统的规范性，本词系统使用国家减灾中心牵头起草、由全国减灾救灾标准化技术委员会归口管理的国家标准《GB/T 28921—2012 自然灾害分类与代码》。在对灾害监测与防御系统进行分类时，参考了国内外本领域的划分方法[如《自然灾害风险管理与预警体系》（杨思全，2010）]，将灾害监测与防御划分成灾害监测预警、灾害预测预报、灾害模拟与评估和灾害管理与处置 4 个部分。具体分类如表 2-1 所示。

表 2-1 自然灾害监测与防御汉语科技词系统工作分类与分工

代码	选词分类	主要包括
010000	气象水文灾害	干旱灾害、洪涝灾害、台风灾害、暴雨灾害、大风灾害、冰雹灾害、雷电灾害、低温灾害、高温灾害、沙尘暴灾害、大雾灾害、其他气象水文灾害
020000	地质地震灾害	地震灾害、火山灾害、崩塌灾害、滑坡灾害、泥石流灾害、地面塌陷灾害、地面沉降灾害、地裂缝灾害、其他地质灾害
030000	海洋灾害	风暴潮灾害、海浪灾害、海水灾害、海啸灾害、赤潮灾害、其他海洋灾害
040000	生物灾害	植物病虫害、疫病灾害、鼠害、草害、赤潮灾害、森林/草原火灾、其他生物灾害
050000	生态环境灾害	水土流失灾害、风蚀沙化灾害、盐渍化灾害、石漠化灾害、其他生态环境灾害

续表

代码	选词分类	主要包括
	一般术语	与灾害相关的专业名词等
	灾害监测预警	灾害监测、灾害预警
	灾害预测预报	灾害预测、灾害预报
	灾害模拟与评估	灾害模拟、灾害评估
	灾害管理与处置	灾害管理、灾害处理
	其他灾害	除上述灾害之外的其他灾害

3 重大自然灾害监测与防御领域的知识结构设计

3.1 关系类型的设计

在创建词条的过程中,词条之间的关系是一种重要的知识。通过词条的适用情况、触发条件、层级关系、等同关系、组成关系、时间关系、转变关系、因果关系和对应关系,可以较为精确地定位一个核心词的概念。在关系类型设计上,重大自然灾害监测与防御词系统采用 9 种一级关系,35 种二级关系,关系列表如表 2-2 所示。

表 2-2 重大自然灾害监测与防御词系统关系类型

一级关系	二级关系	一级关系	二级关系
层级关系	分类标签		概念 - 实例
	类属		结论 - 现象
	子类		可替代
触发条件	处境	对应关系	类比
	是前提		实例 - 概念
	是条件		现象 - 结论
	依据		相似
等同关系	本名 - 别名同义		指标 - 主体
	基本等同		主体 - 指标
	全称 - 缩略同义	转变关系	继承
时间关系	后		替代
	前	组成关系	部件有
	同一时段		成分有
适用情况	描述		分解为
	适用		集成为
	受限		隶属于
	用于		组成
因果关系	取决		

3.2 属性类型的设计

属性即事物本身所固有的性质,是物质必然的、基本的、不可分离的特性,又是事物某个方面质的表现;一定质的事物常表现出多种属性。由此可见,属性是对词条的一种限定,其描述的方式和关系类似,也是主体—谓词—客体这样的三元组,只是具体的角色不一样,属性描述的三元组是词条—属性—属性值,其中属性值是依赖于主体和谓词的存在而存在,除非属性值本身是一个词条或者其他的属性三元组的客体,那么如果主体被删除了,客体也将随之消失。此外,属性三元组的客体的约束比较宽泛,可以是词条,也可以是短语,甚至可以是一个句子。属性关系类型的设计也需要将自底向上和自顶向下结合起来,分为基本的属性类型和领域相关的属性类型。根据相关专家的推荐以及结合实际所采用的属性类型如表2-3所示(包含一级属性10种,二级属性39种)。

表2-3 重大自然灾害监测与防御词系统属性类型

一级属性	二级属性	一级属性	二级属性
方法手段	方法		尺度
	手段		距离
功用	功能		密度
	用途		频率
空间属性	方向		强度
	位置	物理特性	燃点
基本情况	持续时间		深度
	形成原因		速度
时间属性	发生时间		形态
	起始时间		颜色
	终止时间		状态
特征	特点		极限
	危害	约束	数量范围
	优点		数值范围
效应	负效应		要求
	改变效应	状况	困境
	维持效应		前景
	正效应		现状
目的	目的目标		

3.3　设计结果分布

重大自然灾害监测与防御词系统中使用频率最高的20种关系和属性，如表2-4所示。

表2-4　重大自然灾害监测与防御词系统 Top 20 关系和属性类型分布

排序	关系类型	实例数量	属性类型	实例数量
1	子类	17 136	特点	1 271
2	类属	17 110	形成原因	563
3	用于	12 812	位置	375
4	隶属于	6 537	关键指标	370
5	部件有	6 410	危害	259
6	描述	6 228	负效应	239
7	组成	2 153	用途	236
8	影响	2 140	方法	225
9	受影响	2 139	目的目标	203
10	成分有	2 097	发生时间	171
11	本名-别名同义	1 811	现状	143
12	成因	1 581	起始时间	119
13	结果	1 575	优点	82
14	基本等同	1 109	数值范围	69
15	实例-概念	699	要求	55
16	概念-实例	699	功能	44
17	适用	521	持续时间	40
18	表示	442	形态	38
19	全称-缩略同义	381	数量范围	35
20	是条件	363	手段	28

4 重大自然灾害监测与防御领域的核心词条筛选

4.1 核心词来源

核心词的基本信息包含词条的中文词形、对应的英文翻译、对应的拼音、词汇类型等知识要素。本领域词条通常来自国内外灾害科学方面的词典［如《英汉汉英灾害科学词典》、《防灾事典》（日语）、《自然災害と防災の事典》（日语）、《防灾学ハンドブック》（日语）、《多国語防災用語集》（日语）等］、国内外科技期刊（如《自然灾害学报》、《灾害学》、Natural Hazards 等）、颁布的国家标准或行业标准（如《GB/T 28921—2012 自然灾害分类与代码》、《GB/T 26376—2010 自然灾害管理基本术语》等）和国内外防灾减灾方面的著作（如《灾害管理手册》、《水旱灾害学》、《防灾工程学导论》、《灾害学导论》、《Natural Disaster》等）。

4.2 核心词筛选方法

根据重大自然灾害监测与防御词系统内容建设的目的和要求，从文献、标准、著作和词典中提取相关主题词作为核心词，并选择词汇的属性词以及与词汇具有等同关系、层级关系和相关关系的其他词汇。在确定每一个输入词汇后，添加相应的英文翻译，对于基础词，要添加其与核心词间的关系；而对于核心词，不仅需要其存在关系，还需要添加分类、来源以及能够表征核心词的属性和属性的具体值，进而完成词条的选取和创建过程。词系统中，核心词的筛选主要依据自然灾害分类和自然灾害管理过程来确定。根据自然灾害分类法，确定自然灾害分类的核心词，主要包括直接影响自然灾害形成的主要致灾因子和要素，即选取影响自然灾害形成的一级要素作为核心词。在进行自然灾害监测与防御核心词的选取过程中，根据自然灾害管理过程，选取与自然灾害防御有直接关系且为主要关系的主题词作为核心词。

4.3 核心词筛选结果

通过对重大自然灾害监测与防御内涵和外延的确定，最终将从灾害分类、灾害监测预警、灾害预测预报、灾害模拟与评估和灾害管理与处置 5 个方面确定核心词。在灾害分类上，选取自然界中常见的灾害为核心词，如气象水文灾害中的干旱、低温、高温、积涝、雾霾、大风、台风、焚风、洪水、寒潮、暴雨等。同时将描述这些灾害的一些重要指标也纳入到核心词之中。在灾害监测预警和灾害预测预报中主要将灾害监测和预警的技术方法、灾害预测预报方法等纳入核心词；灾害模拟与评估主要从灾害过程模拟、灾害风险评估、灾害灾情评估和后果评估等方面确定；灾害管理与处置主要从灾害危机管理、灾害应急管理、灾害风险管理、灾害风险处置、灾后救援、心理救助、灾后恢复等方面确定核心词。通过不断总结，共筛选出核心词5 000条。

5 重大自然灾害监测与防御领域汉语科技词系统的建设特色

自然灾害监测与防御领域涉及地理科学、灾害学、环境科学、管理学、心理学等各学科交叉领域。该系统为我国第一个关于自然灾害监测及预防的在线词系统。词条选择范围广，体系全面，信息丰富。该系统适用面极广，可以用于教学和科研等方面，向大众普及灾害科学知识，提高在校学生防灾避险意识，规范科研机构关于灾害学方面的研究，形成管理部门的现代灾害管理理念。

就自然灾害监测与防御汉语科技词汇知识的内容标准体系来看，目前还是空缺。现有的词汇系统电子化格式通常为文本格式、主题词机读格式等行业和国家标准。这些标准体系过于庞大和复杂，层次不清晰，广大软件开发人员和用户理解难度大，造成使用上的不便，影响了现有词系统的推广使用。作为第一个自然灾害监测与防御汉语词系统平台，本平台提供了标准规范的汉语科技词汇。同时，自然灾害监测与防御汉语科技词系统具有开放性和共享性。

第三部分

重大自然灾害监测与防御领域汉语科技词系统实例

1 格式说明

所有实例的格式都由词条名称、基本信息、定义、分类信息、词条属性和词条关系几部分构成,具体解释见样例灰色文字。

◎ **灾害性天气自动警报系统** ➔ 词条的中文名称。

【基本信息】➔ 包括英文名、拼音和基础词/核心词区分等。

　【英文名】automatic alarm system of severe weather

　【拼音】zai hai xing tian qi zi dong jing bao xi tong

　【核心词】➔ 表示该词条是核心词。如果是基础词则以"【基础词】"表示。

【定义】

　　灾害性天气自动警报系统是在气象台与用户之间建立的自动传送灾害性天气警报的通信系统。➔ 表示该词条定义,如果有多条定义,以(1)、(2)等顺序标识。

　【来源】《中国的灾害与危险》➔ 将有具体参考文献的定义的出处标识出来。

【分类信息】➔ 与 2 种分类法(NDC 类目、NDCC 分类类目)关联。

　【NDC 类目】➔ NDC 代表自然灾害分类法,对自然灾害进行分类参见附录 C。

　【NDCC 分类类目】➔ NDCC 自然灾害分类及代码,国家标准 GB/T 28921—2012。

　　灾害预警

【词条属性】➔ 词条属性分两级显示,以缩进表示层级。第一层表示一级属性;第二层表示二级属性,一级属性是对二级属性的归纳总结,不参与具体的属性构建,而二级属性是实际使用的属性,在重大自然灾害监测与防御词系统中使用了 63 种不同的二级属性。在本例中"方法手段"是一级属性,"方法"是二级属性。词条属性的一级属性包括特征、状况等;二级属性包括特点、优点、危害、关键指标、现状、前景、困境等,详细的说明请参见第二部分 3.2 节。

　【方法手段】

　　【方法】无线通信方式

【词条关系】➔词条关系分两级显示,以缩进表示层级。第一层表示一级关系;第二层表示二级关系,一级关系是对二级关系的归纳总结,不参与具体的关系构建,而二级关系是实际使用的关系,在重大自然灾害监测与防御领域汉语科技词系统中使用了42种不同的二级关系。在本例中"适用情况"是一级关系,"用于"是二级关系。词条关系的一级关系包括适用情况、组成关系等,二级关系包括用于、适用、集成为、组成等,详细的说明请参见第二部分3.1节。

【适用情况】
    【用于】灾害性天气

2 实例正文

◎ **不确定性风险**
【基本信息】
　【英文名】uncertain risk
　【拼音】bu que ding xing feng xian
　【核心词】
【定义】
　由于各种不确定性导致不容易度量的风险。
【来源】《保险学》
【分类信息】
　【NDCC 分类类目】
　　灾害评估
【词条属性】
　【特征】
　　【关键指标】概率法
　【基本情况】
　　【形成原因】不确定性
【词条关系】
　【层级关系】
　　【类属】风险
　【组成关系】
　　【成分有】敏感性分析
　　【成分有】盈亏平衡分析

◎ **专项应灾能力**
【基本信息】
　【英文名】special disaster response capacity
　【拼音】zhuan xiang ying zai neng li
　【核心词】
【定义】
　是指为特定自然灾害的防治所提供的各种工程和非工程的抗灾措施力度。

【来源】《中国自然灾害风险综合评估初步研究》
【分类信息】
　【NDCC 分类类目】
　　灾害评估
【词条属性】
　【功用】
　　【用途】自然灾害风险评估
【词条关系】
　【组成关系】
　　【组成】区域应灾能力评估

◎ **专项监测**
【基本信息】
　【英文名】special monitoring
　【拼音】zhuan xiang jian ce
　【核心词】
【定义】
　在国家重点生态环境建设地区进行资源与生态环境时空变化的监测，主要包括黄河上中游地区、长江上中游地区、风沙区、草原区等。
【来源】《森林生态学》
【分类信息】
　【NDCC 分类类目】
　　灾害监测
【词条属性】
　【特征】
　　【关键指标】生态环境
　【空间属性】
　　【位置】国家重点生态环境建设地区
【词条关系】
　【层级关系】

【类属】森林生态环境监测方法

◎ 东北冷害
【基本信息】
　【英文名】cool damage in Northeast China
　【拼音】dong bei leng hai
　【核心词】
【定义】
　　中国东北地区发生的冷害，是一种大范围的灾害性天气，是当地主要的自然灾害。
【来源】《植物生理学》
【分类信息】
　【NDCC 分类类目】
　　低温灾害
【词条属性】
　【特征】
　　【特点】在农作物生长季节，0℃以上低温对作物的损害
　【状况】
　　【现状】黑龙江、吉林、辽宁三省 1969、1972、1976 年因低温冷害损失粮食约在 50 亿公斤左右
　【时间属性】
　　【发生时间】因作物的发育期而定
【词条关系】
　【层级关系】
　　【子类】低温多雨型冷害
　　【子类】低温干旱型冷害
　　【子类】低温早霜型冷害
　　【类属】冷害
　　【类属】低温寡照
　【等同关系】
　　【本名-别名同义】东北夏季低温冷害

◎ 临时安置房
【基本信息】
　【英文名】temporary rehousing
　【拼音】lin shi an zhi fang

　【核心词】
【定义】
　　是指受灾户从灾后到重新获得永久性住房之前的过渡性居住场所，弥补了救灾阶段和稍后重建阶段之间的空隙。这是灾后恢复的重要阶段，但往往被政府、非政府组织和其他援助机构忽略。
【来源】《突发事件应急管理：预防处置与恢复重建》
【分类信息】
　【NDCC 分类类目】
　　灾害处置
【词条属性】
　【时间属性】
　　【起始时间】灾后
　【基本情况】
　　【持续时间】过渡性居住场所，受灾户找到安置地之后拆除
【词条关系】
　【适用情况】
　　【用于】灾后安置
　【层级关系】
　　【类属】临时房屋
　【组成关系】
　　【部件有】帐篷营
　　【部件有】活动房
　　【部件有】自建棚屋
　　【部件有】纸制临时房
　　【部件有】棉帐篷
　　【部件有】预制临时房
　　【部件有】木制临时房
　　【部件有】帐篷

◎ 事故井喷
【基本信息】
　【英文名】spontaneous blowout
　【拼音】shi gu jing pen
　【核心词】

【定义】

井喷是钻井过程中地层流体（石油、天然气、水等）的压力大于井内压力而大量涌入井筒，并从井口无控制地喷出的现象。而井喷事故则是由喷发时巨大的压力和冲击波所造成的人员伤亡和财产损失。井喷事故是一种十分有害的钻井事故，一旦出现往往产生严重后果，必须采取严密的预防措施。出现井涌时，一定要迅速准确地关总井，控制井口，防止井喷事故发生。

【来源】《灾害事故伤情评估及救护》

【分类信息】

　【NDCC 分类类目】

　　其他灾害

【词条属性】

　【特征】

　　【特点】突发性

　【基本情况】

　　【形成原因】对钻开的地层压力情况不清或预计不准

　　【形成原因】使用的钻井液密度不足以平衡地层压力

　　【形成原因】地面控制系统失灵

【词条关系】

　【层级关系】

　　【类属】钻井事故

　【等同关系】

　　【基本等同】井喷事故

　【对应关系】

　　【概念-实例】圣巴巴拉井喷事件

◎ 事故保险

【基本信息】

　【英文名】accident insurance

　【拼音】shi gu bao xian

　【核心词】

【定义】

指以事故的发生为对象购买的保险，用以转移风险，降低潜在损失。

【来源】《灾害事故伤情评估及救护》

【分类信息】

　【NDCC 分类类目】

　　灾害处置

【词条属性】

　【功用】

　　【用途】风险转移

　【目的】

　　【目的目标】事故预防

【词条关系】

　【组成关系】

　　【组成】灾害保险

◎ 事故分析

【基本信息】

　【英文名】accident analysis

　【拼音】shi gu fen xi

　【核心词】

【定义】

对已发生事故进行的发生原因、责任等方面分析，以找到根源，杜绝此类事故再次发生。

【来源】《灾害事故伤情评估及救护》

【分类信息】

　【NDCC 分类类目】

　　灾害评估

【词条属性】

　【功用】

　　【用途】事故报告

【词条关系】

　【组成关系】

　　【部件有】最坏情况分析

◎ 事故报警信号

【基本信息】

　【英文名】accidental warning signal

【拼音】shi gu bao jing xin hao
【核心词】
【定义】
　　事故发生时，设备自动报错发出的报警信号。是事故发生的前兆。
【来源】《灾害事故伤情评估及救护》
【分类信息】
　【NDCC 分类类目】
　　灾害预警
【词条属性】
　【功用】
　　【用途】事故报警器
【词条关系】
　【适用情况】
　　【用于】事故预防

◎ 事故率
【基本信息】
　【英文名】accident rate
　【拼音】shi gu lü
　【核心词】
【定义】
　　发生事故的次数（数量），并非比率。
【来源】《灾害事故伤情评估及救护》
【分类信息】
　【NDCC 分类类目】
　　灾害评估
【词条属性】
　【方法手段】
　　【方法】事故数法
　　【方法】事故率法
　【功用】
　　【功能】鉴别交通事故
【词条关系】
　【层级关系】
　　【子类】人口事故率
　　【子类】系统事故率
　　【子类】运行事故率
　　【子类】人身事故率
　　【子类】车辆事故率

◎ 事故识别信号灯
【基本信息】
　【英文名】emergency identification light
　【拼音】shi gu shi bie xin hao deng
　【核心词】
【定义】
　　当发生事故时，机器自动报警显示的灯，可以根据显示识别事故的原因。
【来源】《灾害事故伤情评估及救护》
【分类信息】
　【NDCC 分类类目】
　　灾害评估
【词条属性】
　【功用】
　　【用途】事故调查
【词条关系】
　【适用情况】
　　【用于】事故情景

◎ 事故调查
【基本信息】
　【英文名】accident investigation
　【拼音】shi gu diao cha
　【核心词】
【定义】
　　重大事故、较大事故、一般事故分别由事故发生地省级人民政府、设区的市级人民政府、县级人民政府负责调查。省级人民政府、设区的市级人民政府、县级人民政府可以直接组织事故调查组进行调查，也可以授权或者委托有关部门组织事故调查组进行调查。

【来源】《灾害事故伤情评估及救护》
【分类信息】
  【NDCC 分类类目】
    灾害评估
【词条属性】
  【目的】
    【目的目标】事故处理
【词条关系】
  【适用情况】
    【描述】事故经济损失
    【用于】事故分析

◎ **事故调查报告**
【基本信息】
  【英文名】accident analysis report
  【拼音】shi gu diao cha bao gao
  【核心词】
【定义】
  事故发生后，事故现场有关人员应当立即向本单位负责人报告；单位负责人接到报告后，应当于 1 小时内向事故发生地县级以上人民政府安全生产监督管理部门和负有安全生产监督管理职责的有关部门报告；情况紧急时，事故现场有关人员可以直接向事故发生地县级以上人民政府安全生产监督管理部门和负有安全生产监督管理职责的有关部门报告。
【来源】《灾害事故伤情评估及救护》
【分类信息】
  【NDCC 分类类目】
    灾害处置
【词条属性】
  【功用】
    【用途】安全事故责任追究制度
【词条关系】
  【触发条件】
    【依据】事故调查
    【依据】事故分析

◎ **事故防护**
【基本信息】
  【英文名】safety control
  【拼音】shi gu fang hu
  【核心词】
【定义】
  用于事故预防与损失降低的各种措施、举措。
【来源】《灾害事故伤情评估及救护》
【分类信息】
  【NDCC 分类类目】
    灾害处置
【词条属性】
  【目的】
    【目的目标】降低事故发生概率及损失
【词条关系】
  【组成关系】
    【隶属于】事故管理系统

◎ **交通灾害**
【基本信息】
  【英文名】traffic disasters
  【拼音】jiao tong zai hai
  【核心词】
【定义】
  是指车辆在道路上因过错或者意外造成人身伤亡或者财产损失的事件。
【分类信息】
  【NDCC 分类类目】
    一般术语
【词条属性】
  【状况】
    【现状】普遍性

【词条关系】
　　【层级关系】
　　　　【子类】交通雪害
　　　　【子类】铁路灾害
　　　　【子类】公路灾害
　　　　【子类】公路交通灾害
　　　　【子类】铁路交通灾害
　　　　【子类】民航交通灾害
　　　　【类属】重大交通事故
　　【因果关系】
　　　　【受影响（有关）】不良能见度
　　　　【受影响（有关）】路面病害
　　　　【受影响（有关）】路基边坡滑塌
　　　　【受影响（有关）】道路塌方
　　【对应关系】
　　　　【概念－实例】沙埋铁路

◎ 人为水文灾害
【基本信息】
　　【英文名】anthropogenic hydrological disasters
　　【拼音】ren wei shui wen zai hai
　　【核心词】
【定义】
　　由于人类活动因素引起的水文灾害。
【来源】《英汉汉英灾害科学词典》
【分类信息】
　　【NDCC 分类类目】
　　　　气象水文灾害
【词条属性】
　　【基本情况】
　　　　【形成原因】随着人口的剧增和经济的快速发展，人类开发利用自然的强度逐渐增大，一方面导致某些水文灾害加重，另一方面引起了一些人为的水文灾害
【词条关系】
　　【层级关系】
　　　　【类属】水文灾害

◎ 人口
【基本信息】
　　【英文名】population
　　【拼音】ren kou
　　【核心词】
【定义】
　　通常是指一个地理区域的人的数目。人口是一个内容复杂、综合多种社会关系的社会实体，具有性别和年龄及自然构成，多种社会构成和社会关系、经济构成和经济关系。人口的出生、死亡、婚配，处于家庭关系、民族关系、经济关系、政治关系及社会关系之中，一切社会活动、社会关系、社会现象和社会问题都同人口发展过程相关。
【来源】《地理学词典》
【分类信息】
　　【NDCC 分类类目】
　　　　一般术语
【词条属性】
　　【特征】
　　　　【关键指标】人口密度
【词条关系】
　　【对应关系】
　　　　【指标－主体】灾情

◎ 人工地震
【基本信息】
　　【英文名】artifical earthquake
　　【拼音】ren gong di zhen
　　【核心词】
【定义】
　　人工地震是由人为活动引起的地震。如工业爆破、地下核爆炸造成的振动；在深井中进行高压注水以及大水库蓄水后增加了地壳的压力，有时也会诱发地震。
【来源】《地质气象灾害》
【分类信息】

【NDCC 分类类目】
　　灾害模拟与评估
【词条属性】
　【基本情况】
　　【形成原因】人为活动
【词条关系】
　【层级关系】
　　【子类】人造地震
　　【子类】注水地震
　　【子类】抽水地震
　　【子类】露天爆破地震
　【因果关系】
　　【成因（果－因）】地下核爆炸
　　【成因（果－因）】人工地震震动
　　【成因（果－因）】工业爆破

◎伤亡人口
【基本信息】
　【英文名】casualties
　【拼音】shang wang ren kou
　【核心词】
【定义】
　　指灾害活动期间，因灾直接造成的受伤、残废及死亡人口。
【来源】《灾害事故伤情评估及救护》
【分类信息】
　【NDCC 分类类目】
　　灾害评估
【词条属性】
　【基本情况】
　　【形成原因】灾害
【词条关系】
　【组成关系】
　　【分解为】死亡人口
　　【分解为】受伤人口
　　【分解为】残废人口
　　【分解为】伤病人口

　【组成】人员伤亡损失

◎位移测量
【基本信息】
　【英文名】displacement measurement
　【拼音】wei yi ce liang
　【核心词】
【定义】
　　位移测量是线位移和角位移测量的统称。
【分类信息】
　【NDCC 分类类目】
　　地质地震灾害
【词条属性】
　【功用】
　　【用途】测量位移
【词条关系】
　【适用情况】
　　【用于】位移

◎低温冷害
【基本信息】
　【英文名】low temperature and cold damage
　【拼音】di wen leng hai
　【核心词】
【定义】
　　是影响我国农业生产的主要灾害之一。它简称冷害，指农作物在生育期间，遭受低于其生长发育所需的环境温度，引起农作物生育期延迟，或使其生殖器官的生理机能受到损害，导致农业减产。
【来源】《低温冷害》
【分类信息】
　【NDCC 分类类目】
　　一般术语
【词条属性】
　【特征】
　　【特点】持续性低温天气

【效应】
　　【负效应】引起农作物生育期延迟，或使其生殖器官的生理机能受到损害，导致农业减产
【词条关系】
　　【层级关系】
　　　　【子类】作物低温冷害
　　　　【子类】一般低温冷害
　　　　【子类】极严重冷害
　　　　【子类】特严重低温冷害
　　　　【子类】夏季低温冷害
　　　　【子类】春季低温冷害
　　　　【子类】秋季低温冷害
　　　　【子类】湿冷型低温冷害
　　　　【子类】中等低温冷害
　　　　【子类】晴冷型低温冷害
　　　　【子类】稻株冷害
　　　　【子类】低温多雨型冷害
　　　　【子类】低温干旱型冷害
　　　　【子类】低温早霜型冷害
　　　　【子类】低温少日照型冷害
　　　　【子类】五月寒
　　　　【子类】十月寒
　　　　【子类】春寒
　　　　【子类】低温冷夏
　　　　【子类】水稻低温冷害
　　　　【子类】寒露风
　　　　【子类】寒潮低温
　　　　【子类】致死低温
　　　　【类属】农业气象灾害
　　【等同关系】
　　　　【指标-主体】冷害
　　　　【本名-别名同义】哑巴灾
　　【因果关系】
　　　　【受影响（有关）】低温连阴雨天气
　　　　【受影响（有关）】低温阴雨天气
　　【对应关系】
　　　　【主体-指标】低温冷害指标

◎低温寡照灾害
【基本信息】
　　【英文名】low temperature and dark disasters
　　【拼音】di wen gua zhao zai hai
　　【核心词】
【定义】
　　指10月到翌年3月由于冷空气影响导致温度下降，同时天空中云层笼罩，太阳光很少或不足，并持续几天形成的灾害。
【来源】《低温寡照对日光温室蔬菜的影响及防御》
【分类信息】
　　【NDCC分类类目】
　　　　低温灾害
【词条属性】
　　【基本情况】
　　　　【形成原因】冷空气
　　　　【形成原因】太阳光很少或不足
【词条关系】
　　【层级关系】
　　　　【类属】农业气象灾害

◎作物病虫害
【基本信息】
　　【英文名】crop pest
　　【拼音】zuo wu bing chong hai
　　【核心词】
【定义】
　　农作物病虫害是我国的主要农业灾害之一，它具有种类多、影响大，并时常暴发成灾的特点，其发生范围和严重程度对我国国民经济，特别是农业生产常造成重大损失。
【来源】《中国农业百科全书》
【分类信息】
　　【NDCC分类类目】

植物病虫害
【词条属性】
　【特征】
　　【特点】种类多
　　【特点】影响大
【词条关系】
　【层级关系】
　　【子类】棉花病虫害
　　【类属】病虫害
　【组成关系】
　　【组成】植物灾害
　【时间关系】
　　【前】立秋

◎作用半径
【基本信息】
　【英文名】action radius
　【拼音】zuo yong ban jing
　【核心词】
【定义】
　　灾害影响的半径。
【来源】《英汉汉英灾害科学词典》
【分类信息】
　【NDCC 分类类目】
　　一般术语
【词条属性】
　【方法手段】
　　【方法】灾害模拟
　【功用】
　　【用途】紧急救援
【词条关系】
　【适用情况】
　　【描述】堆积作用
　　【描述】沉积作用
　　【描述】风沙作用
　　【描述】浪蚀作用
　　【描述】蚀变作用
　　【描述】搬运作用
　　【描述】机械作用
　　【描述】风力作用
　　【描述】底侵作用
　　【描述】风积作用
　　【描述】海蚀作用
　　【描述】吸积作用
　　【描述】下蚀作用
　　【描述】去气作用
　　【描述】风蚀作用
　　【描述】海冰作用
　　【描述】抗震作用
　　【描述】重力作用
　　【描述】灾害强度

◎侵蚀平原
【基本信息】
　【英文名】erosion plain
　【拼音】qin shi ping yuan
　【核心词】
【定义】
　　又称石质平原。是一种非构造平原，当地壳处于长期稳定的情况下，崎岖不平的山地，在温度变化，风雨、冰雪和流水等外力剥蚀作用下，逐渐崩解破碎成碎粒。并被流水搬运山地慢慢夷平成低矮平缓的平原。
【来源】《英汉汉英灾害科学词典》
【分类信息】
　【NDCC 分类类目】
　　地质地震灾害
【词条属性】
　【特征】
　　【特点】地势不很平坦，有比较明显的起伏
　　【特点】地表土层较薄，多风化后的残积物，有大小石块等粗粒物质
　　【特点】岩石往往凸露地表，有一些孤立的残丘和小山散布在平原之上

【词条关系】
　【等同关系】
　　【本名-别名同义】石质平原
　【组成关系】
　　【分解为】海蚀平原
　　【分解为】冰蚀平原
　　【集成为】河流地貌

◎ 侵蚀灾害
【基本信息】
　【英文名】erosion disaster
　【拼音】qin shi zai hai
　【核心词】
【定义】
　　由侵蚀作用引起的自然环境恶化的现象。如：由于水的流动，带走了地球表面的土壤，使得土地变得贫瘠，岩石裸露，植被破坏，生态恶化。
【来源】《山区侵蚀灾害分类及编目方法》
【分类信息】
　【NDCC分类类目】
　　其他地质灾害
【词条属性】
　【特征】
　　【关键指标】侵蚀比率
　【基本情况】
　　【形成原因】侵蚀营力
【词条关系】
　【层级关系】
　　【子类】海岸侵蚀灾害
　　【子类】土壤侵蚀灾害
　　【子类】盐渍化侵蚀
　　【子类】隐匿侵蚀
　【因果关系】
　　【影响（部分因果）】表面侵蚀
　　【影响（部分因果）】静态褶皱构造山地
　　【结果（因-果）】刻蚀平原
　　【结果（因-果）】刻蚀夷平面
　　【结果（因-果）】冰川侵蚀地形
　【对应关系】
　　【主体-指标】侵蚀强度
　　【主体-指标】侵蚀速率
　　【概念-实例】吹穴

◎ 光化学反应
【基本信息】
　【英文名】photochemical reaction
　【拼音】guang hua xue fan ying
　【核心词】
【定义】
　　又称光化学反应或光化作用。物质一般在可见光或紫外线的照射下而产生的化学反应，是由物质的分子吸收光子后所引起的反应。
【来源】《气象学词典》
【分类信息】
　【NDCC分类类目】
　　一般术语
【词条属性】
　【特征】
　　【关键指标】光合作用
　　【关键指标】光分解作用
【词条关系】
　【因果关系】
　　【受影响（有关）】太阳辐射
　　【结果（因-果）】光化学污染

◎ 光化学污染
【基本信息】
　【英文名】photochemical pollution
　【拼音】guang hua xue wu ran
　【核心词】
【定义】
　　光化学烟雾主要是由于汽车尾气和工业废气排放造成的，汽车尾气中的烯烃类碳氢化合物和二氧化氮（NO_2）被排放到大气中后，在强烈的阳光紫外线照射下，会吸收太阳光所具有的能量。这些物质的分子在吸收了太阳光的能量后，会变得不稳定，原有的化学链遭到破坏，形成新的物质。这种化学反应被称为光化学反应，其产物就是含剧毒的光化学烟雾。
【来源】《防灾事典》
【分类信息】
　【NDCC 分类类目】
　　生态环境灾害
【词条属性】
　【特征】
　　【关键指标】光强
　【时间属性】
　　【发生时间】主要发生在阳光强烈的夏、秋季节
　【空间属性】
　　【位置】在北纬60°～南纬60°的一些大城市都有可能发生
【词条关系】
　【层级关系】
　　【子类】化学烟气
　【因果关系】
　　【受影响（有关）】城市热害
　　【成因（果－因）】光化学反应
　【对应关系】
　　【概念－实例】美国洛杉矶光化学烟雾事件
　　【概念－实例】英国伦敦烟雾事件

◎ **光污染**
【基本信息】
　【英文名】light pollution
　【拼音】guang wu ran
　【核心词】
　【定义】
　　（1）广义的光污染包括一些可能对人的视觉环境和身体健康产生不良影响的事物，包括生活中常见的书本纸张、墙面涂料的反光甚至是路边彩色广告的"光芒"也可算在此列，光污染所包含的范围之广由此可见一斑。
　　（2）人类过度使用照明系统而产生的问题。
【分类信息】
　【NDCC 分类类目】
　　其他灾害
【词条属性】
　【基本情况】
　　【形成原因】过度照明
　【特征】
　　【危害】使夜空失色
　　【危害】损害眼睛
　　【特点】人工雕刻明显
【词条关系】
　【层级关系】
　　【子类】人工白昼
　　【子类】光入侵
　　【子类】眩光
　　【子类】眩光污染
　　【子类】彩光污染
　　【子类】激光污染
　　【子类】红外线污染
　　【子类】过度照明
　　【子类】视觉污染
　　【子类】白亮污染
　　【子类】紫外线污染
　　【子类】混光
　　【类属】城市污染
　【等同关系】
　　【基本等同】噪光污染
　　【基本等同】城市光污染
　　【本名－别名同义】光害
　【组成关系】
　　【部件有】城市照明

【部件有】射线污染
　　【部件有】光滥用
【因果关系】
　　【受影响（有关）】氮氧化物
　　【受影响（有关）】反射阳光作用
　　【影响（部分因果）】鸟类迷失
　　【影响（部分因果）】健康照明
　　【影响（部分因果）】光伤害

◎ **全灾害管理**
【基本信息】
　　【英文名】all types of natural disaster management
　　【拼音】quan zai hai guan li
　　【核心词】
【定义】
　　针对全灾种、灾害全过程的灾害管理。
【来源】《英汉汉英灾害科学词典》
【分类信息】
　　【NDCC 分类类目】
　　　灾害管理
【词条属性】
　　【目的】
　　　【目的目标】防灾减灾
【词条关系】
　　【组成关系】
　　　【隶属于】灾害管理

◎ **全球变暖**
【基本信息】
　　【英文名】global warming
　　【拼音】quan qiu bian nuan
　　【核心词】
【定义】
　　全球气候变暖是一种"自然现象"。人们焚烧化石矿物或砍伐森林并将其焚烧时产生二氧化碳等多种温室气体，由于这些温室气体对来自太阳辐射的可见光具有高度的透过性，而对地球反射出来的长波辐射具有高度的吸收性，能强烈吸收地面辐射中的红外线，也就是常说的"温室效应"，导致全球气候变暖。
【来源】《全球变暖》
【分类信息】
　　【NDCC 分类类目】
　　　其他气象水文灾害
【词条属性】
　　【特征】
　　　【危害】危害自然生态系统平衡
　　　【危害】威胁人类的食物供应和居住环境
　　【效应】
　　　【正效应】二氧化碳增产效应
　　　【负效应】冰川和冻土消融
　　　【负效应】海平面上升
　　　【负效应】自然灾害加重
　　　【负效应】影响人体健康
　　【基本情况】
　　　【形成原因】人口剧增
　　　【形成原因】大气环境污染
　　　【形成原因】海洋生态环境恶化
　　　【形成原因】土地遭破坏
　　　【形成原因】森林资源锐减
　　　【形成原因】酸雨危害
　　　【形成原因】物种加速灭绝
　　　【形成原因】水污染
　　　【形成原因】有毒废料污染
　　　【形成原因】火山活动
　　　【形成原因】地球周期性公转轨迹变动
【词条关系】
　　【组成关系】
　　　【组成】灾害气候学
　　【因果关系】
　　　【受影响（有关）】化石燃料
　　　【受影响（有关）】二氧化碳

【影响（部分因果）】全球海面相对变化
【影响（部分因果）】极地冰雪融化

◎ **公害病**
【基本信息】
　【英文名】public nuisance disease
　【拼音】gong hai bing
　【基础词】
【定义】
　由于大气、水域或食物人为污染所引起的公众疾病。
【来源】《环境学词典》
【分类信息】
　【NDCC 分类类目】
　　其他灾害
【词条属性】
　【特征】
　　【特点】一般具有长期、陆续发病特征
　　【特点】也可能出现急性爆发型的疾病
　【基本情况】
　　【形成原因】由人类活动造成的环境污染所引起
【词条关系】
　【层级关系】
　　【类属】病害
　【组成关系】
　　【部件有】骨痛病
　　【部件有】水俣病

◎ **兽害防治**
【基本信息】
　【英文名】animal damage control
　【拼音】shou hai fang zhi
　【核心词】
【定义】
　采取各种方法措施，预防和减小兽害及其可能造成的损失。
【来源】《自然灾害与防灾科学》
【分类信息】
　【NDCC 分类类目】
　　灾害管理
【词条属性】
　【功用】
　　【功能】降低兽害风险
【词条关系】
　【适用情况】
　　【用于】兽害
　【层级关系】
　　【类属】生物灾害防治
　【因果关系】
　　【影响（部分因果）】兽害损失

◎ **内涝灾害**
【基本信息】
　【英文名】waterlogging disaster
　【拼音】nei lao zai hai
　【核心词】
【定义】
　城市暴雨内涝是指由于强降水或连续性降水超过城市排水能力致使城市内产生积水灾害的现象。
【来源】《英汉汉英灾害科学词典》
【分类信息】
　【NDCC 分类类目】
　　洪涝灾害
【词条属性】
　【特征】
　　【特点】城市内涝在中国比较普遍
　　【特点】城市某些特定地点的发生率较高
　【基本情况】
　　【形成原因】城市排水管网不畅
　　【形成原因】降雨强度大，范围集中
　　【形成原因】地形地貌

【词条关系】
　【等同关系】
　　【基本等同】城市内涝灾害
　【因果关系】
　　【结果（因-果）】内涝直接损失
　　【结果（因-果）】内涝间接损失

◎ **冒顶灾害**
【基本信息】
　【英文名】roof falling disaster
　【拼音】mao ding zai hai
　【核心词】
【定义】
　在自重作用下井巷顶板突然冒落所造成的灾害。
　【来源】《汉英地质词典》
【分类信息】
　【NDCC分类类目】
　　其他地质灾害
【词条属性】
　【特征】
　　【危害】破坏井巷
　　【危害】造成人员伤亡、设备毁坏
　　【特点】产生强大的冲击波
　　【特点】具突发性
　【约束】
　　【数值范围】大面积冒顶一次冒落的顶板面积少则几千平方米，多则可达几万甚至几十万平方米。
　【基本情况】
　　【形成原因】受地质构造影响
　　【形成原因】受顶板岩石性质与结构影响
　　【形成原因】受开采方法与遗留矿柱影响
【词条关系】
　【层级关系】
　　【类属】矿山与地下工程灾害

◎ **农业干旱**
【基本信息】
　【英文名】agriculture drought
　【拼音】nong ye gan han
　【核心词】
【定义】
　农业干旱是指在农作物生长发育过程中，因降水不足、土壤含水量过低和作物得不到适时适量的灌溉，致使供水不能满足农作物的正常需水，而造成农作物减产。
　【来源】《中国农业百科全书》
【分类信息】
　【NDCC分类类目】
　　干旱灾害
【词条属性】
　【特征】
　　【关键指标】土壤含水量
【词条关系】
　【层级关系】
　　【子类】小麦干旱
　　【类属】农业灾害性天气
　【时间关系】
　　【同一时段】需水临界期
　【因果关系】
　　【受影响（有关）】土壤水分供给
　　【受影响（有关）】土壤类型
　　【受影响（有关）】土壤干土层厚度
　【对应关系】
　　【概念-实例】茶树干旱
　　【概念-实例】果树干旱

◎ **农业洪水灾害**
【基本信息】
　【英文名】agricultural flood disasters
　【拼音】nong ye hong shui zai hai
　【核心词】
【定义】

以农业作为承灾体的洪水灾害。
【来源】《中国农业百科全书》
【分类信息】
【NDCC 分类类目】
洪涝灾害
【词条属性】
【基本情况】
【形成原因】气象因素加之农业相对于洪水灾害的脆弱性较大。
【词条关系】
【层级关系】
【类属】洪水灾害

◎ **农业灾害**
【基本信息】
【英文名】agricultural Disaster
【拼音】nong ye zai hai
【核心词】
【定义】
给农业生产带来损失的各种灾害。
【来源】《中国农业百科全书》
【分类信息】
【NDC 类目】
一般术语
【词条属性】
【效应】
【负效应】影响粮食产量
【词条关系】
【层级关系】
【子类】农业生物灾害风险
【子类】玉米虫害
【子类】树木虫害
【子类】农作物病虫害
【子类】萎蔫病
【子类】白叶病（稻）
【子类】白锈
【子类】农业生态环境灾害
【子类】农业海洋灾害
【子类】农业人为灾害
【子类】农业土壤灾害
【子类】农作物重大生物灾害
【子类】农林生物灾害
【子类】缓发型农业灾害
【子类】突发性农业灾害
【子类】农田水涝灾害
【子类】农田雨涝灾害
【子类】农田涝渍灾害
【子类】农田积涝灾害
【子类】农业生态灾害
【子类】农业病虫害
【组成关系】
【成分有】作物生态型
【部件有】农业灾害监测
【部件有】旱涝
【部件有】徒长
【部件有】渍害
【部件有】药害
【部件有】耕地损毁
【部件有】农业病灾
【部件有】现代农业灾害
【部件有】农业地质灾害
【隶属于】灾害
【因果关系】
【受影响（有关）】农业模式
【影响（部分因果）】中国传统农业
【影响（部分因果）】移耕农业
【影响（部分因果）】可持续农业与农村发展
【结果（因–果）】农作物歉收
【对应关系】
【指标–主体】耕地面积
【概念–实例】麦类赤霉病

◎ **农业灾害补偿**
【基本信息】
【英文名】agricultural disaster compensation

【拼音】nong ye zai hai bu chang
【核心词】
【定义】
　　农业灾害补偿制度是作为国家的灾害对策而实施的政府公共保险制度。
【来源】《中国农业百科全书》
【分类信息】
　【NDCC分类类目】
　　灾害处置
【词条属性】
　【目的】
　　【目的目标】减少农民损失，迅速实现灾区恢复重建
【词条关系】
　【层级关系】
　　【类属】灾害补偿
　【组成关系】
　　【成分有】政府灾害补偿机制
　　【成分有】市场风险转移和分摊机制
　　【成分有】政府和市场混合机制

◎ 农业灾害防治
【基本信息】
　【英文名】agricultural disaster prevention
　【拼音】nong ye zai hai fang zhi
　【核心词】
【定义】
　　对承灾体为农业的灾害进行的预防和治理，以减小灾害的发生可能及灾害损失。
【来源】《中国农业百科全书》
【分类信息】
　【NDCC分类类目】
　　灾害管理
【词条属性】
　【目的】
　　【目的目标】防灾减灾
【词条关系】
　【适用情况】
　　【用于】农业灾害
　【层级关系】
　　【子类】种子处理防治

◎ 农业防治法
【基本信息】
　【英文名】agricultural prevention
　【拼音】nong ye fang zhi fa
　【核心词】
【定义】
　　农业防治法是通过调整栽培技术等一系列措施以减少或防治病虫害的方法。
【来源】《大棚蔬菜病虫害农业防治法》
【分类信息】
　【NDCC分类类目】
　　灾害管理
【词条属性】
　【特征】
　　【特点】大多为预防性的
　【方法手段】
　　【手段】选育抗病、虫品种
　　【手段】合理施肥
　　【手段】调节播种期
　　【手段】耕作深耕
　　【手段】合理轮作和间作
【词条关系】
　【适用情况】
　　【用于】农业病虫害防治

◎ 农作物灾害
【基本信息】
　【英文名】crops disasters
　【拼音】nong zuo wu zai hai
　【核心词】
【定义】
　　农作物在生长发育过程中所遇到的各种

影响产量和品质的灾害。
【来源】《主要农作物灾害评估》
【分类信息】
　【NDCC 分类类目】
　　其他灾害
【词条属性】
　【效应】
　　【负效应】农业经济损失
　【基本情况】
　　【形成原因】农业灾害
【词条关系】
　【因果关系】
　　【受影响（有关）】作物生长模式
　　【受影响（有关）】寒冻灾害
　　【成因（果－因）】农作物灾害灾情

◎ 农作物病害

【基本信息】
　【英文名】crop disease
　【拼音】nong zuo wu bing hai
　【核心词】
【定义】
　由于细菌、害虫和自然灾害而导致的农作物产量减少和品质下降。
【来源】《农作物病害及其防治》
【分类信息】
　【NDCC 分类类目】
　　其他生物灾害
【词条属性】
　【特征】
　　【关键指标】受害面积
　　【关键指标】受害程度
　【基本情况】
　　【形成原因】害虫
　　【形成原因】自然灾害
【词条关系】
　【层级关系】

　　【子类】黄矮病
　　【子类】黄斑驳病
　　【子类】黄萎病
　　【子类】黄锈病
　　【子类】黄叶病
　　【子类】水稻颖枯病
　　【子类】稻叶黑粉病
　　【子类】稻粒黑穗病
　　【子类】稻苗根黑腐病
　　【子类】稻霜霉病
　　【子类】稻曲病
　　【子类】稻胡麻斑病
　　【子类】稻谷黑穗病
　　【子类】稻秆锈病
　　【子类】稻赤霉病
　　【子类】玉米纹枯病
　　【子类】番茄病毒病
　　【子类】香蕉束顶病
　　【子类】木瓜花叶病
　　【子类】柑橘溃疡病
　　【子类】甘蔗赤腐病
　　【子类】烟害
　　【类属】病害
　【组成关系】
　　【部件有】麦类黑穗病

◎ 农林气象灾害

【基本信息】
　【英文名】meteorological disasters of agriculture and forestry
　【拼音】nong lin qi xiang zai hai
　【核心词】
【定义】
　不利气象条件给农林业造成的灾害。
【来源】《主要气象灾害风险评价与管理的数量化方法及其应用》
【分类信息】

【NDCC 分类类目】
　　其他气象水文灾害
【词条属性】
　【特征】
　　【特点】农业和林业
　【效应】
　　【负效应】农林生物灾害损失
【词条关系】
　【因果关系】
　　【受影响（有关）】农林气象灾害链
　　【结果（因-果）】农林气象灾害灾情

◎ **农林生物灾害**
【基本信息】
　【英文名】forestry biological disasters
　【拼音】nong lin sheng wu zai hai
　【核心词】
【定义】
　　（1）包括自然灾害、病虫鸟兽活动的危害、人为因素造成的灾害。自然灾害如不良天气造成旱、涝、水土流失、阴雨过多、光照不足、台风等。病虫鸟兽危害如各类病虫害、鸟害、鼠害、野猪破坏等。人为因素如不正确的耕作造成土壤结构破坏、大量化学农药使用、药物使用不当、人为践踏、滥砍滥伐等造成的为害。
　　（2）对农业产生较大损失的生物灾害。
【分类信息】
　【NDCC 分类类目】
　　生物灾害
【词条属性】
　【特征】
　　【危害】生物多样性减少
【词条关系】
　【层级关系】
　　【类属】农业灾害
　【等同关系】
　　【基本等同】农林灾害

◎ **农田水涝灾害风险评估**
【基本信息】
　【英文名】water logging disaster risk assessment of farmland
　【拼音】nong tian shui lao zai hai feng xian ping gu
　【核心词】
【定义】
　　对农田水涝灾害及其对人类生命财产破坏的可能性进行评估。
【来源】《中国农业百科全书》
【分类信息】
　【NDCC 分类类目】
　　灾害评估
【词条属性】
　【功用】
　　【用途】农田水涝灾害防治
【词条关系】
　【等同关系】
　　【基本等同】农田水涝灾害风险估计

◎ **冰塞洪水灾害**
【基本信息】
　【英文名】ice flood disaster
　【拼音】bing sai hong shui zai hai
　【核心词】
【定义】
　　由于冰塞引起的洪水灾害。
【来源】《英汉汉英灾害科学词典》
【分类信息】
　【NDCC 分类类目】
　　洪涝灾害
【词条属性】
　【效应】
　　【负效应】引起人员和财产损失
【词条关系】
　【层级关系】

【类属】冰凌洪水灾害

◎ 冰川灾害
【基本信息】
　【英文名】glacier disaster
　【拼音】bing chuan zai hai
　【核心词】
【定义】
　因冰川引起的灾害。
【来源】《英汉汉英灾害科学词典》
【分类信息】
　【NDCC 分类类目】
　　其他灾害
【词条属性】
【词条关系】
　【层级关系】
　　【子类】冰川泥石流
　　【子类】冰川消融洪水
　　【子类】冰湖溃决洪水
　　【子类】重大冰川灾害
　　【子类】极端冰川灾害
　　【类属】冰雪灾害
　【因果关系】
　　【受影响（有关）】温冰川

◎ 冰川运动
【基本信息】
　【英文名】glacier motion；flow of glacier
　【拼音】bing chuan yun dong
　【核心词】
【定义】
　由冰川的冰形变、冰在冰床上的滑动和冰床形变等引起的冰川由高海拔向低海拔的移动。冰川运动是冰川对冰床进行刨蚀和搬运，塑造各种冰川地貌的动力，它使积累区的冰量得以输出，并对冰川温度有很大影响。冰川运动是研究和开发利用冰川资源的重要内容，也是防止冰川灾害的重点研究课题之一。
【来源】《地理学词典》
【分类信息】
　【NDCC 分类类目】
　　其他灾害
【词条属性】
　【特征】
　　【特点】速度很慢（但有的冰川有时运动也很快，速度可达 1～10 千米/年）
　　【特点】冰川的不同部位运动速度不同，边缘运动速度慢，中间快
　　【特点】不同类型不同性质的冰川运动速度也不相同
【词条关系】
　【层级关系】
　　【子类】冰川波动
　　【子类】大陆冰川均衡运动
　【组成关系】
　　【部件有】冰进
　　【部件有】冰退
　【因果关系】
　　【影响（部分因果）】冰川漂砾
　　【影响（部分因果）】冰川湖爆
　　【影响（部分因果）】冰川湖崩
　　【结果（因-果）】中碛堤

◎ 冰碛湖溃决灾害
【基本信息】
　【英文名】glacial lake outburst disaster
　【拼音】bing qi hu kui jue zai hai
　【核心词】
【定义】
　因冰碛湖溃决而引起的灾害。
【来源】《冰碛湖溃决灾害研究进展》
【分类信息】
　【NDCC 分类类目】
　　其他灾害
【词条属性】

【特征】
　【特点】多发生在边远山区
【基本情况】
　【形成原因】冰碛湖溃决
【词条关系】
　【层级关系】
　　【子类】冰碛湖溃决泥石流灾害
　　【子类】冰碛湖溃决洪水灾害

◎ 冰雹灾害
【基本信息】
　【英文名】hail damage
　【拼音】bing bao zai hai
　【核心词】
【定义】
　　冰雹灾害是由强对流天气系统引起的一种剧烈的气象灾害，它出现的范围虽然较小，时间也比较短促，但来势猛、强度大，并常常伴随着狂风、强降水、急剧降温等阵发性灾害性天气过程。
【来源】《气象灾害丛书——冰雹灾害》
【分类信息】
　【NDCC 分类类目】
　　一般术语
【词条属性】
　【特征】
　　【关键指标】冰雹灾害数据库
【词条关系】
　【等同关系】
　　【全称-缩略同义】雹害
　　【本名-别名同义】雹灾
　【组成关系】
　　【组成】畜牧气象灾害
　【因果关系】
　　【影响（部分因果）】成灾冰雹日数
　　【影响（部分因果）】阿布罗刘斯飑
　　【成因（果-因）】冰雹

◎ 冰雹预报
【基本信息】
　【英文名】hail forecast
　【拼音】bing bao yu bao
　【核心词】
【定义】
　　对未来某时段内某一地区或部分空域可能出现的冰雹状况所做的预测。
【来源】《气象灾害丛书——冰雹灾害》
【分类信息】
　【NDCC 分类类目】
　　灾害预报
【词条属性】
　【特征】
　　【关键指标】识别冰雹云
【词条关系】
　【适用情况】
　　【用于】防雹
　【层级关系】
　　【类属】气象灾害预报

◎ 冷害
【基本信息】
　【英文名】chilling damage
　【拼音】leng hai
　【核心词】
【定义】
　　又称低温冷害。植物生长季节里，0℃以上的低温对作物造成的损害。
【来源】《主要气象灾害风险评价与管理的数量化方法及其应用》
【分类信息】
　【NDCC 分类类目】
　　低温灾害
【词条属性】
　【约束】
　　【数值范围】冷害发生时的日平均温度

都在0℃以上，有时甚至可达20℃左右。
【效应】
　【负效应】冷害对作物生理的影响主要表现在：削弱光合作用，减少养分吸收，影响养分的运转。
【词条关系】
　【层级关系】
　　【子类】冷性低涡
　　【子类】冷锋雷暴
　　【子类】极严重冷害
　　【子类】东北冷害
　　【子类】间接型冷害
　　【子类】一般冷害
　　【子类】前期冷害
　　【子类】后期冷害
　　【子类】严重冷害
　　【子类】孕穗期冷害
　　【子类】特严重低温冷害
　　【子类】作物冷害
　　【子类】贮藏冷害
　　【子类】中期冷害
　　【子类】延迟型冷害
　　【子类】障碍型冷害
　　【子类】极低温冷冻
　　【子类】早春寒
　　【子类】水库冷害
　　【子类】混合型冷害
　　【子类】霜冷型冷害
　　【子类】干冷型冷害
　　【子类】湿冷型冷害
　　【子类】黄瓜冷害
　　【类属】农业气象灾害
　　【类属】温态灾害
　【等同关系】
　　【本名-别名同义】哑巴灾
　【组成关系】
　　【组成】主要气象灾害
　　【部件有】冬前低温
　　【部件有】早春低温
　　【部件有】急冷
　　【部件有】香蕉冷害
　　【部件有】冷害链
　　【部件有】冷害应急
【时间关系】
　【同一时段】最低气温日期
【因果关系】
　【受影响（有关）】寒流
　【影响（部分因果）】等热范围

◎ 冻土灾害
【基本信息】
　【英文名】permafrost hazards
　【拼音】dong tu zai hai
　【核心词】
【定义】
　　冻土灾害实际就是冻胀融沉，也称冻融。是指在冻土分布区，地表岩土因湿度变化而反复发生冻结与融化的过程或现象。
　【来源】《环境学词典》
【分类信息】
　【NDCC分类类目】
　　其他气象水文灾害
【词条属性】
　【空间属性】
　　【位置】冻土分布区
【词条关系】
　【等同关系】
　　【基本等同】冻胀融沉
　　【本名-别名同义】冻融
　【组成关系】
　　【分解为】冻结
　　【分解为】融化

◎ 冻害
【基本信息】

【英文名】cold injury
【拼音】dong hai
【核心词】
【定义】
　　作物在0℃以下的低温使作物体内结冰，对作物造成的伤害。常发生的有越冬作物冻害、果树冻害和经济林木冻害等。
【来源】《农业灾害学》
【分类信息】
　【NDCC分类类目】
　　其他气象水文灾害
【词条属性】
　【效应】
　　【负效应】作物减产
　【基本情况】
　　【形成原因】作物在0℃以下的低温使作物体内结冰
【词条关系】
　【层级关系】
　　【子类】冰冻楔裂
　　【子类】北方冬麦越冬冻害
　　【子类】南方果蔬冬季冻害
　　【子类】初期冻害
　　【子类】早春冻害
　　【子类】混凝土冻害
　　【子类】经济林木冻害
　　【子类】越冬作物冻害
　　【子类】寒冻害
　　【子类】障碍型冻害
　　【子类】延迟型冻害
　　【子类】植物冻害
　　【子类】混合型冻害
　　【子类】油菜冻害
　　【子类】柑橘冻害
　　【子类】甘蔗冻害
　　【子类】道路冻害
　　【子类】工程冻害
　　【子类】结构冻害
　　【子类】低温冻害
　　【子类】线路表层冻害
　　【子类】路基冻害
　　【子类】冷冻害
　　【子类】基础冻害
　　【子类】严重冻害
　　【子类】作物冻害
　　【子类】牲畜冻害
　　【子类】早春融冻型冻害
　　【子类】入冬剧烈降温型冻害
　　【子类】冬季严寒型冻害
　　【子类】草地冻害
　　【子类】槽底土基受冻
　　【子类】冻伤
　　【子类】抽条
　　【子类】雹块冻冷害
　　【子类】海面封冻
　　【子类】湖面封冻
　　【子类】动物受害
　　【子类】蔬菜冷害
　　【类属】气象灾害
　　【类属】农业气象灾害
　　【类属】气候灾害
　　【类属】温态灾害
　【组成关系】
　　【组成】冻涝害
　　【组成】主要气象灾害
　　【部件有】黑霜
　　【部件有】冻害规律
　　【部件有】冻害应急
　【时间关系】
　　【前】终冰日期
　　【后】初冰日期
　【因果关系】
　　【受影响（有关）】植物生物学下限温度
　　【受影响（有关）】冻害破坏
　　【成因（果-因）】土壤掀耸

【成因（果－因）】冻损
【成因（果－因）】永冻湖
【成因（果－因）】永冻地区
【成因（果－因）】永冻地
【成因（果－因）】永冻土
【成因（果－因）】永久饱和带
【成因（果－因）】雨淞
【成因（果－因）】渠道混凝土板冻胀破坏
【对应关系】
【概念－实例】苜蓿冻害

◎ 凌汛灾害
【基本信息】
　【英文名】ice jam flood disaster
　【拼音】ling xun zai hai
　【核心词】
【定义】
　　是冰凌对水流产生阻力而引起的江河水位明显上涨的水文现象，进而导致灾害发生。
【来源】《地理学词典》
【分类信息】
　【NDCC 分类类目】
　　洪涝灾害
【词条属性】
　【特征】
　　【危害】冰塞形成的洪水危害
　　【危害】冰坝引起的洪水危害
　　【危害】冰压力引起的危害
　【时间属性】
　　【发生时间】冬季的封河期和春季的开河期
【词条关系】
　【组成关系】
　　【隶属于】洪涝灾害
　【因果关系】
　　【影响（部分因果）】凌洪灾害
　【对应关系】
　　【概念－实例】黄河凌汛

◎ 凌洪灾害
【基本信息】
　【英文名】ice flood disaster
　【拼音】ling hong zai hai
　【核心词】
【定义】
　　流凌封冻溯源而上，解冻开河则由上而下，冰水汇流，卡冰结坝而造成凌洪灾害。
【来源】《黄河内蒙古段凌洪灾害及防凌减灾对策》
【分类信息】
　【NDCC 分类类目】
　　洪涝灾害
【词条属性】
　【基本情况】
　　【形成原因】冰凌聚集成冰塞或冰坝，造成水位大幅度地抬高，最终漫滩或决堤
【词条关系】
　【层级关系】
　　【类属】洪水灾害
　【组成关系】
　　【部件有】凌洪灾害链
　　【部件有】凌洪灾害周期
　　【部件有】凌洪灾害监测
　　【部件有】凌洪灾害预报
　　【部件有】凌洪灾害预警
　　【部件有】凌洪灾害预报技术
　　【部件有】凌洪灾害预警技术
　　【部件有】凌洪灾害风险辨识
　　【部件有】凌洪灾害风险指标体系
　　【部件有】凌洪灾害风险区划
　　【部件有】凌洪灾害风险评估
　　【部件有】凌洪灾害灾情
　　【部件有】凌洪灾害评估指标体系
　　【部件有】凌洪灾害灾情评估
　　【部件有】凌洪灾害评估体系

【部件有】凌洪灾害管理
　　【部件有】凌洪灾害风险管理
　　【部件有】凌洪灾害防治
　【因果关系】
　　【受影响（有关）】凌汛灾害

◎减灾培训
【基本信息】
　【英文名】disaster reduction training
　【拼音】jian zai pei xun
　【核心词】
【定义】
　　对公众进行减少灾害和减轻灾害损失的教育的专门性培训工作。
【分类信息】
　【NDC 类目】
　　防灾备灾
【词条属性】
　【方法手段】
　　【手段】减灾计划
【词条关系】
　【层级关系】
　　【子类】减灾
　【组成关系】
　　【隶属于】减灾教育

◎减灾投入
【基本信息】
　【英文名】input for disaster reduction
　【拼音】jian zai tou ru
　【核心词】
【定义】
　　开展减灾活动占用的最低资源，主要包括资金投入、物资投入、人力投入、科技投入等。
　【来源】《联合国国际减灾计划2009》
【分类信息】
　【NDCC 分类类目】
　　　灾害处置
【词条属性】
　【功用】
　　【功能】防灾减灾
【词条关系】
　【层级关系】
　　【子类】国家减灾投入
　　【子类】家庭减灾投入
　　【子类】地区减灾投入
　　【子类】专项减灾投入
　【组成关系】
　　【分解为】后续维护费用
　　【分解为】减灾工程投入
　　【分解为】减灾人力投入
　　【分解为】减灾物力投入
　　【分解为】技术及其他投入
　　【分解为】灾时抗灾投入
　　【分解为】灾前防范投入
　　【分解为】灾后救援投入
　　【成分有】防灾减灾资金投入
　　【组成】减灾投资
　【因果关系】
　　【受影响（有关）】减灾投资效益比

◎减灾教育
【基本信息】
　【英文名】education for disaster reduction
　【拼音】jian zai jiao yu
　【核心词】
【定义】
　　指通过编印科普读物、举办专题讲座、开展主题活动等多种形式进行防灾减灾宣传教育，以提高人们灾害风险的识别、防范能力。
　【来源】《英汉汉英灾害科学词典》
【分类信息】
　【NDCC 分类类目】
　　灾害管理
【词条属性】

【目的】
　　【目的目标】减灾
【词条关系】
　　【层级关系】
　　　　【子类】减灾
　　【组成关系】
　　　　【部件有】减灾培训
　　　　【部件有】公共减灾教育
　　　　【隶属于】减灾措施

◎减灾规划
【基本信息】
　　【英文名】programming of disaster reduction
　　【拼音】jian zai gui hua
　　【核心词】
【定义】
　　政府为减轻灾害损失而设计拟定的在未来一段时间内的战略任务、工作目标和具体计划。
　　【来源】《GB/T 26376—2010　自然灾害管理基本术语》
【分类信息】
　　【NDCC分类类目】
　　　　灾害管理
【词条属性】
　　【目的】
　　　　【目的目标】减灾
【词条关系】
　　【适用情况】
　　　　【用于】减灾措施
　　【组成关系】
　　　　【部件有】城市减灾规划
　　　　【部件有】现代城市减灾规划

◎凝冻灾害
【基本信息】
　　【英文名】freezing disaster
　　【拼音】ning dong zai hai
　　【核心词】
【定义】
　　强冷空气导致冰雪混下而形成，有时甚至是雨雪混下而形成。冰块、冰花就此牢牢地盖上田园山川、草木菜蔬。时隔多日，树叶会被冻蔫、菜会被冻枯。若人畜不采取恰当的保护措施，也有被冻伤冻死的可能。
　　【来源】《气象灾害丛书——寒潮和霜冻》
【分类信息】
　　【NDCC分类类目】
　　　　冰雪灾害
【词条属性】
　　【特征】
　　　　【危害】中断交通运输
　　　　【危害】破坏有线通讯
　　　　【危害】影响电力输送
　　　　【危害】冻死牲畜
　　　　【危害】冻坏农作物
【词条关系】
　　【组成关系】
　　　　【部件有】凝冻灾害链
　　　　【部件有】凝冻灾害周期
　　　　【部件有】凝冻灾害监测
　　　　【部件有】凝冻灾害预报技术
　　　　【部件有】凝冻灾害预警
　　　　【部件有】凝冻灾害风险预警
　　　　【部件有】凝冻灾害风险辨识
　　　　【部件有】凝冻灾害风险评价
　　　　【部件有】凝冻灾害风险评价指标
　　　　【部件有】凝冻灾害风险评价指标体系
　　　　【部件有】凝冻灾害风险评估
　　　　【部件有】凝冻灾害风险区划
　　　　【部件有】凝冻灾害风险评估体系
　　　　【部件有】凝冻灾害管理
　　　　【部件有】凝冻灾害风险管理
　　　　【部件有】凝冻灾害防治
　　【因果关系】

【成因（果－因）】强冷空气

◎ **剪切力**
【基本信息】
　【英文名】shear force
　【拼音】jian qie li
　【核心词】
【定义】
　　两个距离相近、大小相等、方向相反且作用于同一物体上的平行力。
　【来源】《构造地质学》
【分类信息】
　【NDCC 分类类目】
　　一般术语
【词条属性】
　【特征】
　　【关键指标】剪切方向
　　【关键指标】剪切角
【词条关系】
　【层级关系】
　　【子类】剪切屈服应力
　　【子类】剪切牵引力
　　【子类】基底剪切力
　【等同关系】
　　【基本等同】剪应力
　【因果关系】
　　【影响（部分因果）】剪切失稳

◎ **动态风险**
【基本信息】
　【英文名】dynamic risk
　【拼音】dong tai feng xian
　【核心词】
【定义】
　　由于社会经济、政治、技术以及组织等方面发生变动所致损失或损害的风险。
　【来源】《保险学》

【分类信息】
　【NDC 类目】
　　一般术语
【词条属性】
　【特征】
　　【关键指标】风险率
　【方法手段】
　　【方法】动态风险度
【词条关系】
　【适用情况】
　　【用于】灾害风险管理
　【层级关系】
　　【类属】风险
　【对应关系】
　　【主体－指标】风险指数

◎ **区域应灾能力评估**
【基本信息】
　【英文名】assessment of regional disaster response capacity
　【拼音】qu yu ying zai neng li ping gu
　【核心词】
【定义】
　　区域应灾能力反映的是区域人类社会为保障承险体免受、少受某种灾害威胁而采取的基础和专项防备措施的力度大小，体现了人类应对灾害的主观能动性。
　【来源】《中国自然灾害风险综合评估初步研究》
【分类信息】
　【NDCC 分类类目】
　　灾害评估
【词条属性】
　【功用】
　　【用途】自然灾害风险评估
【词条关系】
　【组成关系】
　　【成分有】基础应灾能力

【成分有】专项应灾能力

◎ 半定位监测
【基本信息】
　【英文名】half positioning monitoring
　【拼音】ban ding wei jian ce
　【核心词】
【定义】
　相对于定位监测而言，通常由于人力、财力等方面的限制，定位观测站数量有限，对于一些特殊的森林生态系统类型进行相对短期的、不连续的观测和研究，作为对定位观测站的补充。
【来源】《森林生态学》
【分类信息】
　【NDCC 分类类目】
　　灾害监测
【词条属性】
　【特征】
　　【关键指标】森林生态环境类型
　　【特点】相对于定位监测，半定位监测是短期的、不连续的观测和研究
【词条关系】
　【层级关系】
　　【类属】森林生态环境监测方法

◎ 单点沙尘暴天气
【基本信息】
　【英文名】single point sandstorm weather
　【拼音】dan dian sha chen bao tian qi
　【核心词】
【定义】
　是划分沙尘暴天气等级的一种标准，与区域沙尘暴天气相区别，往往以瞬间极大风速、最小水平能见度作为划分标准。
【来源】《气象灾害丛书——沙尘暴灾害》
【分类信息】

　【NDCC 分类类目】
　　沙尘暴灾害
【词条属性】
　【特征】
　　【关键指标】瞬时极大风速
　　【关键指标】最小能见度
【词条关系】
　【层级关系】
　　【类属】沙尘暴天气

◎ 危机管理
【基本信息】
　【英文名】crisis management
　【拼音】wei ji guan li
　【核心词】
【定义】
　危机管理是专门的管理科学，它是为了对应突发的危机事件，抗拒突发的灾难事变，尽量使损害降至最低点而事先建立的防范、处理体系和对应的措施。
【来源】《危机管理》
【分类信息】
　【NDCC 分类类目】
　　灾害管理
【词条属性】
　【目的】
　　【目的目标】防灾备灾
【词条关系】
　【组成关系】
　　【成分有】危机后对策
　　【成分有】危机前对策
　　【部件有】公共危机管理
　　【隶属于】风险管理

◎ 危险性分析
【基本信息】
　【英文名】hazard analysis

【拼音】wei xian xing fen xi
【核心词】
【定义】
　　通过对历史地质灾害活动程度以及对地质灾害各种活动条件的综合分析，评价地质灾害活动的危险程度，确定地质灾害活动的密度、强度（规模）、发生概率（发生速率）以及可能造成的危险区的位置、范围。
【来源】《地质灾害风险评价的理论与方法》
【分类信息】
　　【NDCC 分类类目】
　　　　灾害评估
【词条属性】
　　【功用】
　　　　【用途】风险评价
【词条关系】
　　【适用情况】
　　　　【用于】风险分析

◎ 危险性废物
【基本信息】
　　【英文名】dangerous waste
　　【拼音】wei xian xing fei wu
　　【核心词】
【定义】
　　危险性废物是指除放射性废物以外，具有化学活性或毒性、爆炸性、腐蚀性和其他对人类生存环境存在有害特性的废物。
【来源】《环境学词典》
【分类信息】
　　【NDCC 分类类目】
　　　　其他生态环境灾害
【词条属性】
　　【效应】
　　　　【负效应】导致环境污染，死亡率升高
【词条关系】

　　【触发条件】
　　　　【是前提】危险性废物越境转移

◎ 压力
【基本信息】
　　【英文名】pressure
　　【拼音】ya li
　　【核心词】
【定义】
　　是指垂直作用于流体或固体界面单位面积上的力。
【分类信息】
　　【NDCC 分类类目】
　　　　一般术语
【词条属性】
　　【特征】
　　　　【关键指标】大小
【词条关系】
　　【层级关系】
　　　　【子类】围压
　　　　【子类】上覆层压力
　　　　【子类】静地压力
　　　　【子类】土压力
　　　　【子类】极限压力
　　　　【子类】斜压
　　　　【子类】油层枯竭压力
　　　　【子类】裂隙水压力
　　　　【子类】有效压力
　　【因果关系】
　　　　【受影响（有关）】荷重
　　　　【影响（部分因果）】地质灾害
　　　　【影响（部分因果）】定压比热

◎ 原生水文灾害
【基本信息】
　　【英文名】original hydrological disasters
　　【拼音】yuan sheng shui wen zai hai

【核心词】
【定义】
　　原生水文灾害是指水体的运动变化直接给人类生命财产和生存条件带来的祸害。
【来源】《英汉汉英灾害科学词典》
【分类信息】
　【NDCC分类类目】
　　气象水文灾害
【词条属性】
　【特征】
　　【危害】可能给人类生命和财产造成损失
【词条关系】
　【层级关系】
　　【类属】水文灾害

◎ 原生灾害
【基本信息】
　【英文名】original disasters
　【拼音】yuan sheng zai hai
　【核心词】
【定义】
　　灾害链中最早发生的起主导作用的灾害称为原生灾害。
【来源】《灾害学导论》
【分类信息】
　【NDC类目】
　　一般术语
【词条属性】
　【效应】
　　【正效应】次生灾害
　　【正效应】衍生灾害
【词条关系】
　【触发条件】
　　【是条件】次生灾害
　【等同关系】
　　【本名-别名同义】原发自然灾害
　　【本名-别名同义】原发灾害

【组成关系】
　【部件有】主要气象灾害
　【部件有】地震原生灾害
【时间关系】
　【后】次生自然灾害

◎ 发震构造
【基本信息】
　【英文名】seismogenic structure
　【拼音】fa zhen gou zao
　【核心词】
【定义】
　　曾发生和可能发生破坏性地震的地质构造。
【来源】《防震减灾术语》
【分类信息】
　【NDCC分类类目】
　　地质地震灾害
【词条属性】
　【特征】
　　【特点】易产生地震
【词条关系】
　【层级关系】
　　【子类】滑断层
　　【子类】正断层
　　【子类】逆断层
　　【子类】盲断层
　　【类属】地质构造
　【因果关系】
　　【结果（因-果）】地震

◎ 受淹面积
【基本信息】
　【英文名】inundated area
　【拼音】shou yan mian ji
　【核心词】
【定义】

受洪涝灾害影响，被淹的面积。
【来源】《英汉汉英灾害科学词典》
【分类信息】
【NDCC 分类类目】
灾害监测
【词条属性】
【功用】
【用途】洪涝灾害灾情评估
【词条关系】
【适用情况】
【描述】洪涝灾害
【对应关系】
【表示（表征）】洪涝灾害损失

◎ 受灾者
【基本信息】
【英文名】victim of calamity
【拼音】shou zai zhe
【核心词】
【定义】
在灾害过程中，受到伤害和影响的人。
【来源】《防灾事典》
【分类信息】
【NDCC 分类类目】
灾害监测
【词条属性】
【基本情况】
【形成原因】灾害
【词条关系】
【组成关系】
【隶属于】灾害损失
【对应关系】
【表明（反映）】受灾程度

◎ 受灾面积
【基本信息】
【英文名】disaster affect area
【拼音】shou zai mian ji
【核心词】
【定义】
由于自然灾害或多种其他原因造成农作物减产 1 层以上的农作物播种面积。
【来源】《中国农业百科全书》
【分类信息】
【NDCC 分类类目】
灾害监测
【词条属性】
【特征】
【关键指标】产量损失
【词条关系】
【层级关系】
【子类】减产不成灾农作物面积
【子类】受灾不减产农作物面积
【组成关系】
【组成】受灾空间指标
【组成】受灾指标

◎ 台风暴雨洪水灾害
【基本信息】
【英文名】typhoons and storms floods disaster
【拼音】tai feng bao yu hong shui zai hai
【核心词】
【定义】
夏秋季在亚洲大陆东南侧沿海地带因台风产生暴雨而造成的洪水。
【来源】《英汉汉英灾害科学词典》
【分类信息】
【NDCC 分类类目】
气象水文灾害
【词条属性】
【特征】
【危害】由于台风能挟带大量水汽，台风、暴雨、洪水常峰高量大，能在稍大流域上造成洪水威胁；或者由于台风中心受天气形势影响而在一定地区上空打转，暴雨形成多峰形洪水。
【词条关系】
　【层级关系】
　　【类属】洪水灾害

◎ 台风灾害
【基本信息】
　【英文名】typhoon disaster
　【拼音】tai feng zai hai
　【核心词】
【定义】
　　由台风引发的强风、巨浪、风暴潮和洪涝等造成的灾害。
【来源】《英汉汉英灾害科学词典》
【分类信息】
　【NDCC 分类类目】
　　一般术语
【词条属性】
　【特征】
　　【特点】季节性强
　　【特点】破坏性强、危害性大
　　【特点】波及面广、人员伤亡大
　　【特点】防范困难、救援难度大
　【空间属性】
　　【位置】涉及范围主要为沿海地区、岛屿
　【描述】
　　【形成原因】台风
【词条关系】
　【层级关系】
　　【子类】台风次生灾害
　　【子类】路基台风灾害
　【时间关系】
　　【前】台风登陆
　【因果关系】
　　【结果（因-果）】台风灾情
　　【结果（因-果）】台风灾害损失
　【对应关系】
　　【结论-现象】风暴潮
　　【结论-现象】狂风巨浪
　　【结论-现象】暴雨

◎ 台风紧急警报
【基本信息】
　【英文名】typhoon emergency alarm
　【拼音】tai feng jin ji jing bao
　【核心词】
【定义】
　　指台风即将袭击本地或某一区域而发布的警报。如果某地或某一区域（包括海区）未来 24 小时内即将受台风范围内 9～10 级大风影响，或有暴雨，或台风前进方向的边缘距离某气象台、站警戒区域 250 千米时，该台、站即发布台风紧急警报。
【来源】《气象学词典》
【分类信息】
　【NDCC 分类类目】
　　灾害预警
【词条属性】
　【功用】
　　【用途】灾害预报
【词条关系】
　【层级关系】
　　【类属】灾害警报

◎ 善后恢复
【基本信息】
　【英文名】post-crisis recovery
　【拼音】shan hou hui fu
　【核心词】
【定义】
　　是指在突发事件发生后，针对正常的社会和经济活动遭到严重破坏，各类基础设施遭到破坏和人员伤亡等实施善后恢复相关措施的过程。

【来源】《突发事件应急管理：预防处置与恢复重建》
【分类信息】
　【NDCC 分类类目】
　　灾害处置
【词条属性】
　【时间属性】
　　【起始时间】突发事件发生后
【词条关系】
　【组成关系】
　　【成分有】社会治安秩序恢复
　　【成分有】灾后评估
　　【成分有】应急结束
　　【成分有】公共设施修复
　　【组成】灾后危机风险管理
　　【部件有】善后工作
　　【部件有】组织恢复
　【时间关系】
　　【后】重建区

◎ 土地复垦技术
【基本信息】
　【英文名】land reclamation technology
　【拼音】tu di fu ken ji shu
　【核心词】
【定义】
　　土地复垦技术是矿区生态环境恢复治理的主要技术措施。复垦后的改良措施和有效管理是使复垦土地尽早达到新的生态平衡、提高复垦土地生产力的重要保证。
【来源】《恢复生态学》
【分类信息】
　【NDCC 分类类目】
　　灾害管理
【词条属性】
　【功用】
　　【用途】土地复垦

【词条关系】
　【层级关系】
　　【子类】煤矿塌陷区的综合治理技术
　　【子类】粉煤灰场的复垦技术
　　【子类】露天排土场的复垦技术
　　【类属】矿区生态环境恢复治理技术

◎ 土地沙化
【基本信息】
　【英文名】desertification of land
　【拼音】tu di sha hua
　【核心词】
【定义】
　　原非沙质荒漠地区因气候变异和人类活动，使土壤中细粒物质及营养物质被风蚀吹走，留下粗粒物质，出现了以风沙活动为主要特征的形态，形成风蚀地、粗化地表、片状流沙的堆积及沙丘。
【分类信息】
　【NDC 类目】
　　生态灾害
【词条属性】
　【基本情况】
　　【形成原因】滥挖滥伐
　　【形成原因】开荒
【词条关系】
　【层级关系】
　　【类属】生态灾害
　【因果关系】
　　【结果（因－果）】土地沙化损失

◎ 土地沙化风险
【基本信息】
　【英文名】land desertification risk
　【拼音】tu di sha hua feng xian
　【核心词】
【定义】

土地沙化风险是指沙漠化灾害发生及其给人类社会造成损失的可能性。
【来源】《气象灾害丛书——生态气象灾害》
【分类信息】
　【NDCC分类类目】
　　灾害评估
【词条属性】
　【特征】
　　【关键指标】土地沙化风险暴露性
　　【关键指标】土地沙化风险防灾减灾能力
　　【关键指标】土地沙化风险脆弱性
　　【关键指标】土地沙化风险危险性
【词条关系】
　【层级关系】
　　【类属】生态灾害风险

◎土地退化
【基本信息】
　【英文名】land degradation
　【拼音】tu di tui hua
　【核心词】
【定义】
　指土地受到人为因素或自然因素或人为、自然综合因素的干扰、破坏而改变土地原有的内部结构、理化性状，土地环境日趋恶劣，逐步减少或失去该土地原先所具有的综合生产潜力的演替过程。
【来源】《中华人民共和国土地管理法》
【分类信息】
　【NDCC分类类目】
　　生态环境灾害
【词条属性】
　【特征】
　　【特点】作用时间长
　【基本情况】
　　【形成原因】土地沙漠化
　　【形成原因】土地盐碱化
　　【形成原因】土地次生潜育化
　　【形成原因】土地污染
　　【形成原因】土地侵蚀
　　【形成原因】土地利用不合理
【词条关系】
　【层级关系】
　　【子类】土地沙漠化
　　【子类】土地沼泽化
　　【子类】土地盐碱化
　　【子类】土地石漠化
　　【子类】土地荒漠化
　　【子类】陆地沼泽化
　　【子类】水体沼泽化
　　【子类】森林沼泽化
　　【子类】泥炭沼泽化
　　【子类】土壤沼泽化
　　【子类】草甸沼泽化
　　【子类】黑土退化
　　【类属】土地资源衰竭灾害
　【因果关系】
　　【受影响（有关）】沼泽化
　　【受影响（有关）】盐碱土
　　【受影响（有关）】戈壁化
　　【受影响（有关）】土地利用
　【对应关系】
　　【概念-实例】美国黑风暴
　　【概念-实例】苏联黑风暴
　　【概念-实例】苏联白风暴
　　【概念-实例】西南岩溶石漠化区
　　【概念-实例】沼泽化草甸

◎土地退化指数计算
【基本信息】
　【英文名】land degradation index calculation
　【拼音】tu di tui hua zhi shu ji suan
　【核心词】
【定义】

是指对土壤退化指数进行计算，土壤退化指数是指被评价区域内风蚀、水蚀、重力侵蚀、冻融侵蚀和工程侵蚀的面积占被评价区域面积的比重，用于反映被评价区域内土地退化程度。
【来源】《生态环境状况评价技术规范（试行）》
【分类信息】
　【NDCC 分类类目】
　　生态环境灾害
【词条属性】
　【方法手段】
　【方法】土地退化指数 = 土地退化指数的归一化系数 × (0.05 × 轻度侵蚀面积 + 0.25 × 中度侵蚀面积 + 0.7 × 重度侵蚀面积)/区域面积
【词条关系】
　【适用情况】
　　【用于】土地退化指数

◎土地退化灾害
【基本信息】
　【英文名】land degradation disasters
　【拼音】tu di tui hua zai hai
　【核心词】
【定义】
　　是指由土壤退化引起的灾害。土地退化是指土地受到人为因素或自然因素或人为、自然综合因素的干扰、破坏而改变土地原有的内部结构、理化性状，土地环境日趋恶劣，逐步减少或失去该土地原先所具有的综合生产潜力的演替过程。
【来源】《土壤退化灾害》
【分类信息】
　【NDCC 分类类目】
　　生态环境灾害
【词条属性】
　【特征】

　【关键指标】土壤风力侵蚀强度
　【关键指标】水土流失强度
【词条关系】
　【层级关系】
　　【子类】沙漠化
　　【子类】水土流失
　　【子类】土地盐碱化
　　【子类】土地浅育化
　　【子类】土地沼泽化
　【类属】环境退化灾害

◎土壤侵蚀
【基本信息】
　【英文名】soil erosion
　【拼音】tu rang qin shi
　【核心词】
【定义】
　　土壤侵蚀是指土壤或成土母质在外力（水、风）作用下被破坏、剥蚀、搬运和沉积的过程。
【来源】《水土保持学》
【分类信息】
　【NDCC 分类类目】
　　水土流失灾害
【词条属性】
　【特征】
　　【危害】破坏土地吞食农田
　　【危害】降低土壤肥力加剧干旱发展
　　【危害】淤积抬高河床加剧洪涝灾害
　　【危害】淤塞水库湖泊影响开发利用
　【方法手段】
　　【手段】土壤侵蚀模拟
【词条关系】
　【触发条件】
　　【处境】土壤侵蚀环境
　【层级关系】
　　【子类】土壤融雪侵蚀
　　【子类】土壤坡面侵蚀

【子类】土壤片状侵蚀
【子类】土壤沟谷侵蚀
【子类】土壤洞穴侵蚀
【子类】土壤跌水侵蚀
【子类】土壤暴雨侵蚀
【子类】水力侵蚀
【子类】重力侵蚀
【子类】冻融侵蚀
【子类】风力侵蚀
【子类】土壤线状侵蚀
【因果关系】
【受影响（有关）】坡面径流
【受影响（有关）】土壤粗糙度
【结果（因-果）】土壤侵蚀灾害
【结果（因-果）】土壤侵蚀危害
【结果（因-果）】土壤侵蚀退化
【结果（因-果）】土壤侵蚀污染
【结果（因-果）】水土流失
【对应关系】
【主体-指标】土壤侵蚀速率
【主体-指标】土壤侵蚀模数
【主体-指标】土壤侵蚀量
【概念-实例】羊道侵蚀

◎ **土壤污染灾害**
【基本信息】
【英文名】soil pollution disasters
【拼音】tu rang wu ran zai hai
【核心词】
【定义】
　　土壤污染会导致农作物的污染、生物品质的不断下降、直接的经济损失以及人体健康的损害等。
【来源】《地理学词典》
【分类信息】
【NDCC 分类类目】
　　生态环境灾害
【词条属性】

【特征】
【关键指标】土壤污染指数
【空间属性】
【位置】土壤
【词条关系】
【层级关系】
【类属】环境破坏型灾害
【组成关系】
【部件有】农业土壤污染灾害
【因果关系】
【成因（果-因）】土壤污染
【对应关系】
【概念-实例】土壤重金属污染

◎ **土壤湿度**
【基本信息】
【英文名】soil humidity
【拼音】tu rang shi du
【核心词】
【定义】
　　即土壤含水量，表示一定深度土层的土壤干湿程度的物理量。又称土壤水分含量。
【来源】《中国农业百科全书》
【分类信息】
【NDCC 分类类目】
　　水土流失灾害
【词条属性】
【状况】
【现状】土壤湿度决定农作物的水分供应状况。土壤湿度过低，形成土壤干旱，作物光合作用不能正常进行，降低作物的产量和品质；若严重缺水会导致作物凋萎和死亡。土壤湿度过高，恶化土壤通气性，影响土壤微生物的活动，使作物根系的呼吸、生长等生命活动受到阻碍，从而影响作物地上部分的正常生长，造成徒长、倒伏、病害滋生等。土壤水分的多少还影响田间耕作措施和播种质量，并影响土壤温度的高低

【词条关系】
　【适用情况】
　　【描述】土壤墒情
　【层级关系】
　　【子类】土壤绝对湿度
　　【子类】土壤相对湿度
　【等同关系】
　　【本名－别名同义】土壤含水量
　　【本名－别名同义】土壤实际含水量
　【因果关系】
　　【受影响（有关）】吸水能力
　　【受影响（有关）】绝对渗透率
　　【受影响（有关）】附着水

◎ **土崩灾害**
【基本信息】
　【英文名】soil avalanche disaster
　【拼音】tu beng zai hai
　【核心词】
【定义】
　　土体发生崩塌造成的灾害。土崩在黄土或黄土类土分布区较为常见。和岩崩相比，其规模和破坏损失一般比较小。
【来源】《汉英地质词典》
【分类信息】
　【NDCC 分类类目】
　　崩塌灾害
【词条属性】
　【特征】
　　【特点】规模小
　　【特点】破坏损失小
【词条关系】
　【层级关系】
　　【类属】地质灾害
　【因果关系】
　　【结果（因－果）】土崩灾害损失
　　【结果（因－果）】土崩灾害危害

◎ **地下水**
【基本信息】
　【英文名】groundwater
　【拼音】di xia shui
　【核心词】
【定义】
　　埋藏和运动于地面以下各种不同深度含水层中的水。
【来源】《维基百科》
【分类信息】
　【NDCC 分类类目】
　　一般术语
【词条属性】
　【特征】
　　【关键指标】地下水放射性
　【物理特性】
　　【尺度】地下水物理分带
【词条关系】
　【层级关系】
　　【子类】非承压地下水
　　【子类】非自流地下水
　　【子类】地下水（潜水）
　　【子类】承压地下水
　　【子类】破裂带地下水
　　【子类】扩散流
　　【子类】浅层地下水
　　【子类】管道流
　　【类属】上层滞水
　　【类属】潜水
　　【类属】自流水
　　【类属】孔隙水
　　【类属】裂隙水
　　【类属】岩溶水
　　【类属】埋藏水
　　【类属】初生水
　　【类属】凝结水
　　【类属】渗入水
　　【类属】地下流体

【类属】弱压地下水
　　【类属】变质地下水
【等同关系】
　　【全称-缩略同义】地下水资源量
【组成关系】
　　【部件有】潜水（地下水）
　　【部件有】层间水
　　【部件有】深源水
　　【部件有】承压水
　　【部件有】深层地下水
【因果关系】
　　【受影响（有关）】孔隙水压力
　　【受影响（有关）】壤中流
　　【受影响（有关）】水井干扰
　　【影响（部分因果）】地面水

◎ **地下水水文灾害**
【基本信息】
　　【英文名】groundwater hydrology disasters
　　【拼音】di xia shui shui wen zai hai
　　【核心词】
【定义】
　　由于地下水位升降引起的水文灾害。
【来源】《英汉汉英灾害科学词典》
【分类信息】
　　【NDCC 分类类目】
　　　气象水文灾害
【词条属性】
　　【效应】
　　　【负效应】造成人员及财产损失
【词条关系】
　　【层级关系】
　　　【类属】水文灾害

◎ **地基灾害**
【基本信息】
　　【英文名】foundation disasters
　　【拼音】di ji zai hai
　　【核心词】
【定义】
　　地基也是自然现象引起地球表面变动的场所，如果这种场所发生在人类活动的地方就是地基灾害。
【来源】《日本地基灾害及其预防对策》
【分类信息】
　　【NDCC 分类类目】
　　　其他地质灾害
【词条属性】
　　【特征】
　　　【关键指标】位移曲线
　　【基本情况】
　　　【形成原因】地质运动
【词条关系】
　　【组成关系】
　　　【部件有】地基沉降
　　　【部件有】地基下沉
　　　【部件有】地基失效
　　【对应关系】
　　　【主体-指标】有效空隙率

◎ **地壳垂直运动**
【基本信息】
　　【英文名】vertical movement of the crust
　　【拼音】di qiao chui zhi yun dong
　　【核心词】
【定义】
　　垂直运动是现代地壳运动的表现形式之一。
【来源】《防灾事典》
【分类信息】
　　【NDCC 分类类目】
　　　地质地震灾害
【词条属性】
　　【特征】
　　　【关键指标】垂直位移

【词条关系】
 【层级关系】
  【类属】地壳运动
 【对应关系】
  【相似】固定论

◎ 地壳运动
【基本信息】
 【英文名】crust movement
 【拼音】di qiao yun dong
 【核心词】
【定义】
  是由于地球内部原因引起的组成地球物质的机械运动。它可以引起岩石圈的演变，促使大陆、洋底的增生和消亡，并形成海沟和山脉；同时还可以导致发生地震、火山爆发等。
 【来源】《汉英地质词典》
【分类信息】
 【NDCC分类类目】
  地质地震灾害
【词条属性】
 【基本情况】
  【形成原因】内营力
【词条关系】
 【层级关系】
  【子类】均衡运动
  【子类】印支运动
  【子类】升降运动
  【子类】地壳相对升降波
  【子类】地壳波浪运动
  【子类】地壳垂直运动
  【子类】地壳波浪
  【子类】合黎运动
  【子类】火山喷发
  【子类】地震
  【子类】翘起运动
  【子类】掀斜运动
  【子类】造陆地裂运动
  【子类】向震中地壳运动
  【子类】向震源地壳运动
  【子类】星子运动
  【子类】茅台运动
  【子类】后澄江运动
  【子类】蚌埠运动
  【子类】瑞穗运动
  【子类】萨拉伊尔运动
  【子类】秋吉运动
  【子类】现代垂直地壳运动
  【子类】人为激发运动
  【子类】定向垂直地壳运动
  【子类】大面积升降运动
【因果关系】
 【结果（因-果）】复岛弧
 【结果（因-果）】山丘
 【结果（因-果）】拆沉
【对应关系】
 【概念-实例】波动说
 【概念-实例】伊犁运动
 【概念-实例】一平浪运动
 【概念-实例】冶里上升
 【概念-实例】滦县上升
 【概念-实例】杨庄运动
 【概念-实例】燕山运动
 【概念-实例】燕辽运动
 【概念-实例】偃师运动
 【概念-实例】熊耳运动
 【概念-实例】兴安运动
 【概念-实例】新邵运动
 【概念-实例】湘粤运动
 【概念-实例】湘桂运动
 【概念-实例】下扬子运动
 【概念-实例】喜马拉雅运动
 【概念-实例】武陵运动
 【概念-实例】五台运动
 【概念-实例】头泉运动

【概念－实例】铜湾运动
【概念－实例】通化运动
【概念－实例】铁岭运动
【概念－实例】铁架山运动
【概念－实例】田阳运动
【概念－实例】天山运动
【概念－实例】陶来运动
【概念－实例】太平洋运动
【概念－实例】台湾运动
【概念－实例】苏皖运动
【概念－实例】三都运动
【概念－实例】萨乌尔运动
【概念－实例】曲靖运动
【概念－实例】黔桂运动
【概念－实例】迁西运动
【概念－实例】祁门运动
【概念－实例】祁连运动
【概念－实例】埔里运动
【概念－实例】平阳运动
【概念－实例】平而关运动
【概念－实例】东宁运动
【概念－实例】蓬莱运动
【概念－实例】宁镇运动
【概念－实例】宁夏运动
【概念－实例】南象运动
【概念－实例】南山运动
【概念－实例】茅山运动
【概念－实例】满家滩上升
【概念－实例】落可崇运动
【概念－实例】栾川运动
【概念－实例】吕梁运动
【概念－实例】鲁中运动
【概念－实例】龙华运动
【概念－实例】龙川运动
【概念－实例】柳江运动
【概念－实例】梨园河运动
【概念－实例】昆阳运动
【概念－实例】昆明运动

【概念－实例】金子运动
【概念－实例】金州上升
【概念－实例】胶东运动
【概念－实例】江西运动
【概念－实例】江宁运动
【概念－实例】江南运动
【概念－实例】建屏运动
【概念－实例】建康运动
【概念－实例】桂西运动
【概念－实例】桂北运动
【概念－实例】广西运动
【概念－实例】古浪运动
【概念－实例】艮口运动
【概念－实例】赣西运动
【概念－实例】甘肃革命
【概念－实例】衡阳运动
【概念－实例】黑疙瘩岭运动
【概念－实例】瑞典－卡累利阿运动
【概念－实例】瑞典－芬兰运动

◎ **地形**
【基本信息】
　【英文名】topography
　【拼音】di xing
　【核心词】
【定义】
　　地形指的是地物形状和地貌的总称，具体指地表以上分布的固定性物体共同呈现出的高低起伏的各种状态。
【来源】《自然地理学》
【分类信息】
　【NDCC分类类目】
　　地质地震灾害
【词条属性】
　【基本情况】
　　【形成原因】地壳运动
【词条关系】
　【层级关系】

【子类】老年地形
【子类】逆地形
【子类】原始地形
【子类】隐地形
【子类】鬃岗地形
【子类】壮年地形
【子类】终极地形
【子类】正地形
【子类】单旋回地形
【子类】冰川地形
【子类】岭—谷地形
【子类】盆—山地形
【子类】深槽
【子类】负火山地形
【子类】变动地形
【子类】叠加地形
【子类】梯状地形
【子类】后继地形
【子类】终碛地形
【子类】残余地形
【子类】多循环地形
【子类】变余地形
【子类】干燥地形
【子类】风成地形
【子类】平缓地形
【子类】破坏地形
【子类】梳状地形
【子类】石蛋地形
【子类】崎岖地形
【子类】峻峭地形
【子类】山前梯地说
【子类】盛壮年地形
【子类】石林地形
【子类】幼年地形
【子类】中尺度地形
【子类】外围地形
【子类】小尺度地形
【组成关系】

【部件有】泥滩
【部件有】河流地形
【部件有】断层地形
【因果关系】
【影响（部分因果）】地貌灾害
【影响（部分因果）】冰川挠曲
【影响（部分因果）】气候
【影响（部分因果）】山洪泥石流灾害
【影响（部分因果）】草群平均高度

◎地槽
【基本信息】
　　【英文名】geosyncline
　　【拼音】di cao
　　【核心词】
【定义】
　　地壳上的槽形坳陷。在地槽地台学说中是与稳定的克拉通或地台相对立而存在的强烈构造活动带，二者构成地壳的两种基本构造单元。
　　【来源】《地貌学》
【分类信息】
　　【NDCC分类类目】
　　　　一般术语
【词条属性】
　　【特征】
　　　　【特点】广泛发育强烈的岩浆活动，构造变形强烈，具有特征性的沉积建造并组成地槽型建造序列
【词条关系】
　　【适用情况】
　　　　【用于】地质灾害
　　【层级关系】
　　　　【子类】准地槽
　　　　【子类】副地槽
　　　　【子类】正地槽
　　　　【子类】原地槽
　　　　【子类】雏地槽

【子类】原生地槽
　　【子类】萌地槽
　　【子类】冒地槽
　【组成关系】
　　【组成】地槽系
　　【部件有】海沟型地槽
　　【部件有】岛弧型地槽
　【因果关系】
　　【影响（部分因果）】岩浆活动

◎ 地球空间暴
【基本信息】
　【英文名】earth space storm
　【拼音】di qiu kong jian bao
　【核心词】
【定义】
　　地球空间是指各种卫星、载人航天器与空间站的飞行区域，也是目前人类开发利用太空资源、从事太空科学试验等活动的主要活动领域。地球空间在太阳活动的影响下，经常处于剧烈的扰动状态，科学家将这些扰动统称为"地球空间暴"，它们就好比地球上的刮风下雨一样，是产生航天器故障、威胁宇航员安全、导致通信中断和影响导航与定位精度的主要原因。由于卫星观测手段的限制，地球空间暴产生规律之谜还没有解开。太阳风暴的发生，会引起地球空间暴。太阳风暴会向宇宙空间中发散出巨量的带电物质，而这些物质影响最大的就是地球的电离层。如果电离层被破坏，地球上依靠电离层传输信息的无线传输系统将全部陷入瘫痪；当带电物质到达地球表面后会熔化金属，蒸干河流、湖泊。
【来源】《气象灾害丛书——空间天气灾害》
【分类信息】
　【NDCC 分类类目】
　　其他灾害
【词条属性】
　【效应】
　　【负效应】产生航天器故障
　　【负效应】威胁宇航员安全
　　【负效应】通信中断
　　【负效应】影响导航与定位精度
【词条关系】
　【层级关系】
　　【子类】磁层亚暴
　　【子类】热层暴
　【组成关系】
　　【成分有】热层暴
　　【成分有】磁层粒子暴
　　【组成】空间灾害天气

◎ 地球膨胀说
【基本信息】
　【英文名】earth expansion hypothesis
　【拼音】di qiu peng zhang shuo
　【核心词】
【定义】
　　简称"膨胀说"。以地球不断膨胀来解释大陆崩裂机制的一种大地构造假说。20世纪 20～30 年代，由林德曼和希尔根贝格分别提出。
【来源】《气象灾害丛书——空间天气灾害》
【分类信息】
　【NDCC 分类类目】
　　一般术语
【词条属性】
　【时间属性】
　　【起始时间】20 世纪 20 年代
　【功用】
　　【用途】目的是为了解释地壳的拉伸构造现象
【词条关系】
　【适用情况】

【用于】拉伸构造
【等同关系】
　【全称–缩略同义】膨胀说

◎ **地磁暴事件**
【基本信息】
　【英文名】geomagnetic storm event
　【拼音】di ci bao shi jian
　【核心词】
【定义】
　　由太阳耀斑引起的地球高层大气的扰动，全球范围内的地磁场的急骤无规则扰动。此现象发生突然，在 1 小时或更短时间内磁场经历显著变化。
【来源】《气象灾害丛书——空间天气灾害》
【分类信息】
　【NDCC 分类类目】
　　其他灾害
【词条属性】
　【特征】
　　【危害】电力中断
【词条关系】
　【因果关系】
　　【成因（果–因）】太阳耀斑

◎ **地裂缝灾害**
【基本信息】
　【英文名】land crack disaster
　【拼音】di lie feng zai hai
　【核心词】
【定义】
　　是地表岩土体在自然或人为因素作用下，产生开裂并在地面形成一定长度和宽度的裂隙所造成的灾害。地裂缝的形成原因十分复杂。地壳运动、地表水和地下水活动、人类社会经济活动等是造成地表开裂的主要原因。按照地裂缝形成的原因、力学性质和平面展布形态，将地裂缝划分为若干类型。地裂缝的主要危害是破坏房屋、道路、桥梁、地下管线等工程设施，降低土地开发利用价值，妨碍城市建设。
【来源】《汉英地质词典》
【分类信息】
　【NDCC 分类类目】
　　地质地震灾害
【词条属性】
　【基本情况】
　　【形成原因】地壳运动
　　【形成原因】人为因素
【词条关系】
　【层级关系】
　　【子类】膨胀土地裂缝灾害
　　【子类】黄土湿陷地裂缝灾害
　　【子类】构造蠕变地裂缝灾害
　　【子类】非构造地裂缝灾害
　　【子类】潜蚀地裂缝灾害
　　【类属】灾害

◎ **地质灾害防治**
【基本信息】
　【英文名】geological disaster prevention
　【拼音】di zhi zai hai fang zhi
　【核心词】
【定义】
　　对由于自然作用或人为因素诱发的对人民生命和财产安全造成危害的山体崩塌、滑坡、泥石流、地面塌陷、地裂缝、地面沉降等地质现象，通过有效的地质工程手段，改变这些地质灾害产生的过程，以达到减轻或防止灾害发生的目的。
【来源】《论岩土工程地质灾害防治技术及防治措施》
【分类信息】
　【NDCC 分类类目】
　　地质地震灾害

【词条属性】
　　【方法手段】
　　　【手段】地质灾害监测
　　　【方法】地质灾害风险评估
【词条关系】
　　【层级关系】
　　　【子类】特殊岩土工程地质灾害防治
　　　【子类】水库淹没区地质灾害防治
　　　【子类】管涌灾害防治
　　　【子类】土崩灾害防治
　　　【子类】岩爆灾害防治
　　【组成关系】
　　　【成分有】避让措施
　　　【成分有】生物防治措施
　　　【成分有】工程防治措施
　　【对应关系】
　　　【概念-实例】重庆市地质灾害防治管理办法

◎地震分析
【基本信息】
　　【英文名】seismic analysis
　　【拼音】di zhen fen xi
　　【核心词】
【定义】
　　分析地震资料、研究反演和解释技术。
【来源】《英汉汉英灾害科学词典》
【分类信息】
　　【NDCC 分类类目】
　　　地质地震灾害
【词条属性】
　　【时间属性】
　　　【发生时间】震后
【词条关系】
　　【层级关系】
　　　【子类】地震波谱分析
　　　【子类】地震危害分析
　　　【子类】工程震害分析
　　　【子类】随机地震分析
　　　【子类】非线性地震分析

◎地震原生灾害
【基本信息】
　　【英文名】primary earthquake disaster
　　【拼音】di zhen yuan sheng zai hai
　　【核心词】
【定义】
　　由地震直接产生的灾害。它造成房屋、道路、桥梁破坏，人畜伤亡等。
【来源】《工程抗震术语标准》
【分类信息】
　　【NDCC 分类类目】
　　　地质地震灾害
【词条属性】
　　【特征】
　　　【特点】指由地震引起的原生现象，如地震断层错动，大范围地面倾斜、升降和变形，以及地震波引起的地面震动等
【词条关系】
　　【层级关系】
　　　【类属】地震灾害
　　【组成关系】
　　　【隶属于】原生灾害

◎地震台网
【基本信息】
　　【英文名】seismologic network
　　【拼音】di zhen tai wang
　　【核心词】
【定义】
　　由各级地震台、站所构成的观测网络。
【分类信息】
　　【NDCC 分类类目】
　　　地震灾害
【词条属性】

【状况】
　【现状】中国地震台网中心于 2004 年 10 月 18 日成立，根据工作职能及任务，中心内设 14 个部门。
【功用】
　【用途】地震观测
【词条关系】
　【层级关系】
　　【子类】三合地震台网
　　【子类】三联地震台网
　　【子类】专用地震监测台网
　　【子类】全球标准地震台网
　　【子类】前兆传输台网
　　【子类】区域地震台网
　　【子类】无线地震台网
　　【子类】长周期地震观测台网
　　【子类】微震观测台网
　　【子类】流动数字化地震台网

◎ 地震带
【基本信息】
　【英文名】seismic belt
　【拼音】di zhen dai
　【核心词】
【定义】
　地震带就是指地震集中分布的地带。
　【来源】《气象灾害丛书——地质气象灾害》
【分类信息】
　【NDCC 分类类目】
　　地震灾害
【词条属性】
　【特征】
　　【特点】地震带基本上在板块交界处
　　【特点】震中在地震带内密集，在地震带外分布零散
【词条关系】
　【层级关系】

　　【子类】亚洲地震带
　　【子类】地中海—喜马拉雅地震带
　　【子类】环太平洋地震带
　　【子类】欧亚地震带
　　【子类】海岭地震带
　　【子类】亚欧地震系
　　【子类】南北地震带
　　【子类】贝尼奥夫带
　　【子类】地中海地震带
　　【子类】北大陆中纬环球地震带
　　【子类】洋中脊地震带
　　【子类】中国南北地震带
　　【子类】华北平原地震带
　　【子类】郯城—营口地震带
　　【子类】汾渭地震带
　　【子类】东南沿海地震带
　　【子类】鲜水河地震带
　　【子类】三江地震带
　　【子类】龙门山地震断裂带
　　【子类】郯庐地震带
　　【子类】海岸地震带
　　【子类】洋脊地震带
　　【子类】太平洋活动带
　　【子类】结构性地震带
　　【子类】断裂性地震带
　　【子类】破裂型地震带
　　【子类】环陆活动带
　　【子类】环太平洋板块边界
　　【子类】环太平洋带
　　【子类】和达-本尼奥夫带
　　【子类】亚欧地震带
　　【子类】活动地震带
　　【子类】连续地震带
　　【子类】天山地震带
　　【子类】龙木错—金沙江缝合带
【等同关系】
　【基本等同】地震活动带
　【基本等同】地震条带

【对应关系】
【概念-实例】灵山地震带
【概念-实例】拜城—和静地震带
【概念-实例】张渤地震带

◎ 地震次生灾害
【基本信息】
【英文名】secondary earthquake disaster
【拼音】di zhen ci sheng zai hai
【核心词】
【定义】
强烈地震发生后，自然以及社会原有的状态被破坏，由此导致的山体滑坡、泥石流、水灾、瘟疫、火灾、爆炸、毒气泄漏及放射性物质的扩散等一系列因地震引起的对生命产生威胁的灾害，统称为地震次生灾害。
【来源】《汉英地质词典》
【分类信息】
【NDCC分类类目】
地质地震灾害
【词条属性】
【基本情况】
【形成原因】地震
【词条关系】
【层级关系】
【子类】地震地质灾害
【子类】地震次生水灾
【子类】地震瘟疫
【子类】地震泥石流
【类属】次生自然灾害

◎ 地震波
【基本信息】
【英文名】seismic wave
【拼音】di zhen bo
【核心词】

【定义】
由天然地震或通过人工激发的地震而产生的弹性振动波，在地球中由介质的质点依次向外围传播的形式。
【来源】《英汉汉英灾害科学词典》
【分类信息】
【NDCC分类类目】
地震灾害
【词条属性】
【特征】
【关键指标】拐角频率
【关键指标】能级
【特点】地震波是指从震源产生向四外辐射的弹性波
【效应】
【改变效应】地震波干涉效应
【词条关系】
【层级关系】
【子类】SH波
【子类】SP波
【子类】SS波
【子类】SV波
【子类】主震最大波
【子类】体波
【子类】内核穿透波
【子类】减幅波
【子类】初至波
【子类】模拟地震波
【子类】反射纵波
【子类】同相波
【子类】周边波
【子类】地幔折射波
【子类】地幔波
【子类】地震横波
【子类】S波
【子类】地震纵波
【子类】纵波
【子类】面波

【子类】横波
【子类】地震体波
【子类】地震面波
【子类】L 波
【子类】瑞雷波
【子类】勒夫波
【子类】洛夫波
【子类】驻波
【子类】首波
【子类】移动波
【子类】波包
【子类】地核折射波
【子类】地核穿透波
【子类】地震子波
【子类】远场体波
【子类】衍射波
【子类】压缩波
【子类】子波
【子类】长周期地震波
【子类】直达波
【子类】转换波
【子类】水震波
【子类】地表反射波
【子类】莫霍界面反射波
【子类】续至波
【子类】震中附近地表反射波
【子类】散射波
【子类】旋转平面波
【子类】外核穿透波
【子类】近震直达波
【子类】折射波
【子类】短周期面波
【子类】槽道波
【子类】畸变波
【子类】赝瑞利波
【子类】表面波
【子类】实体波
【子类】波导

【子类】群速度
【子类】激震波
【子类】基底坡
【子类】Lg 波
【子类】低频地震波
【子类】高频地震波
【子类】近场地震波
【子类】P 波
【子类】爆破地震波
【因果关系】
【受影响（有关）】康拉德面
【影响（部分因果）】影区
【影响（部分因果）】阴影区
【影响（部分因果）】地震波射线

◎ **地震波谱**
【基本信息】
　【英文名】seismic spectrum
　【拼音】di zhen bo pu
　【核心词】
【定义】
　　以任何一种形式展示的电磁辐射强度与地震波长之间的关系。
　【来源】《防灾事典》
【分类信息】
　【NDCC 分类类目】
　　地质地震灾害
【词条属性】
　【特征】
　　【关键指标】波长
　　【关键指标】频率
【词条关系】
　【层级关系】
　　【子类】一致概率反应谱
　　【子类】反应谱
　【因果关系】
　　【受影响（有关）】震源
　　【受影响（有关）】环境介质

◎ 地震灾害
【基本信息】
　【英文名】earthquake disaster
　【拼音】di zhen zai hai
　【核心词】
【定义】
　因地震而引起的直接灾害；可能引发水灾、火灾、爆炸等灾害的易燃、易爆、有毒物质的贮存设施，以及水坝、堤岸等次生灾害。
　【来源】《气象灾害丛书——地质气象灾害》
【分类信息】
　【NDCC 分类类目】
　　地震灾害
【词条属性】
　【特征】
　　【特点】它具有突发性
　　【特点】不可预测性
　　【特点】频度较高
　　【特点】产生严重次生灾害
　　【特点】对社会也会产生很大影响等特点。
【词条关系】
　【层级关系】
　　【子类】有前后震地震
　　【子类】有后震地震
　　【子类】有前震地震
　　【子类】地震洪水
　　【子类】地震滚石
　　【子类】地震陡坎
　　【子类】地震地面凸凹
　　【子类】地震地表破裂变形带
　　【子类】地震崩塌
　　【子类】地震穴陷
　　【子类】地震破裂终止点
　　【子类】地震破裂起始点
　　【子类】地震破裂段
　　【子类】地震滑坡
　　【子类】地震直接灾害
　　【子类】火山微震
　　【子类】海原地震
　　【子类】海沃德地震
　　【子类】关东地震
　　【子类】古浪地震
　　【子类】富蕴地震
　　【子类】杜尚别地震
　　【子类】东南海道近海地震
　　【子类】定襄—忻县地震
　　【子类】叠溪地震
　　【子类】当雄地震
　　【子类】磁县地震
　　【子类】察隅—墨脱地震
　　【子类】班达亚齐近海地震
　　【子类】巴基斯坦地震
　　【子类】埃尔津詹地震
　　【子类】阿图什地震
　　【子类】阿什哈巴德地震
　　【子类】关东大地震
　　【子类】十胜冲地震
　　【子类】阿拉斯加地震
　　【子类】阿拉木图地震
　　【子类】阿萨姆地震
　　【子类】花莲东南海地震
　　【子类】洪洞—赵城地震
　　【子类】红水地震
　　【子类】台东东北海地震
　　【子类】嵩明—杨林地震
　　【子类】三河—平谷地震
　　【子类】平罗—银川地震
　　【子类】墨西哥近海地震
　　【子类】棉兰老岛地震
　　【子类】玛纳斯地震
　　【子类】洛杉矶地震
　　【子类】临汾地震
　　【子类】里斯本地震

【子类】昆仑山口西地震
　　【子类】柯伊纳大坝地震
　　【子类】康定地震
　　【子类】莒县—郯城地震
　　【子类】汤加群岛地震
　　【子类】天水地震
　　【子类】谢马哈地震
　　【子类】通渭地震
　　【子类】武都地震
　　【子类】智利地震
　　【子类】印度—尼泊尔地震
　　【子类】新西兰南岛地震
　　【子类】东日本大地震
　　【子类】玉树地震
　　【子类】丽江大地震
　　【子类】瓦努阿图海域地震
　　【子类】台湾台东地震
　　【子类】辽宁海城地震
　　【子类】通海地震
　　【子类】黔江地震
　　【子类】墨脱地震
　　【子类】唐山大地震
　　【子类】旧金山地震
　　【子类】地震原生灾害
　　【子类】重大地震灾害
　　【子类】大地震灾害
　　【子类】特大地震灾害
　　【子类】水旱地震灾害
　　【子类】水库地震灾害
　　【类属】固体地球灾害
【等同关系】
　　【全称-缩略同义】震灾
　　【本名-别名同义】地震动灾害
【组成关系】
　　【组成】岩石圈灾害
　　【部件有】城市地震灾害
　　【部件有】历史地震灾害

【时间关系】
　　【同一时段】地震活跃期
【因果关系】
　　【受影响（有关）】震源深度
　　【受影响（有关）】震裂带
　　【受影响（有关）】地震波速分布
　　【影响（部分因果）】供电系统
　　【影响（部分因果）】地震带系数
　　【结果（因-果）】灾害性倒毁
　　【结果（因-果）】地震灾害损失
　　【结果（因-果）】地震裂缝
　　【结果（因-果）】水塑性变形
【对应关系】
　　【概念-实例】重大地震灾害事件
　　【概念-实例】火山灾害事件
　　【概念-实例】地震灾害事件

◎ **地震灾害保险**
【基本信息】
　　【英文名】earthquake disaster insurance
　　【拼音】di zhen zai hai bao xian
　　【核心词】
【定义】
　　以地震危险区集中起来的保险费作为保险基金，用于补偿因地震造成的经济损失或人员伤亡。它是利用社会力量分担地震风险的一种方式。
　　【来源】《工程抗震术语标准》
【分类信息】
　　【NDCC 分类类目】
　　　地质地震灾害
【词条属性】
　　【功用】
　　　【用途】地震灾害风险管理
【词条关系】
　　【组成关系】
　　　【隶属于】灾害保险

◎ 地震烈度表
【基本信息】
  【英文名】seismic intensity scale
  【拼音】di zhen lie du biao
  【核心词】
【定义】
  把人对地震的感觉、地面及地面上建筑物遭受地震影响和自然破坏的各种现象，按照不同程度划分等级，依次排列成表称为地震烈度表。
【来源】《中国地震烈度表》
【分类信息】
  【NDCC 分类类目】
    地震灾害
【词条属性】
  【状况】
    【现状】最早的烈度表是卡塔尔迪（J. Cataldi）在 1564 年编制的，已废弃。目前，世界上烈度表的种类很多，以十二度表较普遍，此外尚有八度表（日本）和十度表等
【词条关系】
  【适用情况】
    【描述】地震烈度
  【层级关系】
    【子类】中国地震烈度表
    【子类】西伯格地震烈度表
    【子类】日本地震烈度表
    【子类】美国地震烈度表
    【子类】罗弗氏地震烈度表
    【子类】麦加利地震烈度表
    【子类】绝对地震烈度表

◎ 地面坍塌灾害
【基本信息】
  【英文名】ground collapse disasters
  【拼音】di mian tan ta zai hai
  【核心词】
【定义】
  地面塌陷活动对人类造成的灾害。地面塌陷是在一定条件下，自然动力或人为动力造成地表浅层岩土体向下陷落，在地面形成陷坑的动力地质作用或现象。
【来源】《汉英地质词典》
【分类信息】
  【NDCC 分类类目】
    崩塌灾害
【词条属性】
  【特征】
    【危害】破坏工程设施
    【危害】破坏土地资源
【词条关系】
  【层级关系】
    【子类】河岸坍塌灾害
  【组成关系】
    【部件有】岩溶坍塌
    【部件有】采空坍塌

◎ 地面沉降灾害
【基本信息】
  【英文名】land subsidence disaster
  【拼音】di mian chen jiang zai hai
  【核心词】
【定义】
  在自然和人为作用下发生的局部地表高度下降的地质活动造成的灾害。导致地面沉降的自然动力因素主要包括地壳升降运动、地震、火山活动以及沉积物固结压实等；人为动力活动主要包括开采地下水和油气等矿产资源，修建地下工程，对局部地方施加静荷载和动荷载等。一般情况下，自然动力活动所形成的地面沉降活动的速率较小，而且人类尚难以控制；人为动力活动引起的地面

沉降区域虽然一般较小，但其速率一般较大，常会造成明显的危害，但通过防治往往可以部分地控制其发展。
【来源】《汉英地质词典》
【分类信息】
　【NDCC分类类目】
　　地面塌陷灾害
【词条属性】
　【特征】
　　【危害】毁坏建筑物和生产设施
　　【危害】不利于建设事业和资源开发
　　【危害】造成海水倒灌
　【状况】
　　【现状】中国在19个省份中超过50个城市发生了不同程度的地面沉降，累计沉降量超过200mm的总面积超过7.9万平方千米。
　　【现状】美国已经有遍及45个州超过44 030km² 的土地受到了地面沉降的影响，由此造成的经济损失更是惊人
　　【现状】上海地面沉降的报道最早见于1921年，到1965年在市区已形成了一个碟形洼地，其中心处的最大沉降量达2.63m
　【基本情况】
　　【形成原因】构造运动
　　【形成原因】地表土壤压实
　　【形成原因】大量开采
【词条关系】
　【组成关系】
　　【部件有】主固结沉降
　　【部件有】次固结沉降
　【因果关系】
　　【取决】地面沉降

◎ 坍塌
【基本信息】
　【英文名】collapse
　【拼音】tan ta
　【核心词】
【定义】
　　山坡、建筑物或堆积的东西倒下来。
【来源】《现代地理学词典》
【分类信息】
　【NDCC分类类目】
　　其他地质灾害
【词条属性】
　【特征】
　　【危害】造成伤害、伤亡事故
【词条关系】
　【层级关系】
　　【子类】井孔坍塌
　　【子类】海底坍塌
　　【子类】孔塌
　　【子类】河岸坍塌
　　【子类】海岸坍塌
　　【子类】易坍塌孔
　　【子类】地面坍塌
　　【类属】土质边坡灾害
　【等同关系】
　　【基本等同】倒塌
　【组成关系】
　　【部件有】定向坍塌
　　【部件有】岸坡坍塌
　　【部件有】陡壁坍毁

◎ 坍塌灾害
【基本信息】
　【英文名】collapse disasters
　【拼音】tan ta zai hai
　【核心词】
【定义】
　　岩土体在重力作用下脱离母岩发生坍落、崩塌造成的灾害。
【来源】《海岸坍塌灾害》
【分类信息】
　【NDCC分类类目】

地面塌陷灾害
【词条属性】
　【特征】
　　【关键指标】岩土变形参数
　【效应】
　　【负效应】坍塌灾害经济损失
【词条关系】
　【因果关系】
　　【受影响（有关）】坍塌灾害链

◎ 坠石灾害
【基本信息】
　【英文名】rock falling disaster
　【拼音】zhui shi zai hai
　【核心词】
【定义】
　受风化或震动作用，从山体脱落的较大岩块突然坠落造成的灾害。坠石是中等程度的崩塌。它大多发生在岩浆岩、石灰岩、沙岩、沙砾岩等坚硬岩石构成的陡崖峭壁。
　【来源】《汉英地质词典》
【分类信息】
　【NDCC 分类类目】
　　其他地质灾害
【词条属性】
　【特征】
　　【危害】危害人畜
　　【危害】危害房屋安全
　　【危害】破坏公路、铁路
　【物理特性】
　　【形态】崩塌物中直径大于 0.5m 的块石占 50%～75%
【词条关系】
　【组成关系】
　　【隶属于】地质灾害
　【因果关系】
　　【结果（因-果）】坠石灾害危害
　　【结果（因-果）】坠石灾害损失

◎ 城市干旱
【基本信息】
　【英文名】urban drought
　【拼音】cheng shi gan han
　【核心词】
【定义】
　城市干旱是指城市因遇特枯水年或连续枯水年，造成供水水源不足，实际供水量低于正常供水量，生活、生产和生态环境受到影响的现象。
　【来源】《防灾事典》
【分类信息】
　【NDCC 分类类目】
　　干旱灾害
【词条属性】
　【基本情况】
　　【形成原因】因遇枯水年造成城市供水水源不足，或者由于突发性事件使城市供水水源遭到破坏
【词条关系】
　【组成关系】
　　【部件有】城市重度干旱
　　【部件有】城市极度干旱
　　【部件有】城市中度干旱
　　【部件有】城市轻度干旱
　【因果关系】
　　【结果（因-果）】城市旱情

◎ 城市污染
【基本信息】
　【英文名】urban pollution
　【拼音】cheng shi wu ran
　【核心词】
【定义】
　城市环境污染，是在城市的生产和生活中，向自然界排放的各种污染物，超过了自然环境的自净能力，遗留在自然界，并导致

自然环境各种因素的性质和功能发生变异，破坏生态平衡，给人类的身体、生产和生活带来危害。
【来源】《防灾事典》
【分类信息】
　【NDCC 分类类目】
　　其他灾害
【词条属性】
　【特征】
　　【关键指标】高锰酸盐指数
　　【关键指标】石油类污染物
　　【关键指标】氨氮污染物
　【方法手段】
　　【手段】城市污染控制规划
　　【方法】汽车尾气处理技术
　　【方法】环境监测与治理
　　【方法】环境风险评估
　　【方法】城市污染防治
【词条关系】
　【层级关系】
　　【子类】水污染
　　【子类】噪声污染
　　【子类】环境污染
　　【子类】光污染
　　【子类】空气污染
　　【子类】土壤污染
　　【子类】固体废物污染
　　【子类】城市视觉污染
　【组成关系】
　　【成分有】光化学烟雾污染
　【因果关系】
　　【受影响（有关）】盆地效应

◎ 城市沉降灾害
【基本信息】
　【英文名】urban subsidence disaster
　【拼音】cheng shi chen jiang zai hai
　【核心词】
【定义】
　由于地面下沉或地陷造成的城市灾害事件。
【来源】《城市地面沉降的灾害链特征》
【分类信息】
　【NDCC 分类类目】
　　地面沉降灾害
【词条属性】
　【特征】
　　【关键指标】沉降面积
　　【关键指标】最大沉降量
　　【特点】具有潜伏期
　【效应】
　　【负效应】引发地裂缝和滑坡
【词条关系】
　【因果关系】
　　【取决】地面沉降
　　【影响（部分因果）】城市环境
　　【结果（因－果）】建筑裂缝

◎ 城市火险气象等级
【基本信息】
　【英文名】city fire weather rating
　【拼音】cheng shi huo xian qi xiang deng ji
　【核心词】
【定义】
　城市火险气象等级分为五级。一级：低火险，危险程度——低；二级：较低火险，危险程度——较低；三级：中等火险，危险程度——中；四级：高火险，危险程度——高；五级：极高火险，危险程度——极高。
【来源】《城市防灾工程》
【分类信息】
　【NDCC 分类类目】
　　灾害预报
【词条属性】
　【特征】
　　【关键指标】日最高气温

【关键指标】连续无降水日数
【关键指标】日降水量
【关键指标】日最小相对湿度
【关键指标】日最大风力
【词条关系】
　【层级关系】
　　【子类】极高火险
　　【子类】高火险
　　【子类】中等火险
　　【子类】较低火险
　　【子类】低火险

◎ **城市灾害**
【基本信息】
　【英文名】urban disaster
　【拼音】cheng shi zai hai
　【核心词】
【定义】
　是指由自然、人为因素或两者共同引发的对城市居民生活或城市社会发展造成暂时或长期不良影响的灾害。
　【来源】《防灾事典》
【分类信息】
　【NDCC 分类类目】
　　其他灾害
【词条属性】
　【空间属性】
　　【位置】城市
【词条关系】
　【层级关系】
　　【子类】城市气象灾害
　　【子类】商业灾害
　　【子类】城市内涝灾害
　　【子类】城市原生灾害
　　【子类】城市气候灾害
　　【子类】城市突发性地质灾害
　　【子类】城市雨雪冰冻灾害
　　【子类】城市地震次生灾害
　　【子类】城市公共灾害
　　【子类】城市化学灾害
　　【子类】城市风沙灾害
　　【子类】城市暴雨内涝灾害
　　【子类】城市技术灾害
　　【子类】资源枯竭型城市灾害
　　【子类】城市生态灾害
　　【子类】城市缺水灾害
　　【类属】灾害
　【组成关系】
　　【成分有】城市管网泄露
　【因果关系】
　　【影响（部分因果）】城市生命线系统事故
　　【成因（果－因）】城市灾害性天气
　　【结果（因－果）】城市灾害避难
　　【结果（因－果）】城市灾害生态损失
　　【结果（因－果）】城市灾害经济损失
　【对应关系】
　　【结论－现象】城市灾害群

◎ **城市积水灾害**
【基本信息】
　【英文名】urban water disaster
　【拼音】cheng shi ji shui zai hai
　【核心词】
【定义】
　由于强降水或连续性降水，超过城市排水能力，导致城市内产生积水，给居民出行、交通、房屋等带来影响的灾害。
　【来源】《英汉汉英灾害科学词典》
【分类信息】
　【NDCC 分类类目】
　　其他气象水文灾害
【词条属性】
　【特征】
　　【危害】影响城市交通
　　【特点】时间短

【特点】降雨强度大
【特点】降水范围较小
【特点】灾害持续的时间不长
【词条关系】
　【层级关系】
　　【类属】涝灾
　【组成关系】
　　【部件有】城市积水灾害风险预警
　　【部件有】城市积水灾害风险评价
　　【部件有】城市积水灾害风险评估
　　【部件有】城市积水灾害风险辨识
　　【部件有】城市积水灾害风险评价指标
　　【部件有】城市积水灾害风险区划
　　【部件有】城市积水灾害灾情
　　【部件有】城市积水灾害灾情评估
　　【部件有】城市积水灾害灾情评估体系
　　【部件有】城市积水灾害管理
　　【部件有】城市积水灾害风险管理
　　【部件有】城市积水灾害防治

◎ **城市缺水**
【基本信息】
　【英文名】urban water shortage
　【拼音】cheng shi que shui
　【核心词】
【定义】
　　由于社会经济的发展，城市蓄水量大幅增加，而城市水源匮乏等原因引起的水资源不能满足正常生活生产的需求的现象。
　【来源】《城市灾害》
【分类信息】
　【NDCC 分类类目】
　　干旱灾害
【词条属性】
　【基本情况】
　　【形成原因】水资源匮乏
【词条关系】
　【组成关系】
　　【部件有】资源型缺水
　【因果关系】
　　【成因（果–因）】水价不合理
　　【成因（果–因）】水资源管理水平
　　【成因（果–因）】水资源污染
　　【成因（果–因）】城市供水工程
　　【成因（果–因）】城市需水量
　　【成因（果–因）】停水事故

◎ **基础应灾能力**
【基本信息】
　【英文名】basic disaster response capacity
　【拼音】ji chu ying zai neng li
　【核心词】
【定义】
　　是指有助于降低各种自然灾害风险的人力资源、财力资源和物质基础。
　【来源】《中国自然灾害风险综合评估初步研究》
【分类信息】
　【NDCC 分类类目】
　　灾害评估
【词条属性】
　【功用】
　　【用途】自然灾害风险评估
【词条关系】
　【组成关系】
　　【组成】区域应灾能力评估
　【因果关系】
　　【影响（部分因果）】灾害损失

◎ **塌岸灾害**
【基本信息】
　【英文名】bank collapse disaster
　【拼音】ta an zai hai
　【核心词】
【定义】

因塌岸造成海岸的冲刷塌落，港口破坏，建筑等设施损毁的一系列危害。
【来源】《岸坡冲刷与降雨诱发黄土塌岸灾害过程模拟研究》
【分类信息】
　【NDCC 分类类目】
　　崩塌灾害
【词条属性】
　【空间属性】
　　【位置】主要分布在我国的辽东半岛、山东半岛、江浙沿海和海南等地的海岸，此外江苏、江西、安徽、宁夏、湖北等省（区）的河流塌岸问题也比较严重。
　【基本情况】
　　【形成原因】地表水流冲蚀和地下水潜蚀作用
【词条关系】
　【层级关系】
　　【类属】地质灾害

◎ **墒情监测**
【基本信息】
　【英文名】soil moisture monitoring
　【拼音】shang qing jian ce
　【核心词】
【定义】
　　对土壤湿度情况的监测。
【来源】《英汉汉英灾害科学词典》
【分类信息】
　【NDCC 分类类目】
　　灾害监测
【词条属性】
　【方法手段】
　　【手段】土壤墒情检测仪
　【目的】
　　【目的目标】抗旱减灾
【词条关系】
　【适用情况】

　　【用于】干旱预警
　　【适用】土壤墒情

◎ **多灾种综合风险损失图**
【基本信息】
　【英文名】multi-hazard risk loss figure
　【拼音】duo zai zhong zong he feng xian sun shi tu
　【核心词】
【定义】
　　将各种单一致险因子风险损失综合起来，以反映区域综合风险损失的空间差异。
【来源】《中国自然灾害风险综合评估初步研究》
【分类信息】
　【NDCC 分类类目】
　　灾害评估
【词条属性】
　【功用】
　　【用途】自然灾害风险制图
【词条关系】
　【组成关系】
　　【组成】灾害风险图
　　【隶属于】多灾种风险损失度综合评估方法

◎ **大气圈灾害**
【基本信息】
　【英文名】atmosphere disaster
　【拼音】da qi quan zai hai
　【核心词】
【定义】
　　主要指气象。气象灾害包括台风（热带风暴、强热带风暴）、暴雨（雪）、雷暴、冰雹、大风、沙尘、龙卷、大（浓）雾、高温、低温、连阴雨、冻雨、霜冻、结（积）冰、寒潮、干旱、干热风、热浪、洪涝、积涝等因素直接造成的灾害。

【来源】《气象学与气候学》

【分类信息】

　　【NDCC 分类类目】

　　　　其他气象水文灾害

【词条属性】

　　【基本情况】

　　　　【形成原因】包括台风（热带风暴、强热带风暴）、暴雨（雪）、雷暴、冰雹、大风、沙尘、龙卷、大（浓）雾、高温、低温、连阴雨、冻雨、霜冻、结（积）冰、寒潮、干旱、干热风、热浪、洪涝、积涝等因素直接造成的灾害

【词条关系】

　　【层级关系】

　　　　【子类】雨态灾害

　　　　【子类】温态灾害

　　　　【子类】火态灾害

　　　　【子类】风态灾害

　　　　【子类】声态灾害

　　　　【子类】光态灾害

　　　　【子类】气象灾害

◎大气绝热过程

【基本信息】

　　【英文名】atmospheric adiabatic process

　　【拼音】da qi jue re guo cheng

　　【核心词】

【定义】

　　空气由于升降等原因而发生状态变化时，不与环境间发生热量与质量交换的过程。这种过程常造成升降气块的温度变化。

【来源】《气象学与气候学》

【分类信息】

　　【NDCC 分类类目】

　　　　一般术语

【词条属性】

　　【状况】

　　　　【现状】这是一种可逆的热力学过程，气块上升时因膨胀而绝热冷却，下降时因压缩而绝热增温，此时气块的内能变化等于外界对它所做的功

【词条关系】

　　【适用情况】

　　　　【基本情况】大气

　　【因果关系】

　　　　【影响（部分因果）】气象灾害

◎大雾灾害

【基本信息】

　　【英文名】mist disaster

　　【拼音】da wu zai hai

　　【核心词】

【定义】

　　大雾灾害是指近地层悬浮的大量含有有害物质的小水滴或小冰晶遮挡人的视线，引发交通事故、导致人体疾病和电力系统事故的灾害现象。雾因发展强度、雾滴密度不同，水平能见度的恶化程度也不同。气象上，按目标物的水平能见度距离，把雾的强度分为 3 个等级：水平能见度在 500～1 000m 时，称为雾；水平能见度在 50～500m 时，称为浓雾；水平能见度小于 50m 时，称为强浓雾。根据雾中温度高低，可分为暖雾和冷雾；雾中的温度高于 0℃时，称为暖雾；雾中的温度低于 0℃时，称为冷雾。根据天气形势来分，雾又可分为辐射雾、平流雾、锋面雾和混合雾。

【来源】《气象灾害丛书——雾和霾》

【分类信息】

　　【NDCC 分类类目】

　　　　一般术语

【词条属性】
　【特征】
　　【危害】引发交通事故、导致人体疾病和电力系统事故
【词条关系】
　【层级关系】
　　【类属】农业灾害性天气
　　【类属】低能见度灾害
　【因果关系】
　　【受影响（有关）】空气污染
　　【影响（部分因果）】交通事故
　　【成因（果－因）】能见度
　　【成因（果－因）】雾

◎ 大风灾害
【基本信息】
　【英文名】wind disaster
　【拼音】da feng zai hai
　【核心词】
【定义】
　　大风是快速流动的空气，我国气象观测业务中规定瞬时风速达到或超过 8 级时（17m/s）称为大风；而在天气业务规范中则规定平均风速大于等于 6 级（10.8m/s）时为大风。当大风给人类社会带来危害时，即构成大风灾害。
【来源】《气象灾害丛书——雾和霾》
【分类信息】
　【NDCC 分类类目】
　　大风灾害
【词条属性】
　【特征】
　　【特点】是一种突发性的灾害，往往很短时间就会对人类的生产、生活造成较大伤害。
【词条关系】

　【层级关系】
　　【类属】灾害
　【组成关系】
　　【组成】畜牧气象灾害

◎ 天文灾害
【基本信息】
　【英文名】astronomical disasters
　【拼音】tian wen zai hai
　【核心词】
【定义】
　　天文系统爆发的灾害。
【来源】《天文灾害》
【分类信息】
　【NDCC 分类类目】
　　其他灾害
【词条属性】
　【基本情况】
　　【形成原因】天文灾害事件
【词条关系】
　【层级关系】
　　【子类】天文大潮灾害
　　【子类】暗物质
　　【子类】陨石灾害
　　【子类】极光灾害
　　【子类】磁暴灾害
　　【子类】星球撞击
　　【子类】宇宙噪声
　　【子类】行星摄动
　　【子类】星暴
　　【子类】星震
　　【子类】行星环流
　　【子类】月潮
　　【子类】银光风暴
　　【子类】全球撞击灾害
　　【子类】局地撞击灾害
　　【子类】区域撞击灾害
　【因果关系】

【受影响（有关）】空间技术
　　【受影响（有关）】星际尘埃
　　【受影响（有关）】陨星
　　【受影响（有关）】地球磁场反转
　　【结果（因-果）】空间飞行器
　【对应关系】
　　【概念-实例】陨石雨
　　【概念-实例】天文大潮
　　【概念-实例】极光
　　【概念-实例】火流星
　　【概念-实例】太阳活动
　　【概念-实例】星体碰撞
　　【概念-实例】魁北克事件
　　【概念-实例】速爆

◎天气灾害
【基本信息】
　【英文名】weather disasters
　【拼音】tian qi zai hai
　【核心词】
【定义】
　　是气象灾害的一种，往往是由气温、降水、太阳辐射等的波动带来的暴雨、大风、沙尘等天气直接造成的灾害。
【来源】《气象灾害丛书——寒潮和霜冻》
【分类信息】
　【NDCC分类类目】
　　其他气象水文灾害
【词条属性】
　【特征】
　　【特点】突发性
　【基本情况】
　　【持续时间】短期的
【词条关系】
　【层级关系】
　　【子类】暴雨灾害
　　【类属】气象灾害

◎天气预报
【基本信息】
　【英文名】weather forecast
　【拼音】tian qi yu bao
　【核心词】
【定义】
　　对未来某时段内某一地区或部分空域可能出现的天气状况所做的预测。
【来源】《气象灾害丛书——雾和霾》
【分类信息】
　【NDCC分类类目】
　　灾害预报
【词条属性】
　【功用】
　　【用途】气象灾害防治
【词条关系】
　【层级关系】
　　【子类】农业天气预报
　　【子类】统计天气预报
　　【子类】强对流天气预报
　　【子类】电视天气预报
　　【子类】灾害性天气长期预报
　　【子类】天气图预报
　　【子类】危险报
　　【子类】中尺度数值天气预报
　　【子类】林火天气预报
　　【子类】航空天气预报
　　【子类】航线天气预报
　　【子类】飞行天气预报
　　【子类】航站天气预报
　　【子类】空间天气预报
　　【子类】局地天气预报
　　【子类】灾害性天气预报
　　【子类】延伸预报
　【组成关系】
　　【部件有】超长期天气预报
　　【部件有】长期天气预报
　　【部件有】短期天气预报

【部件有】数值天气预报
　　【部件有】气象站天气预报
　　【部件有】中期天气预报
　　【部件有】概率天气预报
　　【部件有】短时天气预报
　　【部件有】海区天气预报
　　【部件有】海洋天气预报

◎天然有机污染物
【基本信息】
　　【英文名】the natural organic pollutants
　　【拼音】tian ran you ji wu ran wu
　　【核心词】
【定义】
　　以碳水化合物、蛋白质、氨基酸以及脂肪等形式存在的天然有机物质组成的污染物。
　　【来源】《环境学词典》
【分类信息】
　　【NDCC 分类类目】
　　　其他生态环境灾害
【词条属性】
　　【特征】
　　　【特点】相对易于处理，对环境影响较小
【词条关系】
　　【层级关系】
　　　【类属】有机污染物

◎太阳风暴
【基本信息】
　　【英文名】solar wind
　　【拼音】tai yang feng bao
　　【核心词】
【定义】
　　日冕因高温膨胀，不断抛射到行星际空间的等离子体流。

　　【来源】《气象灾害丛书——空间天气灾害》
【分类信息】
　　【NDCC 分类类目】
　　　其他灾害
【词条属性】
　　【特征】
　　　【特点】太阳活动
【词条关系】
　　【层级关系】
　　　【子类】光斑
　　【等同关系】
　　　【基本等同】太阳风
　　【因果关系】
　　　【成因（果－因）】行星际日冕物质抛射

◎太阳风暴灾害
【基本信息】
　　【英文名】solar storms disasters
　　【拼音】tai yang feng bao zai hai
　　【核心词】
【定义】
　　太阳风抛出高能离子团进入地球，使短波通信受到影响，甚至中断，可能会影响地球的灾害等。
　　【来源】《气象灾害丛书——空间天气灾害》
【分类信息】
　　【NDCC 分类类目】
　　　其他灾害
【词条属性】
　　【特征】
　　　【关键指标】太阳风暴强度
　　　【关键指标】太阳风高速流
　　【基本情况】
　　　【形成原因】太阳风暴
【词条关系】
　　【层级关系】
　　　【类属】空间天气灾害

【因果关系】
　　【受影响（有关）】太阳风暴灾害链

◎ **孕灾环境**
【基本信息】
　【英文名】hazard inducing environment
　【拼音】yun zai huan jing
　【核心词】
【定义】
　　自然环境可以分为大气圈、岩石圈、水圈、生物圈，人文环境可以划分为人类圈、技术圈，自然环境和人文环境所组成的综合地球表层环境就是孕灾环境。
【来源】《主要气象灾害风险评价与管理的数量化方法及其应用》
【分类信息】
　【NDCC 分类类目】
　　灾害评估
【词条属性】
　【特征】
　　【关键指标】危险性
　【功用】
　　【功能】区域灾害形成过程
【词条关系】
　【触发条件】
　　【是前提】灾害
　【组成关系】
　　【集成为】自然灾害系统

◎ **孕灾环境图**
【基本信息】
　【英文名】map of disaster-forming environment
　【拼音】yun zai huan jing tu
　【核心词】
【定义】
　　主要内容为反映各致险因子致险的自然环境背景信息，不同的致险因子所依赖的孕灾环境不一致。
【来源】《中国自然灾害风险综合评估初步研究》
【分类信息】
　【NDCC 分类类目】
　　灾害评估
【词条属性】
　【功用】
　　【用途】孕灾环境分析
【词条关系】
　【组成关系】
　　【组成】灾害风险图

◎ **安全事故**
【基本信息】
　【英文名】security incidents
　【拼音】an quan shi gu
　【核心词】
【定义】
　　安全事故是指生产经营单位在生产经营活动（包括与生产经营有关的活动）中突然发生的，伤害人身安全和健康，或者损坏设备设施，或者造成经济损失的，导致原生产经营活动（包括与生产经营活动有关的活动）暂时中止或永远终止的意外事件。
【来源】《突发事件应急管理：预防处置与恢复重建》
【分类信息】
　【NDCC 分类类目】
　　其他灾害
【词条属性】
　【特征】
　　【特点】不确定性
　　【特点】随机性

【词条关系】
　　【层级关系】
　　　　【子类】企业安全事故
　　　　【子类】煤矿安全事故
　　　　【子类】民航安全事故
　　　　【子类】建筑安全事故
　　　　【子类】道路交通安全事故
　　　　【子类】工程事故
　　　　【类属】事故
　　【因果关系】
　　　　【受影响（有关）】重力变形

◎ 宏观监测
【基本信息】
　　【英文名】macro-monitor
　　【拼音】hong guan jian ce
　　【核心词】
【定义】
　　研究地域至少应该在区域生态范围之内，最大可扩展到全球。宏观监测以原有的自然本底图和专业数据为基础，采用遥感技术和生态图技术，建立地理信息系统（GIS）。其次也采取区域生态调查和生态统计的手段。
【来源】《森林生态学》
【分类信息】
　　【NDCC 分类类目】
　　　　灾害监测
【词条属性】
　　【方法手段】
　　　　【手段】区域生态调查
　　　　【手段】生态统计
　　　　【方法】生态图技术
　　　　【方法】遥感技术
　　　　【方法】地理信息系统
【词条关系】
　　【层级关系】
　　　　【类属】森林生态环境监测方法

◎ 定位监测
【基本信息】
　　【英文名】locating and monitoring
　　【拼音】ding wei jian ce
　　【核心词】
【定义】
　　在一定的区域内，选择有代表性的森林生态环境类型，设固定监测点，进行长期地、系统地、连续地观测与研究。
【来源】《森林生态学》
【分类信息】
　　【NDCC 分类类目】
　　　　灾害监测
【词条属性】
　　【特征】
　　　　【关键指标】森林生态环境类型
　　　　【特点】长期地、系统地、连续地观测与研究
【词条关系】
　　【层级关系】
　　　　【类属】森林生态环境监测方法

◎ 定期监测
【基本信息】
　　【英文名】regular monitoring
　　【拼音】ding qi jian ce
　　【核心词】
【定义】
　　在已有土地变更调查的基础上，扩充、完善土地利用分类体系，开展每年一次的资源与生态环境变更调查，全面监测资源与生态环境变化；利用遥感手段，定期监测重点地区（尤其是国家级监测区域）资源与生态环境变化，并核查资源与生态环境监测数据的翔实性。
【来源】《森林生态学》
【分类信息】

【NDCC 分类类目】
　　灾害监测
【词条属性】
　【方法手段】
　　【方法】遥感技术
　【功用】
　　【用途】全面监测资源与生态环境变化；核查资源与生态环境监测数据的翔实性
【词条关系】
　【适用情况】
　　【用于】资源与生态环境变更调查
　【层级关系】
　　【类属】森林生态环境监测方法

◎害虫
【基本信息】
　【英文名】pests
　【拼音】hai chong
　【核心词】
【定义】
　　是指行为活动对人类利益有害的昆虫。
【来源】《林木病虫害防治》
【分类信息】
　【NDCC 分类类目】
　　生物灾害
【词条属性】
【词条关系】
　【层级关系】
　　【子类】草原蝗虫
　　【子类】吸吮性害虫
　　【子类】食叶性害虫
　　【子类】钻蛀性害虫
　　【子类】刺吸式口器害虫
　　【子类】抗性害虫
　　【子类】棉椿象
　　【子类】棉花害虫
　　【子类】螟虫
　　【子类】螟蛉

　　【子类】螟蛾
　　【子类】三化螟
　　【子类】次生害虫
　　【子类】蛀树皮虫
　　【子类】蚀木虫
　　【子类】美国白蛾
　　【子类】松材线虫
　　【子类】牲畜害虫
　　【子类】有害昆虫
　　【子类】杨树蛀干害虫
　　【子类】白杨透翅蛾
　　【子类】抗性储粮害虫
　【组成关系】
　　【部件有】潜在性害虫
　　【部件有】关键性害虫
　　【部件有】偶发性害虫
　　【部件有】常发性害虫
　　【部件有】次要害虫
　　【部件有】突发性害虫
　　【部件有】储粮害虫
　【对应关系】
　　【概念-实例】稻螟
　　【概念-实例】甜菜夜蛾

◎寒冻灾害
【基本信息】
　【英文名】cold aspic disasters
　【拼音】han dong zai hai
　【核心词】
【定义】
　　寒冻灾害包括霜灾、雪灾、冻灾和冷灾（寒灾），它们在成灾因子上类似，都处于低温状态，要么是相对低温，要么是绝对低温。
【来源】《英汉汉英灾害科学词典》
【分类信息】
　【NDCC 分类类目】
　　低温灾害

【词条属性】
　【特征】
　　【特点】低温
【词条关系】
　【因果关系】
　　【影响（部分因果）】农作物灾害
　　【成因（果－因）】严寒

◎寒害
【基本信息】
　【英文名】chilling injury
　【拼音】han hai
　【核心词】
【定义】
　　主要指热带、亚热带作物在冬季生育期间温度不低于0℃时，因气温降低引起作物生理机能障碍，导致减产甚至死亡的一种农业气象灾害。寒害多发生在我国华南地区，该地区冬季常遭受冷空气影响，造成强烈降温，对香蕉、荔枝、龙眼、甘蔗、橡胶等华南主要热带、亚热带经济作物危害严重。
【来源】《气象灾害丛书——低温冷害》
【分类信息】
　【NDCC分类类目】
　　低温灾害
【词条属性】
　【时间属性】
　　【发生时间】冬季
【词条关系】
　【层级关系】
　　【子类】冬季严寒型
　　【子类】平流型寒害
　　【子类】辐射型寒害
　　【子类】混合型寒害
　　【子类】热作寒害
　　【子类】华南寒害
　【等同关系】

　　【本名－别名同义】低温胁迫
　【组成关系】
　　【隶属于】农业气象灾害
　【对应关系】
　　【主体－指标】平流型寒害指标
　　【主体－指标】辐射型寒害指标
　　【主体－指标】平流辐射寒害指标

◎寒流
【基本信息】
　【英文名】cold current
　【拼音】han liu
　【核心词】
【定义】
　　我国气象部门规定：冷空气侵入造成的降温，一天内达到10℃以上，而且最低气温在5℃以下，则称此冷空气爆发过程为一次寒流过程。
【来源】《气象学词典》
【分类信息】
　【NDCC分类类目】
　　低温灾害
【词条属性】
　【功用】
　　【功能】寒流对沿途气候有降温、减湿的作用
【词条关系】
　【层级关系】
　　【子类】拉布拉多寒流
　　【子类】西澳大利亚寒流
　　【子类】东格陵兰寒流
　　【子类】西伯利亚寒流
　　【子类】千岛寒流
　【因果关系】
　　【影响（部分因果）】冷害
　【对应关系】
　　【概念－实例】黄海沿岸流

◎ 寒潮

【基本信息】

　【英文名】cold wave

　【拼音】han chao

　【核心词】

【定义】

　　冬半年大规模冷空气活动，常引起大范围强烈降温、大风，常伴有雨、雪的天气。

【来源】《气象灾害丛书——寒潮和霜冻》

【分类信息】

　【NDCC 分类类目】

　　低温灾害

【词条属性】

　【特征】

　　【特点】强冷空气活动

　【约束】

　　【要求】气温在 24 小时内迅速下降达 8℃ 以上

　【时间属性】

　　【发生时间】寒潮一般多发生在秋末、冬季、初春时节

【词条关系】

　【触发条件】

　　【是条件】强冷空气

　【层级关系】

　　【子类】大风型寒潮

　　【子类】风雪型寒潮

　　【子类】降雪型寒潮

　　【子类】全国性寒潮

　　【子类】区域性寒潮

　　【类属】气象灾害

　　【类属】农业灾害性天气

　【组成关系】

　　【成分有】寒潮冷锋

　　【部件有】古寒潮

　　【部件有】小槽发展型寒潮

　　【部件有】低槽旋转型寒潮

　　【部件有】纬向环流型寒潮

　　【部件有】横槽转竖型寒潮

　　【部件有】地槽东移型寒潮

　　【隶属于】灾害性天气

　【因果关系】

　　【取决】冷空气活动强度

　　【受影响（有关）】北极涛动

　　【结果（因-果）】冻害

　　【结果（因-果）】果树冻害

　　【结果（因-果）】寒潮高压

　　【结果（因-果）】冻露

　　【结果（因-果）】冷冬

◎ 寒潮灾害

【基本信息】

　【英文名】disaster of cold wave

　【拼音】han chao zai hai

　【核心词】

【定义】

　　高纬度地带的强冷空气迅速南下造成的灾害。

【分类信息】

　【NDCC 分类类目】

　　低温灾害

【词条属性】

　【基本情况】

　　【形成原因】寒潮

【词条关系】

　【层级关系】

　　【子类】寒潮暴风雪

　【因果关系】

　　【受影响（有关）】寒潮爆发

◎ 寒潮预报

【基本信息】

　【英文名】cold wave forecast

　【拼音】han chao yu bao

　【核心词】

【定义】
　　寒潮预报是指关于冬半年寒冷空气向南爆发和产生一定影响的预报。
　　【来源】《气象灾害丛书——寒潮和霜冻》
【分类信息】
　　【NDCC 分类类目】
　　　　灾害预报
【词条属性】
　　【特征】
　　　　【关键指标】寒潮的强冷空气堆积预报
　　　　【关键指标】寒潮爆发预报
　　　　【关键指标】寒潮爆发预报
　　　　【关键指标】寒潮路径与强度预报
　　　　【关键指标】寒潮天气预报
【词条关系】
　　【组成关系】
　　　　【部件有】寒潮爆发预报

◎寒露风
【基本信息】
　　【英文名】low temperature damage of rice in autumn
　　【拼音】han lu feng
　　【核心词】
【定义】
　　秋季冷空气入侵引起明显降温而使水稻减产的一种冷害。多发生在中国南方农历"寒露"节气前后，因此广东、广西、福建一带称"寒露风"（又叫"社风"），长江流域称秋季低温。它影响水稻开花、授粉和受精过程的正常进行，增加稻谷的空秕粒。
　　【来源】《气象灾害丛书——低温冷害》
【分类信息】
　　【NDCC 分类类目】
　　　　低温灾害
【词条属性】
　　【时间属性】
　　　　【发生时间】寒露

　　【效应】
　　　　【负效应】作物减产
【词条关系】
　　【层级关系】
　　　　【子类】轻度寒露风
　　　　【子类】重度寒露风
　　　　【子类】中等寒露风
　　　　【类属】冷害
　　　　【类属】低温冷害

◎小流域综合整治技术
【基本信息】
　　【英文名】the small watershed comprehensive technology
　　【拼音】xiao liu yu zong he zheng zhi ji shu
　　【核心词】
【定义】
　　因地制宜地发展生态农业，最大限度地提高一个坡面或小流域坡地的持续生产力，是小流域综合整治技术追求的目标。
　　【来源】《恢复生态学》
【分类信息】
　　【NDCC 分类类目】
　　　　灾害处置
【词条属性】
　　【目的】
　　　　【目的目标】因地制宜地发展生态农业，最大限度地提高一个坡面或小流域坡地的持续生产力
【词条关系】
　　【层级关系】
　　　　【子类】农工相结合的配套生态工程技术
　　　　【子类】再生能源工程技术
　　　　【子类】生物防治植保技术
　　　　【子类】有机物多层次利用
　　　　【子类】高效立体种养技术
　　　　【类属】生态恢复技术类型

◎ 山地灾害

【基本信息】
  【英文名】mountain hazards
  【拼音】shan di zai hai
  【核心词】
【定义】
　　是在山地发生的对人类及其生存环境所造成的灾害。
【来源】《山地灾害的形成机理与防治对策》
【分类信息】
  【NDCC 分类类目】
　　其他地质灾害
【词条属性】
  【空间属性】
    【位置】以山地丘陵为主
【词条关系】
  【层级关系】
    【子类】山洪
    【子类】滑坡
    【子类】崩塌
    【子类】泥石流
    【子类】冰崩
    【子类】雪崩
    【子类】水土流失
    【子类】山洪灾害

◎ 山洪

【基本信息】
  【英文名】mountain torrent
  【拼音】shan hong
  【核心词】
【定义】
　　是指山区溪沟中发生的暴涨洪水。山洪具有突发性，水量集中流速大、冲刷破坏力强，水流中挟带泥沙甚至石块等，常造成局部性洪灾，一般分为暴雨山洪、融雪山洪、冰川山洪等。
【分类信息】
  【NDCC 分类类目】
　　洪涝灾害
【词条属性】
  【特征】
    【特点】具有突发性，水量集中流速大、冲刷破坏力强，水流中挟带泥沙甚至石块
【词条关系】
  【层级关系】
    【子类】冲刷崩岸型山洪
    【子类】松散堆积物型山洪
    【子类】临时性山洪
    【子类】高速滑坡型山洪
    【子类】崩塌流动型山洪
    【子类】淤积漫溢型山洪
    【类属】河流洪水
    【类属】山地灾害
  【组成关系】
    【部件有】融雪山洪
    【部件有】冰川山洪
    【部件有】暴雨山洪
  【因果关系】
    【受影响（有关）】雷暴天气
    【结果（因-果）】山麓冲积平原
    【结果（因-果）】山麓堆积
    【结果（因-果）】山麓洪积平原

◎ 山洪灾害

【基本信息】
  【英文名】mountain torrent disaster
  【拼音】shan hong zai hai
  【核心词】
【定义】
　　指山区溪沟中发生的暴涨洪水导致灾害。
【来源】《地理学词典》
【分类信息】
  【NDCC 分类类目】

洪涝灾害
【词条属性】
  【特征】
    【关键指标】降雨量
【词条关系】
  【层级关系】
    【类属】山地灾害

◎ 山火
【基本信息】
  【英文名】mountain fire
  【拼音】shan huo
  【核心词】
【定义】
　　又称林火、植被大火、草原大火或者灌木大火（澳大拉西亚语），是一种发生在林野难以控制的火情。通常是由闪电引起的。其他一些常见的原因有人类的粗心大意和故意纵火。干旱以及小型的森林火灾是促成极大的森林大火的主要因素。
【来源】《应急管理丛书：中国的灾害与危险》
【分类信息】
  【NDCC分类类目】
    其他灾害
【词条属性】
  【基本情况】
    【形成原因】森林火灾
    【形成原因】干旱
    【形成原因】闪电
【词条关系】
  【层级关系】
    【类属】火灾

◎ 岩崩灾害
【基本信息】
  【英文名】rock avalanche
  【拼音】yan beng zai hai
  【核心词】
【定义】
　　发生岩石崩塌后形成的灾害。岩崩是崩塌的主要类型。广泛发生在各种坚硬岩石中，以结构破碎或有软弱夹层的碳酸盐岩、碎屑岩、变质岩尤为多发。除大量天然岩崩外，在铁路、公路沿线和露天矿区还有许多由人类活动诱发的岩崩。其突发性强，破坏性大，一些大规模岩崩可以摧毁矿山、房屋建筑，阻断交通造成严重人员伤亡和财产损失。
【来源】《汉英地质词典》
【分类信息】
  【NDCC分类类目】
    崩塌灾害
【词条属性】
  【状况】
    【现状】例如，湖北省远安县盐池磷矿坐落在盐池河谷地带，盐池河两岸海拔约1 000m，切割谷地深达500m，河谷地带为白云岩夹砂质页岩，活动断裂发育，岩石结构不完整
【词条关系】
  【组成关系】
    【隶属于】地质灾害
  【因果关系】
    【结果（因-果）】岩崩灾害损失
    【结果（因-果）】岩崩灾害危害

◎ 岩溶
【基本信息】
  【英文名】karst
  【拼音】yan rong
  【核心词】
【定义】
　　岩溶指可溶性岩石，特别是碳酸盐类岩石（如石灰岩、石膏等），受含有二氧化碳

的流水溶蚀，有时并加以沉积作用而形成的地貌。往往呈奇特形状，有洞穴、石芽、石沟、石林、溶洞、地下河也有峭壁。此种地貌地区，往往奇峰林立。通常指岩石裸露、草木不生、具有洞穴、落水洞、地下河而缺乏地表河流和湖泊的地区。岩溶是地下水对可溶性块状石灰岩溶蚀的结果。
【来源】《岩溶地质学》
【分类信息】
　【NDCC分类类目】
　　地质地震灾害
【词条属性】
　【基本情况】
　　【形成原因】溶蚀作用
【词条关系】
　【层级关系】
　　【子类】温带岩溶
　　【子类】化石岩溶
　　【子类】冰川岩溶
　　【子类】石膏岩溶
　　【子类】高山岩溶
　　【子类】石林溶沟型岩溶
　　【子类】温带中欧型岩溶
　　【子类】盐湖岩溶
　　【子类】热带岩溶
　　【子类】亚热带岩溶
　　【子类】岩盐岩溶
　　【子类】红层岩溶
　　【子类】植物岩溶
　　【子类】悬挂岩溶
　　【子类】古岩溶
　　【子类】岩溶天窗
　　【子类】流水岩溶
　　【子类】深部岩溶
　　【子类】覆盖型岩溶
　　【子类】裸露型岩溶
　　【子类】干旱区岩溶
　　【子类】埋藏型岩溶
　　【子类】高山深谷型岩溶
　　【子类】温带季风型岩溶
　　【子类】热带季风型岩溶
　　【子类】礁坪岩溶
　　【子类】礁岛型岩溶
　　【子类】垄岗谷地型岩溶
　　【子类】垄脊槽谷型岩溶
　　【子类】孤峰波地型岩溶
　　【子类】假岩溶
【组成关系】
　【组成】地质现象
　【部件有】海岸型岩溶
　【部件有】孤峰平原型岩溶
　【部件有】滨海岩溶
　【部件有】断块山地型岩溶
　【部件有】断陷盆地型岩溶
　【部件有】峰丛洼地型岩溶
　【部件有】地中海型岩溶
　【部件有】峰林平原型岩溶
　【部件有】低山沟谷型岩溶
【因果关系】
　【成因（果－因）】岩溶塌陷
　【成因（果－因）】岩溶平原
　【结果（因－果）】岩溶石柱
　【结果（因－果）】岩溶泉
　【结果（因－果）】岩溶夷平面
　【结果（因－果）】岩溶准平原
　【结果（因－果）】岩溶景观
　【结果（因－果）】岩溶地下水面
　【结果（因－果）】岩溶丘陵
　【结果（因－果）】岩溶堆积物
　【结果（因－果）】岩溶断块山地
　【结果（因－果）】岩溶陷落柱
　【结果（因－果）】岩溶角砾岩
　【结果（因－果）】岩溶地质
　【结果（因－果）】岩溶嶂谷
　【结果（因－果）】岩溶洪涝

◎ 岩爆灾害
【基本信息】
　【英文名】rock burst disaster
　【拼音】yan bao zai hai
　【核心词】
【定义】
　岩暴灾害是地下工程掘进过程中所遇到的一种地质灾害。
　【来源】《汉英地质词典》
【分类信息】
　【NDCC 分类类目】
　　其他地质灾害
【词条属性】
　【基本情况】
　　【形成原因】岩层产状
　　【形成原因】地层岩性
　　【形成原因】构造作用
　　【形成原因】浅表生改造
　　【形成原因】地下工程横断面形状的影响
【词条关系】
　【层级关系】
　　【类属】灾害
　　【类属】地质灾害

◎ 岩石圈灾害
【基本信息】
　【英文名】lithosphere disasters
　【拼音】yan shi quan zai hai
　【核心词】
【定义】
　地震灾害和地质灾害合称为岩石圈灾害。
　【来源】《汉英地质词典》
【分类信息】
　【NDCC 分类类目】
　　地质地震灾害
【词条属性】

　【空间属性】
　　【位置】岩石圈
【词条关系】
　【组成关系】
　　【成分有】地质灾害
　　【成分有】地震灾害

◎ 崖屑堆
【基本信息】
　【英文名】slide rock
　【拼音】ya xie dui
　【核心词】
【定义】
　主要由重力作用和坡面微弱冲刷作用所形成的非地带性地貌形态。但在冰缘地区，因寒凉风化作用特别强烈，山坡岩屑丰富，岩屑坡规模很大，分布也很普遍，故也被看作是冰缘地貌的一种类型。
　【来源】《汉英地质词典》
【分类信息】
　【NDCC 分类类目】
　　地质地震灾害
【词条属性】
　【特征】
　　【特点】易发生蠕动作用
【词条关系】
　【触发条件】
　　【是前提】岩屑崩塌
　【等同关系】
　　【基本等同】石流坡
　【因果关系】
　　【影响（部分因果）】崩塌

◎ 崩塌
【基本信息】
　【英文名】fall
　【拼音】beng ta

【核心词】
【定义】
较陡斜坡上的岩土体在重力作用下突然脱离母体崩落、滚动、堆积在坡脚（或沟谷）的地质现象。产生在土体中者称土崩，产生在岩体中者称岩崩。规模巨大涉及山体者称山崩。大小不等、零乱无序的岩块（土块）呈锥状堆积在坡脚的堆积物，称崩积物，也可称为岩堆或倒石堆。
【来源】《汉英地质词典》
【分类信息】
　【NDCC 分类类目】
　　崩塌灾害
【词条属性】
　【特征】
　　【特点】速度快（一般为 5~200m/s）；规模差异大（不足 $1m^3$ 至 10^8m^3）；崩塌下落后，崩塌体各部分相对位置完全被打乱，大小混杂，形成较大石块翻滚较远的倒石堆
　【约束】
　　【数值范围】多发生在大于 60°~70° 的斜坡上
　【基本情况】
　　【形成原因】崩塌作用
【词条关系】
　【层级关系】
　　【子类】土崩
　　【子类】岩崩
　　【子类】山崩
　　【子类】岸崩
　　【子类】煤渣崩塌
　　【子类】崩积物崩塌
　　【子类】基岩崩塌
　　【子类】表层风化物崩塌
　　【子类】散落型崩塌
　　【子类】滑动型崩塌
　　【子类】流动型崩塌
　　【子类】海底崩塌
　　【子类】沉积物崩塌
　　【子类】基底崩塌
　　【子类】黄土崩塌
　　【子类】湿崩塌
　　【子类】岩洞崩塌
　　【子类】悬崖崩塌
　　【类属】地质气象灾害
　　【类属】突发性地质气象灾害
　　【类属】山地灾害
　【等同关系】
　　【基本等同】垮塌
　【组成关系】
　　【组成】铁路自然灾害
　　【部件有】洞穴崩塌
　　【部件有】冰壁崩塌
　　【部件有】崩裂体
　　【部件有】岩屑崩塌
　　【集成为】灾害地貌
　【因果关系】
　　【受影响（有关）】岩体静压力
　　【受影响（有关）】岩石裂隙带
　　【受影响（有关）】崖屑堆
　　【受影响（有关）】特殊岩土
　　【受影响（有关）】矿岩可崩性
　　【成因（果-因）】重力变形
　　【成因（果-因）】崩塌井段
　　【结果（因-果）】山崩凹地
　　【结果（因-果）】崩塌落石
　　【结果（因-果）】崩塌裂痕
　　【结果（因-果）】危岩崩塌链式演变

◎崩塌灾害
【基本信息】
　【英文名】avalanche disaster
　【拼音】beng ta zai hai
　【核心词】
【定义】
　塌方、山崩、崩落等引起的灾害。陡峻

斜坡上的岩土体在重力作用下突然脱离母体，迅速崩落滚动，而后堆积在坡脚或沟谷。崩塌有时会砸毁、掩埋房屋和其他工程设施，危害人类生命财产安全。
【来源】《英汉汉英灾害科学词典》
【分类信息】
　【NDCC 分类类目】
　　一般术语
【词条属性】
　【基本情况】
　　【形成原因】地质灾变
【词条关系】
　【层级关系】
　　【子类】海底崩塌灾害
　　【子类】土壤土崩
　【组成关系】
　　【隶属于】地质灾害
　【因果关系】
　　【受影响（有关）】岩石破碎带
　　【受影响（有关）】易塌页岩
　　【结果（因-果）】岩石崩落

◎ 崩落灾害
【基本信息】
　【英文名】disaster of rock itlass avalanche
　【拼音】beng luo zai hai
　【核心词】
【定义】
　　由巨大体积的岩体突然大规模塌落造成的灾害。崩塌物中直径大于0.5m的岩块占75%以上，发生崩落的岩体主要由坚硬岩石组成，坡度通常在40°。灾害程度轻重不一，发生在城镇、矿区的大型崩落可以造成数百人死亡，摧毁多种工程设施。
【来源】《汉英地质词典》
【分类信息】
　【NDCC 分类类目】
　　崩塌灾害
【词条属性】
　【效应】
　　【负效应】使建筑物破坏
　　【负效应】堵塞河道
【词条关系】
　【组成关系】
　　【部件有】块状崩落
　　【隶属于】地质灾害
　【因果关系】
　　【受影响（有关）】岩石自然崩落
　　【受影响（有关）】页状剥落

◎ 工程治理措施
【基本信息】
　【英文名】engineering measures
　【拼音】gong cheng zhi li cuo shi
　【核心词】
【定义】
　　通过修建工程设施防治各种灾害的办法。
【来源】《生态学》
【分类信息】
　【NDCC 分类类目】
　　灾害处置
【词条属性】
　【目的】
　　【目的目标】水土保持
【词条关系】
　【层级关系】
　　【子类】拦渣工程
　　【子类】护坡工程
　　【子类】土地整治工程
　　【子类】防洪排水工程
　　【子类】防风固沙工程
　　【类属】水土流失治理措施

◎ 巨浪灾害
【基本信息】

【英文名】waves disaster
【拼音】ju lang zai hai
【核心词】
【定义】
　　波浪在 6m 以上的海浪引起的灾害称为巨浪灾害。
【来源】《防灾事典》
【分类信息】
　【NDCC 分类类目】
　　海洋灾害
【词条属性】
　【空间属性】
　　【位置】海洋
【词条关系】
　【组成关系】
　　【隶属于】海洋灾害
　【因果关系】
　　【影响（部分因果）】海上事故
　　【成因（果-因）】海浪

◎ 干旱指标
【基本信息】
　【英文名】drought index
　【拼音】gan han zhi biao
　【核心词】
【定义】
　　描述影响干旱的因子。
【来源】《主要气象灾害风险评价与管理的数量化方法及其应用》
【分类信息】
　【NDC 类目】
　　气象灾害
【词条属性】
　【功用】
　　【用途】干旱监测
　【效应】
　　【正效应】干旱管理
【词条关系】
　【层级关系】
　　【子类】气象干旱指标
　【组成关系】
　　【部件有】降水量分位数
　　【部件有】湿润度和干燥度指数
　　【部件有】土壤含水率
　　【部件有】地下水动态指标
　　【部件有】农业干旱强度指标
　　【部件有】土壤相对有效水分
　　【部件有】干燥度比率
　　【部件有】降水距平百分数
　　【部件有】冠层截留降水
　　【部件有】大气干燥力
　　【部件有】干燥指数
　【对应关系】
　　【表示（表征）】干旱

◎ 干旱灾害
【基本信息】
　【英文名】drought disaster
　【拼音】gan han zai hai
　【核心词】
【定义】
　　因气候严酷或不正常的干旱而形成的气象灾害。
【来源】《英汉汉英灾害科学词典》
【分类信息】
　【NDCC 分类类目】
　　（1）干旱灾害
　　（2）一般术语
【词条属性】
　【特征】
　　【关键指标】旱情
　【基本情况】
　　【形成原因】缺水
【词条关系】
　【层级关系】
　　【子类】小麦干旱灾害

【类属】气候灾害
【等同关系】
　【基本等同】旱灾
【组成关系】
　【组成】主要气象灾害
【因果关系】
　【受影响（有关）】气候变化
　【受影响（有关）】天然降水
　【受影响（有关）】植物对降雨的拦截损失
　【受影响（有关）】中雨
　【受影响（有关）】小雨
　【影响（部分因果）】受旱对象
　【成因（果-因）】干旱危害
　【结果（因-果）】逼熟
　【结果（因-果）】干旱灾荒

◎干热风
【基本信息】
　【英文名】dry-hot wind
　【拼音】gan re feng
　【核心词】
【定义】
　一种农业气象灾害。可分为两种类型，主要的一种是作物在生长发育期间，因同时受高温、低湿和一定风力影响而减产称为高温低湿型干热风；另一种是由于雨后高温，使小麦青枯称为雨后热枯型干热风。在中国华北平原地区，农民一般称它为"火风"、"旱风"或"热南风"，主要危害小麦；在长江中下游地区，农民称为"南洋风"，主要危害水稻。
　【来源】《农业气象灾害影响评估与风险评价》
【分类信息】
　【NDCC分类类目】
　　其他气象水文灾害
【词条属性】

【特征】
　【特点】高温害
【效应】
　【负效应】作物减产
【词条关系】
【层级关系】
　【子类】两槽一脊型干热风
　【子类】一槽一脊型干热风
　【子类】雨后枯熟型干热风
　【子类】雨后青枯型干热风
　【子类】高温低湿型干热风
　【类属】农业气象灾害
　【类属】灾害性天气
【等同关系】
　【本名-别名同义】热干风
　【本名-别名同义】干旱风
　【本名-别名同义】热南风
　【本名-别名同义】火风
　【本名-别名同义】西南火风
【组成关系】
　【部件有】旱风型干热风
　【部件有】高温低湿型干热风
　【部件有】中干热风
　【隶属于】灾害性天气
【因果关系】
　【受影响（有关）】高温
　【影响（部分因果）】小麦逐日灌浆速度
　【成因（果-因）】干热风天气
　【结果（因-果）】风伤
【对应关系】
　【主体-指标】干热风指标
　【主体-指标】干热风气象指标
　【主体-指标】干热风危害指标

◎干热风灾害
【基本信息】
　【英文名】dry-hot wind disasters

【拼音】gan re feng zai hai
【核心词】
【定义】
　　干热风是一种高温、低湿并伴有一定风力的灾害天气现象。中国大范围的干热风主要出现在秦岭、淮河以北，以华北、西北最多见，它的出现，使作物枯萎、枯死，给农、林业造成严重危害。
【来源】《气象学词典》
【分类信息】
　　【NDCC 分类类目】
　　　　其他气象水文灾害
【词条属性】
　　【空间属性】
　　　　【位置】秦岭、淮河以北，以华北、西北最多见
【词条关系】
　　【层级关系】
　　　　【子类】小麦干热风
　　【因果关系】
　　　　【结果（因-果）】小麦青枯早熟
　　　　【结果（因-果）】干热风灾害损失

◎ 平原灾害
【基本信息】
　　【英文名】plain disasters
　　【拼音】ping yuan zai hai
　　【核心词】
【定义】
　　指承载体是平原的灾害。
【来源】《主要气象灾害风险评价与管理研究的数量化方法及其应用》
【分类信息】
　　【NDCC 分类类目】
　　　　一般术语
【词条属性】
　　【空间属性】
　　　　【位置】平原

【词条关系】
　　【层级关系】
　　　　【类属】灾害
　　【组成关系】
　　　　【成分有】旱灾
　　　　【成分有】涝灾
　　　　【成分有】洪灾
　　　　【成分有】渍灾

◎ 应力
【基本信息】
　　【英文名】stress
　　【拼音】ying li
　　【核心词】
【定义】
　　物体内任意截面的两方单位面积上出现的相互作用力。单位为 Pa。按作用方式，可分为正应力和剪应力。
【来源】《工程力学》
【分类信息】
　　【NDCC 分类类目】
　　　　地质地震灾害
【词条属性】
　　【效应】
　　　　【负效应】灾害
　　【基本情况】
　　　　【形成原因】作用载荷
【词条关系】
　　【层级关系】
　　　　【子类】主动压力
　　　　【子类】内应力
　　　　【子类】加速力
　　　　【子类】压应力
　　　　【子类】压缩应力
　　　　【子类】屈服应力
　　　　【子类】球面应力
　　　　【子类】破坏应力
　　　　【子类】岩体静压力

【子类】极限疲劳应力
　　【子类】极限切向应力
　　【子类】极限应力
　　【子类】预应力
　　【子类】构造力
　　【子类】实际应力
　　【子类】张应力
　　【子类】有效应力
【转变关系】
　　【替代】应变
【因果关系】
　　【影响（部分因果）】板状断口
　　【影响（部分因果）】破坏应力级
　　【成因（果－因）】永久形变
　　【结果（因－果）】地基下沉
【对应关系】
　　【主体－指标】应力状态
　　【表示（表征）】应力椭圆

◎应急决策
【基本信息】
　【英文名】emergency decision
　【拼音】ying ji jue ce
　【核心词】
【定义】
　　一种非常规状态的非程序化决策。
　【来源】《突发事件应急管理：预防处置与恢复重建》
【分类信息】
　【NDCC分类类目】
　　灾害管理
【词条属性】
　【时间属性】
　　【起始时间】灾中
【词条关系】
　【组成关系】
　　【成分有】行动反馈
　　【成分有】时间压力
　　【成分有】多重主体
　　【成分有】组织目标
　　【成分有】经验决策者
　　【成分有】常规决策
　　【成分有】理性决策
　　【成分有】同步评估
　　【成分有】模糊博弈
　　【成分有】实施救护
　　【成分有】群体过程
　　【成分有】备选方案
　　【成分有】财产安全
　　【成分有】决策者
　　【成分有】决策能力
　　【成分有】决断能力
　　【成分有】行动指南
　　【成分有】可靠性组织
　　【部件有】应急决策中心
　　【部件有】应急决策者
　　【部件有】应急决策信息
　【隶属于】决策

◎应急平台
【基本信息】
　【英文名】emergency platform
　【拼音】ying ji ping tai
　【核心词】
【定义】
　　以现代信息通信技术为支撑，软、硬件相结合的突发公共事件应急保障技术系统，具备日常管理、风险分析、监测监控、预测预警、动态决策、综合协调、应急联动与总结评估等多方面功能，是实施应急预案、实现应急指挥决策的载体。
　【来源】《应急管理预防、演练与自救》
【分类信息】
　【NDCC分类类目】
　　灾害管理
【词条属性】

【特征】
    【关键指标】应急平台效率
【功用】
    【功能】值守、准备、处置、评价
【词条关系】
【组成关系】
    【部件有】应急平台体系
    【部件有】应急部门协调模块
    【部件有】应急信息处理模块
    【部件有】应急决策支持模块
    【部件有】应急监控预警模块
    【部件有】应急资源调度模块
    【部件有】应急实施监督模块
    【部件有】应急平台兼容性
    【部件有】应急发布系统
    【部件有】应急数据库系统
    【部件有】应急基础支撑系统
    【部件有】应急辅助系统
    【部件有】应急平台实施
    【部件有】应急平台应用
    【部件有】国家应急平台
    【部件有】区域应急平台
    【部件有】省级应急平台
    【部件有】市级应急平台
    【部件有】县级应急平台
    【隶属于】应急救援

◎ **应急抢险**
【基本信息】
    【英文名】emergency rescue
    【拼音】ying ji qiang xian
    【核心词】
【定义】
    对灾害中受灾人或物进行紧急抢救。
    【来源】《应急体系建设和应急预案编制》
【分类信息】
    【NDCC 分类类目】
        灾害管理

【词条属性】
【特征】
    【特点】应急行动的快速、有序、高效
【功用】
    【用途】灾害救援
【词条关系】
【组成关系】
    【部件有】应急抢险预案
    【部件有】应急抢险演练
    【部件有】应急抢险救灾
    【部件有】应急抢险队
    【部件有】应急抢险处置
    【部件有】应急抢险知识
    【部件有】应急抢险知识手册
    【部件有】应急抢险技能
    【部件有】应急抢险力量
    【部件有】应急抢险指挥
    【部件有】应急抢险指挥部
    【部件有】防洪抢险应急预案
    【部件有】防汛抢险应急预案
    【部件有】抢险应急灯
    【部件有】应急抢险救援设备
    【部件有】抢险装备
    【部件有】应急抢险资源
    【部件有】应急抢险物资保障
    【部件有】应急抢险专家
    【部件有】应急抢险专家库
    【隶属于】应急管理

◎ **应急搜救**
【基本信息】
    【英文名】emergency rescue
    【拼音】ying ji sou jiu
    【核心词】
【定义】
    对灾害被困人员进行搜索救援。
    【来源】《突发事件应急管理导论》
【分类信息】

【NDCC 分类类目】
　　　　灾害管理
【词条属性】
　　【特征】
　　　　【关键指标】搜救单元
　　【空间属性】
　　　　【位置】搜救区
　　【功用】
　　　　【功能】应急救援服务
【词条关系】
　　【组成关系】
　　　　【部件有】应急搜救预案
　　　　【部件有】应急搜救反应机制
　　　　【部件有】搜救机构
　　　　【部件有】搜救责任区
　　　　【部件有】应急搜救反应
　　　　【部件有】搜救中心
　　　　【部件有】搜救区域
　　　　【部件有】应急搜救力量
　　　　【部件有】搜救应急值班
　　　　【部件有】搜救行动
　　　　【部件有】搜救应急联动机制
　　　　【部件有】搜救应急指挥机构
　　　　【部件有】搜救应急指挥
　　　　【部件有】搜救指挥部
　　　　【部件有】搜救规划
　　　　【部件有】搜救发展规划
　　　　【部件有】搜救合作
　　　　【部件有】搜救责任区域
　　　　【部件有】搜救应急演练
　　　　【部件有】搜救中心办公机构
　　　　【部件有】搜救经费
　　　　【部件有】搜救经费管理
　　　　【部件有】搜救经费预算
　　　　【部件有】搜救人员
　　　　【部件有】搜救人员调度
　　　　【部件有】搜救通信
　　　　【部件有】搜救通信网络
　　　　【部件有】搜救专家组
　　　　【部件有】搜救设备
　　　　【部件有】搜救仪器
　　　　【部件有】搜救任务
　　　　【部件有】协调搜救
　　　　【部件有】搜救现场
　　　　【部件有】搜救方案
　　　　【部件有】搜救流程
　　　　【部件有】搜救流程图
　　　　【部件有】搜救指令
　　　　【部件有】搜救效果评估
　　　　【部件有】搜救措施
　　　　【部件有】地震应急搜救中心
　　　　【部件有】火灾应急搜救中心
　　　　【部件有】洪灾应急搜救中心
　　　　【部件有】雪灾应急搜救中心
　　【隶属于】应急管理

◎ **应急救援**
【基本信息】
　　【英文名】emergency rescue
　　【拼音】ying ji jiu yuan
　　【核心词】
【定义】
　　　　是指针对突发、具有破坏力的紧急事件，采取预防、预备、响应和恢复的活动与计划。
　　【来源】《现代应急管理应用与实践》
【分类信息】
　　【NDCC 分类类目】
　　　　灾害管理
【词条属性】
　　【特征】
　　　　【特点】迅速
　　　　【特点】准确
　　　　【特点】有效
　　【目的】
　　　　【目的目标】对紧急事件做出的预警

【目的目标】控制紧急事件发生与扩大
　　【目的目标】开展有效救援
　　【目的目标】减少损失和迅速组织恢复
正常状态
【词条关系】
　【层级关系】
　　【子类】海难救助
　　【子类】海空搜索救援
　　【子类】地震应急救援
　　【子类】震后救援
　【组成关系】
　　【部件有】救援进度
　　【部件有】救援效果
　　【部件有】救援资源配置
　　【部件有】单点救援
　　【部件有】救援设备
　　【部件有】多点救援
　　【部件有】救援资源
　　【部件有】最短救援时间
　　【部件有】单体救援
　　【部件有】群体救援
　　【部件有】应急救援队伍
　　【部件有】应急保障系统
　　【部件有】救援区
　　【部件有】救援时机
　　【部件有】救援团队
　　【部件有】救灾系统
　　【部件有】内部救援
　　【部件有】捐赠活动
　　【部件有】救援部署
　　【部件有】应急医疗服务
　　【部件有】医疗资源
　　【部件有】救援活动
　　【部件有】恢复管理
　　【部件有】联合救援
　　【部件有】紧急救援措施
　　【部件有】救援信息
　　【部件有】救援任务
　　【部件有】政府救灾
　　【部件有】受灾区域
　　【部件有】救援最佳时机
　　【部件有】紧急调度
　　【部件有】疏导交通
　　【部件有】专业救援
　　【部件有】协助救援
　　【部件有】应急医疗队伍
　　【部件有】应急管理者
　　【部件有】救援主力
　　【部件有】事故救援
　　【部件有】救灾指挥部
　　【部件有】抢险救灾组
　　【部件有】急救中心
　　【部件有】救援工作
　　【部件有】救援人员
　　【部件有】救援行为
　　【部件有】紧急医疗站
　　【部件有】应对机制
　　【部件有】医疗救援
　　【部件有】响应行动
　　【部件有】自救
　　【部件有】互救
　　【部件有】急救力量
　　【部件有】应急物资供应
　　【部件有】紧急通道
　　【部件有】救援通道
　　【部件有】防灾物品
　　【部件有】应急防灾产品
　　【部件有】救援成本
　　【部件有】应急救灾资金
　　【部件有】救灾捐款
　　【部件有】救援方案
　　【部件有】救援专家组
　　【部件有】救援指导
　　【部件有】应急救援预案
　　【部件有】救援指挥部
　　【部件有】应急指挥中心

【部件有】应急救援装备　　　　　　　【部件有】应急专业人员
【部件有】应急救援联盟　　　　　　　【部件有】调配网络
【部件有】应急救援教育　　　　　　　【部件有】应急资源优化调度
【部件有】救援操作手册　　　　　　　【部件有】互助应急预案
【部件有】应急平台　　　　　　　　　【部件有】应急医疗
【部件有】应急救援服务系统　　　　　【部件有】物资救援
【部件有】应急救援机构　　　　　　　【部件有】快速反应能力
【部件有】应急救援包　　　　　　　　【部件有】救援人力资源
【部件有】消防应急包　　　　　　　　【部件有】应急人才储备
【部件有】防灾应急包　　　　　　　　【部件有】救援补给
【部件有】民防应急包　　　　　　　　【部件有】救援设施服务需求点
【部件有】应急研究机构　　　　　　　【部件有】时间效益
【部件有】应急救援装置　　　　　　　【部件有】灾害损失最小化
【部件有】应急电源　　　　　　　　　【部件有】应急救援资源
【部件有】应急救援指挥系统　　　　　【部件有】生命救助系统
【部件有】应急救援演练　　　　　　　【部件有】搜救工作
【部件有】应急救援基础信息平台　　　【部件有】呼叫搜救
【部件有】保障救援队　　　　　　　　【部件有】搜救队员
【部件有】应急人员　　　　　　　　　【部件有】抢救策略
【部件有】紧急撤离　　　　　　　　　【部件有】应急救援体系
【部件有】应急救援小组　　　　　　　【部件有】紧急支援
【部件有】社会救援力量　　　　　　　【部件有】应急救援数据共享平台
【部件有】紧急处置　　　　　　　　　【部件有】应急救援信息体系
【部件有】应急救援通道　　　　　　　【部件有】应急救援指挥决策系统
【部件有】紧急通行　　　　　　　　　【部件有】事故模拟
【部件有】救援最优路径　　　　　　　【部件有】应急救援实施
【部件有】灾后保障　　　　　　　　　【部件有】应急警力
【部件有】救援物资　　　　　　　　　【部件有】应急现场模拟
【部件有】救灾补助　　　　　　　　　【部件有】企业应急组织
【部件有】救灾预备金　　　　　　　　【部件有】实施救援
【部件有】救灾基金　　　　　　　　　【部件有】最佳救援时间
【部件有】特种抢险队　　　　　　　　【部件有】救援程序
【部件有】营救　　　　　　　　　　　【部件有】医学救援行动
【部件有】应急协调　　　　　　　　　【部件有】外部救援
【部件有】应急节点　　　　　　　　　【部件有】紧急抢救方案
【部件有】紧急救援训练　　　　　　　【部件有】救援路线图
【部件有】应急救援绩效　　　　　　　【部件有】应急救援绩效评估
【部件有】救援补偿制度　　　　　　　【部件有】救灾信息管理

【部件有】相互援助
【部件有】应急支援
【部件有】公共援助
【部件有】社区灾害教育
【部件有】技术援助
【部件有】应急心理服务
【部件有】心理救援服务
【部件有】应急防疫
【部件有】应急救援管理
【部件有】应急救援流程图
【部件有】急救知识
【部件有】洪灾救援
【部件有】飓风救援
【部件有】火灾救援现场
【部件有】洪灾救援现场
【部件有】地震救援现场
【部件有】台风救援现场
【部件有】自救互救
【部件有】应急援助
【部件有】救灾信息
【部件有】救护中心
【部件有】救援规划
【部件有】救援部队
【部件有】专业化应急救援
【部件有】承载体可救援模型
【部件有】应急救援大队
【部件有】应急救援措施
【部件有】综合救援
【部件有】应急救援工程
【部件有】国家应急救援指挥中心
【部件有】地震应急救援队
【部件有】火灾应急救援队
【部件有】洪灾应急救援队
【部件有】雪灾应急救援队
【部件有】应急救援决策
【部件有】求救信号
【部件有】救援等待
【部件有】救援知识
【部件有】户外救援
【部件有】救援方法
【部件有】城市救援
【部件有】救援联盟
【部件有】道路救援
【部件有】灾区救援
【部件有】公众自救
【部件有】公众互救
【部件有】自救指导
【部件有】日常急救
【部件有】抢险救援
【部件有】应急救援动态
【部件有】救援网络
【部件有】紧急救援中心
【部件有】紧急救援服务
【部件有】应急救援服务
【部件有】灾害救援服务
【部件有】救援基金会
【部件有】应急救援基金
【部件有】应急救援队建设
【部件有】应急救援工作
【部件有】地震救援组织
【部件有】洪灾应急救援组织
【部件有】火灾救援组织
【部件有】地震救援装备
【部件有】洪灾救援装备
【部件有】火灾救援装备
【部件有】救援手册
【部件有】救援电话
【部件有】应急救援技术
【部件有】地震救援技术
【部件有】洪灾救援技术
【部件有】火灾救援技术
【隶属于】应急响应

◎ **应急演练**
【基本信息】
【英文名】emergency drill

【拼音】ying ji yan lian
【核心词】
【定义】
　　为检验应急计划的有效性、应急准备的完善性、应急响应能力的适应性和应急人员的协同性而进行的一种模拟应急响应的实践活动。可以分为单项演习、综合演习以及场内、场外应急组织合作进行的联合演习。
　　【来源】《应急体系建设和应急预案编制》
【分类信息】
　【NDCC 分类类目】
　　灾害管理
【词条属性】
　【功用】
　　【用途】评估应急准备状态
　　【用途】评估该重大事故应急能力
　　【用途】检验应急响应人员对应急预案、执行程序的了解程度和实际操作技能
【词条关系】
　【等同关系】
　　【本名-别名同义】桌面演练
　【组成关系】
　　【部件有】功能演练
　　【部件有】实地演练
　　【部件有】演练场景
　　【部件有】演练控制
　　【部件有】演练计划
　　【部件有】演练评估
　　【部件有】演练规划
　　【部件有】灾害应对演习
　　【部件有】演练机制
　　【部件有】预案演练
　　【部件有】演练活动
　　【部件有】应急演练制度
　　【部件有】应急演练计划
　　【部件有】演练频次
　　【部件有】演练范围
　　【部件有】演练内容
　　【部件有】演练效果
　　【部件有】研究性演练
　　【部件有】示范性演练
　　【部件有】非正式演练
　　【部件有】虚拟演练
　　【部件有】区域应急演练
　　【部件有】演练过程
　　【部件有】应急疏散演练
　　【部件有】应急演练报告
　　【部件有】演练场所
　　【部件有】演练资源
　　【部件有】演练器材
　　【部件有】演练经费
　　【部件有】演练文件
　　【部件有】演练时间
　　【部件有】应急演练策划
　　【部件有】演练总指挥
　　【部件有】参演应急设施
　　【部件有】演练方案
　　【部件有】演练背景
　　【部件有】演练人员
　　【部件有】应急演练评估
　　【部件有】全面演练
　　【部件有】现场演练
　　【部件有】综合性应急演练
　　【部件有】专业应急演练
　　【部件有】火灾应急演练
　　【部件有】洪灾应急演练
　　【部件有】雪灾应急演练
　　【部件有】飓风应急演练
　　【部件有】演练程序
　　【部件有】火灾应急演练模拟
　　【部件有】洪灾应急演练模拟
　　【部件有】地震应急演练模拟
　　【部件有】雪灾应急演练模拟
　　【部件有】飓风应急演练模拟
　　【部件有】应急演练规模

【部件有】抢险救灾演练
　　【部件有】演练指挥者
　　【部件有】演练实施者
　　【部件有】演练参与者
　　【部件有】演练保障者
　　【部件有】演练监督者
　　【部件有】演练目的
　　【隶属于】事故应急系统

◎ 应急疏散
【基本信息】
　　【英文名】emergency evacuation
　　【拼音】ying ji shu san
　　【核心词】
【定义】
　　当灾害事故发生时，在严密组织下的计划撤离。
【来源】《沿海农村台风灾害区避难所优化布局理论与实践研究——以浙江为例》
【分类信息】
　　【NDCC 分类类目】
　　　　灾害管理
【词条属性】
　　【特征】
　　　　【关键指标】疏散时间
　　　　【关键指标】疏散路线
　　【功用】
　　　　【用途】避灾
【词条关系】
　　【组成关系】
　　　　【部件有】疏散管理
　　　　【部件有】疏散中心
　　　　【部件有】疏散空间
　　　　【部件有】紧急疏散
　　　　【部件有】疏散主干道
　　　　【部件有】疏散对象
　　　　【部件有】人员引导疏散
　　　　【部件有】指示灯引导疏散
　　　　【部件有】广播引导疏散
　　　　【部件有】最佳疏散策略
　　　　【部件有】疏散模拟
　　　　【部件有】疏散交通
　　　　【部件有】员工疏散
　　　　【部件有】内部疏散
　　　　【部件有】疏散区域
　　　　【部件有】备用疏散路线
　　　　【部件有】人群疏散
　　【隶属于】避难

◎ 应急管理
【基本信息】
　　【英文名】emergency management
　　【拼音】ying ji guan li
　　【核心词】
【定义】
　　是指政府及其他公共机构在突发事件的事前预防、事发应对、事中处置和善后管理过程中，通过建立必要的应对机制，采取一系列必要措施，保障公众生命财产安全；促进社会和谐健康发展的有关活动。
【来源】《应急管理信息系统：基本原理、关键技术、案例》
【分类信息】
　　【NDCC 分类类目】
　　　　灾害管理
【词条属性】
【词条关系】
　　【层级关系】
　　　　【子类】社会应急潜力
　　　　【子类】社会应急实力
　　　　【子类】信息公害
　　　　【子类】灾情通报
　　　　【子类】火灾应急
　　　　【子类】联邦应急管理署
　　　　【子类】安置人口
　　　　【子类】自然灾害风险应急管理

【子类】旱灾风险应急管理　　　　　【成分有】应急准备
【子类】灾害事故应急管理　　　　　【成分有】草原火灾应急管理
【子类】高温灾害风险应急管理　　　【成分有】事中处置
【子类】涝灾风险应急管理　　　　　【成分有】事发应对
【子类】次生灾害风险应急管理　　　【成分有】事前预防
【子类】崩塌灾害风险应急管理　　　【部件有】恐怖主义
【子类】矿山灾害风险应急管理　　　【部件有】通信频率
【子类】飓风灾害风险应急管理　　　【部件有】政治危机
【子类】农田水涝灾害风险应急管理　【部件有】社会危机
【子类】农田雨涝灾害风险应急管理　【部件有】预警机制
【子类】城市内涝灾害风险应急管理　【部件有】预警卫星
【子类】农田涝渍灾害风险应急管理　【部件有】预警飞机
【子类】农业洪水灾害风险应急管理　【部件有】预警软件
【子类】草原生态灾害风险应急管理　【部件有】预警制度
【子类】城市暴雨灾害风险应急管理　【部件有】预警指数
【子类】寒潮灾害风险应急管理　　　【部件有】应急处置
【子类】霜害风险应急管理　　　　　【部件有】应急演练脚本
【子类】火山灾害风险应急管理　　　【部件有】现代应急机制
【子类】海浪灾害风险应急管理　　　【部件有】处置机制
【子类】植物灾害风险应急管理　　　【部件有】应急监督机制
【子类】动物灾害风险应急管理　　　【部件有】现代应急平台
【组成关系】　　　　　　　　　　　【部件有】应急人力资源
【成分有】公众生命　　　　　　　　【部件有】现代应急资源管理
【成分有】常规紧急事件　　　　　　【部件有】应急资金
【成分有】救援互助　　　　　　　　【部件有】避难
【成分有】日常程序　　　　　　　　【部件有】应急状态
【成分有】财产损失　　　　　　　　【部件有】次生事件
【成分有】汇集反应　　　　　　　　【部件有】衍生事件
【成分有】危险源　　　　　　　　　【部件有】耦合事件
【成分有】风险源　　　　　　　　　【部件有】总体预案
【成分有】工业污染　　　　　　　　【部件有】综合应急预案
【成分有】工厂爆炸　　　　　　　　【部件有】专项预案
【成分有】故意行为　　　　　　　　【部件有】现场处置方案
【成分有】灾害链条　　　　　　　　【部件有】部门预案
【成分有】承受能力　　　　　　　　【部件有】单项预案
【成分有】资源管理　　　　　　　　【部件有】先期处置
【成分有】危机沟通　　　　　　　　【部件有】应急保障
【成分有】预警　　　　　　　　　　【部件有】后期处置

【部件有】应急后评估　　　　　　　【部件有】应急人员绩效管理
【部件有】应急项目　　　　　　　　【部件有】应急数据中心
【部件有】应急人力　　　　　　　　【部件有】应急管理系统
【部件有】应急物力　　　　　　　　【部件有】应急管理能力
【部件有】应急财力　　　　　　　　【部件有】事故风险
【部件有】应急减缓　　　　　　　　【部件有】应急抢险
【部件有】紧急措施　　　　　　　　【部件有】应急搜救
【部件有】破坏指数　　　　　　　　【部件有】应急救助
【部件有】危险地带　　　　　　　　【部件有】风险预警
【部件有】资源整合　　　　　　　　【部件有】灾害宣传教育
【部件有】恶性突发事件　　　　　　【部件有】应急管理预案
【部件有】应急系统　　　　　　　　【部件有】应急管理法制
【部件有】综合性应急管理　　　　　【部件有】应急管理体制
【部件有】灾害减缓　　　　　　　　【部件有】应急管理机制
【部件有】临机决策　　　　　　　　【部件有】应急管理评估
【部件有】应对效率　　　　　　　　【部件有】损失补偿
【部件有】灾害易发区　　　　　　　【部件有】应急管理评估条例
【部件有】灾前准备　　　　　　　　【部件有】应急管理领导机构
【部件有】灾后响应　　　　　　　　【部件有】突发公共事件
【部件有】自主防灾　　　　　　　　【部件有】应急管理关键点
【部件有】灾害管理机构　　　　　　【部件有】常态应急管理
【部件有】危机应对组织　　　　　　【部件有】非常态应急管理
【部件有】协同效应　　　　　　　　【部件有】应急管理指挥部
【部件有】应急避难　　　　　　　　【部件有】应急管理局
【部件有】减灾体制　　　　　　　　【部件有】危险源应急管理
【部件有】应急管理机构　　　　　　【部件有】事件管理
【部件有】灾害重建法　　　　　　　【部件有】洪灾应急管理
【部件有】灾害保险法　　　　　　　【部件有】旱灾应急管理
【部件有】减轻灾害基本法　　　　　【部件有】飓风应急管理
【部件有】区域应急管理　　　　　　【部件有】内涝应急管理
【部件有】应急联动　　　　　　　　【部件有】城市火灾应急管理
【部件有】应急模式　　　　　　　　【部件有】地震应急管理
【部件有】危机管理中心　　　　　　【部件有】雪灾应急管理
【部件有】应急网络　　　　　　　　【部件有】森林火灾应急管理
【部件有】事故指挥系统　　　　　　【部件有】泥石流灾害应急管理
【部件有】应急物流　　　　　　　　【部件有】滑坡灾害应急管理
【部件有】事故控制　　　　　　　　【部件有】应急后勤保障

【部件有】暴雨灾害应急管理
【部件有】安全管理预案
【部件有】应急管理辅助决策
【部件有】应急管理模式
【部件有】应急管理职能
【部件有】应急管理支撑体系
【部件有】应急管理执行机构
【部件有】应急管理人员
【部件有】应急管理人员编制
【部件有】应急管理干部配备
【部件有】应急管理资源
【部件有】应急管理信息共享
【部件有】应急管理信息
【部件有】应急管理恢复
【部件有】基层应急管理
【部件有】应急管理民间组织
【部件有】紧急管理
【部件有】火灾管理委员会
【部件有】城市灾害应急管理
【部件有】应急管理组织体系
【部件有】传统应急管理
【部件有】现代应急管理
【部件有】应急管理流程
【部件有】应急管理体制平台
【部件有】政府应急管理办公室
【部件有】政府应急管理体系
【部件有】城市应急管理
【部件有】救灾资源
【部件有】救灾工程
【部件有】救灾实施
【部件有】医疗卫生保障
【部件有】干预疗法
【部件有】应急评估标准
【部件有】事故应急
【部件有】技术灾害应急管理
【部件有】决策
【部件有】海洋灾害应急管理
【部件有】边坡地质灾害风险应急管理

◎ **应急评估**
【基本信息】
　【英文名】emergency assessment
　【拼音】ying ji ping gu
　【核心词】
【定义】
　对灾害事故中各项事宜进行评估。
【分类信息】
　【NDC 类目】
　　应急管理
【词条属性】
　【功用】
　　【用途】应急预案
　【基本情况】
　　【形成原因】突发事件
【词条关系】
　【组成关系】
　　【部件有】应急过程评估
　　【部件有】危险源评估
　　【部件有】内部评估
　　【部件有】外部评估
　　【部件有】评估时机
　　【部件有】应急评估小组
　　【部件有】应急评估主体
　　【部件有】应急评估客体
　　【部件有】应急评估目的
　　【部件有】应急评估原则
　　【部件有】应急评估流程
　　【部件有】应急评估指标
　　【部件有】应急评估报告
　　【部件有】应急评估方法
　【隶属于】应急

◎ **应急预案**
【基本信息】
　【英文名】emergency plan
　【拼音】ying ji yu an

【核心词】
【定义】
　　指面对突发事件如自然灾害、重特大事故、环境公害及人为破坏的应急管理、指挥、救援计划等。它一般应建立在综合防灾规划上。其几大重要子系统为：完善的应急组织管理指挥系统；强有力的应急工程救援保障体系；综合协调、应对自如的相互支持系统；充分备灾的保障供应体系；体现综合救援的应急队伍。
【来源】《现代应急管理理论与方法》
【分类信息】
　【NDCC分类类目】
　　灾害管理
【词条属性】
　【适用情况】
　　【用于】应急响应
【词条关系】
　【层级关系】
　　【子类】重大干旱应急预案
　　【子类】草原火灾应急预案
　　【子类】国家海上搜救应急预案
　　【子类】整体应急预案
　　【子类】企业预案
　　【子类】地震应急预案
　　【子类】抗旱应急预案
　　【子类】社区应急预案
　　【子类】公共卫生事件应急预案
　　【子类】单项应急预案
　　【子类】事故灾难应急预案
　　【子类】社会安全事件应急预案
　　【子类】市级预案
　　【子类】省级预案
　　【子类】国家预案
　　【类属】火灾应急预案
　【组成关系】
　　【成分有】突发事件应急预案
　　【成分有】附录
　　【成分有】预警和预防机制
　　【成分有】保障措施
　　【成分有】检查表
　　【成分有】总则
　　【成分有】消防法规
　　【部件有】应急操作手册
　　【部件有】一案三制
　　【部件有】事件前兆阶段
　　【部件有】事件发生阶段
　　【部件有】事后阶段
　　【部件有】预案综合征
　　【部件有】应急预案评估
　　【部件有】综合预案
　　【部件有】专项应急预案
　　【部件有】现场预案
　　【部件有】应急预案优化
　　【部件有】应急预案数据
　　【部件有】应急电子预案
　　【部件有】应急预案管理
　　【部件有】危险辨识
　　【部件有】应急预案结构框架
　　【部件有】应急预案可操作性
　　【部件有】应急预案准备
　　【部件有】应急预案编写
　　【部件有】应急预案效力
　　【部件有】预案流程
　　【部件有】应急预案启动
　　【部件有】预案评审
　　【部件有】应急预案颁布
　　【部件有】应急预案更新
　　【部件有】地方预案体系
　　【部件有】政府预案
　　【部件有】国家级专项应急预案
　　【部件有】省级专项应急预案
　　【部件有】市级专项应急预案
　　【部件有】地区级专项应急预案
　　【部件有】县级专项应急预案
　　【部件有】火灾事故应急预案

【部件有】洪灾应急预案
【部件有】台风应急预案
【部件有】飓风应急预案
【部件有】雪灾应急预案
【部件有】国家应急预案
【部件有】应急预案库
【部件有】现场处置预案
【部件有】应急预案体系
【部件有】应急预案结构
【部件有】国家应急预案体系
【部件有】省级应急预案
【部件有】市级应急预案
【部件有】区级应急预案
【部件有】国家专项应急预案
【部件有】应急预案框架
【部件有】组织指挥体系及职责
【部件有】附则
【部件有】国家突发事件应急预案
【部件有】天然气泄漏应急预案
【隶属于】应急响应

◎ 应激反应
【基本信息】
　【英文名】stress
　【拼音】ying ji fan ying
　【核心词】
【定义】
　机体在各种内外环境因素刺激下所出现的全身性的非特异性适应性反映称为应激或应激反应。
【来源】《突发事件应急管理：预防处置与恢复重建》
【分类信息】
　【NDCC 分类类目】
　　灾害管理
【词条属性】
　【基本情况】
　　【形成原因】应激源

【词条关系】
　【层级关系】
　　【子类】急性生理应激反应
　　【子类】急性心理应激反应
　　【子类】急性行为应激反应
　　【子类】生理应激反应
　　【子类】急性应激反应
　【等同关系】
　　【全称-缩略同义】应激
　【因果关系】
　　【成因（果-因）】认知

◎ 废水
【基本信息】
　【英文名】effluent
　【拼音】fei shui
　【核心词】
【定义】
　是指居民活动过程中排出的水及径流雨水的总称。它包括生活污水、工业废水和初雨径流入排水管渠等其他无用水，一般指没有利用或没利用价值的水。
【分类信息】
　【NDCC 分类类目】
　　生态环境灾害
【词条属性】
　【特征】
　　【关键指标】废水利用率
　【方法手段】
　　【方法】废水处理
　【效应】
　　【负效应】水污染
【词条关系】
　【层级关系】
　　【子类】酸性废液
　　【子类】油田废水
　　【子类】原油废水
　　【子类】炼油厂废水

【子类】农业废水
【子类】有机废水
【子类】脱硫废水
【子类】酸碱废水
【子类】洗煤废水
【子类】石油化工废水
【子类】铸造厂废水
【子类】造纸废水
【子类】橡胶厂废水
【子类】热轧钢废水
【子类】煤气发生站废水
【子类】酸浸废水
【子类】乳制品废水
【子类】肉类加工产废水
【子类】人造纤维废水
【子类】酒精废水
【子类】电镀清洗废水
【子类】亚硫酸盐纸浆废水
【子类】含油废水
【子类】印染废水
【子类】制革废水
【子类】酸洗废水
【子类】电镀废水
【子类】煤场废水
【子类】皂化废水
【子类】工业废水
【类属】生活污染源

◎ 强对流天气
【基本信息】
　【英文名】severe convective weather
　【拼音】qiang dui liu tian qi
　【核心词】
【定义】
　是指出现短时强降水、雷雨大风、龙卷风、冰雹和飑线等现象的灾害性天气，它历时短、天气剧烈、破坏性极强。
【来源】《气象学词典》

【分类信息】
　【NDCC 分类类目】
　　其他气象水文灾害
【词条属性】
　【特征】
　　【特点】水平尺度小、生命史短强
　　【特点】强度大、破坏性强
　　【特点】发生季节早、结束迟
【词条关系】
　【组成关系】
　　【部件有】强对流云
　【因果关系】
　　【受影响（有关）】高低空急流
　　【受影响（有关）】多单体风暴
　　【影响（部分因果）】雷暴灾害
　　【影响（部分因果）】能量锋
　　【成因（果－因）】重雹灾

◎ 微生物灾害
【基本信息】
　【英文名】microbial disasters
　【拼音】wei sheng wu zai hai
　【核心词】
【定义】
　由微生物引起的对社会生产和人们的生活造成一定影响的灾害现象。
【来源】《英汉汉英灾害科学词典》
【分类信息】
　【NDCC 分类类目】
　　其他生物灾害
【词条属性】
　【效应】
　　【负效应】生物腐蚀
【词条关系】
　【层级关系】
　　【类属】生物灾害
　【对应关系】
　　【概念－实例】放射虫软泥

【概念-实例】细菌病害
【概念-实例】放线菌病
【概念-实例】病毒病害

◎ 微观监测
【基本信息】
　【英文名】microscopic monitoring
　【拼音】wei guan jian ce
　【核心词】
【定义】
　研究地域最大可包括由几个生态系统组成的景观生态区，最小也应代表单一的生态类型。微观生态监测以大量的生态监测站为基础，以物理、化学或生物学的方法对生态系统各个组分提取属性信息。
【来源】《森林生态学》
【分类信息】
　【NDCC 分类类目】
　　灾害监测
【词条属性】
　【方法手段】
　　【方法】生物学
【词条关系】
　【层级关系】
　　【类属】生态环境监测
　【对应关系】
　　【概念-实例】森林生态环境监测
　　【概念-实例】农业环境监测

◎ 承灾体
【基本信息】
　【英文名】hazard bearing body
　【拼音】cheng zai ti
　【核心词】
【定义】
　是各种致灾因子作用的对象，是人类及其活动所在的社会与各种资源的集合。

【来源】《主要气象灾害风险评价与管理的数量化方法及其应用》
【分类信息】
　【NDCC 分类类目】
　　灾害评估
【词条属性】
　【特征】
　　【关键指标】暴露性
　　【关键指标】承灾体物理暴露量
　　【关键指标】承灾体易灾性
　　【关键指标】承灾体脆弱性
　　【关键指标】承灾体易损性
【词条关系】
　【等同关系】
　　【基本等同】受灾体
　【组成关系】
　　【组成】自然灾害系统
　　【部件有】房屋
　　【部件有】道路
　　【部件有】农田
　　【部件有】森林
　　【部件有】矿产
　　【部件有】土地资源
　　【部件有】生物资源
　　【部件有】砖石房屋
　　【部件有】城市
　　【部件有】建筑
　　【部件有】重大建设工程
　　【部件有】油料作物
　　【部件有】经济作物

◎ 承灾体易损性评价
【基本信息】
　【英文名】vulnerability assessment of hazard-affected body
　【拼音】cheng zai ti yi sun xing ping jia
　【核心词】
【定义】

承灾体易损性评价，包括以下三方面：（1）风险区确定：研究一定强度自然灾害发生时的受灾范围。（2）风险区特性评价：对风险区内主要建筑物，其他固定设备和建筑物内部财产，风险区的人口数量、分布、经济发展水平等进行分析和评价。（3）抗灾性能分析：对风险区内的财产进行抗灾性能分析。
【来源】《自然灾害风险分析》
【分类信息】
　【NDCC分类类目】
　　灾害评估
【词条属性】
　【功用】
　　【用途】自然灾害风险分析
【词条关系】
　【适用情况】
　　【用于】风险评价
　【组成关系】
　　【成分有】风险区确定
　　【成分有】风险区特性评价
　　【成分有】抗灾性能分析
　　【组成】自然灾害风险分析基本内容

◎承灾体脆弱性综合评估

【基本信息】
　【英文名】comprehensive evaluation of risk bearing body vulnerability
　【拼音】cheng zai ti cui ruo xing zong he ping gu
　【核心词】
【定义】
　　即对承险体物理暴露性评估、承险体灾损敏感性评估、区域社会应灾能力评估内容的集成分析与综合评估，这种脆弱性一般用一定函数形式加以表达。
【来源】《中国自然灾害风险综合评估初步研究》
【分类信息】
　【NDCC分类类目】
　　灾害评估
【词条属性】
　【功用】
　　【用途】灾害风险评估
【词条关系】
　【组成关系】
　　【组成】承灾体脆弱性评估
　　【部件有】区域人口体能指数
　　【部件有】区域自救技术指数

◎承险体灾损敏感性评估

【基本信息】
　【英文名】damage sensitivity evaluation of risk-causing body
　【拼音】cheng xian ti zai sun min gan xing ping gu
　【核心词】
【定义】
　　这种评估反映的是各种类型的承险体本身对不同种类自然灾害及其强度的响应能力，一般根据承险体物理学特征、灾害动力学机制及历史损失资料进行。
【来源】《中国自然灾害风险综合评估初步研究》
【分类信息】
　【NDCC分类类目】
　　灾害评估
【词条属性】
　【功用】
　　【用途】自然灾害风险评估
【词条关系】
　【等同关系】
　　【本名-别名同义】灾损敏感性评估
　【组成关系】
　　【组成】承险体脆弱性评估
　　【部件有】人口灾损敏感性

◎ **承险体脆弱性程度图**
【基本信息】
　【英文名】vulnerability degree figure of risk bearing body
　【拼音】cheng xian ti cui ruo xing cheng du tu
　【核心词】
【定义】
　　承险客体包括人、财产、生态系统三类，因此承险体脆弱性图就包括各险种的人口脆弱性程度图、财产脆弱性程度图和生态系统脆弱性程度图三种，每一种承险客体的脆弱性包括物理暴露性、固有敏感性和应灾能力。
【来源】《中国自然灾害风险综合评估初步研究》
【分类信息】
　【NDCC 分类类目】
　　灾害评估
【词条属性】
　【功用】
　　【用途】自然灾害风险制图
【词条关系】
　【组成关系】
　　【组成】灾害风险图

◎ **承险体脆弱性评估**
【基本信息】
　【英文名】vulnerability assessment of risks bearing body
　【拼音】cheng xian ti cui ruo xing ping gu
　【核心词】
【定义】
　　承险体脆弱性评估是指承险客体受到自然灾害风险冲击时的易损程度，它由一系列影响承险系统对自然灾害冲击的敏感程度的自然、社会、经济与环境因素及相互作用过程所决定，其本质是承险系统可获得的能够降低风险程度与灾害影响的所有能力和资源的组合。
【来源】《中国自然灾害风险综合评估初步研究》
【分类信息】
　【NDCC 分类类目】
　　灾害评估
【词条属性】
　【功用】
　　【用途】自然灾害风险评估
【词条关系】
　【组成关系】
　　【成分有】承险体灾损敏感性评估
　　【成分有】承险体物理暴露性评估
　　【成分有】区域社会应灾能力评估

◎ **承险体风险损失度评估**
【基本信息】
　【英文名】risk loss degree evaluation of risk bearing body
　【拼音】cheng xian ti feng xian sun shi du ping gu
　【核心词】
【定义】
　　承险体风险损失度评估反映的是区域承险体在一定危险性的灾害风险事件下损失的大小，这种损失的大小既可以用绝对量化的形式加以衡量，也可以用相对的等级加以区分。
【来源】《中国自然灾害风险综合评估初步研究》
【分类信息】
　【NDCC 分类类目】
　　灾害评估
【词条属性】
　【功用】
　　【用途】灾害风险评估
【词条关系】
　【层级关系】

【子类】人口损失风险评估
【子类】经济财产损失风险评估
【子类】生态系统损失风险评估

◎ 抗旱救灾
【基本信息】
　【英文名】drought relief
　【拼音】kang han jiu zai
　【核心词】
【定义】
　应对突发灾害时，通过各种措施旱灾带来的经济损失，减少人员伤害。
【来源】《防灾减灾工程学》
【分类信息】
　【NDCC 分类类目】
　　灾害管理
【词条属性】
　【方法手段】
　　【方法】抗旱技术
　　【方法】节水抗旱
【词条关系】
　【适用情况】
　　【受限】抗旱能力
　【等同关系】
　　【基本等同】抗旱减灾

◎ 抽水塌陷灾害
【基本信息】
　【英文名】pumping water collapse disaster
　【拼音】chou shui ta xian zai hai
　【核心词】
【定义】
　抽汲地下水引起的塌陷灾害。其形成条件和发生机制与排水塌陷基本相同。塌陷规模大小不一，在一些大型水源地一般规模较大。抽水塌陷亦以覆盖型岩溶发育区最为常见。主要发生在城市，所以危害比较严重。主要破坏各种建筑设施和城市环境，影响城市、企业的正常生产、生活。
【来源】《汉英地质词典》
【分类信息】
　【NDCC 分类类目】
　　地质地震灾害
【词条属性】
　【状况】
　　【现状】武汉市、昆明市、贵阳市、广州市、桂林市、黄石市、泰安市、九江市、水城市、玉林市、唐山市等近年来都发生比较严重的抽水塌陷，成为一种比较突出的城市灾害。
【词条关系】
　【层级关系】
　　【类属】人为塌陷灾害

◎ 排水
【基本信息】
　【英文名】drain
　【拼音】pai shui
　【核心词】
【定义】
　排除农田多余的地表水和地下水，控制地下水位和防治盐碱化和沼泽化，为改善农业生产条件和保证高产稳产创造良好的条件。农田排水是发展农业生产和提高作物产量及产值的保证。不同地区，由于自然和农业生产条件各异，排水任务也不同。在湿润和半湿润地区，由于降雨过多或过于集中，往往容易形成涝渍，无论灌溉与否，均需及时排除地表水和地下水以控制地下水位。在土壤含盐量大或地下水矿化度高的地区，则需通过排水促进土壤脱盐，淡化地下水和防治土壤盐碱化。在干旱和半干旱地区，虽然降雨少，但常因灌溉水入渗而引起地下水位上升和土壤次生盐碱化，亦须修建排水系统，排除多余的灌溉退水、雨季地表径流和过多的地下水，控制地下水位，保持良好的土壤水盐动态。
【来源】《水利学》
【分类信息】
　【NDCC 分类类目】
　　灾害处置
【词条属性】
　【特征】
　　【关键指标】排水量
　【功用】
　　【用途】盐碱化防治
　　【用途】地下水位调控
【词条关系】
　【层级关系】
　　【子类】内排水
　　【子类】外排水
　　【子类】公路排水
　　【子类】上昂式排水
　　【子类】城市排水
　　【子类】电渗排水
　　【子类】组合排水
　　【子类】贴坡排水
　　【子类】施工排水
　　【子类】开沟排水
　　【子类】暗管排水
　　【类属】地面排水
　　【类属】抽排水
　【组成关系】
　　【部件有】集中排水
　　【部件有】抢险排水
　　【部件有】边缘排水
　　【部件有】城镇排水
　　【部件有】建筑排水
　　【部件有】地下排水
　　【部件有】贴坡式排水
　　【部件有】自流排水
　【因果关系】
　　【受影响（有关）】排水能力
　　【影响（部分因果）】排水速率
　【对应关系】
　　【概念–实例】排水暗管

◎ **效益损失**
【基本信息】
　【英文名】benefit loss
　【拼音】xiao yi sun shi
　【核心词】
【定义】
　　由于灾害造成的生态、环境效果与经济利益的减少。
【来源】《交通运输生命线灾害经济效益损失计算》
【分类信息】
　【NDCC 分类类目】
　　灾害评估
【词条属性】
　【特征】
　　【关键指标】成本效益分析
　【基本情况】
　　【形成原因】自然灾害事故
【词条关系】
　【层级关系】
　　【子类】生态效益损失
　　【子类】经济效益损失
　　【子类】社会效益损失

◎ **敏感生态区**
【基本信息】
　【英文名】sensitive ecoregion
　【拼音】min gan sheng tai qu
　【核心词】
【定义】
　　敏感生态区是指那些对人类生产、生活活动具有特殊敏感性或具有潜在自然灾害影响，极易受到人为的不当开发活动影响而产生生态负面效应的地区。
【来源】《生态环境影响评价概论》
【分类信息】
　【NDCC 分类类目】
　　其他生态环境灾害
【词条属性】
　【特征】
　　【特点】是区域生态系统可持续发展及进行生态环境综合整治的关键地区。
　　【特点】除了具有生态作用以外，还制约着城市和城镇群的发展规模、发展方向、用地布局和城镇体系结构。
【词条关系】
　【层级关系】
　　【子类】生态敏感与脆弱区
　　【子类】需特殊保护区域
　　【子类】社会关注区
　　【子类】河流水系
　　【子类】滨水地区
　　【子类】山地丘陵
　　【子类】海滩
　　【子类】稀有植物群落
　　【子类】野生动物栖息地
　　【子类】海岸湿地
　　【子类】沼泽

◎ 数值预报
【基本信息】
　【英文名】numerical forecasting
　【拼音】shu zhi yu bao
　【核心词】
【定义】
　（1）根据大气运动方程组，通过计算，进行的客观、定量的预报。
　（2）以经过分析和初值化的某时刻气象观测资料为初值，在电子计算机上用数值方法求解大气动力学和热力学方程组从而作出的天气预报。
【来源】《数值天气预报》
【分类信息】
　【NDCC 分类类目】
　　灾害预报
【词条属性】
　【功用】
　　【用途】灾害预警
【词条关系】
　【层级关系】
　　【子类】预报

◎ 断层
【基本信息】
　【英文名】fault
　【拼音】duan ceng
　【核心词】
【定义】
　岩体在构造应力作用下发生破裂，沿破裂面两侧的岩体发生显著的位移或失去连续性和完整性而形成的一种构造形迹。
【来源】《地质学词典》
【分类信息】
　【NDCC 分类类目】
　　地质地震灾害
【词条属性】
　【特征】
　　【关键指标】断层位移量
　　【关键指标】断层长度
　　【关键指标】破裂速度
　　【关键指标】破裂传播速度
【词条关系】
　【层级关系】
　　【子类】逆断层
　　【子类】正断层
　　【子类】平推断层
　　【子类】倾滑断层
　　【子类】逆倾向滑动断层

【子类】圣安德烈亚斯断层
【子类】新城断层
【子类】辐射状断层
【子类】楔冲式断层
【子类】叠瓦状断层
【子类】枢纽断层
【子类】潮州断层
【子类】底板断层
【子类】隐伏断层
【子类】休眠断层
【子类】假断层
【子类】净切断层
【子类】剪冲断层
【子类】穿插断层
【子类】分支断层
【子类】有限断层
【子类】三危山断层
【子类】隐蔽性断层
【子类】直立断层
【子类】粒序断层
【子类】周边断层
【子类】低角度逆冲断层
【子类】捩转断层
【子类】纵断层
【子类】追踪断层
【子类】生长断层
【子类】卡斯凯迪亚断层
【子类】复活断层
【子类】海岸侧上升断层
【子类】环周断层
【子类】缓倾断层
【子类】相对危险断层
【子类】异常断层
【子类】滑移断层
【子类】左侧断层
【子类】副断层
【子类】滑断层
【子类】剪断断层

【子类】阶梯断层
【子类】上冲断层
【子类】张开断层
【子类】层面断层
【子类】阶状断层
【子类】背斜断层
【子类】横断层
【子类】共轭断层
【子类】复断层
【子类】下落断层
【子类】倾向滑断层
【子类】雁列走滑断层
【子类】新生断层
【子类】主边界断层
【子类】楔冲断层
【子类】阶梯式断层
【子类】反向断层
【子类】对冲式逆冲断层
【子类】对冲断层
【子类】盲断层
【子类】斜向滑动断层
【子类】横推断层
【子类】挫断层
【子类】倾向滑动断层
【子类】倾斜断层
【子类】活性断层
【子类】斜断层
【子类】盲冲断层
【子类】构造滑动
【子类】伸展断层
【子类】旋转断层
【子类】活动断层
【子类】环状断层
【子类】右行断层
【子类】陡角断层
【子类】走滑断层
【子类】上投断层
【子类】俯冲断层

【子类】警戒断层　　　　　　　【子类】重力断层
【子类】隐伏活断层　　　　　　【子类】顺层断层
【子类】死断层　　　　　　　　【子类】斜角断层
【子类】锯齿状断层　　　　　　【子类】斜列断层
【子类】径向断层　　　　　　　【子类】断层池
【子类】活断层（裂）　　　　　【子类】褶皱断层
【子类】右侧断层　　　　　　　【子类】封闭性断层
【子类】挤压断层　　　　　　　【子类】裂缝断层
【子类】单断层　　　　　　　　【子类】闭口断层
【子类】大型走向断层　　　　　【子类】优势断层
【子类】大平移断层　　　　　　【子类】含水断层
【子类】未被填出断层　　　　　【子类】交错断层
【子类】铲状断层　　　　　　　【子类】仰冲断层
【子类】大冲掩断层　　　　　　【子类】冲掩断层
【子类】次要断层　　　　　　　【子类】加利福尼亚圣安地列斯断层
【子类】次生断层　　　　　　　【子类】斜向断层
【子类】次级断层　　　　　　　【子类】倾向断层
【子类】未封闭断层　　　　　　【子类】水平地层断距
【子类】未充填断层　　　　　　【子类】铅直地层断距
【子类】阿尔金活断层　　　　　【子类】蠕滑断层
【子类】捩断层　　　　　　　　【子类】黏滑断层
【子类】活断层带　　　　　　　【子类】盖层断层
【子类】斜列式断层　　　　　　【子类】地壳断层
【子类】裂开断层　　　　　　　【子类】岩石圈断层
【子类】叠瓦断层　　　　　　　【子类】逆冲－走滑断层
【子类】第四纪断层　　　　　　【子类】横推型断层
【子类】雁列断层　　　　　　　【子类】强烈活断层
【子类】雁行断层　　　　　　　【子类】远断层
【子类】翼部断层　　　　　　　【子类】断层崩落
【子类】向心断层　　　　　　　【子类】近断层
【子类】斜断裂　　　　　　　　【子类】压力断层
【子类】非发震断层　　　　　　【子类】圣安地列斯断层
【子类】脆性断层　　　　　　　【子类】右滑断层
【子类】不活动断层　　　　　　【子类】右旋走滑断层
【子类】断层外露层　　　　　　【子类】左滑断层
【子类】先存活动断层　　　　　【子类】逆冲推覆断层
【子类】顶板逆冲断层　　　　　【子类】塑性断层
【子类】水平断层　　　　　　　【子类】微小断层

【子类】复露断层岸
【子类】地下断层
【子类】断层端部
【子类】断层内露层
【子类】能动断层
【子类】垂直转换断层
【子类】拆离断层
【子类】延伸断层
【子类】晚期断层
【子类】复杂断层
【子类】愈合断层
【子类】垂直断层
【子类】平缓断层
【子类】断层台阶
【子类】震源断层
【子类】节理断层
【子类】倾斜滑动断层
【子类】补偿断层
【子类】撕裂断层
【子类】地质断层
【子类】羽状断层
【类属】阶梯状断层
【类属】叠瓦式断层
【类属】背斜破裂面断层
【类属】次生构造
【组成关系】
  【成分有】断层构造岩
  【组成】断层组合
  【组成】复杂断层组合
  【部件有】交叉断层
  【部件有】封闭断层
  【部件有】组合断层
  【部件有】陡冲断层
  【部件有】平面断层
  【部件有】平行断层
  【部件有】主断层
  【部件有】长垣断层
  【部件有】横向振动

【部件有】变位断层
【部件有】边缘上冲断层
【部件有】跨断层
【部件有】张性断层
【部件有】重力滑动断层
【部件有】走向平推断层
【部件有】走向移动断层
【部件有】左裂断层
【部件有】左滑正断层
【部件有】左滑逆断层
【部件有】左旋断层
【部件有】左旋走向滑动断层
【部件有】挠曲断层
【部件有】同生断层
【部件有】小断层
【部件有】阶状逆冲断层
【部件有】大露头断层
【部件有】旋转平面状正断层
【部件有】犁状正断层
【集成为】断层族
【集成为】断层系
【因果关系】
  【受影响（有关）】断层水平扭动量
  【受影响（有关）】差异压实（作用）
  【影响（部分因果）】断层粘泥
  【影响（部分因果）】断层洼陷
  【成因（果-因）】断层圈闭
  【结果（因-果）】断错崩积楔
  【结果（因-果）】间断带
  【结果（因-果）】断层褶皱
  【结果（因-果）】断层峡谷
  【结果（因-果）】断层裂隙
  【结果（因-果）】断层转折褶皱
【对应关系】
  【概念-实例】新竹断层
  【概念-实例】康托断层
  【结论-现象】安德森理论

◎ **断裂**
【基本信息】
　【英文名】fracture
　【拼音】duan lie
　【核心词】
【定义】
　　岩体的破碎现象。是由于应力作用下的机械破坏，使岩体丧失其连续性和完整性，不涉及其破碎部分是否发生位移。断裂包括裂隙、节理和断层等。
　【来源】《汉英地质词典》
【分类信息】
　【NDCC 分类类目】
　　地质地震灾害
【词条属性】
　【特征】
　　【关键指标】断裂韧性
【词条关系】
　【层级关系】
　　【子类】塔拉斯-费尔干纳断裂
　　【子类】中蒙边界断裂
　　【子类】岩石圈断裂
　　【子类】X 型断裂
　　【子类】断裂变质
　　【子类】断裂造山
　　【子类】断裂转化
　　【子类】雁行式断裂
　　【子类】泰山式断裂
　　【子类】舟山西麓断裂
　　【子类】深大断裂
　　【子类】轴面断裂
　　【子类】滑移断裂
　　【子类】火山环形断裂
　　【子类】剪断裂
　　【子类】射状断裂
　　【子类】放射断裂
　　【子类】横断裂
　　【子类】共轭断裂
　　【子类】雁列式断裂
　　【子类】活动断裂
　　【子类】索龙断裂
　　【子类】菲律宾活动断裂
　　【子类】深断裂
　　【子类】韧性断裂
　　【子类】挤压断裂
　　【子类】冲击断裂
　　【子类】逆冲断裂
　　【子类】地断裂
　　【子类】层间滑动断裂
　　【子类】盖层断裂
　　【子类】基底断裂
　　【子类】地壳断裂
　　【子类】曳压型断裂
　　【子类】曳裂型断裂
　　【子类】锯齿状断裂
　　【子类】硅镁层断裂
　　【子类】脆性断裂
　　【子类】潜伏活动断裂
　　【子类】壳断裂
　　【子类】剪性深断裂
　　【类属】闭合断裂
　【等同关系】
　　【本名-别名同义】断裂构造
　【组成关系】
　　【成分有】节理
　　【成分有】新断裂
　　【部件有】海原活动断裂
　　【部件有】大断裂线
　　【部件有】主断裂
　　【部件有】严重断裂
　　【部件有】张性断裂
　　【部件有】硅铝层断裂
　　【部件有】区域性深大断裂
　　【部件有】张性深断裂
　　【部件有】压性深断裂
　【因果关系】

【影响（部分因果）】左行断块
　　【结果（因-果）】基底断裂构造系
【对应关系】
　　【概念-实例】圣安地列斯大断裂（美国）
　　【概念-实例】灌县-江油断裂
　　【概念-实例】牛山岛—兄弟屿断裂
　　【概念-实例】北川-映秀断裂
　　【概念-实例】中蒙边界断裂

◎ **断裂带**
【基本信息】
　　【英文名】fracture zone
　　【拼音】duan lie dai
　　【核心词】
【定义】
　　有主断层面及其两侧破碎岩块以及若干次级断层或破裂面组成的地带。
　　【来源】《地理学词典》
【分类信息】
　　【NDCC 分类类目】
　　　　地质地震灾害
【词条属性】
　　【特征】
　　　　【特点】易发地震
【词条关系】
　　【层级关系】
　　　　【子类】海底断裂带
　　　　【子类】洋底断裂带
　　　　【子类】环球性断裂系统
　　　　【子类】新生代断裂带
　　　　【子类】巨型断裂带
　　　　【子类】大洋断裂带系
　　　　【子类】走滑断裂带
　　　　【子类】斜列式断裂带
　　　　【子类】地震断裂带
　　　　【子类】恰曼断裂带
　　　　【子类】褶皱-逆断裂带
　　　　【子类】走滑-逆冲断裂带
　　【类属】逆冲断裂带
　　【类属】边界断裂带
　　【类属】含金断裂带
　　【类属】晋获断裂带
　　【类属】滨海断裂带
　　【类属】中央断裂带
【组成关系】
　　【部件有】台湾大纵谷深断裂带
　　【部件有】沧州断裂带
【对应关系】
　　【概念-实例】渤张断裂带
　　【概念-实例】波密-易贡断裂带
　　【概念-实例】安宁河断裂带
　　【概念-实例】白龙江断裂带
　　【概念-实例】绿汁江断裂带
　　【概念-实例】滨太平洋断裂系
　　【概念-实例】北祁连深断裂带
　　【概念-实例】莫塔瓜断裂带
　　【概念-实例】因苏布鲁克线
　　【概念-实例】郯城—庐江断裂带
　　【概念-实例】吴川-四会断裂带
　　【概念-实例】郯庐断裂带
　　【概念-实例】主喜马拉雅断裂
　　【概念-实例】环太平洋大断裂
　　【概念-实例】北缘断裂带
　　【概念-实例】台湾纵谷断裂带
　　【概念-实例】红河断裂带
　　【概念-实例】东昆仑活动断裂带
　　【概念-实例】海原活动断裂带
　　【概念-实例】鲜水河活动断裂带
　　【概念-实例】阿留申断裂带
　　【概念-实例】卡斯凯迪亚断裂带
　　【概念-实例】龙门山叠瓦逆冲带
　　【概念-实例】阿尔金活动断裂带

◎旅游灾害
【基本信息】
　【英文名】tourism disaster
　【拼音】lü you zai hai
　【核心词】
【定义】
　旅游灾害主要指由于自然环境发生变化而对旅游业发展带来负面影响的灾害总和。
　【来源】《旅游灾害的类型及其影响》
【分类信息】
　【NDC 类目】
　　生态灾害
【词条属性】
　【特征】
　　【关键指标】受灾人次
【词条关系】
　【组成关系】
　　【隶属于】灾害

◎日烧病
【基本信息】
　【英文名】sunburn disaster
　【拼音】ri shao bing
　【核心词】
【定义】
　由于植物缺少荫蔽，在烈日暴晒下，表面灼伤、失水，形成斑块、病变的现象。
【分类信息】
　【NDC 类目】
　　（1）气象灾害
　　（2）农业气象灾害
　　（3）生物灾害
　　（4）农业灾害
　【NDCC 分类类目】
　　植物病虫害
【词条属性】
　【特征】
　　【特点】主要表现在果实上。
【词条关系】
　【因果关系】
　　【成因（果-因）】灼伤

◎旱情分析
【基本信息】
　【英文名】analysis of drought
　【拼音】han qing fen xi
　【核心词】
【定义】
　通过研究降雨量、河道径流量、温度等因素，对干旱的影响程度进行分析。
【分类信息】
　【NDC 类目】
　　（1）应急管理
　　（2）防灾备灾
　　（3）气象灾害
　　（4）农业气象灾害
【词条属性】
　【功用】
　　【用途】旱灾评估
【词条关系】
　【适用情况】
　　【用于】分析旱情

◎旱情预报
【基本信息】
　【英文名】drought forecasting
　【拼音】han qing yu bao
　【核心词】
【定义】
　有关部门通过对气象数据、土壤数据、作物数据等的综合分析，进行旱灾发展严重程度的预报。
【分类信息】

【NDC 类目】
　（1）防灾备灾
　（2）气象灾害
　（3）农业气象灾害
【词条属性】
　【功用】
　　【用途】防治旱灾
【词条关系】
　【适用情况】
　　【用于】农业旱情评估
　【触发条件】
　　【依据】旱情分析
　【组成关系】
　　【部件有】农业土壤水分预报

◎ 旱涝急转
【基本信息】
　【英文名】sudden change between drought and waterlogging
　【拼音】han lao ji zhuan
　【核心词】
【定义】
　旱涝急转包含两层含义：一是由干旱转向洪涝的一种自然现象；二是指由抗旱转向排涝的一种人类行为方式的变化，属于主观的范畴。
【来源】《气象学词典》
【分类信息】
　【NDCC 分类类目】
　　其他气象水文灾害
【词条属性】
　【时间属性】
　　【发生时间】旱涝急转具有发生时间的特定性，一般在主汛期，并且是暴雨多发期和作物的关键需水期的结合时期。对于沿淮淮北地区来说，夏季既是秋季作物的关键需水期，也是作物缺水的多发时期，还是暴雨集中的时间段。因此，夏季最容易发生旱涝急转，特别是 6 月下旬到 7 月下旬这一暴雨特别集中的时间段
　【空间属性】
　　【位置】旱涝急转是就某个易旱易涝地区整体而言的，但是旱灾与涝灾的重点区域具有弱重叠性。也就是说，旱灾的重点区域一般是灌区的尾部，是地势相对高的地方；而涝灾最严重的地方一般是低洼地，是地势相对低的地方
　【基本情况】
　　【形成原因】降水强度和暴雨频数的增加导致积涝威胁越来越大
　　【形成原因】沿淮淮北地区的易涝特性与其排涝能力不足之间的矛盾
　　【形成原因】气候的一时异常导致干旱缺水的威胁越来越大
　　【形成原因】沿淮淮北地区的易旱特性与其抗旱能力不足之间的矛盾
【词条关系】
　【层级关系】
　　【子类】急转演替

◎ 旱灾
【基本信息】
　【英文名】drought damage
　【拼音】han zai
　【核心词】
【定义】
　（1）干旱对农牧林业生产造成的灾害。
　（2）由于天然降水和人工灌溉补水不足，致使土壤水分欠缺，不能满足农作物、林果和牧草生长的需要，造成减产或绝产的灾害。
【来源】《英汉汉英灾害科学词典》
【分类信息】
　【NDC 类目】
　　（1）气象灾害
　　（2）农业气象灾害

【词条属性】
　【特征】
　　【关键指标】旱灾受灾率
　　【关键指标】旱灾成灾率
　　【特点】发生频率高
　　【特点】随机性和不可避免性
　　【特点】区域性和季节性
　　【特点】广泛性和连片性
　　【特点】严重性
　　【特点】相对可控性
【词条关系】
　【适用情况】
　　【描述】旱灾情
　　【描述】旱灾分析
　　【描述】历史旱灾
　　【描述】旱灾评估
　【触发条件】
　　【依据】旱灾标准
　　【是条件】平坝放水
　【层级关系】
　　【类属】农业气象灾害
　　【类属】农业旱灾
　　【类属】迁延型灾害
　【等同关系】
　　【基本等同】干旱灾害
　　【基本等同】旱害
　【组成关系】
　　【组成】畜牧气象灾害
　　【组成】平原灾害
　　【组成】旱涝
　　【组成】风旱
　　【组成】水旱风灾
　　【部件有】华北春旱
　　【集成为】旱涝灾害
　【因果关系】
　　【受影响（有关）】持续缺水
　　【受影响（有关）】旱季
　　【受影响（有关）】异常少雨
　　【受影响（有关）】蒸发
　　【受影响（有关）】因旱未出苗面积
　　【受影响（有关）】因旱不能播种面积
　　【影响（部分因果）】大河断流
　　【成因（果－因）】干旱
　　【成因（果－因）】旱情
　　【成因（果－因）】旱灾成因
　　【成因（果－因）】小冰河期
　　【结果（因－果）】因旱饮水困难
　【对应关系】
　　【主体－指标】旱县次距平百分率
　　【指标－主体】灌溉面积
　　【概念－实例】东非旱灾
　　【表明（反映）】旱灾指数
　　【表示（表征）】旱灾频率
　　【表示（表征）】旱灾强度

◎旱灾分析
【基本信息】
　【英文名】drought analysis
　【拼音】han zai fen xi
　【核心词】
【定义】
　　通过对旱灾情况进行分析和评估，分析干旱形成原因，为地方各部门抗旱提供科学依据。
【来源】《主要气象灾害风险评价与管理的数量化方法及其应用》
【分类信息】
　【NDC类目】
　　（1）一般术语
　　（2）气象灾害
【词条属性】
　【功用】
　　【用途】旱灾管理
【词条关系】
　【组成关系】
　　【分解为】旱灾评价

◎ 旱灾指数

【基本信息】
　【英文名】drought index
　【拼音】han zai zhi shu
　【核心词】
【定义】
　　用于评价旱灾程度和风险的指数。
【来源】《主要气象灾害风险评价与管理的数量化方法及其应用》
【分类信息】
　【NDC 类目】
　　（1）应急管理
　　（2）防灾备灾
　　（3）气象灾害
　　（4）农业气象灾害
【词条属性】
　【功用】
　　【用途】旱灾评价
【词条关系】

◎ 旱灾评估

【基本信息】
　【英文名】drought assessment
　【拼音】han zai ping gu
　【核心词】
【定义】
　　运用多种方法对旱灾的发生概率和影响损失进行研究分析估计。
【来源】《主要气象灾害风险评价与管理的数量化方法及其应用》
【分类信息】
　【NDC 类目】
　　（1）防灾备灾
　　（2）气象灾害
【词条属性】
　【功用】
　　【用途】干旱灾害风险管理
【词条关系】

◎ 易损度

【基本信息】
　【英文名】wearing degree
　【拼音】yi sun du
　【核心词】
【定义】
　　易损度是指在一定区域和给定时段内，由于灾害而可能导致的该区域内所存在的一切人、财、物的潜在最大损失。
【来源】《主要气象灾害风险评价与管理的数量化方法及其应用》
【分类信息】
　【NDC 类目】
　　（1）应急管理
　　（2）防灾备灾
【词条属性】
　【特征】
　　【关键指标】人口密度
　　【关键指标】经济密度
【词条关系】
　【组成关系】
　　【组成】风险

◎ 暴雨

【基本信息】
　【英文名】torrential rain
　【拼音】bao yu
　【核心词】
【定义】
　　一般指每小时降雨量 16mm 以上，或连续 12 小时降雨量 30mm 以上，或连续 24 小时降雨量 50mm 以上的降水。按其降水强度大小又分为三个等级，即 24 小时降水量为 50～99.9mm 称"暴雨"；100～250mm 为"大暴雨"；250mm 以上称"特大暴雨"。
【来源】《气象学词典》
【分类信息】

【NDCC 分类类目】
　　暴雨灾害
【词条属性】
　　【约束】
　　　　【数值范围】雨量
　　　　【数值范围】每小时降雨量 16mm 以上，或连续 12 小时降雨量 30mm 以上，或连续 24 小时降雨量 50mm 以上的降水
【词条关系】
　　【触发条件】
　　　　【是条件】气象灾害
　　　　【是条件】暴雨期
　　【层级关系】
　　　　【子类】夏季暴雨
　　　　【子类】地方暴雨
　　　　【子类】洪灾暴雨
　　　　【子类】突发性暴雨
　　　　【子类】华南暖区暴雨
　　　　【子类】城市暴雨
　　　　【子类】区间暴雨
　　　　【子类】致洪暴雨
　　　　【子类】洪涝暴雨
　　　　【子类】对流性暴雨
　　　　【子类】华南后汛期暴雨
　　　　【子类】北方盛夏期暴雨
　　　　【子类】西北暴雨
　　　　【子类】华西秋雨季暴雨
　　　　【子类】华南前汛期暴雨
　　　　【子类】江淮初夏梅雨期暴雨
　　　　【子类】暖区暴雨
　　　　【子类】集中暴雨
　　　　【子类】局地暴雨
　　　　【子类】气旋暴雨
　　　　【子类】锋前暖区暴雨
　　　　【子类】单边暴雨
　　　　【子类】极端暴雨
　　　　【子类】中尺度暴雨
　　　　【子类】突发性大暴雨
　　　　【子类】短时暴雨
　　　　【子类】暖切变暴雨
　　　　【类属】江河流域面雨量等级
　　　　【类属】农业灾害性天气
　　　　【类属】灾害气候
　　　　【类属】雨态灾害
　　　　【类属】降雨等级
　　【组成关系】
　　　　【部件有】低涡暴雨
　　　　【部件有】连续性暴雨
　　　　【部件有】前汛期暴雨
　　　　【部件有】强风暴雨
　　　　【部件有】暴雨径流资源
　　　　【部件有】持久大暴雨
　　　　【部件有】春季暴雨
　　　　【部件有】夜暴雨
　　　　【部件有】沙漠暴雨
　　　　【部件有】强暴雨
　　　　【部件有】双生暴雨
　　　　【隶属于】灾害性天气
　　【因果关系】
　　　　【受影响（有关）】季风反常
　　　　【受影响（有关）】城市内涝灾害
　　　　【影响（部分因果）】暴雨溢流
　　　　【影响（部分因果）】暴雨渗流
　　　　【影响（部分因果）】山洪泥石流灾害
　　　　【影响（部分因果）】城市暴雨内涝灾害
　　　　【成因（果－因）】秋汛
　　　　【结果（因－果）】城市水灾
　　　　【结果（因－果）】积水城镇
　　　　【结果（因－果）】堤坝溃决
　　　　【结果（因－果）】暴雨水沟
　　　　【结果（因－果）】低槽冷锋
　　　　【结果（因－果）】暴雨沥涝
　　　　【结果（因－果）】水灾
　　【对应关系】
　　　　【主体－指标】雨量
　　　　【概念－实例】江淮梅雨期暴雨

【概念－实例】西北地区暴雨
　　【概念－实例】爱烈芬打暴雨
　　【现象－结论】台风灾害

◎ **暴雨灾害**
【基本信息】
　　【英文名】torrential rain disasters
　　【拼音】bao yu zai hai
　　【核心词】
【定义】
　　一次短时的或连续的强降水过程，在地势低洼、地形闭塞的地区，雨水不能迅速宣泄造成下垫面积水，甚至于引起山洪暴发、江河泛滥、堤坝决口给人民和国家造成重大经济损失的灾害。
【来源】《暴雨灾害》
【分类信息】
　　【NDC 类目】
　　　　气象灾害
【词条属性】
　　【特征】
　　　　【关键指标】暴雨强度
　　　　【关键指标】暴雨强度分布
　　　　【关键指标】暴雨历时
　　【基本情况】
　　　　【形成原因】暴雨
【词条关系】
　　【层级关系】
　　　　【子类】骤雨
　　　　【类属】天气灾害
　　　　【类属】雨害
　　　　【类属】流体灾害
　　【组成关系】
　　　　【成分有】暴雨形成机制
　　　　【成分有】暴雨形成过程
　　　　【组成】主要气象灾害
　　　　【部件有】暴雨灾害应急
　　【因果关系】

　　　　【受影响（有关）】致雨系统
　　　　【受影响（有关）】暴雨云
　　　　【受影响（有关）】非对流性降水
　　　　【受影响（有关）】地形差异
　　　　【受影响（有关）】暴雨衰减指数
　　　　【影响（部分因果）】西北涡
　　　　【结果（因－果）】暴雨灾害损失
　　　　【结果（因－果）】暴雨灾害危害
　　【对应关系】
　　　　【指标－主体】雨量等值线
　　　　【指标－主体】雨量曲线
　　　　【指标－主体】日雨量

◎ **暴露性**
【基本信息】
　　【英文名】exposure
　　【拼音】bao lu xing
　　【核心词】
【定义】
　　有可能受到危险因子影响的所有生命和财产。
【来源】《主要气象灾害风险评价与管理的数量化方法及其应用》
【分类信息】
　　【NDC 类目】
　　　　防灾备灾
　　【NDCC 分类类目】
　　　　灾害管理
【词条属性】
　　【特征】
　　　　【关键指标】承载体
【词条关系】
　　【层级关系】
　　　　【子类】旱灾风险暴露性
　　　　【子类】涝灾风险暴露性
　　　　【子类】洪灾风险暴露性
　　【组成关系】
　　　　【隶属于】灾害风险指标

◎ 最优灌溉制度

【基本信息】

　【英文名】optimum irrigation scheduling

　【拼音】zui you guan gai zhi du

　【核心词】

【定义】

　　在灌溉水量有限时，根据作物需水特性及水分亏缺的敏感因子和当地气象、土壤、农业技术及灌水技术等因素而制定的最佳灌水方案。

【来源】《英汉汉英灾害科学词典》

【分类信息】

　【NDC 类目】

　　（1）应急管理

　　（2）一般术语

　　（3）水文灾害

　【NDCC 分类类目】

　　一般术语

【词条属性】

　【方法手段】

　　【方法】对旱作物有的是采用减少灌水次数的方法，即减少对作物减产影响不大的非需水关键期的灌水，保证需水关键期的灌水。

　　【方法】对于水稻，则采用浅水、湿润、晒田相结合的灌水方法，不是以控制淹灌水层上下限，而是以控制稻田土壤水分为主。

【词条关系】

　【适用情况】

　　【适用】灌溉

　【组成关系】

　　【隶属于】灌溉制度

◎ 有害藻华

【基本信息】

　【英文名】harmful algal blooms

　【拼音】you hai zao hua

　【核心词】

【定义】

　　海洋中一种或几种有害藻类在一定环境条件下暴发性增殖或聚集达到某一水平的一种生态异常现象。

【来源】《有害藻华（HAB）的发生、生态学影响和对策》

【分类信息】

　【NDC 类目】

　　（1）水文灾害

　　（2）海洋灾害

【词条属性】

　【空间属性】

　　【位置】我国沿海、内陆湖泊

　【基本情况】

　　【形成原因】海水富营养化是发生的物质基础和首要条件；水文气象和海水理化因子的变化是有害的原因；海水养殖的污染也是诱发有害藻华的因素之一

【词条关系】

　【层级关系】

　　【类属】海洋灾害

　【等同关系】

　　【本名－别名同义】赤潮

　　【本名－别名同义】水华

◎ 有机污染

【基本信息】

　【英文名】organic pollution

　【拼音】you ji wu ran

　【核心词】

【定义】

　　有机化合物进入环境并污染环境的现象。

【来源】《有机污染化学》

【分类信息】

　【NDC 类目】

　　（1）生物灾害

（2）生态灾害
【词条属性】
　【基本情况】
　　【形成原因】有机污染物
【词条关系】
　【层级关系】
　　【子类】水体有机污染
　【组成关系】
　　【成分有】土壤有机污染
　　【部件有】有机污垢
　【因果关系】
　　【受影响（有关）】微生物絮凝剂
　　【受影响（有关）】耗氧有机物

◎ 核辐射灾害
【基本信息】
　【英文名】nuclear disasters
　【拼音】he fu she zai hai
　【核心词】
【定义】
　　由核辐射引起的灾害事件。
【来源】《核辐射灾害与防治》
【分类信息】
　【NDC类目】
　　人为灾害
【词条属性】
　【特征】
　　【关键指标】辐射强度
　【方法手段】
　　【方法】核辐射危害程度表
【词条关系】
　【适用情况】
　　【用于】核辐射灾害防治
　【触发条件】
　　【处境】核辐射风险
　【层级关系】
　　【类属】灾害
　【因果关系】

　　【影响（部分因果）】基因变异
　　【影响（部分因果）】基因突变
　　【成因（果-因）】皮肤癌

◎ 森林火灾
【基本信息】
　【英文名】forest fire
　【拼音】sen lin huo zai
　【核心词】
【定义】
　　森林火灾，是指失去人为控制，在林地内自由蔓延和扩展，对森林、森林生态系统和人类带来一定危害和损失的林火行为。森林火灾是一种突发性强、破坏性大、处置救助较为困难的自然灾害。
【来源】《英汉汉英灾害科学词典》
【分类信息】
　【NDC类目】
　　（1）生物灾害
　　（2）人为灾害
　【NDCC分类类目】
　　森林/草原火灾
【词条属性】
　【特征】
　　【关键指标】过火面积
　【效应】
　　【负效应】森林生态系统退化
　　【负效应】土壤退化
【词条关系】
　【层级关系】
　　【子类】森林灾害
　　【子类】特别重大森林火灾
　　【子类】重大森林火灾
　　【子类】较大森林火灾
　　【子类】一般森林火灾
　　【子类】特大森林火灾
　　【类属】火态灾害
　　【类属】森林自然灾害

【等同关系】
　【基本等同】森林失火
　【本名－别名同义】森林火灾事故
【组成关系】
　【成分有】地表火
　【成分有】树冠火
　【成分有】森林大火
　【组成】森林破坏
　【组成】植物灾害
　【部件有】泥炭火灾
　【部件有】火场天气状况
　【部件有】森林防火机构
　【部件有】国家防火办
　【部件有】省级防火办
　【部件有】市级防火办
　【部件有】区级防火办
　【部件有】扑火队伍
　【部件有】扑火力量
　【部件有】国家林业局扑火指挥部
【因果关系】
　【受影响（有关）】植物自燃
　【受影响（有关）】雷击火
　【受影响（有关）】有害作用
　【受影响（有关）】陨石降落起火
　【受影响（有关）】林地覆被物
　【受影响（有关）】森林生物量
　【受影响（有关）】异常高温
　【受影响（有关）】木材蓄积量
　【受影响（有关）】垂直郁闭
　【受影响（有关）】林分
　【受影响（有关）】林火天气
　【影响（部分因果）】森林资源
　【影响（部分因果）】飞火
　【成因（果－因）】森林雷击害
　【结果（因－果）】森林火灾资源损失
　【结果（因－果）】轻度烧伤木
　【结果（因－果）】中度烧伤木
　【结果（因－果）】重度烧伤木
　【结果（因－果）】森林火灾后果
【对应关系】
　【实例－概念】大兴安岭特大火灾
　【指标－主体】森林火灾强度
　【概念－实例】大兴安岭森林火灾
　【概念－实例】石山森林火灾
　【概念－实例】印度尼西亚森林火灾
【相似】森林燃烧

◎ **森林火灾经济损失评估**
【基本信息】
　【英文名】forest fires economic loss assessment
　【拼音】sen lin huo zai jing ji sun shi ping gu
　【核心词】
【定义】
　　对森林火灾造成的经济损失进行评估。
　【来源】《防灾事典》
【分类信息】
　【NDCC 分类类目】
　　灾害管理与处置
【词条属性】
　【时间属性】
　　【起始时间】深林火灾发生后
【词条关系】
　【层级关系】
　　【类属】森林火灾危害
　　【类属】火灾灾情
　　【类属】损失评估

◎ **森林火险天气预报**
【基本信息】
　【英文名】weather forecast of forest fire danger
　【拼音】sen lin huo xian tian qi yu bao
　【核心词】
【定义】
　　森林火险天气预报是根据当前或未来的森林气象要素，发布一种不同火险区林火危险等级和发生林火的可能性大小的预报，它和森林火险区划一起为林火预防的一种重要措施。
【来源】《吉林地区森林火险天气预报的研究》
【分类信息】
　【NDCC 分类类目】
　　灾害预报
【词条属性】
　【功用】
　　【功能】防灾
　　【用途】火险预报
【词条关系】
　【适用情况】
　　【用于】森林火险预报
　【层级关系】
　　【类属】火险天气预报
　【对应关系】
　　【概念-实例】美国森林火险天气预报
　　【概念-实例】瑞典森林火险天气预报
　　【概念-实例】法国森林火险天气预报

◎ **森林灾害风险**
【基本信息】
　【英文名】forest disaster risk
　【拼音】sen lin zai hai feng xian
　【核心词】
【定义】
　森林发生某种事件的可能性与这种可能性会造成损失的面积。
【来源】《英汉汉英灾害科学词典》
【分类信息】
　【NDCC 分类类目】
　　生物灾害
【词条属性】
　【特征】

　【关键指标】森林灾害风险防灾减灾能力
　【关键指标】森林灾害风险脆弱性
　【关键指标】森林灾害风险暴露性
　【关键指标】森林灾害风险危险性
　【空间属性】
　　【位置】森林
【词条关系】
　【层级关系】
　　【类属】自然灾害风险

◎ **森林生态环境效益评价**
【基本信息】
　【英文名】forest ecological environment benefit evaluation
　【拼音】sen lin sheng tai huan jing xiao yi ping jia
　【核心词】
【定义】
　森林生态环境效益评价就是对森林所固有的生态功能与效益的评价，即对所谓的生态、经济、社会效益的评价，而不是对所有环境因素进行评价。
【来源】《森林生态学》
【分类信息】
　【NDC 类目】
　　防灾备灾
【词条属性】
　【方法手段】
　　【方法】定性评价法
　　【方法】历史比较评价法
　　【方法】计量经济评价方法
　　【方法】直观整体评价法
　　【方法】分级评价方法
【词条关系】
　【层级关系】
　　【类属】森林生态效益评价

◎ **森林生态环境监测**

【基本信息】

【英文名】forest ecological environment monitoring

【拼音】sen lin sheng tai huan jing jian ce

【核心词】

【定义】

对森林生态环境进行监测，阐明森林生态系统的结构与功能以及森林与环境之间相互作用机制，可为森林的合理经营，宏观调控的进行，人类生态环境与经济协调发展的实现提供理论依据。

【来源】《森林生态学》

【分类信息】

【NDC 类目】

防灾备灾

【词条属性】

【方法手段】

【方法】定位监测

【方法】半定位监测

【方法】专项监测

【方法】日常监测

【方法】定期监测

【方法】典型区域监测

【方法】重点地区监测

【方法】微观监测

【方法】宏观监测

【词条关系】

【对应关系】

【实例-概念】微观监测

◎ **森林生态系统退化风险**

【基本信息】

【英文名】forest ecological system degradation risk

【拼音】sen lin sheng tai xi tong tui hua feng xian

【核心词】

【定义】

森林生态系统退化可能性及其对生态环境造成的潜在损害。

【来源】《中国生态气象灾害研究》

【分类信息】

【NDC 类目】

（1）防灾备灾

（2）生态灾害

【词条属性】

【特征】

【关键指标】森林生态系统退化

【词条关系】

◎ **森林草原火险预测预报**

【基本信息】

【英文名】prediction of forest and grassland fire danger

【拼音】sen lin cao yuan huo xian yu ce yu bao

【核心词】

【定义】

森林草原火险预测预报是指根据天气条件、可燃物状况、火源条件、地形等的变化规律，对森林草原火灾的发生发展及其危害程度进行的预测预报。

【来源】《气象灾害丛书——气象与森林草原火灾》

【分类信息】

【NDCC 分类类目】

灾害预测预报

【词条属性】

【功用】

【用途】灾害预报

【词条关系】

【适用情况】

【用于】草原火管理

【层级关系】

【子类】火险天气预报

【子类】火发生预报

【子类】火行为预报

◎ **植物灾害**
【基本信息】
　【英文名】plant disaster
　【拼音】zhi wu zai hai
　【核心词】
【定义】
　　由于生物入侵或者植物病、虫等原因引发的一系列受体为植物的灾害。
　【来源】《英汉农业生物学词典》
【分类信息】
　【NDC 类目】
　　生物灾害
【词条属性】
　【方法手段】
　　【手段】生物防治
　【基本情况】
　　【形成原因】作物病虫害
　　【形成原因】气象因素
【词条关系】
　【层级关系】
　　【子类】生物灾害
　　【子类】粪生植物
　　【子类】基部干腐病
　【组成关系】
　　【成分有】外来物种入侵
　　【成分有】草原火灾
　　【成分有】森林火灾
　　【成分有】作物病虫害
　　【部件有】草害
　　【部件有】凤眼莲
　　【部件有】赤潮
　　【部件有】紫荆泽兰
　　【部件有】小麦霜冻
　　【部件有】薇甘菊
　　【部件有】空心莲子草
　　【部件有】稻纹枯病
　　【部件有】药害
　　【部件有】根茎灼伤
　　【部件有】皮灼
　　【部件有】葛藤灾害
　　【部件有】"女巫草"灾害
　　【部件有】黑霜
【因果关系】
　【受影响（有关）】人工引种植物
　【受影响（有关）】光呼吸
　【受影响（有关）】增殖
　【受影响（有关）】水平郁闭
　【成因（果-因）】向顶坏死

◎ **植物灾害风险评估**
【基本信息】
　【英文名】plant disaster risk assessment
　【拼音】zhi wu zai hai feng xian ping gu
　【核心词】
【定义】
　　对植物灾害及其对人类生命财产破坏的可能性进行评估。
　【来源】《植物灾害特征及其影响》
【分类信息】
　【NDC 类目】
　　（1）防灾备灾
　　（2）生物灾害
　【NDCC 分类类目】
　　（1）生物灾害
　　（2）灾害模拟与评估
【词条属性】
　【功用】
　　【用途】植物灾害防治
【词条关系】

◎ **植物病虫害**
【基本信息】
　【英文名】plant pests and diseases
　【拼音】zhi wu bing chong hai
　【核心词】

【定义】
　　植物在生长过程中，受到病原物或害虫侵袭，导致植物生长发育受到严重阻碍的灾害。
【来源】《植物病虫害基础知识》
【分类信息】
　【NDC类目】
　　（1）生态灾害
　　（2）农业灾害
【词条属性】
　【基本情况】
　　【形成原因】病原物感染或害虫侵扰
【词条关系】
　【层级关系】
　　【子类】植物病害
　　【子类】植物虫害
　　【类属】生物灾害

◎植被的恢复与重建技术
【基本信息】
　【英文名】vegetation restoration and reconstruction technology
　【拼音】zhi bei de hui fu yu chong jian ji shu
　【核心词】
【定义】
　　根据土地退化程度的不同，植被的恢复与重建途径有：一是对于正在发展的退化土地，其上植被、土壤等变化尚处于初期发展阶段，可采取自然恢复的过程，最终使生态系统趋于一种动态平衡状态；二是对于强烈和严重发展的退化土地，由于地表割切破碎、植被在劣地发育，其恢复难度较大，则需配以适当的人工措施，达到控制土地退化、水土保持的目的。
【来源】《恢复生态学》
【分类信息】
　【NDC类目】
　　（1）防灾备灾
　　（2）恢复重建
【词条属性】
　【方法手段】
　　【手段】保护天然林
　　【手段】封山育林
　　【手段】飞播造林种草
　　【手段】人工植树
　【目的】
　　【目的目标】水土保持
　　【目的目标】控制土地退化
【词条关系】
　【层级关系】
　　【类属】生态恢复技术类型

◎植被覆盖指数计算
【基本信息】
　【英文名】vegetation cover index calculation
　【拼音】zhi bei fu gai zhi shu ji suan
　【核心词】
【定义】
　　单位面积上的植被覆盖度。
【来源】《生态环境状况评价技术规范（试行）》
【分类信息】
　【NDC类目】
　　（1）应急管理
　　（2）防灾备灾
【词条属性】
　【方法手段】
　　【方法】植被覆盖指数＝植被覆盖指数的归一化系数×（0.38×林地＋0.34×草地＋0.19×耕地＋0.07×建设用地＋0.02×未利用地）/区域面积
【词条关系】
　【适用情况】
　　【用于】植被覆盖指数

◎次生构造

【基本信息】
  【英文名】secondary structure
  【拼音】ci sheng gou zao
  【核心词】
【定义】
  岩石在成岩以后，由于构造变动和非构造变动形成的各种变形、变位现象。构造变动形成的次生构造，如褶皱、断层、节理、劈理、构造岩以及隆起、坳陷等；非构造变动形成的次生构造，如滑塌构造和冰川擦痕等。
【来源】《地理学词典》
【分类信息】
  【NDC类目】
    一般术语
【词条属性】
  【基本情况】
    【形成原因】构造运动
    【形成原因】非构造变动
【词条关系】
  【层级关系】
    【子类】滑塌构造
    【子类】冰川擦痕
    【子类】褶皱
    【子类】断层
    【子类】节理
    【子类】劈理
    【子类】构造岩
    【子类】隆起
    【子类】坳陷
    【类属】构造
    【类属】地质构造
  【组成关系】
    【部件有】次生片理
    【部件有】次生裂隙
    【部件有】次生劈理岩
    【部件有】次生滑移面
    【部件有】次生缝隙
    【部件有】次生断层
    【部件有】次级断层

◎次生灾害

【基本信息】
  【英文名】secondary disasters
  【拼音】ci sheng zai hai
  【核心词】
【定义】
  由原生灾害所诱导出来的灾害则称为次生灾害。
【来源】《灾害学导论》
【分类信息】
  【NDC类目】
    一般术语
【词条属性】
  【特征】
    【特点】后发性
【词条关系】
  【层级关系】
    【子类】物理性次生灾害
    【子类】心理性次生灾害
    【子类】山区次生灾害
    【子类】沿海地区次生灾害
    【子类】水域次生灾害
    【子类】气象次生灾害
    【子类】城市次生灾害
    【子类】地震次生火灾
  【组成关系】
    【部件有】火山海啸灾害
    【部件有】二次污染
    【部件有】次震
    【部件有】震后滑坡
  【因果关系】
    【受影响（有关）】风灾木
    【受影响（有关）】灾种关系
    【成因（果-因）】次生效应

【成因（果-因）】次生危险
　　【成因（果-因）】次生破坏
　　【成因（果-因）】次生变化
　　【结果（因-果）】次生成因模式
　【对应关系】
　　【类比】次级生产

◎ 气候
【基本信息】
　【英文名】climate
　【拼音】qi hou
　【核心词】
【定义】
　　以对某一地区气象要素进行长期统计（平均值、方差、极值概率等）为特征的天气状况的综合表现。
【来源】《气象与气候学》
【分类信息】
　【NDC类目】
　　一般术语
【词条属性】
　【特征】
　　【特点】长时间内气象要素和天气现象
　【基本情况】
　　【形成原因】主要是由于热量的变化而引起的
【词条关系】
　【层级关系】
　　【子类】天气气候
　　【子类】生物气候
　　【子类】间冰期气候
　　【子类】热带多雾干旱气候
　　【子类】冰原气候
　　【子类】极地永冻气候
　　【子类】冰盖气候
　　【子类】冰漠气候
　　【子类】农业地形气候
　　【子类】副赤道气候
　　【子类】副大陆气候
　　【子类】雪带气候
　　【子类】荒漠气候
　　【子类】大陆气候
　　【子类】草原气候
　　【子类】地方性气候
　　【子类】室内小气候
　　【子类】湿润气候
　　【子类】湿寒
　　【子类】雨期气候
　　【子类】雨林气候
　　【子类】永冻气候
　　【子类】雪林气候
　　【子类】冰川气候
　　【子类】农田小气候
　　【子类】微气候
　　【子类】地形气候
　【组成关系】
　　【成分有】植物区气候
　　【组成】非生物环境
　　【部件有】山地气候
　　【部件有】高原气候
　　【部件有】地中海气候
　　【部件有】世界气候
　【因果关系】
　　【受影响（有关）】辐射
　　【受影响（有关）】大气环流
　　【受影响（有关）】海陆分布
　　【受影响（有关）】地理纬度
　　【受影响（有关）】地形
　　【受影响（有关）】洋流
　　【受影响（有关）】太阳磁活动周期
　　【受影响（有关）】行星际尘埃
　　【受影响（有关）】湖泊效应

◎ 气候变幅
【基本信息】
　【英文名】climate amplitude

【拼音】qi hou bian fu
【核心词】
【定义】
　　一段时期内，气候的变化幅度。用来衡量气候变化的程度。
【来源】《青藏高原地区的气候变化幅度问题》
【分类信息】
　【NDC 类目】
　　气象灾害
【词条属性】
　【功用】
　　【用途】可衡量气候因素的影响
【词条关系】
　【适用情况】
　　【描述】气候变化

◎气候带
【基本信息】
　【英文名】climatic belt
　【拼音】qi hou dai
　【核心词】
【定义】
　　根据气候要素或气候因子的带状分布特征而划分的纬向带。
【来源】《气象与气候学》
【分类信息】
　【NDCC 分类类目】
　　气象水文灾害
【词条属性】
　【特征】
　　【关键指标】水热分布
　【基本情况】
　　【形成原因】太阳辐射，海陆分布，洋流，地形
【词条关系】
　【层级关系】
　　【子类】土壤气候带

　　【子类】副赤道带
　　【子类】赤道气候带
　　【子类】干燥气候带
　　【子类】热带湿润气候带
　　【子类】副极地气候带
　　【子类】副热带气候带
　　【子类】温带气候带
　　【子类】温暖多雨气候带
　　【子类】副热带
　　【子类】湿润带
　　【子类】赤道辐合带
　　【子类】湿润寒冷气候带

◎气候异常
【基本信息】
　【英文名】climatic anomaly
　【拼音】qi hou yi chang
　【核心词】
【定义】
　　是对气候正常相对而言的，是指气候变化偏离气候多年的平均状态，给人类活动和生产带来影响。
【来源】《气象学与气候学》
【分类信息】
　【NDC 类目】
　　（1）防灾备灾
　　（2）气象灾害
【词条属性】
　【方法手段】
　　【方法】冬温指数
　　【方法】年轮指数
【词条关系】
　【层级关系】
　　【子类】气候反常
　【因果关系】
　　【受影响（有关）】反厄尔尼诺现象
　　【受影响（有关）】南北半球相互作用
　　【影响（部分因果）】反信风

【影响（部分因果）】持续旱涝
【成因（果-因）】大气振荡
【成因（果-因）】森林消退

◎**气候灾害**
【基本信息】
　【英文名】climate disasters
　【拼音】qi hou zai hai
　【核心词】
【定义】
　一般指气候反常对人类生活和生产所造成的灾害。如对多数农作物来说，气温40℃以上，可能造成热害，0℃以下可能造成冻害。同一气候现象，对某生产部门可能是利，对另一生产部门则可能是害。如积雪对越冬小麦有利，但有时又使牛、羊吃草困难，可能引起畜牧业的"白灾"。气候反常是否成灾和成灾程度，取决于工程设施、科技水平等人为因素。如在农业生产中，良好的排灌设施，可免受或减轻旱涝灾害。合理利用气候资源，可避免或减轻气候反常的危害。
【来源】《管理气候灾害风险推进气候变化适应》
【分类信息】
　【NDC类目】
　　气象灾害
【词条属性】
　【特征】
　　【关键指标】气候变化
　【基本情况】
　　【持续时间】长期的
【词条关系】
　【层级关系】
　　【子类】热害
　　【子类】冻害
　　【子类】干旱灾害
　　【子类】洪涝灾害
　　【子类】极端气候灾害
　　【子类】重大气候灾害
　【类属】气象灾害
　【因果关系】
　　【成因（果-因）】灾害气候
　　【结果（因-果）】气候难民

◎**气象干旱**
【基本信息】
　【英文名】meteorological drought
　【拼音】qi xiang gan han
　【核心词】
【定义】
　某时段内，由于蒸发量和降水量的收支不平衡水分支出大于水分收入而造成的水分短缺现象。
【来源】《气象干旱等级》
【分类信息】
　【NDC类目】
　　气象灾害
【词条属性】
　【特征】
　　【关键指标】降雨量
【词条关系】
　【因果关系】
　　【影响（部分因果）】表层土壤水分损失
　　【影响（部分因果）】土壤干旱
　【对应关系】
　　【主体-指标】气象干旱指标

◎**气象灾害风险**
【基本信息】
　【英文名】meteorological disaster risk
　【拼音】qi xiang zai hai feng xian
　【核心词】
【定义】

气象灾害发生的可能性与各种可能性造成损失的多少。
【来源】《地理学词典》
【分类信息】
　【NDCC 分类类目】
　　气象水文灾害
【词条属性】
　【目的】
　　【目的目标】减少气象灾害损失
【词条关系】
　【层级关系】
　　【子类】暴雨风险
　　【子类】冷害风险
　　【子类】可转移风险
　　【子类】附加险
　　【子类】基本险
　　【子类】不可保风险
　　【子类】通讯气象灾害风险
　　【子类】交通气象灾害风险
　　【子类】海洋气象灾害风险
　　【子类】保险风险
　　【子类】决策风险
　　【子类】科技风险
　　【子类】工业气象灾害风险
　　【子类】城市气象灾害风险
　　【子类】农业气象灾害风险
　　【子类】干旱灾害风险
　　【子类】台风灾害风险
　　【子类】低温冷害风险
　　【子类】草原火灾风险
　　【子类】雷电灾害风险
　　【子类】冻雨灾害风险
　　【子类】热带气旋灾害风险
　　【子类】龙卷风灾害风险
　　【子类】暴风雪灾害风险
　　【子类】雷暴灾害风险
　　【子类】农业洪涝灾害风险
　　【子类】冷雨灾害风险
　【类属】自然灾害风险
　【组成关系】
　　【成分有】气象灾害风险形成要素
　　【成分有】气象灾害暴露性
　　【成分有】气象灾害脆弱性
　　【部件有】气象灾害风险模拟
　　【部件有】气象灾害风险预测
　　【部件有】气象灾害风险识别
　　【部件有】气象灾害风险分析

◎ 水位变化
【基本信息】
　【英文名】water level change
　【拼音】shui wei bian hua
　【核心词】
【定义】
　水位变化是指自由水面相对于某一基面的高程变化。
【来源】《防灾事典》
【分类信息】
　【NDCC 分类类目】
　　一般术语
【词条属性】
　【特征】
　　【关键指标】变化率
【词条关系】
　【适用情况】
　　【描述】水位
　【层级关系】
　　【子类】水位固体潮效应
　　【子类】水位气压效应
　　【子类】季节性涨落
　【类属】相变
　【因果关系】
　　【受影响（有关）】井水位地表荷载效应
　　【受影响（有关）】井间地震
　　【受影响（有关）】水位断层蠕动效应

◎ 水圈灾害
【基本信息】
　【英文名】hydrosphere disasters
　【拼音】shui quan zai hai
　【核心词】
【定义】
　　包括海洋灾害和洪涝灾害。
【来源】《灾害学》
【分类信息】
　【NDC 类目】
　　（1）水文灾害
　　（2）一般术语
【词条属性】
　【基本情况】
　　【形成原因】洪水、台风、海啸等引起的水文灾害
【词条关系】
　【层级关系】
　　【子类】海洋灾害
　　【子类】洪涝灾害

◎ 水土保持
【基本信息】
　【英文名】soil and water conservation engineering
　【拼音】shui tu bao chi
　【核心词】
【定义】
　　是指对自然因素和人为活动造成水土流失所采取的预防和治理措施。
【来源】《汉英地质词典》
【分类信息】
　【NDC 类目】
　　防灾备灾
【词条属性】
　【方法手段】
　　【手段】淤地造田
　　【方法】造林整地
【词条关系】
　【适用情况】
　　【用于】水土流失防治
　【等同关系】
　　【基本等同】保土

◎ 水土保持工程
【基本信息】
　【英文名】soil and water conservation engineering
　【拼音】shui tu bao chi gong cheng
　【核心词】
【定义】
　　水土保持工程是防治水土流失的一项措施。是应用工程学原理，防治山区、丘陵区、风沙区水土流失，保护、改良与合理利用水土资源，并充分发挥水土资源的经济效益和社会效益；建立良好生态环境的一项措施。
【来源】《水土保持工程学》
【分类信息】
　【NDC 类目】
　　（1）防灾备灾
　　（2）恢复重建
【词条属性】
　【目的】
　　【目的目标】水土流失防治
【词条关系】
　【组成关系】
　　【成分有】防灾林
　　【成分有】小型蓄水用水工程
　　【成分有】山洪排导工程
　　【成分有】山坡防护工程
　　【成分有】山沟治理工程
　　【隶属于】防灾措施

◎水土保持生物措施
【基本信息】
　【英文名】water and soil conservation engineering biology measure
　【拼音】shui tu bao chi sheng wu cuo shi
　【核心词】
【定义】
　　指在山地丘陵区以控制水土流失、保护和合理利用水土资源、改良土壤、维持和提高土地生产潜力为主要目的所采取的造林种草措施。
【来源】《英汉汉英灾害科学词典》
【分类信息】
　【NDC 类目】
　　（1）应急管理
　　（2）一般术语
　　（3）水文灾害
　【NDCC 分类类目】
　　一般术语
【词条属性】
　【功用】
　　【功能】林冠截留降雨，减少土壤侵蚀
　　【功能】枯枝落叶层吸水下渗，调节径流。
　　【功能】固持和改良土壤，提高土壤的抗冲和抗蚀性。
【词条关系】
　【适用情况】
　　【用于】水土保持
　【等同关系】
　　【本名-别名同义】水土保持林草措施
　【组成关系】
　　【隶属于】水土保持措施

◎水土流失灾害风险辨识
【基本信息】
　【英文名】soil erosion disaster risk identification
　【拼音】shui tu liu shi zai hai feng xian bian shi
　【核心词】
【定义】
　　对水土流失灾害风险进行辨识。
【来源】《中国自然灾害影响评价方法研究》
【分类信息】
　【NDCC 分类类目】
　　灾害监测预警
【词条属性】
　【目的】
　　【目的目标】水土流失灾害
【词条关系】
　【适用情况】
　　【用于】水土流失灾害

◎水土流失灾害风险预警
【基本信息】
　【英文名】soil erosion disaster risk warning
　【拼音】shui tu liu shi zai hai feng xian yu jing
　【核心词】
【定义】
　　对水土灾害风险进行预警。
【来源】《中国自然灾害影响评价方法研究》
【分类信息】
　【NDCC 分类类目】
　　灾害监测预警
【词条属性】
　【目的】
　　【目的目标】水土流失灾害
【词条关系】
　【适用情况】
　　【用于】水土流失灾害

◎水土流失风险
【基本信息】
　【英文名】water loss and soil erosion risk
　【拼音】shui tu liu shi feng xian

【核心词】
【定义】
　　指区域中某处相比于其他位置水土流失可能发生的相对概率，其结果为从最低到最高的水土流失风险等级，较好地反映了区域内水土流失强度的空间差异。
【来源】《区域尺度海河流域水土流失风险评估》
【分类信息】
　【NDC 类目】
　　生态灾害
【词条属性】
　【特征】
　　【关键指标】水土流失风险防灾减灾能力
　　【关键指标】水土流失风险暴露性
　　【关键指标】水土流失风险危险性
　　【关键指标】水土流失风险脆弱性
【词条关系】
　【对应关系】
　　【表明（反映）】水土流失发生可能及造成损失的可能性

◎水库最高水位

【基本信息】
　【英文名】top water level of reservoir
　【拼音】shui ku zui gao shui wei
　【核心词】
【定义】
　　水库除具有发电作用外，还具有防洪、给水、灌溉等多重功能。水库最高水位是水库在正常运用情况下允许达到的最高洪水位，也是挡水建筑物稳定计算的主要依据，可采用相应大坝设计标准的各种典型洪水，按拟定的调度方式，自防洪限制水位开始进行调洪计算求得。
【来源】《防灾减灾工程学》
【分类信息】

　【NDC 类目】
　　（1）防灾备灾
　　（2）恢复重建
　　（3）水文灾害
【词条属性】
　【目的】
　　【目的目标】防洪管理
【词条关系】
　【适用情况】
　　【受限】水库荷载
　【触发条件】
　　【依据】水位标尺

◎水库荷载

【基本信息】
　【英文名】reservoir load
　【拼音】shui ku he zai
　【核心词】
【定义】
　　水库荷载指的是使水库结构或构件产生内力和变形的外力及其他因素。习惯上指施加在水库工程结构上使工程结构或构件产生效应的各种直接作用，适应水库结构设计的需要，以符合安全适用、经济合理的要求。
【来源】《防灾减灾工程学》
【分类信息】
　【NDC 类目】
　　（1）防灾备灾
　　（2）一般术语
　　（3）水文灾害
【词条属性】
　【效应】
　　【负效应】对大坝的应力和变形有一定影响。
【词条关系】
　【适用情况】
　　【描述】水库

◎ 水情预报
【基本信息】
　【英文名】river prediction
　【拼音】shui qing yu bao
　【核心词】
【定义】
　　指通过系统的方法对河流的状况、特征及地理意义，如流量、水位、流速、水温与冰情等进行预报，起到预警的作用。
【来源】《英汉汉英灾害科学词典》
【分类信息】
　【NDC 类目】
　　（1）应急管理
　　（2）防灾备灾
　　（3）一般术语
　　（4）水文灾害
【词条属性】
　【目的】
　　【目的目标】防灾备灾
【词条关系】
　【层级关系】
　　【子类】洪水预报
　　【类属】增水预报
　　【类属】水位预报

◎ 水文干旱
【基本信息】
　【英文名】hydrological drought
　【拼音】shui wen gan han
　【核心词】
【定义】
　　某一给定的水资源管理系统下，河川径流在一定时期内满足不了供水需要。
【来源】《国内外干旱及干旱指标研究进展》
【分类信息】
　【NDC 类目】

水文灾害
【词条属性】
　【特征】
　　【关键指标】河川径流
【词条关系】
　【因果关系】
　　【影响（部分因果）】江河断流
　　【影响（部分因果）】湖泊干涸

◎ 水文情报
【基本信息】
　【英文名】hydrological information
　【拼音】shui wen qing bao
　【核心词】
【定义】
　　河流、湖泊、水库和其他水体的水文及有关要素的现时变化情况的及时报道。例如，及时报道雨量、水位、流量、水温、冰情、墒情、泥沙含量和水质状况等现时情况，为防洪、防凌、抗旱和充分利用水资源提供信息。在防汛中水文情报直接作为采取防汛措施（如分洪、蓄洪、加高堤防等）的依据，水情传递必须迅速、准确。
【来源】《水文情报拍报标准》
【分类信息】
　【NDC 类目】
　　（1）防灾备灾
　　（2）一般术语
　　（3）水文灾害
【词条属性】
　【状况】
　　【现状】在防汛中水文情报直接作为采取防汛措施（如分洪、蓄洪、加高堤防等）的依据。
　【约束】
　　【要求】水情传递必须迅速、准确
【词条关系】
　【适用情况】

【描述】水情
【因果关系】
　【成因（果－因）】水文测报

◎ 水文灾害
【基本信息】
　【英文名】hydrological disaster
　【拼音】shui wen zai hai
　【核心词】
【定义】
　　通常把地表水造成的灾害叫作水文灾害。有以下主要类型：第一类：洪水类型。指暴雨或急骤的融冰化雪和水库垮坝等引起江河水量迅速增加及水位急剧上涨的现象。在山区叫山洪；水库溃坝引起河流涨水叫溃坝洪水；寒冷地带河流下游会因为冰激凌堵塞引起河水上涨叫凌汛；在沿海河口，洪水与台风海潮相遇会加重水灾。第二类：水土流失。暴雨造成的洪水剥蚀土壤，常发生在黄土高原和南方红壤地区。第三类：内涝。江河水位高，造成农田排水不畅，作物减产或死亡。
【来源】《地理学词典》
【分类信息】
　【NDC 类目】
　　水文灾害
　【NDCC 分类类目】
　　气象水文灾害
【词条属性】
　【物理特性】
　　【状态】水文情势
　【方法手段】
　　【手段】水文监测
　　【方法】水文特征值
　　【方法】水文频率曲线
　　【方法】水文统计
　　【方法】水文要素频率
　　【方法】水文分析与计算
【词条关系】

【层级关系】
　【子类】局部冲刷
　【子类】水质风险
　【子类】泥沙灾害
　【子类】面源
　【子类】非点源
　【子类】锚冰
　【子类】积淤
　【子类】急湍
　【子类】湖泊喷发
　【子类】沿海暴风雨水灾
　【子类】气象水文灾害
　【子类】溃堤波
　【子类】溃堤
　【子类】突发性水文灾害
　【子类】缓发性水文灾害
　【子类】自然水文灾害
　【子类】人为水文灾害
　【子类】湖泊水文灾害
　【子类】冰川水文灾害
　【子类】地下水水文灾害
　【子类】原生水文灾害
　【子类】次生水文灾害
　【子类】河流水文灾害
　【子类】泥沙淤积灾害
【组成关系】
　【部件有】海侵
　【部件有】水跃
【因果关系】
　【受影响（有关）】渗育层
　【受影响（有关）】水文过程
　【影响（部分因果）】毛细作用
　【影响（部分因果）】毛细水
　【影响（部分因果）】河川袭夺
【对应关系】
　【指标－主体】糙度系数
　【概念－实例】尼奥斯湖事件

◎水文特征
【基本信息】
　【英文名】hydrological characteristics
　【拼音】shui wen te zheng
　【核心词】
【定义】
　　包括水量大小，汛期及水量季节变化，含沙量，流速，结冰期。
【来源】《水文统计》
【分类信息】
　【NDC 类目】
　　水文灾害
【词条属性】
　【特征】
　　【关键指标】水文特征值
　【功用】
　　【用途】水文变化
【词条关系】
　【因果关系】
　　【受影响（有关）】气象条件
　【对应关系】
　　【主体-指标】径流量
　　【主体-指标】含沙量
　　【主体-指标】结冰期

◎水文观测
【基本信息】
　【英文名】hydrological observation
　【拼音】shui wen guan ce
　【核心词】
【定义】
　　采集水体有关数据的一项工作。它是以江、河、湖、海的各种水文要素为主进行的。通常依一定条件在江、河、湖、海的一定地点或断面上布设水文观测站，进行长期不间断的水文观测。
【来源】《水文学》

【分类信息】
　【NDC 类目】
　　水文灾害
【词条属性】
　【特征】
　　【关键指标】水文要素
　【功用】
　　【用途】水情
【词条关系】
　【适用情况】
　　【用于】水文灾害
　【层级关系】
　　【子类】水文地质观测
　　【子类】海洋水文观测
　【组成关系】
　　【部件有】船舶观测

◎水文预报
【基本信息】
　【英文名】hydrological forecasting
　【拼音】shui wen yu bao
　【核心词】
【定义】
　　根据前期和现时的水文、气象等信息，对未来一定时段内水文情势做出的定性或定量预报。
【来源】《水文预报》
【分类信息】
　【NDC 类目】
　　（1）应急管理
　　（2）防灾备灾
　　（3）水文灾害
【词条属性】
　【目的】
　　【目的目标】水文灾害防治
【词条关系】
　【适用情况】
　　【用于】水文灾害

【层级关系】
　　【子类】中期水文预报
　　【子类】长期水文预报
　　【子类】短期水文预报

◎ **水旱灾害**
【基本信息】
　　【英文名】floods and droughts
　　【拼音】shui han zai hai
　　【核心词】
【定义】
　　由于降雨不均导致的自然灾害。
【来源】《中国的水旱灾害及其防治》
【分类信息】
　　【NDC 类目】
　　（1）气象灾害
　　（2）水文灾害
【词条属性】
　　【特征】
　　　　【关键指标】降雨量
【词条关系】
　　【层级关系】
　　　　【类属】气象灾害
　　【因果关系】
　　　　【成因（果-因）】厄尔尼诺现象
　　　　【成因（果-因）】水旱灾害成因
　　　　【成因（果-因）】水旱灾害原因

◎ **水污染灾害**
【基本信息】
　　【英文名】water pollution disaster
　　【拼音】shui wu ran zai hai
　　【核心词】
【定义】
　　水体因某种物质的介入，而导致其化学、物理、生物或者放射性等方面特性的改变，从而影响水的有效利用，危害人体健康或者破坏生态环境，造成水质恶化的现象，并由此引起的灾害。
【来源】《英汉汉英灾害科学词典》
【分类信息】
　　【NDCC 分类类目】
　　生态环境灾害
【词条属性】
　　【特征】
　　【特点】水污染主要是由于人类排放的各种外源性物质（包括自然界中原先没有的），进入水体后，超出了水体本身自净作用（就是江、河、湖、海可以通过各种物理、化学、生物方法来消除外源性物质）所能承受的范围
【词条关系】
　　【适用情况】
　　　　【描述】水污染

◎ **水流**
【基本信息】
　　【英文名】flow
　　【拼音】shui liu
　　【核心词】
【定义】
　　（1）流动的水，流水。
　　（2）江河的统称。
【来源】《水文学》
【分类信息】
　　【NDCC 分类类目】
　　气象水文灾害
【词条属性】
　　【特征】
　　　　【关键指标】流速
【词条关系】
　　【层级关系】
　　　　【子类】加速流
　　　　【子类】惯性流
　　　　【子类】不稳定流

【子类】小流量水流
【子类】均匀流
【子类】外源水
【子类】季节性水
【子类】激流
【子类】沟流
【子类】片流
【子类】渐变流
【子类】压流
【子类】海底河流
【子类】变速流
【子类】潜流
【子类】吹流
【子类】减速流
【子类】牵引流
【子类】堰流
【子类】冰雪混合流
【子类】进浪流
【因果关系】
【结果（因-果）】沙波运动
【结果（因-果）】水流侵蚀

◎ 水系
【基本信息】
【英文名】water system
【拼音】shui xi
【核心词】
【定义】
水系是指江、河、湖、海、水库、渠道、池塘、水井等及其附属地物和水文资料的总称。
【来源】《地理学词典》
【分类信息】
【NDC类目】
一般术语
【词条属性】
【特征】
【特点】水系具有各种形状，表现出复杂的几何特征。常见的水系形状有：① 树枝状水系；② 辐合状水系；③ 放射状水系；④ 平行状水系；⑤ 格子状水系；⑥ 网状水系。
【词条关系】
【层级关系】
【子类】树枝状水系
【子类】扇状水系
【子类】星状水系
【子类】羽状水系
【子类】异常水系
【子类】扭曲水系
【子类】锯齿状水系
【子类】向心水系
【因果关系】
【影响（部分因果）】内流区

◎ 水网密度指数计算
【基本信息】
【英文名】water reticulation density index calculation
【拼音】shui wang mi du zhi shu ji suan
【核心词】
【定义】
指被评价区域内河流总长度、水域面积和水资源量占被评价区域面积的比重，用于反映被评价区域水的丰富程度。
【来源】《生态环境状况评价技术规范（试行）》
【分类信息】
【NDC类目】
（1）应急管理
（2）防灾备灾
【词条属性】
【方法手段】
【方法】水网密度指数 = 河流长度的归一化系数 × 河流长度/区域面积 + 湖库面积的归一化系数 × 湖库（近海）面积/区域面积 + 水

资源量的归一化系数×水资源量/区域面积
【词条关系】
　【适用情况】
　　【用于】水网密度指数

◎ 水资源规划
【基本信息】
　【英文名】water resource planning
　【拼音】shui zi yuan gui hua
　【核心词】
【定义】
　　根据社会发展和国民经济各部门对水的需求，制定流域或区域的水资源开发利用和河流治理等的总体方案。
【来源】《中国农业百科全书》
【分类信息】
　【NDC 类目】
　　（1）防灾备灾
　　（2）水文灾害
　　（3）人为灾害
【词条属性】
　【目的】
　　【目的目标】水资源管理
　　【目的目标】防灾备灾
【词条关系】
　【适用情况】
　　【用于】水资源配置
　　【用于】水资源调度
　【触发条件】
　　【依据】水资源评价
　　【是前提】水资源应急调配
　【组成关系】
　　【组成】水资源管理

◎ 污染源
【基本信息】
　【英文名】pollution source
　【拼音】wu ran yuan
　【核心词】
【定义】
　　造成环境污染的污染物发生源。
【来源】《污染源监测管理办法》
【分类信息】
　【NDC 类目】
　　生态灾害
【词条属性】
　【特征】
　　【特点】能造成污染的物质
【词条关系】
　【层级关系】
　　【子类】放射性废弃物
　　【子类】放射性散落物
　　【子类】封闭辐射源
　　【子类】慢性污染源
　　【子类】人为（污染）源
　　【子类】污染源甸
　　【子类】杂污染源
　　【子类】连续排放污染源
　　【子类】水工业污染源
　　【子类】移动空气污染源
　　【子类】人为空气污染源
　　【子类】城区污染源
　　【子类】水人为污染源
　　【子类】生活污染源
　　【子类】交通运输污染源
　　【子类】水农业污染源
　　【子类】面污染源
　　【子类】点污染源
　　【子类】水热污染源
　　【子类】流动污染源
　　【子类】固定污染源
　　【类属】农业污染源
　　【类属】人为污染源
　　【类属】天然污染源
　　【类属】散布污染源

【等同关系】
　【基本等同】污染物质
【组成关系】
　【成分有】无机污染源
　【部件有】有机污染源
　【部件有】线污染源
　【部件有】自然污染源
　【部件有】水放射性污染源
　【部件有】城市废弃物
　【部件有】水交通运输污染源
【因果关系】
　【受影响（有关）】污染物排放

◎ 污染灾害
【基本信息】
　【英文名】pollution disaster
　【拼音】wu ran zai hai
　【核心词】
【定义】
　　由污染事件而导致的灾害。
　【来源】《环境灾害学》
【分类信息】
　【NDC 类目】
　　生态灾害
　【NDCC 分类类目】
　　生态环境灾害
【词条属性】
　【效应】
　　【负效应】环境退化
【词条关系】
　【层级关系】
　　【子类】交叉污染
　　【子类】湖泊污染
　　【子类】土壤重金属污染
　　【子类】杀虫剂污染
　　【子类】水环境污染
　【组成关系】
　　【部件有】颗粒污染物污染灾害

　　【部件有】气态污染灾害
　【因果关系】
　　【受影响（有关）】扩散过程
　　【受影响（有关）】飞灰粒径
　　【受影响（有关）】飞灰粒径分布
　　【受影响（有关）】飞灰比电阻
　　【成因（果−因）】污染
　【对应关系】
　　【指标−主体】污染强度
　　【指标−主体】总悬浮颗粒物

◎ 污水处理
【基本信息】
　【英文名】sewage treatment
　【拼音】wu shui chu li
　【核心词】
【定义】
　　用各种方法将污水中所含的污染物分离出来或将其转化为无害物，从而使污水得到净化的过程。
　【来源】《软测量在污水处理过程中的研究与应用》
【分类信息】
　【NDC 类目】
　　（1）防灾备灾
　　（2）一般术语
　　（3）水文灾害
【词条属性】
　【特征】
　　【优点】节能环保，无污染
【词条关系】
　【层级关系】
　　【子类】混合排放
　　【子类】地埋式污水处理
　　【子类】物理污水处理
　　【子类】工业污水处理
　　【子类】医院污水处理
　　【子类】油污水处理

【组成关系】
　【分解为】污水一级处理
　【分解为】污水二级处理
　【分解为】污水三级处理
　【部件有】污水污泥处理
　【部件有】污水生物分解
　【部件有】污水深度处理
　【部件有】中水处理
【因果关系】
　【成因（果－因）】达标水

◎ 沉降
【基本信息】
　【英文名】subside
　【拼音】chen jiang
　【核心词】
【定义】
　　由于分散相和分散介质的密度不同，分散相粒子在力场（重力场或离心力场）作用下发生的定向运动。
【来源】《中国百科大辞典》
【分类信息】
　【NDC 类目】
　　地质灾害
【词条属性】
　【特征】
　　【关键指标】干沉降速率
　【效应】
　　【负效应】地质灾害事故
　【基本情况】
　　【形成原因】作用载荷
【词条关系】
　【层级关系】
　　【子类】惯性沉降
　　【子类】可逆性沉降
　　【子类】颗粒沉降
　　【子类】阶段性沉降
　　【子类】路基沉降

　　【子类】湿沉降
　　【子类】干沉降
　　【子类】简单沉降
　　【子类】间歇沉降
　　【子类】差异性沉降
　　【子类】采空沉降
　　【子类】抽水沉降
　【组成关系】
　　【成分有】大气酸沉降
　　【成分有】大气硫沉降
　　【部件有】未扰动沉降
　　【部件有】自由沉降
　【因果关系】
　　【受影响（有关）】构造沉降［作用］
　　【结果（因－果）】拗陷区

◎ 沉降物
【基本信息】
　【英文名】fallout
　【拼音】chen jiang wu
　【核心词】
【定义】
　　从大气向地表沉降的微粒。通常指核爆炸后沉降的放射性微粒。
【来源】《气象学词典》
【分类信息】
　【NDC 类目】
　　一般术语
　【NDCC 分类类目】
　　一般术语
【词条属性】
　【基本情况】
　　【形成原因】空气污染
【词条关系】
　【组成关系】
　　【部件有】大气沉降物
　　【部件有】沉降灰
　　【部件有】废水沉降物

【部件有】放射性沉降
【部件有】局部沉降物
【部件有】雨沉降物
【部件有】酸沉降物
【部件有】沉降颗粒

◎沙尘暴
【基本信息】
　【英文名】sand duststorm
　【拼音】sha chen bao
　【核心词】
【定义】
　　沙暴（sandstorm）和尘暴（duststorm）两者兼有的总称，是指强风把地面大量沙尘物质吹起并卷入空中，使空气特别混浊，水平能见度小于1km的严重风沙天气现象。其中沙暴系指大风把大量沙粒吹入近地层所形成的挟沙风暴；尘暴则是大风把大量尘埃及其他细粒物质卷入高空所形成的风暴。
　【来源】《气象灾害丛书——生态气象灾害》
【分类信息】
　【NDC类目】
　　气象灾害
【词条属性】
【词条关系】
　【适用情况】
　　【描述】沙尘暴天气
　　【描述】沙尘暴预报
　　【描述】沙尘暴路径
　　【描述】沙尘暴源地
　　【描述】沙尘暴网络
　【层级关系】
　　【子类】远源沙尘
　　【子类】扬尘
　　【子类】双急流沙尘暴
　　【子类】单急流沙尘暴
　　【子类】特强沙尘暴
　　【子类】冬季沙尘暴
　　【子类】强沙尘暴
　　【子类】弱沙尘暴
　　【类属】灾害性天气
　　【类属】沙尘暴天气等级
　　【类属】农业灾害性天气
　　【类属】气象灾害
　【等同关系】
　　【基本等同】黄毛风
　　【基本等同】哈布
　　【基本等同】安德海
　　【本名-别名同义】黑风
　　【本名-别名同义】Phantom
　【组成关系】
　　【部件有】局地性沙尘暴
　　【部件有】区域性沙尘暴
　　【部件有】中等强度沙尘暴
　　【隶属于】环境恶化
　【因果关系】
　　【受影响（有关）】沙尘暴治理
　　【受影响（有关）】黄土风
　　【受影响（有关）】温带风暴潮
　　【受影响（有关）】干旱气候
　　【受影响（有关）】山地丘陵区
　　【受影响（有关）】平原区
　　【受影响（有关）】高平原区
　　【受影响（有关）】沙漠边缘及沙地区
　　【影响（部分因果）】城市风沙灾害
　　【成因（果-因）】沙尘暴灾害
　　【结果（因-果）】飘尘
　【对应关系】
　　【概念-实例】澳大利亚沙尘暴
　　【概念-实例】美国沙尘暴
　　【概念-实例】撒哈拉沙尘暴
　　【概念-实例】中亚沙尘暴
　　【相似】土雨
　　【表示（表征）】沙尘暴日数
　　【表示（表征）】沙尘暴强度
　　【表示（表征）】沙尘暴频率

◎沙尘暴灾害
【基本信息】
　【英文名】sandstorm disaster
　【拼音】sha chen bao zai hai
　【核心词】
【定义】
　　强风将地表沙尘吹起，使空气很混浊，水平能见度小于1km的天气现象，给人民生活、交通带来严重威胁。
【来源】《主要气象灾害风险评价与管理的数量化方法及其应用》
【分类信息】
　【NDC类目】
　　（1）大气成分与环境气象灾害
　　（2）生态灾害
【词条属性】
　【时间属性】
　　【发生时间】多发生在春季
　【效应】
　　【负效应】强的沙尘暴的风力可达12级以上，沙尘暴产生的强风能摧毁建筑物、树木等，造成人员伤亡，刮走农田表层沃土，使农作物根系外露，通常以风沙流的形式淹没农田、渠道、房屋、道路、草场等，使北方脆弱的生态环境进一步弱化；恶劣的能见度可造成机场关闭及引发各种交通事故
【词条关系】
　【层级关系】
　　【类属】布特尘旋（印度）
　【等同关系】
　　【基本等同】沙尘害
　【组成关系】
　　【部件有】沙尘暴灾害风险评价
　　【部件有】沙尘暴灾害灾情评估指标
　　【部件有】沙尘暴灾害应急
　【因果关系】
　　【受影响（有关）】土壤结皮
　　【受影响（有关）】强冷空气活动
　　【结果（因－果）】沙尘暴
　【对应关系】
　　【指标－主体】风力侵蚀量

◎河流水文灾害
【基本信息】
　【英文名】river hydrology disaster
　【拼音】he liu shui wen zai hai
　【核心词】
【定义】
　　水文灾害发生在河流地区。
【来源】《英汉汉英灾害科学词典》
【分类信息】
　【NDCC分类类目】
　　气象水文灾害
【词条属性】
　【特征】
　　【危害】造成人类生命和财产损失
【词条关系】
　【层级关系】
　　【类属】水文灾害

◎河流灾害
【基本信息】
　【英文名】river disasters
　【拼音】he liu zai hai
　【核心词】
【定义】
　　由于防洪体系薄弱，由河流中洪涝引起的灾害。
【来源】《中小河流灾害防治及对策》
【分类信息】
　【NDC类目】
　　水文灾害
【词条属性】
　【空间属性】

【位置】河流
【词条关系】
　【层级关系】
　　【子类】泛滥平原沉积
　　【子类】泛滥河流
　　【子类】泛滥河道
　　【类属】灾害
　【组成关系】
　　【部件有】河流泛滥
　【因果关系】
　　【成因（果－因）】泛滥灌溉地
　【对应关系】
　　【实例－概念】黄河灾害

◎ 河湖灾害
【基本信息】
　【英文名】river and lake disaster
　【拼音】he hu zai hai
　【核心词】
【定义】
　　因河流、湖泊的水文动态变化、底质变化以及岸坡、堤防失稳变形等作用引起的灾害。主要包括：因决口、溃坝、管涌以及坍塌、脱坡等引起的洪水，河湖岸坡滑坡，河湖淤积，河流改道等。河湖灾害与地质灾害具有十分密切的相互作用：崩塌、滑坡、泥石流、水土流失等地质灾害不断改变河湖环境，造成河湖淤积，促使多种河湖灾害的发生与发展；河湖灾害又进一步恶化区域地质环境，进一步加剧水土流失以及滑坡、泥石流活动。所以，防治地质灾害必须与治理河湖环境、防治河湖灾害相结合，才能取得充分的减灾效果。
　【来源】《中国的灾害与危险》
【分类信息】
　【NDCC 分类类目】
　　气象水文灾害
【词条属性】

　【效应】
　　【负效应】可引起次生灾害
【词条关系】
　【层级关系】
　　【类属】灾害
　【因果关系】
　　【结果（因－果）】河湖灾害危害
　　【结果（因－果）】河湖灾害损失

◎ 河道灾害
【基本信息】
　【英文名】river disasters
　【拼音】he dao zai hai
　【核心词】
【定义】
　　由河道自然灾害引发事故灾难。
【分类信息】
　【NDC 类目】
　　（1）水文灾害
　　（2）地貌灾害
【词条属性】
　【空间属性】
　　【位置】河道
【词条关系】
　【因果关系】
　　【成因（果－因）】河道侵蚀

◎ 治沙
【基本信息】
　【英文名】harnessing sand
　【拼音】zhi sha
　【核心词】
【定义】
　　采取一系列措施，进行防沙固沙，防止荒漠化蔓延和沙化的进一步扩展。
　【来源】《气象灾害丛书——沙尘暴灾害》
【分类信息】

【NDC 类目】
　　（1）防灾备灾
　　（2）生态灾害
【NDCC 分类类目】
　　风蚀沙化灾害
【词条属性】
　【功用】
　　【功能】环境保护
　　【用途】耕地保护
　【词条关系】
　　【层级关系】
　　　【子类】治沙措施
　　【等同关系】
　　　【基本等同】沙漠治理

◎ 泛塘
【基本信息】
　【英文名】gasping for air
　【拼音】fan tang
　【核心词】
【定义】
　　"泛塘"，在浙江一带叫作"鱼嚎"，北方又叫"翻坑"，有些地方也叫"饭池"。这是一种由于气象原因直接或间接导致的一种水产养殖灾害，是水产养殖，包括养鱼、养虾、养珍珠蚌等在内的淡水、海水养殖中主要的、常见的灾害之一。引起泛塘的直接原因是缺氧窒息。
【来源】《中国农业百科全书》
【分类信息】
　【NDC 类目】
　　（1）生物灾害
　　（2）农业气象灾害
　　（3）农业灾害
　【NDCC 分类类目】
　　其他气象水文灾害
【词条属性】
　【基本情况】

　　【形成原因】气象因素
【词条关系】
　【等同关系】
　　【基本等同】饭池
　　【基本等同】翻坑
　　【基本等同】鱼嚎
　【组成关系】
　　【隶属于】水产养殖灾害
　【因果关系】
　　【成因（果-因）】缺氧水

◎ 泥沙淤积灾害
【基本信息】
　【英文名】siltation disaster
　【拼音】ni sha yu ji zai hai
　【核心词】
【定义】
　　流域或者河流由于泥沙淤积而引起的灾害。
【来源】《英汉汉英灾害科学词典》
【分类信息】
　【NDCC 分类类目】
　　地质地震灾害
【词条属性】
　【特征】
　　【危害】引起人员和财产损失。
【词条关系】
　【适用情况】
　　【描述】泥沙淤积
　【层级关系】
　　【类属】水文灾害

◎ 泥沙灾害
【基本信息】
　【英文名】sediment disaster
　【拼音】ni sha zai hai
　【核心词】

【定义】

　　河流泥沙灾害有河道、水库淤积，土地沙化，湖泊、城市或建筑物淤积及工程设施被冲刷破坏等表现形式。

【来源】《江河泥沙灾害形成机理及其防治》

【分类信息】

　【NDC 类目】

　　（1）一般术语

　　（2）水文灾害

　　（3）地貌灾害

【词条属性】

　【特征】

　　【关键指标】含沙量

【词条关系】

　【层级关系】

　　【子类】河流泥沙灾害

　　【子类】水库泥沙灾害

　　【类属】水文灾害

　【组成关系】

　　【部件有】泥沙淤堵

　　【部件有】泥沙回淤

　【因果关系】

　　【受影响（有关）】泥沙环境

　【对应关系】

　　【结论－现象】自然人为灾害

◎ 泥沙灾害风险

【基本信息】

　【英文名】sediment disaster risk

　【拼音】ni sha zai hai feng xian

　【核心词】

【定义】

　　泥沙灾害发生的可能性及其引发的潜在损失。

【分类信息】

　【NDC 类目】

　　（1）应急管理

　　（2）防灾备灾

【词条属性】

　【特征】

　　【关键指标】泥沙灾害

【词条关系】

◎ 泥流灾害

【基本信息】

　【英文名】disaster of mud flow

　【拼音】ni liu zai hai

　【核心词】

【定义】

　　由泥流作用形成的灾害。泥流是指碎屑物主要为黏土、粉土和沙，而砾石、卵石很少的泥石流。泥流是泥石流的一种，在黄土高原及其他黏土分布区特别发育，不但直接危害人民生命财产，而且加剧水土流失和生态环境恶化。

【来源】《汉英地质词典》

【分类信息】

　【NDC 类目】

　　地质灾害

【词条属性】

　【特征】

　　【危害】危害农业生产

　　【危害】危害城镇工矿

　　【危害】危害交通运输

　　【危害】危害水利水电工程

　　【危害】危害山地环境

　　【危害】危害人民生命财产

【词条关系】

　【层级关系】

　　【子类】冻融泥流灾害

　【组成关系】

　　【隶属于】地质灾害

　【因果关系】

　　【结果（因－果）】泥流灾害损失

　　【结果（因－果）】泥流灾害危害

◎ 泥石流灾害
【基本信息】
  【英文名】mud-rock flow disaster
  【拼音】ni shi liu zai hai
  【核心词】
【定义】
  由于泥石流引发的一系列直接灾害与次生灾害。
【来源】《自然灾害与防治》
【分类信息】
  【NDC 类目】
    地貌灾害
【词条属性】
  【特征】
    【危害】活动频繁，来势凶猛，常使人猝不及防
    【危害】摧毁城镇、村庄、矿山、工厂、工程设施，造成人员伤亡和财产损失；破坏铁路、公路、桥梁、车站，颠覆淤埋火车、汽车，淤塞航道，破坏水陆交通运输；淤积河道、湖泊、水库，破坏水利工程，加剧洪水灾害；破坏国土资源和流域生态环境，加剧山区贫困
【词条关系】
  【层级关系】
    【子类】地震泥石流
    【子类】火山泥石流
    【子类】城市泥石流灾害
    【子类】铁路泥石流灾害
    【子类】冰雪融水泥石流灾害
    【子类】城镇泥石流灾害
    【子类】山地城市泥石流灾害
    【类属】灾害
    【类属】流体灾害
  【组成关系】
    【部件有】公路泥石流灾害
    【部件有】暴雨泥石流灾害
  【对应关系】

【概念-实例】甘肃天水泥石流灾害
【概念-实例】云南巧家县泥石流灾害

◎ 泥石流防护
【基本信息】
  【英文名】debris flow protection
  【拼音】ni shi liu fang hu
  【核心词】
【定义】
  预防和治理泥石流灾害所采取的各种措施。泥石流防治是一项由多种措施组成的系统工程。
【来源】《防灾事典》
【分类信息】
  【NDCC 分类类目】
    灾害管理与处置
【词条属性】
  【特征】
    【关键指标】防护强度
【词条关系】
  【效应】
    【改变效应】泥石流造成损失

◎ 洪水
【基本信息】
  【英文名】flood
  【拼音】hong shui
  【核心词】
【定义】
  因大雨或融雪而引起的暴涨的水流，常常造成灾害。
【来源】《灾害学导论》
【分类信息】
  【NDC 类目】
    水文灾害
【词条属性】
  【特征】

【特点】洪水灾害特性
【特点】洪水资源和环境特性
【词条关系】
　【触发条件】
　　【是条件】河床冲淤
　【层级关系】
　　【子类】河流洪水
　　【子类】湖泊洪水
　　【子类】风暴潮洪水
　　【子类】冰川洪水
　　【子类】溃堤溃坝洪水
　　【子类】全国型洪水
　　【子类】南北型洪水
　　【子类】中部型洪水
　　【子类】南方型洪水
　　【子类】北方型洪水
　　【子类】分散型洪水
　　【子类】冰雪洪水
　　【子类】外洪
　　【子类】雨雪混合洪水
　　【子类】最大计算洪水
　　【子类】诺亚洪水
　　【子类】秋汛洪水
　　【子类】人为洪水
　　【子类】双生洪水
　　【子类】溃决型洪水
　　【子类】洞中洪水
　　【子类】部分延续洪水
　　【子类】当地洪水
　　【子类】上游演进洪水
　　【子类】入库洪水
　　【子类】滑坡洪水
　　【子类】溃决坡洪水
　　【子类】蔓延型洪水
　　【子类】源发型洪水
　　【子类】积雪融水洪水
　　【子类】溃堰洪水
　　【子类】漫滩洪水
　　【子类】流域洪水
　　【子类】低含沙量洪水
　　【子类】海岸洪水
　　【子类】极端洪水
　　【子类】年最大洪水
　　【子类】区间洪水
　　【子类】坝址洪水
　　【子类】混合型洪水
　　【子类】桃花汛
　　【子类】城市洪水
　　【子类】常年洪水
　　【子类】融水性洪水
　　【子类】常发性洪水
　　【子类】非常洪水
　　【子类】水泥流洪水
　　【子类】非常遇洪水
　　【子类】常遇洪水
　　【子类】世纪大洪水
　　【子类】积雪洪水
　　【子类】千年一遇洪水
　　【子类】百年一遇洪水
　　【子类】雨涝洪水
　　【子类】山洪泥石流型洪水
　　【类属】冰川融雪洪水
　　【类属】降雨洪水
　　【类属】泥石流与水泥流洪水
　　【类属】暴洪
　　【类属】冰凌性洪水
　　【类属】融雪型洪水
　【组成关系】
　　【部件有】凌汛洪水
　　【部件有】大洪水
　　【部件有】灾害性洪水
　　【部件有】特大洪水
　　【部件有】冰雪消融洪水
　　【部件有】跨流域洪水
　　【部件有】流域性洪水
　　【部件有】暴雨型洪水

【部件有】暴发性洪水
【部件有】区域性洪水
【部件有】局部性洪水
【部件有】水库垮坝洪水
【部件有】堤防决口洪水
【部件有】海啸造成的洪水
【部件有】持续性大雨洪水
【部件有】实测洪水
【时间关系】
　【前】引洪淤灌
　【前】泄洪洞
【因果关系】
　【受影响（有关）】南方涛动指数
　【受影响（有关）】年最大暴雨量
　【受影响（有关）】年降水变率
　【受影响（有关）】多年平均降水量
　【受影响（有关）】上游积水面积
　【受影响（有关）】三角洲间滨线
　【受影响（有关）】暴洪位势
　【受影响（有关）】静吸出水头
　【受影响（有关）】干旱气候
　【影响（部分因果）】滩唇
　【影响（部分因果）】洪积平原
　【成因（果-因）】夏季暴雨
　【成因（果-因）】损坏水闸
　【成因（果-因）】冲毁塘坝
　【成因（果-因）】冰川消融
　【成因（果-因）】冲毁
　【成因（果-因）】海底浊流
　【结果（因-果）】冲失航标
　【结果（因-果）】损坏水文测站
　【结果（因-果）】损坏机（电）井
　【结果（因-果）】损坏桥涵
　【结果（因-果）】损坏渡槽
　【结果（因-果）】渠道决口
　【结果（因-果）】损坏护岸
　【结果（因-果）】堤防决口
　【结果（因-果）】损坏堤坝
　【结果（因-果）】损坏水库
　【结果（因-果）】进水城镇
　【结果（因-果）】洪水污染
　【结果（因-果）】洪水灾害心理学研究
　【结果（因-果）】洪损度
　【结果（因-果）】洪水年期望损失
　【结果（因-果）】洪水灾害损失
　【结果（因-果）】洪水侵蚀
　【结果（因-果）】洪水径流
　【结果（因-果）】洪水湖
　【结果（因-果）】洪水河道
　【结果（因-果）】洪水保险赔偿费
　【结果（因-果）】洪水沉积
　【结果（因-果）】洪水冲蚀
　【结果（因-果）】洪水损失
　【结果（因-果）】洪水冲淤
　【结果（因-果）】洪水浸泡
　【结果（因-果）】决口
　【结果（因-果）】堤防险情
　【结果（因-果）】涝
　【结果（因-果）】洪水漫坝
　【结果（因-果）】洪水溃坝
　【结果（因-果）】河道溃堤
【对应关系】
　【实例-概念】九八洪水

◎ **洪水三要素**
【基本信息】
　【英文名】three factors of flood
　【拼音】hong shui san yao su
　【核心词】
【定义】
　　洪涝灾害洪水大小常以洪峰水位（洪峰流量）、洪水总量、洪水历时来描述，统称洪水三要素。
　【来源】《气象学词典》
【分类信息】
　【NDCC分类类目】

洪涝灾害
【词条属性】
　【特征】
　　【关键指标】洪峰水位
　　【关键指标】洪水总量
　　【关键指标】洪水历时
【词条关系】
　【组成关系】
　　【成分有】淹没水深
　　【成分有】洪水历时
　　【成分有】洪峰流量

◎ **洪水预报**
【基本信息】
　【英文名】flood forecasting
　【拼音】hong shui yu bao
　【核心词】
【定义】
　　根据洪水形成和运动的规律，利用过去和现时水文气象资料，预测未来的洪水情况。
　【来源】《防灾事典》
【分类信息】
　【NDC 类目】
　　（1）防灾备灾
　　（2）水文灾害
　　（3）洪涝灾害
【词条属性】
　【功用】
　　【用途】洪水防治
【词条关系】
　【层级关系】
　　【子类】径流预报
　　【子类】冰凌洪水预报
　　【子类】海岸洪水预报
　　【子类】暴雨洪水预报
　　【子类】水库洪水预报
　　【子类】水库施工期洪水预报
　　【子类】区域洪水预报

　　【子类】突发性洪水预报
　　【类属】水情预报
　　【类属】非工程防洪措施
【组成关系】
　　【成分有】洪水实时预报
　　【部件有】融雪洪水预报
　　【部件有】流域洪水预报

◎ **洪涝灾害**
【基本信息】
　【英文名】flood disaster
　【拼音】hong lao zai hai
　【核心词】
【定义】
　　洪涝灾害是洪灾和涝灾的统称。是指由于暴雨或江、河、湖、水库漫溢、溃坝等引起江河水量迅猛增加及水位急剧上涨的自然现象，是一种特别严重的自然灾害。"洪"，指大雨、暴雨引起水道急流、山洪暴发、河水泛滥、淹没农田、毁坏环境与各种设施等；"涝"，指水过多或过于集中或返浆水过多造成的积水成灾。
　【来源】《防灾事典》
【分类信息】
　【NDC 类目】
　　（1）气象灾害
　　（2）水文灾害
【词条属性】
　【空间属性】
　　【位置】洪涝灾害空间分布
　　【位置】涝渍地
　【基本情况】
　　【形成原因】洪涝灾害成因
【词条关系】
　【层级关系】
　　【子类】铁路涵洞积水
　　【子类】大洪涝灾害
　　【子类】流域洪涝灾害

【子类】漫溢型洪涝灾害
　　【子类】溃决型洪涝灾害
　　【子类】垮坝
　　【子类】历史洪涝灾害
　　【子类】旱涝急转型洪涝灾害
　　【子类】流域性洪涝灾害
　　【子类】水库压力
　　【子类】河流洪涝灾害
　　【子类】融雪洪涝灾害
　　【子类】融冰洪涝灾害
　　【子类】冰凌洪涝灾害
　　【子类】溃坝洪涝灾害
　　【子类】风暴潮洪涝灾害
　　【子类】城市洪涝灾害
　　【类属】湖泊洪涝灾害
　　【类属】农业气象灾害
　　【类属】暴雨洪涝灾害
　　【类属】过渡型灾害
　　【类属】气候灾害
　　【类属】水圈灾害
【等同关系】
　　【基本等同】洪涝灾变
　　【本名-别名同义】水涝灾害
　　【本名-别名同义】洪涝害
【组成关系】
　　【组成】水灾
　　【组成】洪潮灾害
　　【组成】灾害气候学
　　【部件有】凌汛灾害
　　【部件有】城市水害
　　【部件有】水毁灾害
　　【部件有】农业洪涝灾害
　　【集成为】旱涝灾害
【因果关系】
　　【受影响（有关）】气候变化
　　【受影响（有关）】围湖造田
　　【受影响（有关）】天然降水
　　【受影响（有关）】易淹地区

　　【受影响（有关）】森林覆盖
　　【受影响（有关）】低温连阴雨天气
　　【受影响（有关）】异常多雨
　　【受影响（有关）】客水
　　【受影响（有关）】耐淹能力
　　【成因（果-因）】暴雨
　　【成因（果-因）】热带气旋
　　【成因（果-因）】饥荒
　　【成因（果-因）】持久大暴雨
　　【成因（果-因）】泛洪积扇
　　【成因（果-因）】泛滥沉积物
　　【结果（因-果）】水库垮坝
　　【结果（因-果）】江河泛滥

◎ **流体灾害**
【基本信息】
　　【英文名】fluid disasters
　　【拼音】liu ti zai hai
　　【核心词】
　　【定义】
　　　　可以用流体力学来研究的灾害。
　　【来源】《环境与灾害中的流体力学问题》
【分类信息】
　　【NDC 类目】
　　　　应急管理
【词条属性】
　　【特征】
　　　　【特点】流体
　　【方法手段】
　　　　【方法】流体力学
【词条关系】
　　【层级关系】
　　　　【子类】淤泥流
　　　　【子类】泥石流灾害
　　　　【子类】暴雨灾害
　　　　【子类】洪水灾害
　　　　【子类】风灾
　　　　【子类】火灾
　　　　【类属】灾害

◎ 流域
【基本信息】
　【英文名】drainage basin
　【拼音】liu yu
　【基础词】
【定义】
　　由分水线所包围的河流或湖泊的地面集水区和地下集水区的总和。
　【来源】《水文学》
【分类信息】
　【NDC 类目】
　　水文灾害
【词条属性】
　【特征】
　　【关键指标】流域面积、河网密度、流域形状、流域高度、流域方向或干流方向
【词条关系】
　【层级关系】
　　【子类】内流流域
　　【子类】排水流域
　　【子类】长江流域

◎ 浊积物
【基本信息】
　【英文名】turbidite
　【拼音】zhuo ji wu
　【核心词】
【定义】
　　在浊流作用下形成的分选较差的沉积物。
　【来源】《英汉汉英灾害科学词典》
【分类信息】
　【NDC 类目】
　　（1）一般术语
　　（2）地貌灾害
　【NDCC 分类类目】
　　一般术语
【词条属性】

　【特征】
　　【特点】以硬砂岩型的砂为主体
　　【特点】波痕和斜层理不发育
　　【特点】各种印模较发育，很少有砾，偶见含砾泥岩和层内砾石
　　【特点】地层厚度很大，分选性差等
【词条关系】
　【组成关系】
　　【组成】浊积岩
　【因果关系】
　　【成因（果－因）】浊流

◎ 浮尘天气
【基本信息】
　【英文名】floating dust
　【拼音】fu chen tian qi
　【核心词】
【定义】
　　浮尘是悬浮在大气中的沙或土壤粒子，使水平能见度小于 10km 的天气现象。
　【来源】《气象学词典》
【分类信息】
　【NDCC 分类类目】
　　气象水文灾害
【词条属性】
　【效应】
　　【负效应】交通事故
　　【负效应】影响呼吸道系统
【词条关系】
　【层级关系】
　　【类属】气象灾害
　　【类属】沙尘天气
　【因果关系】
　　【结果（因－果）】浮尘

◎ 海事灾害
【基本信息】

【英文名】maritime disasters
【拼音】hai shi zai hai
【核心词】
【定义】
 各种船舶及其他交通工具、水上装置在水域发生的各种事故。
【来源】《中国海洋灾害应急管理研究》
【分类信息】
 【NDC 类目】
  （1）海洋灾害
  （2）人为灾害
【词条属性】
 【空间属性】
  【位置】海上
【词条关系】
 【组成关系】
  【隶属于】交通事故

◎ 海冰灾害
【基本信息】
 【英文名】sea ice hazard
 【拼音】hai bing zai hai
 【核心词】
【定义】
 凡是因海冰造成的灾害统称为海冰灾害。具体来说，海冰灾害是指由海冰引起的影响到人类在海岸和海上活动实施和设施安全运行的灾害，特别是造成生命和资源财产损失的事件。
【来源】《气象灾害丛书——海洋气象灾害》
【分类信息】
 【NDC 类目】
  海洋灾害
【词条属性】
 【特征】
  【危害】航道阻塞
  【危害】船只及海上设施和海岸工程损坏
  【危害】港口码头封冻
  【危害】水产养殖受损
【词条关系】
 【组成关系】
  【成分有】海滩冰
  【组成】海洋气象灾害
 【因果关系】
  【受影响（有关）】海冰

◎ 海啸
【基本信息】
 【英文名】tsunami
 【拼音】hai xiao
 【核心词】
【定义】
 由水下地震、火山爆发或水下塌陷和滑坡等大地活动造成的海面恶浪，并伴随巨响的现象。
【来源】《防灾事典》
【分类信息】
 【NDC 类目】
  （1）一般术语
  （2）气象灾害
  （3）水文灾害
【词条属性】
 【特征】
  【关键指标】海浪高
  【关键指标】海浪速度
  【关键指标】海啸波长
【词条关系】
 【层级关系】
  【子类】强海啸
  【子类】极强海啸
  【子类】轻海啸
  【子类】中等海啸
  【子类】遥地海啸
  【子类】本地海啸
  【子类】构造海啸

【子类】破坏性海啸
【子类】啸声
【子类】低频天文海啸
【子类】核爆炸海啸
【子类】大气海啸
【等同关系】
【基本等同】潮浪
【基本等同】地震海波
【本名-别名同义】海溢
【组成关系】
【部件有】越洋海啸
【部件有】区域海啸
【集成为】海洋水文灾害
【因果关系】
【受影响（有关）】水下地震
【影响（部分因果）】海啸势
【成因（果-因）】涌波
【成因（果-因）】海底浊流
【结果（因-果）】海啸丘状层
【结果（因-果）】海啸沉积物
【对应关系】
【概念-实例】印度洋大海啸

◎ **海岸侵蚀灾害**
【基本信息】
【英文名】coastal erosion disaster
【拼音】hai an qin shi zai hai
【核心词】
【定义】
海岸侵蚀是指海岸在海洋动力作用下，沿岸供沙少于沿岸失沙而引起的海岸后退的破坏性过程。狭义的海岸侵蚀仅指自然海岸的侵蚀后退过程；广义的海岸侵蚀除自然海岸的侵蚀外，还包括人为对海岸的破坏过程。海岸侵蚀灾害是由海岸侵蚀造成的人民生命财产遭受损失的灾害。
【来源】《中国沿海海岸侵蚀灾害分析》
【分类信息】

【NDC类目】
水文灾害
【词条属性】
【效应】
【负效应】由海岸侵蚀造成的人民生命财产遭受损失的灾害。
【基本情况】
【形成原因】风暴潮
【形成原因】河流改道
【形成原因】海平面上升
【词条关系】
【层级关系】
【类属】侵蚀灾害
【因果关系】
【受影响（有关）】岸流
【成因（果-因）】岸进
【结果（因-果）】海岸侵蚀灾害损失

◎ **海岸侵蚀灾害风险**
【基本信息】
【英文名】coastal erosion disaster risk
【拼音】hai an qin shi zai hai feng xian
【核心词】
【定义】
由于海岸侵蚀发生的可能性及其引发的系列灾害。
【来源】《英汉汉英灾害科学词典》
【分类信息】
【NDC类目】
水文灾害
【词条属性】
【特征】
【关键指标】海岸侵蚀灾害风险防灾减灾能力
【关键指标】海岸侵蚀灾害风险脆弱性
【关键指标】海岸侵蚀灾害风险暴露性
【关键指标】海岸侵蚀灾害风险危险性
【词条关系】

◎ 海平面变化
【基本信息】
  【英文名】sea level change
  【拼音】hai ping mian bian hua
  【核心词】
【定义】
  （1）海面受自然和人为因素的影响而发生的升降变化。
  （2）由于气候变化和地壳的构造运动等原因引起的海面高度变化。
【来源】《海平面变化》
【分类信息】
  【NDC 类目】
    （1）水文灾害
    （2）生态灾害
【词条属性】
  【基本情况】
    【形成原因】气候变化
【词条关系】
  【触发条件】
    【是条件】侵蚀灾害
  【层级关系】
    【子类】水动型海平面变化
    【子类】地动型海面变化
    【子类】水动型海面变化
    【子类】天文作用型海面变化
    【子类】相对海平面变化
    【子类】地区性海平面变化
    【子类】绝对海平面变化
    【子类】海平面相对变化
    【类属】基准面变化

◎ 海水倒灌
【基本信息】
  【英文名】seawater encroachment
  【拼音】hai shui dao guan
  【核心词】
【定义】
  沿海地区由于陆地内河道水位低于海平面，从而引起海水向陆地回流的现象。
【来源】《自然地理学》
【分类信息】
  【NDC 类目】
    （1）水文灾害
    （2）海洋灾害
【词条属性】
  【基本情况】
    【形成原因】台风风暴潮灾害
【词条关系】
  【等同关系】
    【基本等同】海水回港灌
  【因果关系】
    【受影响（有关）】极地冰雪融化
    【成因（果-因）】台风风暴潮

◎ 海洋灾害
【基本信息】
  【英文名】marine disaster
  【拼音】hai yang zai hai
  【核心词】
【定义】
  海洋自然环境发生异常或激烈变化，导致在海上或海岸带发生的严重危害社会、经济和生命财产的事件。
【来源】《我国海洋灾害应急管理研究》
【分类信息】
  【NDC 类目】
    水文灾害
【词条属性】
  【基本情况】
    【形成原因】引起大气的强烈扰动，如热带气旋、温带气旋；海洋水体本身的扰动或状态骤变；海底地震、火山爆发及其伴生之海底滑坡、地裂缝等。
  【空间属性】

【位置】海上、海岸、沿海地区
【词条关系】
　【层级关系】
　　【子类】海湾淤积
　　【子类】海水结冰
　　【子类】海咸水侵染
　　【子类】油层污染
　　【子类】有害藻华
　　【子类】破坏性海啸
　　【子类】毒性海水
　　【子类】海洋石油污染
　　【子类】滨海灾害
　　【子类】海洋生态灾害
　　【子类】海水酸化
　　【子类】滞流事件
　　【子类】绿潮
　　【子类】冰山灾害
　　【类属】海洋倾倒
　　【类属】水圈灾害
　【等同关系】
　　【全称-缩略同义】海洋自然灾害
　　【基本等同】海洋环境灾害
　【组成关系】
　　【分解为】自然灾害
　　【部件有】海洋地质灾害
　　【部件有】海洋工程
　　【部件有】海水入侵灾害
　　【部件有】畸形波
　　【部件有】巨浪灾害
　【因果关系】
　　【受影响（有关）】地转流速
　　【受影响（有关）】浒苔
　　【影响（部分因果）】沿海低地
　　【成因（果-因）】海水结冰
　　【成因（果-因）】上升流
　　【成因（果-因）】海底塌陷
　　【成因（果-因）】海底裂缝
　　【结果（因-果）】海雾

　　【结果（因-果）】潮滩
　【对应关系】
　　【概念-实例】蓝藻暴发

◎ **海洋环境灾害风险**
【基本信息】
　【英文名】marine environmental disaster risk
　【拼音】hai yang huan jing zai hai feng xian
　【核心词】
【定义】
　　海洋中环境灾害发生的可能性及其引发的潜在危害。
【来源】《国家地理及灾难预防词汇》
【分类信息】
　【NDC类目】
　　（1）应急管理
　　（2）防灾备灾
【词条属性】
　【特征】
　　【关键指标】海洋环境灾害
【词条关系】
　【适用情况】
　　【用于】海洋环境灾害风险管理
　　【用于】海洋环境灾害风险预警
　　【用于】海洋环境灾害风险评估
　　【用于】海洋环境灾害风险区划

◎ **海浪灾害**
【基本信息】
　【英文名】wave disaster
　【拼音】hai lang zai hai
　【核心词】
【定义】
　　由强烈大气扰动，如热带气旋（台风、飓风）、温带气旋和强冷空气大风等引起的海浪，在海上常能掀翻船只，摧毁海上工程和海岸工程，造成巨大灾害。这种海浪称为灾害性海浪。
【来源】《灾害性海浪危害及分布》
【分类信息】
　【NDC 类目】
　　海洋灾害
【词条属性】
　【特征】
　　【特点】海洋灾害
【词条关系】
　【等同关系】
　　【基本等同】波浪灾害
　【组成关系】
　　【部件有】气旋浪
　【因果关系】
　　【受影响（有关）】异常浪

◎ **涝渍灾害**
【基本信息】
　【英文名】waterlogging disaster
　【拼音】lao zi zai hai
　【核心词】
【定义】
　　由于大量降水汇集在低洼处长时间无法排除（涝），或者是地下水位持续过高（渍），使土壤孔隙中的空气含量降低，影响根的呼吸作用，使得作物减产、烂根甚至死亡。
【来源】《涝渍兼治的稻田排水模式研究》
【分类信息】
　【NDC 类目】
　　水文灾害
【词条属性】
　【空间属性】
　　【位置】主要位于平原地区
【词条关系】
　【层级关系】
　　【子类】渍害
　　【子类】沼泽湿地型涝渍灾害
　　【子类】水网圩区型涝渍灾害
　　【子类】极重涝渍灾害
　【组成关系】
　　【成分有】水网圩区型
　【因果关系】
　　【受影响（有关）】滞水湾
　　【受影响（有关）】滞水土
　　【受影响（有关）】滞水时间
　　【成因（果－因）】霖雨积潦

◎ **涡度**
【基本信息】
　【英文名】vorticity
　【拼音】wo du
　【核心词】
【定义】
　　在气象学应用之中，涡度是用来描述气流相对于地面之水平方向旋转的物理量，其方向可以由右手定则来得知。
【来源】《气象学词典》
【分类信息】
　【NDC 类目】
　　一般术语
　【NDCC 分类类目】
　　一般术语
【词条属性】
　【功用】
　　【用途】描述气流相对于地面之水平方向旋转的物理量
【词条关系】
　【层级关系】
　　【子类】相对涡度
　　【子类】位势涡度
　　【子类】负涡度
　　【子类】正涡度
　【因果关系】
　　【影响（部分因果）】平流
　【对应关系】

【主体-指标】气旋

◎ **淹没边缘**
【基本信息】
　【英文名】submerged margin
　【拼音】yan mo bian yuan
　【核心词】
【定义】
　　洪水淹没区的边缘地带，应用洪泛区范围的确定。
【来源】《洪灾风险及经济分析》
【分类信息】
　【NDC类目】
　　（1）水文灾害
　　（2）洪涝灾害
【词条属性】
　【功用】
　　【用途】洪灾损失评估
【词条关系】
　【适用情况】
　　【描述】山洪灾害

◎ **渗流灾害**
【基本信息】
　【英文名】seepage disasters
　【拼音】shen liu zai hai
　【核心词】
【定义】
　　由渗流作用导致的灾害。
【来源】《巷道围岩裂隙演化规律及渗流灾害控制》
【分类信息】
　【NDC类目】
　　地质灾害
【词条属性】
　【空间属性】
　　【位置】岩体

【基本情况】
　【形成原因】渗流
【词条关系】
　【触发条件】
　　【是条件】渗流灾害风险
　【层级关系】
　　【类属】灾害
　【组成关系】
　　【部件有】渗流灾害链
　　【部件有】渗流灾害周期
　　【部件有】渗流灾害监测
　　【部件有】渗流灾害预报
　　【部件有】渗流灾害预警
　　【部件有】渗流灾害预报技术
　　【部件有】渗流灾害预警技术
　　【部件有】渗流灾害风险预警
　　【部件有】渗流灾害风险辨识
　　【部件有】渗流灾害风险指标体系
　　【部件有】渗流灾害风险评估
　　【部件有】渗流灾害风险区划
　　【部件有】渗流灾害灾情
　　【部件有】渗流灾害灾情评估体系
　　【部件有】渗流灾害灾情评估
　　【部件有】渗流灾害管理
　　【部件有】渗流灾害风险管理
　　【部件有】渗流灾害防治
　【因果关系】
　　【受影响（有关）】渗流机制

◎ **湖泊水文灾害**
【基本信息】
　【英文名】lake hydrological disasters
　【拼音】hu po shui wen zai hai
　【核心词】
【定义】
　　水文灾害发生在湖泊地区。
【来源】《英汉汉英灾害科学词典》
【分类信息】

【NDCC 分类类目】
　　气象水文灾害
【词条属性】
　【空间属性】
　　【位置】发生在湖泊地区
【词条关系】
　【层级关系】
　　【类属】水文灾害

◎ 湖泊洪水灾害
【基本信息】
　【英文名】lake floods
　【拼音】hu po hong shui zai hai
　【核心词】
【定义】
　　由于河湖水量交换或湖面大风作用或两者同时作用，可发生湖泊洪水。
【来源】《英汉汉英灾害科学词典》
【分类信息】
　【NDCC 分类类目】
　　气象水文灾害
【词条属性】
　【基本情况】
　　【形成原因】吞吐流湖泊，当入湖洪水遭遇和受江河洪水严重顶托时常产生湖泊水位剧涨，因盛行风的作用，引起湖水运动而产生风生流，有时可达 5~6m，如北美的苏必利尔湖、密歇根湖和休伦湖等。
【词条关系】
　【层级关系】
　　【类属】洪水灾害

◎ 湿地退化
【基本信息】
　【英文名】wetland degradation
　【拼音】shi di tui hua

　【核心词】
【定义】
　　湿地退化主要指湿地功能的退化，自我调节功能的丧失。
【来源】《湿地退化与湿地功能修复》
【分类信息】
　【NDC 类目】
　　生态灾害
【词条属性】
　【特征】
　　【危害】加剧了洪水和干旱灾害；加剧了水资源短缺，给工农业生产带来巨大损失；湿地萎缩使渔业资源受损；使土壤侵蚀和海岸侵蚀加剧
　【基本情况】
　　【形成原因】气候变化
【词条关系】
　【因果关系】
　　【结果（因－果）】湿地退化损失

◎ 湿地退化风险
【基本信息】
　【英文名】wetland degradation risk
　【拼音】shi di tui hua feng xian
　【核心词】
【定义】
　　湿地功能退化的潜在可能性及其引发的潜在危害。
【来源】《英汉汉英灾害科学词典》
【分类信息】
　【NDC 类目】
　　生态灾害
【词条属性】
　【特征】
　　【关键指标】湿地退化风险防灾减灾能力
　　【关键指标】湿地退化风险脆弱性
　　【关键指标】湿地退化风险危险性

【关键指标】湿地退化风险暴露性
【词条关系】
　【适用情况】
　　【用于】湿地退化风险预警
　　【用于】湿地退化风险评估
　　【用于】湿地退化风险区划
　　【用于】湿地退化风险管理

◎溃坝灾害
【基本信息】
　【英文名】dam failure disaster
　【拼音】kui ba zai hai
　【核心词】
【定义】
　　由水库大坝或其他挡水建筑物发生瞬间溃决而导致的洪水灾害。
　【来源】《洪灾风险及经济分析》
【分类信息】
　【NDC 类目】
　　水文灾害
【词条属性】
　【基本情况】
　　【形成原因】洪水
【词条关系】
　【组成关系】
　　【隶属于】洪灾

◎溢油灾害
【基本信息】
　【英文名】oil spill disaster
　【拼音】yi you zai hai
　【核心词】
【定义】
　　海上生产活动或事故造成的石油或其他油类大量泄漏，导致海上和岸边的环境和生态灾难。
　【来源】《渤海溢油应急预测预警系统的研发与应用》
【分类信息】
　【NDC 类目】
　　海洋灾害
【词条属性】
　【基本情况】
　　【形成原因】石油泄漏
【词条关系】
　【组成关系】
　　【隶属于】海洋灾害

◎溢洪道
【基本信息】
　【英文名】spillway
　【拼音】yi hong dao
　【核心词】
【定义】
　　从水库向下游泄放超过水库调蓄能力的洪水，以保证工程安全的泄水建筑物。
　【来源】《现代汉语词典》
【分类信息】
　【NDC 类目】
　　（1）防灾备灾
　　（2）恢复重建
【词条属性】
　【特征】
　　【特点】当水库里水位超过安全限度时，水就从溢洪道向下游流出，防止水坝被毁坏。
　【功用】
　　【用途】洪水管理
【词条关系】
　【触发条件】
　　【依据】泄洪标准
　【层级关系】
　　【子类】非常溢洪道
　　【子类】正常溢洪道
　　【子类】开敞式溢洪道

【子类】滑雪道式溢洪道
　　【子类】竖井溢洪道
　　【子类】无闸溢洪道
　　【子类】表面式溢洪道
　　【类属】侧槽式溢洪道
【组成关系】
　　【部件有】虹吸式溢洪道
　　【部件有】陡槽溢洪道
　　【部件有】侧槽溢洪道

◎ 滑坡
【基本信息】
　　【英文名】landslide
　　【拼音】hua po
　　【核心词】
【定义】
　　滑坡是指斜坡上的土体或者岩体，受河流冲刷、地下水活动、地震及人工切坡等因素影响，在重力作用下，沿着一定的软弱面或者软弱带，整体地或者分散地顺坡向下滑动的自然现象。俗称"走山"、"垮山"、"地滑"、"土溜"等。
　　【来源】《防灾事典》
【分类信息】
　　【NDC类目】
　　　　地貌灾害
【词条属性】
　　【效应】
　　　【负效应】滑坡常常给工农业生产以及人民生命财产造成巨大损失，有的甚至是毁灭性的灾难。滑坡对乡村最主要的危害是摧毁农田、房舍、伤害人畜、毁坏森林、道路以及农业机械设施和水利水电设施等，有时甚至给乡村造成毁灭性灾害。位于城镇的滑坡常常砸埋房屋，伤亡人畜，毁坏田地，摧毁工厂、学校、机关单位等，并毁坏各种设施，造成停电、停水、停工，有时甚至毁灭整个城镇。发生在工矿区的滑坡，可摧毁矿山设施，伤亡职工，毁坏厂房，使矿山停工停产，常常造成重大损失。
【词条关系】
　【层级关系】
　　【子类】重力侵蚀
　　【子类】融冻泥流
　　【子类】蠕动式滑坡
　　【子类】中速滑坡
　　【子类】慢速滑坡
　　【子类】蠕动型滑坡
　　【子类】高速滑坡
　　【子类】冰川滑坡
　　【子类】正在发展中滑坡
　　【子类】非粘连滑坡
　　【子类】同类土滑坡
　　【子类】复式滑坡
　　【子类】海岸滑坡
　　【子类】初期滑坡
　　【子类】剧冲型滑坡
　　【子类】半成岩地层滑坡
　　【子类】后退式滑坡
　　【子类】强烈滑坡
　　【子类】平面型滑坡
　　【子类】融雪型滑坡
　　【子类】流动型滑坡
　　【子类】灾害性滑坡
　　【子类】河槽滑坡
　　【子类】平推式滑坡
　　【子类】流动滑坡
　　【子类】块状结构滑坡
　　【子类】黏质滑坡
　　【子类】静止滑坡
　　【子类】主要滑坡
　　【子类】降雨型滑坡
　　【子类】层状滑坡
　　【子类】蠕动性滑坡
　　【子类】诱发滑坡
　　【子类】水下滑坡

【子类】地面滑坡
【子类】液化滑坡
【子类】旋转滑坡
【子类】库岸滑坡
【子类】中层滑坡
【子类】浅层滑坡
【子类】低速滑坡
【子类】路堑滑坡
【子类】瑞士滑坡
【子类】巴拿马运河区滑坡
【子类】路基滑坡
【子类】圆弧形滑坡
【子类】黄土滑坡
【子类】折线形滑坡
【子类】直线形滑坡
【子类】表层滑坡
【子类】厚层滑坡
【子类】重庆市云阳县鸡扒子滑坡
【子类】冲蚀型滑坡
【子类】岩质滑坡
【子类】矿山滑坡
【子类】水库滑坡
【子类】渠道滑坡
【子类】崩塌型滑坡
【子类】慢速型滑坡
【子类】中速型滑坡
【子类】高速型滑坡
【子类】超深层滑坡
【子类】特大型滑坡
【子类】微型滑坡
【子类】潜伏性滑坡
【子类】匀速滑坡
【子类】间歇性滑坡
【子类】周期性变速滑坡
【子类】缓慢滑坡
【子类】陆上滑坡
【子类】公路滑坡
【子类】覆盖层滑坡
【子类】土质滑坡
【子类】水底滑坡
【子类】水边滑坡
【子类】人为滑坡
【子类】暴雨滑坡
【子类】溯流滑坡
【子类】塑性滑坡
【子类】双层滑坡
【子类】多层滑坡
【子类】单滑面滑坡
【子类】巨型滑坡
【子类】崩塌性滑坡
【子类】再次滑坡
【子类】首次滑坡
【子类】黏性土滑坡
【子类】深层滑坡
【子类】断坡
【子类】转动式滑坡
【类属】掏蚀滑坡
【类属】山区地质灾害
【类属】地质气象灾害
【类属】突发性地质气象灾害
【类属】土质边坡灾害
【类属】山地灾害
【类属】公路病害
【等同关系】
【基本等同】坡体下滑运动
【本名-别名同义】走山
【组成关系】
【成分有】滑坡体
【成分有】滑坡壁
【成分有】滑动面
【成分有】滑动带
【成分有】滑坡床
【成分有】滑坡台阶
【成分有】滑坡周界
【成分有】滑坡洼地
【成分有】滑坡面

【组成】地质现象
【组成】灾害地质学
【部件有】小型滑坡
【部件有】中型滑坡
【部件有】大型滑坡
【部件有】岩层滑坡
【部件有】均质滑坡
【部件有】顺层滑坡
【部件有】切层滑坡
【部件有】推落式滑坡
【部件有】平移式滑坡
【部件有】牵引式滑坡
【部件有】混合式滑坡
【部件有】岩石滑坡
【部件有】破碎岩石滑坡
【部件有】堆积土滑坡
【部件有】堆填土滑坡
【部件有】黏性土滑坡
【部件有】堆积面滑坡
【部件有】层面滑坡
【部件有】构造面滑坡
【部件有】同生面滑坡
【部件有】巨厚层滑坡
【部件有】地质滑坡
【部件有】老滑坡
【部件有】山体滑坡
【部件有】陡坡滑坡
【部件有】潜蚀滑坡
【集成为】灾害地貌
【时间关系】
　【前】滑坡灾变预兆
【因果关系】
　【受影响（有关）】岩体静压力
　【受影响（有关）】岩石水理性质
　【受影响（有关）】重力分异
　【受影响（有关）】黏性力
　【受影响（有关）】钻探
　【受影响（有关）】重力滑脱构造

　【受影响（有关）】半黏土质
　【受影响（有关）】崎岖地
　【受影响（有关）】坡面长度
　【影响（部分因果）】滑坡鼓丘
　【成因（果-因）】重力地质作用
　【成因（果-因）】坡地重力地貌
　【结果（因-果）】滑坡痕
　【结果（因-果）】滑坡残壁
　【结果（因-果）】滑坡断崖
　【结果（因-果）】滑坡泥石
【对应关系】
　【指标-主体】滑坡分布密度
　【概念-实例】长江西陵峡新滩大滑坡
　【概念-实例】果尔多滑坡
　【概念-实例】甘肃东乡洒勒山滑坡
　【概念-实例】四川雅江县唐古栋大型滑坡

◎ 滑坡灾害
【基本信息】
　【英文名】landslide hazard
　【拼音】hua po zai hai
　【核心词】
【定义】
　　指岩体或土体在重力作用下整体顺坡下滑造成的灾害。
　【来源】《滑坡灾害防治手册》
【分类信息】
　【NDC类目】
　　地质灾害
【词条属性】
　【特征】
　【关键指标】暴雨强度
【词条关系】
　【层级关系】
　【子类】海底滑坡灾害
　【子类】山地城市滑坡灾害
　【类属】地质灾害

【等同关系】
　【基本等同】滑坡地质灾害
【因果关系】
　【受影响（有关）】岩屑蠕滑
　【影响（部分因果）】滑坡稳定性
　【成因（果-因）】地震

◎ 潮汐
【基本信息】
　【英文名】tide
　【拼音】chao xi
　【核心词】
【定义】
　　在天体引潮力作用下产生的海面周期性涨落现象。习惯上把海面垂直方向涨落称为潮汐，而海水在水平方向的流动称为潮流。是沿海地区的一种自然现象，古代称白天的河海涌水为"潮"，晚上的称为"汐"，合称为"潮汐"。
【来源】《自然地理学》
【分类信息】
　【NDC类目】
　　（1）一般术语
　　（2）气象灾害
【词条属性】
　【空间属性】
　　【方向】海面垂直方向
　【基本情况】
　　【形成原因】月球引力和太阳引力的合力是引起海水涨落的引潮力
【词条关系】
　【层级关系】
　　【子类】极潮
　　【子类】浅海潮
　　【子类】小潮
　　【子类】子潮
　　【子类】平衡潮
　　【子类】大洋潮汐
　　【子类】交叉潮
　　【子类】停潮
　　【子类】天文潮
　　【子类】低平潮
　　【类属】背风潮
【等同关系】
　【全称-缩略同义】海洋潮汐
　【基本等同】地球潮汐
【组成关系】
　【成分有】涨潮
　【部件有】半日潮汐
　【部件有】直接潮汐
【时间关系】
　【同一时段】平均落潮历时
　【同一时段】最短涨潮历时
【因果关系】
　【受影响（有关）】磁偏转
　【受影响（有关）】行星潮汐影响
　【影响（部分因果）】潮汐波
　【影响（部分因果）】潮蚀
　【影响（部分因果）】洄水
　【影响（部分因果）】潮上带
　【影响（部分因果）】潮区界
　【影响（部分因果）】潮汐裂隙
　【影响（部分因果）】进积作用

◎ 潮灾
【基本信息】
　【英文名】tide disaster
　【拼音】chao zai
　【核心词】
【定义】
　　是指在强风暴作用下，引起近海风暴潮和巨浪叠加于大潮汛天文高潮上，海潮超过当地警戒水位，摧毁防御设施，导致洪水泛滥，形成潮灾。中国潮灾主要是由台风和寒潮引起的。东南沿海倍受台风袭击，是潮灾多发重发区。渤海和黄海北部，冬春季节寒潮冷锋过境，造成渤海7级以上东北大风导致渤海南岸的潮灾。
【来源】《气象灾害丛书——寒潮和霜冻》
【分类信息】
　【NDCC分类类目】
　　风暴潮灾害
【词条属性】
　【基本情况】
　　【形成原因】天文潮
　　【形成原因】风暴潮
【词条关系】
　【层级关系】
　　【子类】风暴潮灾
　　【子类】地震海啸
　　【子类】严重潮灾
　【等同关系】
　　【全称-缩略同义】海潮灾害
　【因果关系】
　　【受影响（有关）】近月潮
　　【受影响（有关）】早潮
　　【受影响（有关）】二分潮
　　【受影响（有关）】秋分潮
　　【受影响（有关）】滞潮

◎ 灌溉
【基本信息】
　【英文名】irrigation
　【拼音】guan gai
　【核心词】
【定义】
　　人工补充土壤水分以改善作物生长条件的技术措施，进而避免因缺水造成作物受气象灾害的影响。
【来源】《中国农业百科全书》
【分类信息】
　【NDC类目】
　　（1）恢复重建
　　（2）一般术语
　　（3）水文灾害
【词条属性】
　【方法手段】
　　【方法】渗灌
　　【方法】串灌
　　【方法】串灌串排
　【效应】
　　【负效应】对地表水源的争夺
　　【负效应】造成地下水位下降
　　【负效应】地面沉降
　　【负效应】过度灌溉的地区造成农业废水引起的农药和化肥污染
　　【负效应】在蒸发量大的地区造成土壤盐碱化
【词条关系】
　【层级关系】
　　【子类】带状灌溉
　　【子类】人工地下灌溉
　　【子类】条田灌溉法
　　【子类】劣质水灌溉
　　【子类】提水灌溉
　　【子类】方格灌溉
　　【子类】土壤层下灌溉
　　【子类】地下水灌溉
　　【子类】冬灌
　　【子类】波涌灌溉
　　【子类】地表水灌溉
　　【子类】自流灌溉
　　【子类】测墒补灌
　　【子类】湿润灌溉
　　【子类】雾灌
　　【子类】涌流灌溉
　　【子类】微咸水灌溉
　　【子类】储水灌溉
　　【子类】穴灌
　　【子类】非充分灌溉
　　【子类】井渠结合灌溉
　　【子类】引洪灌溉

【子类】轮灌
【子类】连续灌
【子类】蓄水灌溉
【子类】漫灌
【类属】节水灌溉
【组成关系】
【分解为】井灌
【分解为】科学灌溉
【因果关系】
【影响（部分因果）】绿洲效应
【结果（因-果）】灌溉侵蚀

◎ 火山喷发
【基本信息】
【英文名】volcanic eruption
【拼音】huo shan pen fa
【核心词】
【定义】
地球内部物质快速猛烈地以岩浆形式喷出地表的现象。
【来源】《自然地理学》
【分类信息】
【NDC类目】
地质灾害
【词条属性】
【基本情况】
【形成原因】由于地球内球比重大于液态层和外球，在绕太阳公转时，内球始终偏向引力的反方向，内球不在地球中心。形成内球对液态层由内向外的挤压力，使岩浆和其他气液态物质由地球内部向外移动或喷发到地表
【形成原因】岩浆结晶或发生其他物化反应，产生一些水和气，形成膨胀挤压力，使岩浆和其他气液态物质由地球内部向外移动或喷发到地表
【特征】
【危害】影响全球气候

【危害】破坏环境
【优点】火山喷发物作为可利用的资源
【词条关系】
【层级关系】
【子类】中心式喷发
【子类】裂隙式喷发
【子类】火山流体
【子类】普林尼式火山喷发
【子类】主喷发阶段
【子类】主火山口喷发
【子类】交替喷出
【子类】裂隙火山喷发
【子类】冰下喷发
【子类】冰岛型喷发
【子类】卡特迈型喷发
【子类】喀拉喀托型火山喷发
【子类】普里尼型火山喷发
【子类】初始喷发
【子类】自爆发活动
【子类】蒸气喷发
【子类】火山喷发口
【子类】火山幕
【子类】火山喷气
【子类】皮连式火山喷发
【子类】泥火山喷发
【子类】间歇自喷
【子类】激性喷发
【子类】山顶喷发
【子类】伏尔坎宁式火山喷发
【子类】蚀顶喷溢
【子类】区域喷溢
【子类】海底火山喷发
【子类】湖底喷发
【类属】半火山喷发
【类属】地壳运动
【组成关系】
【成分有】浮石喷发
【组成】灾害地质学

【部件有】裂隙喷发
　　【部件有】中性喷发
　　【部件有】中心喷发
【因果关系】
　　【受影响（有关）】地质活跃期
　　【影响（部分因果）】火山韵律
　　【影响（部分因果）】火山津波
　　【影响（部分因果）】火山津浪
　　【影响（部分因果）】火山风暴
　　【影响（部分因果）】火山风
　　【结果（因-果）】火山烟云
　　【结果（因-果）】熔岩碎石流
　　【结果（因-果）】熔岩地貌
　　【结果（因-果）】火山集块岩
　　【结果（因-果）】熔岩席
　　【结果（因-果）】熔岩被
　　【结果（因-果）】培雷云
　　【结果（因-果）】熔岩灰
　　【结果（因-果）】锥顶陷落
　　【结果（因-果）】火成碎屑流
　　【结果（因-果）】火山岩浆
　　【结果（因-果）】火山烟尘
　　【结果（因-果）】火山阴云
　　【结果（因-果）】火山碎屑
　　【结果（因-果）】火山喷发柱
　　【结果（因-果）】火山喷发沉积
　　【结果（因-果）】壅塞湖
　　【结果（因-果）】火山尘埃
　　【结果（因-果）】火山海岸
　　【结果（因-果）】火山构造地垒
　　【结果（因-果）】炽热火山灰云
【对应关系】
　　【概念-实例】冰岛型火山喷发

◎火山带
【基本信息】
　　【英文名】volcanic belt
　　【拼音】huo shan dai
　　【核心词】
【定义】
　　火山活动的地区。
【来源】《自然地理学》
【分类信息】
　　【NDC类目】
　　　地质灾害
【词条属性】
　　【空间属性】
　　　【位置】岛弧造山带
【词条关系】
　　【组成关系】
　　　【部件有】环太平洋火山带
　　　【部件有】地中海火山带
　　　【部件有】大西洋海岭火山带
　　　【部件有】东非火山带
　　【因果关系】
　　　【受影响（有关）】新构造运动强烈带
　　　【受影响（有关）】地壳断裂带
　　　【受影响（有关）】板块构造边缘软弱带

◎火山活动
【基本信息】
　　【英文名】volcanic activity
　　【拼音】huo shan huo dong
　　【核心词】
【定义】
　　火山活动是指与火山喷发有关的岩浆活动。它包括岩浆冲出地表、产生爆炸、流出熔岩、喷射气体、散发热量、析离出气体、水分和喷发碎屑物质等活动。
【来源】《地理学词典》
【分类信息】
　　【NDC类目】
　　　地质灾害
【词条属性】
　　【状况】
　　　【现状】现代火山活动仅偶尔在局部地

区发生，强烈程度与广泛性都远不如白垩纪末期，所以产生的破坏作用相当有限
【空间属性】
　【位置】环太平洋火山带
【词条关系】
　【层级关系】
　　【子类】火山群
　　【子类】火山喷泉
　　【子类】近代火山活动
　　【子类】火山旋回
　　【子类】火山震动
　　【子类】火山短暂活动
　　【子类】火山颤动
　　【子类】普林尼式（火山）活动
　　【子类】假火山活动
　　【子类】新火山活动
　　【类属】灾害性地质事件
　【等同关系】
　　【基本等同】地震火山活动
　【组成关系】
　　【部件有】冰岛型火山喷发
　　【部件有】深海火山活动
　　【部件有】中性火山活动
　【因果关系】
　　【取决】死火山
　　【取决】活火山
　　【受影响（有关）】岩浆活动
　　【受影响（有关）】太平洋活火山带
　　【受影响（有关）】残余海盆
　　【影响（部分因果）】潜火山地震
　　【影响（部分因果）】低温溢口
　　【影响（部分因果）】火山成因矿床
　　【成因（果－因）】大洋板块消减带
　　【成因（果－因）】火山阻塞湖
　　【结果（因－果）】火山岛陷落
　　【结果（因－果）】火山喷出物
　　【结果（因－果）】火山口壁
　　【结果（因－果）】火山温泉
　　【结果（因－果）】熔岩构造

◎火山灾害

【基本信息】
　【英文名】volcanic disasters
　【拼音】huo shan zai hai
　【核心词】
【定义】
　　火山灾害有两大类，一类是由于火山喷发本身造成直接灾害；另一类是由于火山喷发而引起的间接灾害，实际上，在火山喷发时，这两类灾害常常是兼而有之。火山碎屑流、火山熔岩流、火山喷发物（包括火山碎屑和火山灰）、火山喷发引起的泥石流、滑坡、地震、海啸等都能造成火山灾害。
　【来源】《火山灾害及减灾措施》
【分类信息】
　【NDC类目】
　　一般术语
【词条属性】
　【特征】
　　【危害】火山作用具有毁灭性的破坏力，不仅造成人类财产的损失，更会危及人类与大自然动、植物的生命。
【词条关系】
　【层级关系】
　　【子类】火山熔岩流灾害
　　【子类】火山碎屑流灾害
　　【子类】火山喷气灾害
　　【子类】火山灰流
　　【子类】火山灰土
　　【子类】火山体塌陷
　　【子类】火山性荒废地
　　【子类】加拉帕戈斯盾形火山
　　【子类】夏威夷型盾形火山
　　【子类】阿苏火山
　　【子类】覆舟火山

【子类】埃尔奇琼火山
【子类】火山崩流
【子类】斯特朗博利火山
【子类】圣海伦斯火山
【子类】乞力马扎罗火山
【子类】皮纳图博火山
【子类】培雷火山
【子类】尼拉贡戈火山
【子类】鲁伊斯峰火山
【子类】昆仑－可可西里火山区
【子类】卡特迈火山
【子类】富士火山
【子类】外轮山
【子类】武尔卡诺火山
【子类】兴蒙火山区
【子类】火山融冰灾害
【因果关系】
　【影响（部分因果）】地下火山作用
　【结果（因－果）】火山灰平原

◎**火山碎屑流灾害**
【基本信息】
　【英文名】pyroclastic flow disaster
　【拼音】huo shan sui xie liu zai hai
　【核心词】
【定义】
　　火山碎屑流是大规模火山喷发比较常见的产物。由其引发的灾害称为火山碎屑流灾害。
【来源】《长白山天池火山的危险性和火山碎屑流灾害评估》
【分类信息】
　【NDC类目】
　　地质灾害
【词条属性】
　【基本情况】
　　【形成原因】火山碎屑流
【词条关系】

　【层级关系】
　　【类属】火山灾害
　【对应关系】
　　【概念－实例】维苏威火山喷发

◎**火灾**
【基本信息】
　【英文名】fire
　【拼音】huo zai
　【核心词】
【定义】
　　在时间或空间上失去控制的燃烧所造成的灾害。
【来源】《消防基本术语 GB 5907—1986》
【分类信息】
　【NDC类目】
　　防灾备灾
【词条属性】
　【特征】
　　【特点】类型多，发生的普遍性蔓延速度快
　　【危害】毁灭物质财富
　　【危害】造成人员伤亡
　　【危害】破坏生态环境
　　【危害】灾后心理疾病的产生
　【物理特征】
　　【燃点】温度达到燃点
　　【形态】A类（指固体物质火灾）、B类（指液体火灾和可熔化的固体火灾）、C类（指气体火灾）、D类（指金属火灾）、E类（指带电物体和精密仪器等物质的火灾）
　【基本情况】
　　【形成原因】放火、电气、违章操作、用火不慎、玩火、吸烟、自燃、雷击以及其他因素，如地震、风灾等。
【词条关系】
　【触发条件】
　　【是条件】可燃物

【层级关系】
　【子类】　A 类火灾
　【子类】　B 类火灾
　【子类】　C 类火灾
　【子类】　D 类火灾
　【子类】　E 类火灾
　【子类】　F 类火灾
　【子类】　一般火灾
　【子类】　城市火灾
　【子类】　人为火灾
　【子类】　煤田火
　【子类】　石油化工火灾
　【子类】　电气火灾
　【子类】　违章操作火灾
　【子类】　放火火灾
　【子类】　雷电火灾
　【子类】　生活用火火灾
　【子类】　地震次生火灾
　【子类】　水上火灾
　【子类】　汽车火灾
　【子类】　油品码头火灾
　【子类】　汽车电气火灾
　【子类】　车载可燃货物火灾
　【子类】　车辆交通事故火灾
　【子类】　汽车机械事故火灾
　【子类】　隧道火灾
　【子类】　煤矿火灾
　【子类】　加油站火灾
　【子类】　居民住宅火灾
　【子类】　建筑物火灾
　【子类】　油库火灾
　【子类】　空间火灾
　【子类】　地下建筑火灾
　【子类】　地上建筑火灾
　【子类】　农村火灾
　【子类】　建筑火灾
　【子类】　商场火灾
　【子类】　山林火灾
　【子类】　爆发火灾
　【子类】　地下火灾
　【子类】　石油火灾
　【子类】　单火山
　【子类】　采空区火灾
　【子类】　油田大火
　【子类】　坑内火灾
　【子类】　山火
　【子类】　地铁火灾
　【子类】　荒火
　【子类】　撞击诱发大火
　【子类】　工业火灾
　【子类】　漏电火灾
　【子类】　短路火灾
　【子类】　过负荷火灾
　【子类】　接触电阻过大火灾
　【子类】　内因火灾
　【类属】　隧道电气火灾
　【类属】　流体灾害
【组成关系】
　【成分有】土壤层火
　【部件有】旋转火焰
　【部件有】天然火灾
　【部件有】战役火灾
　【部件有】雷击火灾
　【部件有】电火灾
　【部件有】火容器
　【部件有】火势威胁
　【部件有】燃烧物
　【部件有】固体可燃物火灾
　【部件有】燃烧反应
　【部件有】着火物
　【部件有】灭火物
　【部件有】自然火灾
　【部件有】特大火灾
　【部件有】室内火灾
　【部件有】高层建筑火灾
　【部件有】列车火灾

【时间关系】
　　【前】火后再生
　【因果关系】
　　【受影响（有关）】消防安全意识
　　【受影响（有关）】农垦烧荒
　　【受影响（有关）】自燃页岩
　　【受影响（有关）】偶电层效应
　　【受影响（有关）】直接雷击灾害
　　【影响（部分因果）】消防行业
　　【成因（果－因）】起火原因
　　【成因（果－因）】火灾影响
　　【成因（果－因）】纵火
　　【成因（果－因）】人体灼伤
　　【成因（果－因）】自发着火
　　【成因（果－因）】危险物质
　　【成因（果－因）】火灾行为
　　【结果（因－果）】轻度烧伤木
　　【结果（因－果）】中度烧伤木
　　【结果（因－果）】重度烧伤木
　　【结果（因－果）】火风压
　【对应关系】
　　【指标－主体】起火点
　　【指标－主体】火灾形势
　　【指标－主体】火灾模式
　　【概念－实例】历史街区火灾
　　【概念－实例】烟气回燃
　　【概念－实例】佩什蒂戈大火

◎火生态
【基本信息】
　【英文名】fire ecology
　【拼音】huo sheng tai
　【核心词】
【定义】
　　火在生态环境中的作用。
　【来源】《火生态学》
【分类信息】
　【NDC 类目】

　　农业灾害
【词条属性】
　【功用】
　　【用途】生态系统
　【效应】
　　【正效应】火灾管理
【词条关系】
　【层级关系】
　　【子类】应用火生态
　【组成关系】
　　【成分有】草原火烧
　　【成分有】森林火烧

◎灾变
【基本信息】
　【英文名】catastrophe
　【拼音】zai bian
　【核心词】
【定义】
　　自然界发生的对生物种群产生强烈影响的不可预测事件。
　【来源】《偶然事故、自然灾害和灾变》
【分类信息】
　【NDC 类目】
　　（1）应急管理
　　（2）防灾备灾
【词条属性】
　【特征】
　　【关键指标】灾变度
【词条关系】
　【层级关系】
　　【子类】极化灾变
　　【子类】海洋灾变
　【组成关系】
　　【部件有】环境灾变
　【因果关系】
　　【受影响（有关）】地球演化准周期性
　　【结果（因－果）】灾变带

【对应关系】
　　【概念－实例】气候环境灾变

◎ 灾变致险程度评估
【基本信息】
　　【英文名】risk-causing degree evaluation of cataclysm
　　【拼音】zai bian zhi xian cheng du ping gu
　　【核心词】
　　【定义】
　　　　分析致灾因子过去活动频繁程度和强度，来确定致灾因子的强度及其发生的可能性。
　　【来源】《区域自然灾害风险评估原理》
【分类信息】
　　【NDCC分类类目】
　　　　灾害评估
【词条属性】
　　【功用】
　　　　【用途】自然灾害风险评估
【词条关系】
　　【组成关系】
　　　　【成分有】致灾因子强度评估
　　　　【成分有】致灾因子发生概率评估
　　　　【成分有】致险程度综合评估
　　　　【成分有】致险因子强度评估
　　　　【成分有】致险因子发生概率评估
　　　　【组成】自然灾害风险评估

◎ 灾后损失评估
【基本信息】
　　【英文名】post-disaster loss assessment
　　【拼音】zai hou sun shi ping gu
　　【核心词】
　　【定义】
　　　　在灾害过程结束后，针对灾害造成的各种影响进行评估。
　　【来源】《灾害统计学》

【分类信息】
　　【NDC类目】
　　　　恢复重建
【词条属性】
　　【方法手段】
　　　　【方法】灾损评估
　　　　【方法】灾度评估
　　　　【方法】灾损率
【词条关系】
　　【适用情况】
　　　　【用于】灾害经济损失
　　【层级关系】
　　　　【子类】直接损失
　　　　【子类】间接损失
　　　　【子类】衍生灾害损失
　　　　【子类】灾害经济损失计算模型
　　　　【子类】牲畜受灾价值损失
　　　　【子类】农产品受灾价值损失
　　　　【子类】农作物受灾价值损失
　　　　【子类】林木受灾价值损失
　　　　【子类】成熟林木受灾价值损失
　　　　【子类】幼畜受灾价值损失
　　　　【子类】成畜受灾价值损失
　　　　【子类】幼龄林受灾价值损失
　　　　【子类】耕地受灾价值损失
　　　　【子类】工程建筑设施价值损失
　　　　【子类】室内物品价值损失
　　　　【子类】草原牧草受灾价值损失
　　　　【子类】家禽受灾价值损失
　　　　【子类】收获期养殖品受灾价值损失
　　　　【子类】成禽受灾价值损失
　　　　【类属】灾后危机风险管理
　　【组成关系】
　　　　【部件有】室内财产损失调查评估

◎ 灾因链
【基本信息】
　　【英文名】disaster causes chain

【拼音】zai yin lian
【核心词】
【定义】
　　一般情况下，灾害事件的发生，是多种因素综合作用的结果。这些因素往往会形成一种因素链，以串联或并联方式作用于承灾体，当其综合作用力超出承灾体稳定性阈值时，灾害就会发生。
【来源】《灾害学基本原理》
【分类信息】
　【NDC 类目】
　　防灾备灾
【词条属性】
　【特征】
　　【特点】自然灾害链式效应
　【方法手段】
　　【方法】断链减灾
【词条关系】
　【触发条件】
　　【是条件】灾害群
　【等同关系】
　　【基本等同】灾害链

◎ 灾害
【基本信息】
　【英文名】disaster
　【拼音】zai hai
　【核心词】
【定义】
　　从狭义上讲，灾害通常被解释为给人们造成生命、财产损失的一种自然现象，而且多属于突发过程；从广义上讲一切对人类繁衍生息的生态环境、物质和精神文明建设与其发展，尤其是生命财产等，造成或带来较大危害的自然和社会事件。
【来源】《地理学词典》
【分类信息】
　【NDCC 分类类目】

　　一般术语
【词条属性】
　【效应】
　　【负效应】人口大量死亡
　　【负效应】社会经济破坏
　　【负效应】社会不稳定
　【基本情况】
　　【形成原因】间接致因
　　【形成原因】直接致因
【词条关系】
　【触发条件】
　　【是条件】救灾抢险
　【层级关系】
　　【子类】农村灾害
　　【子类】周期性灾害
　　【子类】单种灾害
　　【子类】无害性灾害
　　【子类】生物公害
　　【子类】多种灾害
　　【子类】传统灾害
　　【子类】特大灾害
　　【子类】渐变型灾害
　　【子类】继生灾害
　　【子类】并发型灾害
　　【子类】复合灾害
　　【子类】城市灾害
　　【子类】部门灾害
　　【子类】非生态灾害
　　【子类】平原灾害
　　【子类】史前灾害
　　【子类】软灾害
　　【子类】河湖灾害
　　【子类】管涌灾害
　　【子类】海洋内波灾害
　　【子类】崩塌地裂缝灾害
　　【子类】冻雨灾害
　　【子类】黄土岩溶灾害
　　【子类】黄土陷穴灾害

【子类】流体灾害
【子类】突水灾害
【子类】瓦斯爆炸灾害
【子类】采矿塌陷灾害
【子类】迁延型灾害
【子类】过渡型灾害
【子类】地裂缝灾害
【子类】泥石流灾害
【子类】生命威胁性灾害
【子类】沙害
【子类】河流灾害
【子类】区域灾害
【子类】大气灾害
【子类】局地性灾害
【子类】灾难性灾害
【子类】综合灾害
【子类】循环性灾害
【子类】迟缓性灾害
【子类】地潮
【子类】岩爆灾害
【子类】20世纪灾害
【子类】诱发灾害
【子类】偶然性灾害
【子类】小灾害
【子类】中灾害
【子类】轻灾
【子类】重灾
【子类】特域灾害
【子类】延迟灾害
【子类】技术灾害
【子类】混合灾害
【子类】突发型灾害
【子类】斜面灾害
【子类】地史灾害
【子类】地球物理灾害
【子类】连带型灾害
【子类】渗流灾害
【子类】广义灾害

【子类】狭义灾害
【子类】核辐射灾害
【子类】现今灾害
【子类】政治灾害
【子类】持续性灾害
【子类】季节性灾害
【子类】大变形灾害
【子类】软土触变灾害
【子类】大风灾害
【类属】财产损失型灾害
【等同关系】
【基本等同】灾患
【组成关系】
【分解为】渐进性灾害
【成分有】灾害要素
【部件有】农业灾害
【部件有】灾害状态
【部件有】灾害应对
【部件有】灾害救援
【部件有】旅游灾害
【部件有】社区灾害
【部件有】趋向型灾害
【部件有】现代灾害
【部件有】群灾
【部件有】复合型灾害
【部件有】社会性灾害
【部件有】低能见度灾害
【部件有】单发性灾害
【部件有】林业灾害
【部件有】海洋圈灾害
【部件有】地质地貌灾害
【部件有】贫困化灾害
【部件有】工业技术灾害
【部件有】生态环境类灾害
【部件有】自然人为灾害
【部件有】衍生灾害
【部件有】缓变性灾害
【部件有】局域性灾害

【部件有】区域性灾害
　　【部件有】全球性灾害
　　【部件有】陆地灾害
　　【部件有】硬灾害
　　【部件有】煤矿地震灾害
　　【部件有】煤矿滑坡灾害
　　【部件有】煤矿地面沉陷灾害
　　【部件有】煤矿塌陷灾害
　　【部件有】煤矿瓦斯突出灾害
　　【部件有】煤矿突水灾害
　　【部件有】热浪灾害
　　【部件有】人文灾害
　　【集成为】灾害链
【时间关系】
　　【前】损失
　　【同一时段】灾时经济
　　【同一时段】灾时伦理
　　【同一时段】灾害谣传
　　【同一时段】灾时政治
　　【同一时段】灾时文化
　　【同一时段】灾时道德心理
　　【同一时段】灾时道德行为
　　【后】灾前预防
　　【后】灾害损失实评估
【因果关系】
　　【受影响（有关）】季节变化
　　【受影响（有关）】孕灾因子
　　【受影响（有关）】灾前预防
　　【受影响（有关）】灾害起因
　　【影响（部分因果）】财产
　　【影响（部分因果）】居民地
　　【影响（部分因果）】利益攸关方
　　【影响（部分因果）】灾害响应
　　【影响（部分因果）】适应障碍
　　【影响（部分因果）】灾害波及区
　　【影响（部分因果）】逃生
　　【影响（部分因果）】植被覆盖度
　　【影响（部分因果）】受困人口
　　【成因（果－因）】自然原因
　　【成因（果－因）】危险
　　【成因（果－因）】社会因素
　　【成因（果－因）】自然因素
　　【成因（果－因）】诱发因子
　　【成因（果－因）】灾害形成机理
　　【结果（因－果）】天文事件
　　【结果（因－果）】农产品损毁
　　【结果（因－果）】盲晕
　　【结果（因－果）】灾害伤害
　　【结果（因－果）】灾害效应
　　【结果（因－果）】灾害现象
　　【结果（因－果）】灾乱
　　【结果（因－果）】综合灾害原因
　　【结果（因－果）】成灾原因
【对应关系】
　　【指标－主体】损失程度
　　【指标－主体】损失频率
　　【指标－主体】灾害广度
　　【概念－实例】典型灾例
【类比】准灾害

◎灾害事故应急管理

【基本信息】
　　【英文名】the risk emergency management of disaster
　　【拼音】zai hai shi gu ying ji guan li
　　【核心词】
【定义】
　　对发生的灾害事故进行有效紧急管理工作。
【来源】《应急管理》
【分类信息】
　　【NDCC 分类类目】
　　灾害管理与处置
【词条属性】
　　【特征】
　　【关键指标】应急管理能力

【基本情况】
　　【形成原因】自然灾害事故
【词条关系】
　　【层级关系】
　　　　【子类】综合灾害应急管理
　　　　【子类】城市洪灾应急管理
　　　　【子类】水旱灾害应急管理
　　　　【子类】科技灾害应急管理
　　　　【子类】冰凌灾害应急管理
　　　　【子类】地面沉降灾害应急管理
　　　　【子类】城市地裂缝灾害应急管理
　　　　【子类】城市生物灾害应急管理
　　　　【子类】农业生态灾害应急管理
　　　　【子类】城市环境灾害应急管理
　　　　【子类】城市风暴潮灾害应急管理
　　　　【子类】城市雹灾应急管理
　　　　【子类】城市冰雪灾害应急管理
　　　　【子类】草原气象灾害应急管理
　　　　【类属】应急管理
　　【组成关系】
　　　　【成分有】灾中应急管理
　　　　【部件有】农作物病虫害应急管理

◎ **灾害保险**
【基本信息】
　　【英文名】disaster insurance
　　【拼音】zai hai bao xian
　　【核心词】
【定义】
　　是以财产本身以及与之有关的经济利益为保险标的的保险。保险者对所承保的财产负赔偿责任的范围有：因遇保险责任范围内的各种灾害而遭受的损失，进行施救或抢救而造成的损失以及相应支付的各种费用。依据所保风险的不同，灾害保险具体规定有不同的险别，如火灾保险、雹灾保险、地震保险、洪水保险等。
【来源】《突发事件应急管理：预防处置与恢复重建》
【分类信息】
　　【NDC 类目】
　　　　恢复重建
【词条属性】
　　【特征】
　　【特点】与一般的保险类似，灾害保险同样需要事先设定保费及赔付金额，保险公司通过收取保费赚取利润。但灾害保险由于被保对象为突发灾害给被保险人造成的难以确定的损失而使保险费率难以厘定，也使保险人具有进行巨额赔付的高风险。对保险人来说，实行灾害保险的风险较大，难以取得收益，而对社会来说，灾害保险势在必行。
　　【优点】尽管灾害保险的实施过程存在较大的阻碍，但它能够给灾民提供迅速合理的支援，减轻政府财政压力，对于应急处置过程及灾后重建工作均有重要的支持作用。能够平衡两方利益的方案即为我们所要寻找的可行方案
　　【关键指标】灾害分布情况、区域脆弱性评估、保费的厘定、理赔指数
　　【状况】
　　【现状】目前，我国的自然灾害保险还没有得到有效开发
　　【困境】显然，灾害保险在我国的应用还没有形成规模，缺乏有效的实施机制。这并不是因为我们没有对保险资金产生足够的重视，而是灾害本身的突发性及破坏性，使大部分保险公司望而却步
　　【时间属性】
　　【发生时间】灾害发生前
　　【功用】
　　【功能】灾害发生后，保障功能，主要表现为对财产损失的补偿功能和对人身伤害的给付功能。灾害保险还具有资金融通的功能，当灾害发生后，这些闲置的资金可以快速的应用到救灾中去，加快资金的融通和其

作用的发挥

【功能】灾害保险应对灾害损失，不仅可以根据保险合同约定对损失进行合理补偿，而且可以提高事故处理的效率，减少当事人可能出现的各种纠纷。

【功能】由于保险介入灾害处理的全过程，参与到社会关系的管理之中，逐步改变了社会主体的行为模式，为维护政府、企业和个人之间正常、有序的社会关系创造了有利条件，减少了社会摩擦，起到了社会"润滑器"的作用，大大提高了社会运行的效率

【方法手段】

　【手段】建立风险应急预案

【词条关系】

　【层级关系】

　　【子类】损失补偿保险

　　【子类】气象指数保险

　【组成关系】

　　【成分有】地震保险

　　【成分有】防洪保险

　　【成分有】巨灾保险

　　【成分有】火灾保险

　　【成分有】洪灾保险

　　【成分有】风灾保险

　　【成分有】水灾保险

　　【成分有】事故保险

　　【成分有】气象灾害保险

　　【成分有】自然灾害保险

　　【组成】保险

　　【部件有】医疗保险

　　【部件有】地震灾害保险

◎ 灾害前兆

【基本信息】

　【英文名】disaster precursors

　【拼音】zai hai qian zhao

　【核心词】

【定义】

　事情发生前的征兆，可方便我们确认事实。

【来源】《防灾事典》

【分类信息】

　【NDCC分类类目】

　　灾害监测预警

【词条属性】

　【功用】

　　【功能】作为预测灾害发生的方法之一

　【时间属性】

　　【发生时间】灾害发生前

【词条关系】

　【层级关系】

　　【子类】台风前兆

　　【子类】火山喷发前兆

　【组成关系】

　　【部件有】远场前兆

◎ 灾害动力学

【基本信息】

　【英文名】disaster dynamics

　【拼音】zai hai dong li xue

　【核心词】

【定义】

　从动力学角度研究灾害的孕育、发展和消亡过程。

【来源】《主要气象灾害风险评价与管理的数量化方法及其应用》

【分类信息】

　【NDC类目】

　　防灾备灾

【词条属性】

　【特征】

　　【特点】动力学

　【功用】

　　【用途】成灾机制

【词条关系】

【层级关系】
　　【子类】山地灾害动力学
　　【子类】煤矿灾害动力学
　　【子类】海洋灾害动力学
　　【子类】水文灾害动力学
　　【子类】地质灾害动力学
　　【子类】自然灾害动力学

◎ 灾害区划
【基本信息】
　　【英文名】disaster repartition
　　【拼音】zai hai qu hua
　　【核心词】
【定义】
　　根据灾害程度或特点进行的地域划分。在对灾害条件进行深入分析的基础上进行。其基本目的是更加清晰地反映灾害的空间分布规律与地区差异。
　　【来源】《灾害统计学》
【分类信息】
　　【NDC类目】
　　（1）应急管理
　　（2）防灾备灾
　　（3）一般术语
【词条属性】
　　【目的】
　　　【目的目标】更加清晰地反映灾害的空间分布规律与地区差异
【词条关系】
　　【触发条件】
　　　【依据】灾害强度
　　　【依据】综合灾害强度
　　　【依据】综合灾害频率
　　　【依据】灾害频率
　　　【依据】灾种
　　【层级关系】
　　　【子类】内陆区
　　　【子类】气象旱涝灾区
　　　【子类】陆区
　　　【子类】季风雨区
　　　【子类】气象海洋灾区
　　　【子类】海区
　　　【子类】气象水文海洋灾区
　　　【子类】海岸带区
　　　【子类】灾害凝滞区
　　　【子类】灾害频发区
　　　【子类】灾害常发区
　　　【子类】灾害偶发区
　　　【子类】无灾区
　　　【子类】灾种区域性
　　　【子类】环境污染区划
　　　【子类】综合灾害区划
　　　【子类】旱灾区划
　　　【子类】高温灾害区划
　　　【子类】涝灾区划
　　　【子类】洪灾区划
　　　【子类】水旱灾害区划
　　　【子类】科技灾害区划
　　　【子类】冰凌灾害区划
　　　【子类】地面沉降灾害区划
　　　【子类】城市地裂缝灾害区划
　　　【子类】城市环境灾害区划
　　　【子类】城市风暴潮灾害区划
　　　【子类】城市雹灾区划
　　　【子类】城市冰雪灾害区划
　　　【子类】农业生态灾害区划
　　　【子类】崩塌灾害区划
　　　【子类】矿山灾害区划
　　　【子类】飓风灾害区划
　　　【子类】农田水涝灾害区划
　　　【子类】农田雨涝灾害区划
　　　【子类】城市内涝灾害区划
　　　【子类】农田涝渍灾害区划
　　　【子类】农业洪水灾害区划
　　　【子类】草原气象灾害区划
　　　【子类】草原生态灾害区划

【子类】城市暴雨灾害区划
　　【子类】霜害区划
　　【子类】火山灾害区划
　　【子类】海浪灾害区划
　　【子类】涝渍灾害区划
　　【子类】植物灾害区划
　　【子类】动物灾害区划
　　【子类】城市灾害区划
　　【子类】农村灾害区划
　　【子类】牧区灾害区划
【组成关系】
　　【分解为】灾变区划
　　【分解为】灾度区划
　　【分解为】减灾能力区划
　　【分解为】多灾种综合灾害区划
　　【分解为】单灾种灾害区划
　　【分解为】地区灾害区划
　　【分解为】区域灾害区划
　　【分解为】全国灾害区划
　　【分解为】世界灾害区划
　　【分解为】防治区划
　　【部件有】灾害社会经济区划
　　【部件有】农作物病虫害区划
　　【部件有】海啸灾害区划

◎ 灾害地貌
【基本信息】
　　【英文名】disaster landforms
　　【拼音】zai hai di mao
　　【核心词】
【定义】
　　灾害地貌是指对人们的生产和生活造成危害的地貌作用与现象。主要有崩塌、滑坡、泥石流、坡面侵蚀、河道迁徙、沙丘移动以及冰川冻土地区的冻融作用等。
【分类信息】
　　【NDC 类目】
　　　地貌灾害
【词条属性】
　　【状况】
　　　【现状】灾害地貌链
【词条关系】
　　【组成关系】
　　　【分解为】崩塌
　　　【分解为】滑坡
　　　【分解为】泥石流
　　　【部件有】升华碛
　　　【部件有】冰肋
　　　【部件有】曲流
　　　【部件有】过渡性沼泽
　　　【部件有】侧碛垄
　　　【部件有】石刺
　　　【部件有】急沟

◎ 灾害应对
【基本信息】
　　【英文名】disaster response
　　【拼音】zai hai ying dui
　　【核心词】
【定义】
　　针对灾害应急处置的机制、法制和体制以及相关的硬件和软件设施建设。
　　【来源】《城市灾害救援能力评价指标体系的研究》
【分类信息】
　　【NDC 类目】
　　　应急管理
【词条属性】
　　【方法手段】
　　　【方法】冷静，快速呼救，保护自己，选择逃生，现场急救
【词条关系】
　　【组成关系】
　　　【部件有】灾害应对计划
　　　【隶属于】灾害

◎灾害应急评估
【基本信息】
　【英文名】disaster emergency assessment
　【拼音】zai hai ying ji ping gu
　【核心词】
【定义】
　　是通过实时监视灾害的发生，对紧急情况立即进行响应，对灾害事件可能造成的损失和人员伤亡情况进行快速评估。
【来源】《基于遥感手段的地震影响评估关键技术及其应用》
【分类信息】
　【NDC 类目】
　　恢复重建
【词条属性】
　【特征】
　　【关键指标】灾害监测预报能力，政府部门的快速反应能力，已有灾害的监测预报能力，预报精度的高低，灾害防御能力，应急救援能力，公共参与防灾演习情况，应急资源保障能力，现场指挥救灾能力，自救能力
【词条关系】
　【适用情况】
　　【用于】灾害管理

◎灾害形成机理
【基本信息】
　【英文名】disaster formation mechanism
　【拼音】zai hai xing cheng ji li
　【核心词】
【定义】
　　致灾因子作用在承灾体上，并形成一定的灾情。
【来源】《主要气象灾害风险评价与管理的数量化方法及其应用》
【分类信息】
　【NDCC 分类类目】
　　一般术语
【词条属性】
　【功用】
　　【功用】是灾害风险研究的前提
【词条关系】
　【层级关系】
　　【子类】综合灾害形成机理
　　【子类】自然灾害形成机理
　　【子类】旱灾形成机理
　　【子类】高温灾害形成机理
　　【子类】环境污染灾害形成机理
　　【子类】边坡灾害形成机理
　　【子类】泥沙灾害形成机理
　　【子类】天气灾害形成机理
　　【子类】涝灾形成机理
　　【子类】洪灾形成机理
　　【子类】水旱灾害形成机理
　　【子类】冰凌灾害形成机理
　　【子类】次生灾害形成机理
　　【子类】城市生物灾害形成机理
　　【子类】农业生态灾害形成机理
　　【子类】城市环境灾害形成机理
　　【子类】城市风暴潮灾害形成机理
　　【子类】城市雹灾形成机理
　　【子类】城市冰雪灾害形成机理
　　【子类】草原气象灾害形成机理
　　【子类】拉尼娜灾害形成机理
　　【子类】崩塌灾害形成机理
　　【子类】飓风灾害形成机理
　　【子类】农田水涝灾害形成机理
　　【子类】农田雨涝灾害形成机理
　　【子类】城市内涝灾害形成机理
　　【子类】农田涝渍灾害形成机理
　　【子类】农业洪水灾害形成机理
　　【子类】草原生态灾害形成机理
　　【子类】城市暴雨灾害形成机理
　　【子类】寒潮灾害形成机理
　　【子类】霜害形成机理

【子类】火山灾害形成机理
　　【子类】海浪灾害形成机理
　　【子类】涝渍灾害形成机理
　　【子类】兽害形成机理
　　【子类】植物灾害形成机理
　　【子类】动物灾害形成机理
　【组成关系】
　　【部件有】科技灾害形成机理
　【因果关系】
　　【结果（因-果）】灾害

◎ **灾害影响评估**
【基本信息】
　【英文名】impact of disaster assessment
　【拼音】zai hai ying xiang ping gu
　【核心词】
【定义】
　自然灾害对承灾体造成的影响或损失进行评估。
　【来源】《自然灾害应急管理》
【分类信息】
　【NDC类目】
　　应急管理
【词条属性】
　【功用】
　　【功能】评估自然灾害影响
【词条关系】
　【组成关系】
　　【部件有】次生灾害影响评估
　　【隶属于】灾害影响

◎ **灾害心理干预**
【基本信息】
　【英文名】disaster psychological intervention
　【拼音】zai hai xin li gan yu
　【核心词】
【定义】
　运用心理咨询、治疗、训练和教育等手段，缓解或消除因灾导致的心理问题或疾病的过程。
　【来源】《突发事件应急管理：预防处置与恢复重建》
【分类信息】
　【NDC类目】
　　恢复重建
【词条属性】
　【方法手段】
　　【方法】心理干预模式
　【目的】
　　【目的目标】灾后心理重建
【词条关系】
　【组成关系】
　　【组成】灾后恢复重建措施
　　【隶属于】恢复重建

◎ **灾害性天气自动警报系统**
【基本信息】
　【英文名】automatic alarm system of severe weather
　【拼音】zai hai xing tian qi zi dong jing bao xi tong
　【核心词】
【定义】
　灾害性天气自动警报系统是在气象台与用户之间建立的自动传送灾害性天气警报的通信系统。
　【来源】《中国的灾害与危险》
【分类信息】
　【NDCC分类类目】
　　灾害预警
【词条属性】
　【方法手段】
　　【方法】无线通信方式
【词条关系】
　【适用情况】

【用于】灾害性天气

◎ 灾害感知
【基本信息】
　【英文名】disaster perception
　【拼音】zai hai gan zhi
　【核心词】
【定义】
　　对特定灾害的特征及严重性所作出的主观判断。
【来源】《主要气象灾害风险评价与管理的数量化方法及其应用》
【分类信息】
　【NDC 类目】
　　防灾备灾
【词条属性】
　【特征】
　　【关键指标】灾害感知水平
【词条关系】
　【触发条件】
　　【是前提】减灾

◎ 灾害报警
【基本信息】
　【英文名】disaster warning
　【拼音】zai hai bao jing
　【核心词】
【定义】
　　对于灾害的前兆进行监测分析,进而得到灾害的发生信息,对此信息向公众发出警报预告。
【来源】《简论灾害报警》
【分类信息】
　【NDC 类目】
　　（1）应急管理
　　（2）防灾备灾
【词条属性】

【目的】
　【目的目标】全过程灾害管理
【词条关系】
　【触发条件】
　　【依据】灾害信息监测

◎ 灾害指数
【基本信息】
　【英文名】disaster index
　【拼音】zai hai zhi shu
　【核心词】
【定义】
　　综合评价灾害发生的可能性、发生的频率、灾害影响的程度的指数。
【来源】《英汉汉英灾害科学词典》
【分类信息】
　【NDCC 分类类目】
　　一般术语
【词条属性】
　【功用】
　　【用途】自然灾害评价
【词条关系】
　【适用情况】
　　【描述】灾害
　【等同关系】
　　【基本等同】灾害风险指数
　【组成关系】
　　【部件有】经济气候指数

◎ 灾害损失
【基本信息】
　【英文名】disaster losses
　【拼音】zai hai sun shi
　【核心词】
【定义】
　　灾害所造成的人员伤亡、经济损失和生态损失等,统称灾害损失。

【来源】《主要气象灾害风险评价与管理的数量化方法及其应用》
【分类信息】
　【NDC类目】
　　防灾备灾
【词条属性】
　【基本情况】
　　【形成原因】灾害
【词条关系】
　【适用情况】
　　【描述】灾害程度
　【触发条件】
　　【是条件】灾害损失经济补偿
　【层级关系】
　　【子类】灾害非经济损失
　　【子类】死亡人数
　　【子类】公共设施损失
　　【子类】无形损失
　　【子类】交通设施损失
　　【子类】社会损失
　　【子类】累计损耗
　　【子类】预期损失
　　【子类】室内物品价值损失
　　【子类】洪涝灾害损失
　　【子类】地震损失
　　【子类】冰灾损失
　　【子类】雪灾损失
　　【子类】灾害直接损失
　　【子类】灾害间接损失
　　【子类】综合灾害损失
　　【子类】高温灾害损失
　　【子类】泥沙灾害损失
　　【子类】涝灾损失
　　【子类】天气灾害损失
　　【子类】环境污染灾害损失
　　【子类】农林生物灾害损失
　　【子类】水旱灾害损失
　　【子类】科技灾害损失
　　【子类】山洪灾害损失
　　【子类】海洋环境灾害损失
　　【子类】生态灾害损失
　　【子类】海潮灾害损失
　　【子类】山崩灾害损失
　　【子类】草原灾害损失
　　【子类】海洋灾害间接损失
　　【子类】草原火灾灾害损失
　　【子类】次生灾害损失
　　【子类】城市地裂缝灾害损失
　　【子类】城市生物灾害损失
　　【子类】农业生态灾害损失
　　【子类】城市爆炸灾害损失
　　【子类】城市环境灾害损失
　　【子类】城市风暴潮灾害损失
　　【子类】城市雹灾损失
　　【子类】海冰灾害损失
　　【子类】海雾灾害损失
　　【子类】海雾灾害直接损失
　　【子类】海雾灾害间接损失
　　【子类】城市冰雪灾害损失
　　【子类】草原气象灾害损失
　　【子类】冰山灾害损失
　　【子类】冰山灾害直接损失
　　【子类】冰山灾害间接损失
　　【子类】风暴潮灾害间接损失
　　【子类】风暴潮灾害直接损失
　　【子类】风暴潮灾害损失
　　【子类】拉尼娜灾害间接损失
　　【子类】拉尼娜灾害损失
　　【子类】地震海啸灾害损失
　　【子类】地震海啸灾害直接损失
　　【子类】地震海啸灾害间接损失
　　【子类】矿山灾害损失
　　【子类】飓风灾害损失
　　【子类】农田水涝灾害损失
　　【子类】农田雨涝灾害损失
　　【子类】城市内涝灾害损失

【子类】农田涝渍灾害损失
　　【子类】农业洪水灾害损失
　　【子类】草原生态灾害损失
　　【子类】城市暴雨灾害损失
　　【子类】寒潮灾害损失
　　【子类】霜害损失
　　【子类】火山灾害损失
　　【子类】海浪灾害损失
　　【子类】涝渍灾害损失
　　【子类】兽害损失
　　【子类】植物灾害损失
　　【子类】动物灾害损失
【等同关系】
　　【全称－缩略同义】灾损
　　【基本等同】最大可能损失
　　【本名－别名同义】灾害致损情况
【组成关系】
　　【分解为】非经济损失
　　【成分有】间接灾害损失
　　【成分有】直接灾害损失
　　【成分有】衍生灾害损失
　　【部件有】遭难者
　　【部件有】受灾者
　　【部件有】房屋损毁
　　【部件有】耕地损毁
　　【部件有】生命线工程损毁
　　【部件有】水利工程设施损毁
　　【部件有】铁路损毁
　　【部件有】公路损毁
　　【部件有】城市道路损毁
　　【部件有】港口损毁
　　【部件有】航道及航道设施损毁
　　【部件有】生活与生产构筑物损毁
　　【部件有】其他受灾体损毁
　　【部件有】损失时间
　　【部件有】灾害损害后果
　　【部件有】海啸灾害损失
【因果关系】

　　【受影响（有关）】前兆反映能力
　　【受影响（有关）】防范能力
　　【受影响（有关）】灾害破坏
　　【受影响（有关）】灾害蔓延
　　【受影响（有关）】受灾体价值
　　【受影响（有关）】灾害危害
　　【受影响（有关）】基础应灾能力
【对应关系】
　　【主体－指标】灾害损失指标

◎ **灾害损失评估**
【基本信息】
　　【英文名】disaster loss assessment
　　【拼音】zai hai sun shi ping gu
　　【核心词】
　　【定义】
　　　　对某一次灾害或多次灾害造成的损失利用一些模型进行定量的评价和估算。
　　【来源】《灾害经济学》
【分类信息】
　　【NDC类目】
　　　　恢复重建
【词条属性】
　　【方法手段】
　　　　【方法】灾害损失评估方法
　　　　【方法】海因里希法
　　　　【方法】西蒙兹计算法
　　　　【方法】灾害损失度
【词条关系】
　　【适用情况】
　　　　【用于】灾害经济损失
　　【层级关系】
　　　　【子类】灾期跟踪评价
　　　　【子类】综合灾害损失评估
　　　　【子类】自然灾害损失评估
　　　　【子类】高温灾害损失评估
　　　　【子类】水旱灾害损失评估
　　　　【子类】科技灾害损失评估

【子类】冰凌灾害损失评估
【子类】次生灾害损失评估
【子类】城市地裂缝灾害损失评估
【子类】城市生物灾害损失评估
【子类】农业生态灾害损失评估
【子类】城市爆炸灾害损失评估
【子类】城市环境灾害损失评估
【子类】城市风暴潮灾害损失评估
【子类】城市雹灾损失评估
【子类】城市冰雪灾害损失评估
【子类】草原气象灾害损失评估
【子类】拉尼娜灾害损失评估
【子类】崩塌灾害损失评估
【子类】飓风灾害损失评估
【子类】农田水涝灾害损失评估
【子类】农田雨涝灾害损失评估
【子类】农田涝渍灾害损失评估
【子类】农业洪水灾害损失评估
【子类】草原生态灾害损失评估
【子类】城市暴雨灾害损失评估
【子类】寒潮灾害损失评估
【子类】霜害损失评估
【子类】火山灾害损失评估
【子类】海浪灾害损失评估
【子类】涝渍灾害损失评估
【子类】兽害损失评估
【子类】植物灾害损失评估
【子类】动物灾害损失评估
【组成关系】
　【成分有】灾害损失预评估
　【成分有】灾害损失跟踪评估
　【成分有】灾害损失实评估
　【部件有】灾害损失评估功能
　【部件有】灾害损失评估程序
　【部件有】间接灾害损失评估
　【部件有】直接灾害损失评估
　【部件有】生态气象灾害损失评估
　【部件有】海啸灾害损失评估

◎ 灾害效应
【基本信息】
　【英文名】disaster effects
　【拼音】zai hai xiao ying
　【核心词】
【定义】
　　灾害产生的社会效应状况，包括饿殍载道，灾民饥困、流亡，钱粮缓征，复除租税，赈济等。
【来源】《突发事件应急管理：预防处置与恢复重建》
【分类信息】
　【NDC 类目】
　　（1）应急管理
　　（2）防灾备灾
【词条属性】
　【特征】
　　【关键指标】社会效应
　【时间属性】
　　【起始时间】灾害发生后
【词条关系】
　【层级关系】
　　【子类】承灾效应
　　【子类】灾害移民
　【时间关系】
　　【前】灾害发生
　【因果关系】
　　【成因（果－因）】灾害

◎ 灾害救援
【基本信息】
　【英文名】disaster rescue
　【拼音】zai hai jiu yuan
　【核心词】
【定义】
　　灾害发生后，对灾区开展的一系列救援行动。

【来源】《城市灾害救援能力评价指标体系的研究》
【分类信息】
　【NDC类目】
　　应急管理
【词条属性】
　【时间属性】
　　【发生时间】灾害发生后
　【功用】
　　【功能】减轻人员伤亡和财产损失
【词条关系】
　【层级关系】
　　【子类】天文灾害救援
　　【子类】交通灾害救援
　　【子类】社会灾害救援
　　【子类】自然灾害救援
　　【子类】综合灾害救援
　　【子类】高温灾害救援
　　【子类】水旱灾害救援
　　【子类】科技灾害救援
　　【子类】冰凌灾害救援
　　【子类】天气灾害救援
　　【子类】海洋环境灾害救援
　　【子类】山洪灾害救援
　　【子类】泥沙灾害救援
　　【子类】边坡灾害救援
　　【子类】农林生物灾害救援
　　【子类】环境污染灾害救援
　　【子类】地面沉降灾害救援
　　【子类】次生灾害救援
　　【子类】气象灾害应急救助
　　【子类】海洋灾害救援
　　【子类】海啸救援
　　【子类】草原灾害救援
　　【子类】城市地裂缝灾害救援
　　【子类】城市爆炸灾害救援
　　【子类】城市风暴潮灾害救援
　　【子类】海冰灾害救援
　　【子类】海雾灾害救援
　　【子类】冰山灾害救援
　　【子类】城市冰雪灾害救援
　　【子类】农业生态灾害救援
　　【子类】赤潮灾害救援
　　【子类】风暴潮灾害救援
　　【子类】地震海啸灾害救援
　　【子类】厄尔尼诺灾害救援
　　【子类】崩塌灾害救援
　　【子类】矿山灾害救援
　　【子类】飓风灾害救援
　　【子类】农田水涝灾害救援
　　【子类】农田雨涝灾害救援
　　【子类】城市内涝灾害救援
　　【子类】农田涝渍灾害救援
　　【子类】农业洪水灾害救援
　　【子类】草原生态灾害救援
　　【子类】城市暴雨灾害救援
　　【子类】寒潮灾害救援
　　【子类】火山灾害救援
　　【子类】海浪灾害救援
　　【子类】兽害救援
　　【子类】植物灾害救援
　　【子类】动物灾害救援
　　【子类】农村灾害救援
　　【子类】牧区灾害救援
　【组成关系】
　　【部件有】灾害救援实施
　　【部件有】医疗救助
　　【部件有】地震灾害救援
　　【部件有】海啸灾害救援
　　【部件有】灾害准备阶段
　　【隶属于】灾害
【对应关系】
　【指标－主体】自救能力

◎ 灾害气候
【基本信息】

【英文名】disaster climate
【拼音】zai hai qi hou
【核心词】
【定义】
　　一般指对人类生活和生产能够造成灾害的反常气候。
【来源】《灾害学导论》
【分类信息】
　【NDC 类目】
　　气象灾害
　【NDCC 分类类目】
　　灾害监测
【词条属性】
　【特征】
　　【危害】气候反常带来灾害性天气，不利于工农业生产，危害人体健康。
【词条关系】
　【层级关系】
　　【子类】干旱
　　【子类】低温
　　【子类】冰雹
　　【子类】凝冻
　　【子类】大风
　　【子类】暴雨
　【组成关系】
　　【部件有】极端干旱气候
　【因果关系】
　　【结果（因-果）】极端气候灾害
　　【结果（因-果）】气候灾害

◎ **灾害源**
【基本信息】
　【英文名】disaster source
　【拼音】zai hai yuan
　【核心词】
【定义】
　　导致人员伤亡，经济损失和生态破坏的致灾因子。

【来源】《主要气象灾害风险评价与管理的数量化方法及其应用》
【分类信息】
　【NDCC 分类类目】
　　一般术语
【词条属性】
　【特征】
　　【危害】可以导致灾害的发生
【词条关系】
　【触发条件】
　　【是条件】灾害
　【层级关系】
　　【子类】气象灾害源
　　【子类】人为源
　　【子类】次生灾害源
　【等同关系】
　　【基本等同】致灾因子

◎ **灾害监测**
【基本信息】
　【英文名】disaster monitoring
　【拼音】zai hai jian ce
　【核心词】
【定义】
　　运用各种观察测量手段，对灾害孕育、发生、发展和致灾成害全过程相关因素的动态变化所进行的观察、监视。
【来源】《英汉汉英灾害科学词典》
【分类信息】
　【NDCC 分类类目】
　　一般术语
【词条属性】
　【方法手段】
　　【方法】近景摄影测量法
　　【方法】大地精密测量法
　　【方法】GPS 法
　　【方法】时间域反射技术（TDR）
　　【方法】激光扫描技术

【方法】核磁共振技术（NUMIS）
【方法】合成孔径干涉雷达技术（InSAR）
【方法】光纤技术
【词条关系】
　【适用情况】
　　【用于】灾害预警
　【层级关系】
　　【子类】地质灾害监测
　　【子类】气象灾害监测
　　【子类】风灾害监测
　　【子类】雷电灾害监测
　　【子类】洪涝灾害监测
　　【子类】农业灾害监测
　　【子类】高低温灾害监测
　　【子类】交通气象灾害监测
　　【子类】生态气象灾害监测
　　【子类】赤潮监测
　　【子类】泥石流灾害监测
　　【子类】崩塌灾害监测
　　【子类】冰灾监测
　　【子类】地貌灾害监测
　　【子类】天文灾害监测
　　【子类】交通灾害监测
　　【子类】城市火灾监测
　　【子类】草原雪灾监测
　　【子类】草原火灾监测
　　【子类】瓦斯灾害监测
　　【子类】化学灾害监测
　　【子类】综合灾害监测
　　【子类】自然灾害监测
　　【子类】高温灾害监测
　　【子类】水旱灾害监测
　　【子类】冰雹灾害监测
　　【子类】冰凌灾害监测
　　【子类】地面沉降灾害监测
　　【子类】次生灾害监测
　　【子类】海啸监测
　　【子类】草原灾害监测
　　【子类】草原火灾灾害监测
　　【子类】城市地裂缝灾害监测
　　【子类】城市环境灾害监测
　　【子类】城市风暴潮灾害监测
　　【子类】城市雹灾监测
　　【子类】冰山灾害监测
　　【子类】城市冰雪灾害监测
　　【子类】农业生态灾害监测
　　【子类】赤潮灾害监测
　　【子类】风暴潮灾害监测
　　【子类】地震海啸灾害监测
　　【子类】拉尼娜灾害监测
　　【子类】厄尔尼诺灾害监测
　　【子类】矿山灾害监测
　　【子类】飓风灾害监测
　　【子类】农田水涝灾害监测
　　【子类】农田雨涝灾害监测
　　【子类】城市内涝灾害监测
　　【子类】农田涝渍灾害监测
　　【子类】农业洪水灾害监测
　　【子类】草原气象灾害监测
　　【子类】草原生态灾害监测
　　【子类】城市暴雨灾害监测
　　【子类】寒潮灾害监测
　　【子类】火山灾害监测
　　【子类】海浪灾害监测
　　【子类】涝渍灾害监测
　　【子类】植物灾害监测
　　【子类】动物灾害监测
　　【子类】海啸灾害监测
　　【子类】海啸灾害链
　　【子类】城市灾害监测
　　【子类】农村灾害监测
　　【子类】工业灾害监测
　　【子类】牧区灾害监测
　　【子类】边坡地质灾害监测
　　【子类】旱情监测
　　【子类】降水灾害监测

【组成关系】
　　【部件有】动态监测

◎ 灾害直接损失
【基本信息】
　　【英文名】disasters direct loss
　　【拼音】zai hai zhi jie sun shi
　　【核心词】
【定义】
　　由自然灾害直接造成的灾情状况。
　　【来源】《地震现场工作》
【分类信息】
　　【NDCC 分类类目】
　　　　灾害模拟与评估
【词条属性】
　　【特征】
　　　　【关键指标】灾害经济损失
　　　　【关键指标】人员伤亡
　　【功用】
　　　　【用途】灾后救助
【词条关系】
　　【层级关系】
　　　　【子类】冰灾直接损失
　　　　【子类】雪灾直接损失
　　　　【子类】综合灾害直接损失
　　　　【子类】自然灾害直接损失
　　　　【子类】高温灾害直接损失
　　　　【子类】城市地裂缝灾害直接损失
　　　　【子类】城市生物灾害直接损失
　　　　【子类】农业生态灾害直接损失
　　　　【子类】城市爆炸灾害直接损失
　　　　【子类】城市环境灾害直接损失
　　　　【子类】城市风暴潮灾害直接损失
　　　　【子类】城市雹灾直接损失
　　　　【子类】城市冰雪灾害直接损失
　　　　【子类】草原气象灾害直接损失
　　　　【子类】飓风灾害直接损失
　　　　【子类】农田水涝灾害直接损失
　　　　【子类】农田雨涝灾害直接损失
　　　　【子类】城市内涝灾害直接损失
　　　　【子类】农田涝渍灾害直接损失
　　　　【子类】农业洪水灾害直接损失
　　　　【子类】草原生态灾害直接损失
　　　　【子类】城市暴雨灾害直接损失
　　　　【子类】寒潮灾害直接损失
　　　　【子类】霜害直接损失
　　　　【子类】火山灾害直接损失
　　　　【子类】海浪灾害直接损失
　　　　【子类】涝渍灾害直接损失
　　　　【子类】兽害直接损失
　　　　【子类】植物灾害直接损失
　　　　【子类】动物灾害直接损失
　　　　【子类】海啸灾害直接损失
　　　【类属】灾害损失
　　【组成关系】
　　　　【部件有】科技灾害直接损失

◎ 灾害等级
【基本信息】
　　【英文名】disaster grade
　　【拼音】zai hai deng ji
　　【核心词】
【定义】
　　根据灾害发生后造成的损失进行的分级。
　　【来源】《灾害学导论》
【分类信息】
　　【NDC 类目】
　　　（1）防灾备灾
　　　（2）一般术语
【词条属性】
　　【方法手段】
　　　　【方法】灾害等级量化方法
【词条关系】
　　【触发条件】
　　　　【依据】灾害分等定级指标体系

【层级关系】
  【子类】涝灾等级
  【子类】旱灾等级
  【子类】自然灾害等级
  【子类】高温灾害等级
  【子类】洪灾等级
  【子类】水旱灾害等级
  【子类】边坡地质灾害等级
  【子类】次生灾害等级
  【子类】拉尼娜灾害等级
  【子类】海潮灾害等级
【等同关系】
  【全称-缩略同义】灾级
  【基本等同】灾害规模
【组成关系】
  【部件有】巨灾
  【部件有】大灾
  【部件有】中灾
  【部件有】轻微灾
  【部件有】重大灾害
【对应关系】
  【指标-主体】灾情统计

◎ **灾害管理**
【基本信息】
  【英文名】emergency management
  【拼音】zai hai guan li
  【核心词】
【定义】
　　灾害管理工作一般包括灾害的监测、预报、预防、抗御、救援和灾后援建 6 个环节。城市灾害管理关系着广大人民群众的根本利益,有效实施城市灾害管理是政府的重要职能之一。城市防灾减灾工作不仅涉及自然灾害和人为灾害各灾种,而且涉及政治、经济、技术、生态等各方面,是一项复杂的、综合的系统工程。为此,需要建立一个健全的防灾减灾组织管理体系,加强科学管理建立健全城市的防灾减灾组织管理体系,从而提高城市的综合防灾能力。
  【来源】《自然灾害风险管理与预警体系》
【分类信息】
  【NDC 类目】
  (1) 应急管理
  (2) 防灾备灾
  (3) 恢复重建
【词条属性】
  【状况】
  【现状】灾害管理是现代政府的重要职能之一。经过多年的探索、发展,我国已逐步形成了一整套灾害管理的体制和机制,在防灾减灾各方面取得了显著的成效。但同时,我国灾害管理的体制机制和技术支撑条件仍有诸多待完善之处。以往的研究工作中,大部分研究者主要关注灾害管理部门职能分散、法律管理体系不完善等软环境问题,对信息难于共享的情况亦有提及,且主要寄希望于通过改革体制机制来解决。实际上,灾害管理体制的完善既涉及管理体制机制等软环境的改革,也涉及通信、预警、应急指挥等硬环境的改善,且二者相辅相成、互为作用
【词条关系】
  【层级关系】
    【子类】灾中
    【子类】二次处理
    【子类】政府灾害管理
    【子类】土壤侵蚀监测
    【子类】边坡管理
    【子类】冰灾管理
    【子类】雪灾管理
    【子类】地貌灾害管理
    【子类】天文灾害管理
    【子类】交通灾害管理
    【子类】城市火灾管理
    【子类】草原雪灾管理

【子类】草原火灾灾害管理
【子类】社会灾害管理
【子类】瓦斯灾害管理
【子类】工程事故管理
【子类】城市雪灾管理
【子类】化学灾害管理
【子类】海洋灾害管理
【子类】综合灾害管理
【子类】高温灾害管理
【子类】涝灾管理
【子类】洪灾管理
【子类】水旱灾害管理
【子类】科技灾害管理
【子类】冰凌灾害管理
【子类】边坡地质灾害管理
【子类】山崩灾害风险应急管理
【子类】地面沉降灾害管理
【子类】山崩灾害防治
【子类】岩爆灾害救援
【子类】冷雨灾害救援
【子类】草原火灾灾害救援
【子类】草原灾害防治
【子类】草原灾害预警
【子类】气象灾害救助
【子类】山崩灾害救援
【子类】岩爆灾害管理
【子类】次生灾害管理
【子类】冷雨灾害防治
【子类】冷雨灾害防治措施
【子类】岩爆灾害防治措施
【子类】山崩灾害区划
【子类】山崩灾害管理
【子类】海洋灾害灾情区划
【子类】海洋灾害风险应急管理
【子类】海啸管理
【子类】草原灾害区划
【子类】草原灾害风险应急管理
【子类】草原火灾灾害防治措施

【子类】草原火灾灾害风险应急管理
【子类】城市地裂缝灾害管理
【子类】城市爆炸灾害管理
【子类】城市环境灾害管理
【子类】城市风暴潮灾害管理
【子类】海冰灾害管理
【子类】海冰灾害风险应急管理
【子类】海雾灾害管理
【子类】海雾灾害风险应急管理
【子类】城市雹灾管理
【子类】冰山灾害管理
【子类】冰山灾害风险应急管理
【子类】城市冰雪灾害管理
【子类】农业生态灾害管理
【子类】赤潮灾害风险应急管理
【子类】地震海啸灾害管理
【子类】地震海啸灾害风险应急管理
【子类】厄尔尼诺灾害管理
【子类】荒漠化灾害管理
【子类】飓风灾害管理
【子类】农田水涝灾害管理
【子类】农田雨涝灾害管理
【子类】城市内涝灾害管理
【子类】农田涝渍灾害管理
【子类】草原气象灾害管理
【子类】草原生态灾害管理
【子类】城市暴雨灾害管理
【子类】寒潮灾害管理
【子类】霜害管理
【子类】火山灾害管理
【子类】海浪灾害管理
【子类】兽害管理
【子类】植物灾害管理
【子类】动物灾害管理
【子类】农村灾害管理
【子类】牧区灾害管理
【子类】灾害防御管理
【等同关系】

【基本等同】管理
【组成关系】
　　【分解为】防灾
　　【成分有】灾害监测管理
　　【成分有】灾害预报管理
　　【部件有】综合性灾害管理
　　【部件有】全灾害管理
　　【部件有】全过程灾害管理
　　【部件有】整合灾害管理
　　【部件有】自然灾害管理
　　【部件有】灾情统计
　　【部件有】灾情会商
　　【部件有】基层灾害管理
　　【部件有】灾害技术性管理
　　【部件有】灾害社会性管理
　　【部件有】行政灾害管理
　　【部件有】国家级灾害管理
　　【部件有】地方灾害管理
　　【部件有】中层灾害管理
　　【部件有】省级灾害管理
　　【部件有】高层灾害管理
　　【部件有】防灾行政管理
　　【部件有】政策制定
　　【部件有】逃生避险
　　【部件有】农作物病虫害管理
　　【部件有】海啸灾害管理
　　【部件有】灾害现场响应

◎**灾害类型**
【基本信息】
　　【英文名】type of disaster
　　【拼音】zai hai lei xing
　　【核心词】
【定义】
　　按照一定的体系对灾害进行归类划分。
　　【来源】《自然灾害管理基本术语》
【分类信息】
　　【NDC 类目】一般术语
　　【词条属性】
　　【方法手段】
　　　　【手段】灾害分类
　　【功用】
　　　　【用途】灾害识别
【词条关系】
　　【适用情况】
　　　　【用于】灾害识别
　　【层级关系】
　　　　【子类】综合灾害类型
　　　　【子类】自然灾害类型
　　　　【子类】旱灾类型
　　　　【子类】高温灾害类型
　　　　【子类】涝灾类型
　　　　【子类】洪灾类型
　　　　【子类】水旱灾害类型
　　　　【子类】海潮灾害类型
　　　　【子类】次生灾害类型
　　　　【子类】拉尼娜灾害类型
　　　　【子类】边坡地质灾害类型
　　【等同关系】
　　　　【全称-缩略同义】灾型
　　　　【全称-缩略同义】灾类
　　【组成关系】
　　　　【成分有】缓慢型灾害

◎**灾害经济损失**
【基本信息】
　　【英文名】disaster economic loss
　　【拼音】zai hai jing ji sun shi
　　【核心词】
【定义】
　　是指用货币形式量度的灾害对人类所造成的破坏程度。
　　【来源】《灾害经济学》
【分类信息】
　　【NDC 类目】

（1）应急管理
　　（2）防灾备灾
　　（3）恢复重建
　　（4）一般术语
【词条属性】
　【方法手段】
　　【手段】灾害经济损失评估
　【基本情况】
　　【形成原因】灾害破坏
【词条关系】
　【层级关系】
　　【子类】成本价值损失
　　【子类】经济效益价值损失
　　【子类】农产品受灾价值损失
　　【子类】幼畜受灾价值损失
　　【子类】成畜受灾价值损失
　　【子类】成禽受灾价值损失
　　【子类】自然灾害经济损失
　【组成关系】
　　【分解为】灾害直接经济损失
　　【分解为】灾害间接经济损失
　　【成分有】牲畜受灾价值损失
　　【成分有】农产品受灾价值损失
　　【成分有】农作物受灾价值损失
　　【成分有】林木受灾价值损失
　　【成分有】成熟林木受灾价值损失
　　【成分有】幼龄林受灾价值损失
　　【成分有】耕地受灾价值损失
　　【成分有】工程建筑设施价值损失
　　【成分有】室内物品价值损失
　　【成分有】草原牧草受灾价值损失
　　【成分有】家禽受灾价值损失
　　【成分有】收获期养殖品受灾价值损失
　　【部件有】受灾体价值损失比
　　【部件有】受灾体残余价值
　　【部件有】受灾体修复成本
　　【部件有】受灾体灾前净值
　　【部件有】受灾体成本价

　　【部件有】受灾体单价
　　【部件有】受灾体价值损失
　　【部件有】收获物单价
　　【部件有】单次灾害经济损失
　【对应关系】
　　【指标－主体】绝对损失量分级

◎ **灾害综合管理**
【基本信息】
　【英文名】comprehensive disaster management
　【拼音】zai hai zong he guan li
　【核心词】
【定义】
　　从整体性和系统性的角度出发来管理灾害。
　【来源】《自然灾害管理基本术语》
【分类信息】
　【NDC 类目】
　　防灾备灾
【词条属性】
　【状况】
　　【现状】科技支撑力不足，预案质量水平有待提高。预案管理还需进一步规范化、制度化，预案演练落实不足
　【功用】
　　【用途】灾害管理
【词条关系】
　【适用情况】
　　【用于】灾害管理
　【层级关系】
　　【子类】城市灾害综合管理
　【组成关系】
　　【部件有】灾后管理

◎ **灾害群**
【基本信息】
　【英文名】disaster groups

【拼音】zai hai qun
【核心词】
【定义】
　　地球公转的半径和速度乃至冬季和夏季的长短都要发生显著变化，从而影响到自然环境的变迁，包括降温、干旱、洪水、地震、雹灾等重大自然灾变集中出现，造成"灾害群"。
【来源】《英汉汉英灾害科学词典》
【分类信息】
　【NDC 类目】
　　一般术语
【词条属性】
　【特征】
　　【特点】灾害群发性
【词条关系】
　【因果关系】
　　【受影响（有关）】太阳运动
　　【受影响（有关）】大范围环境变化

◎ 灾害补偿
【基本信息】
　【英文名】disaster indemnity
　【拼音】zai hai bu chang
　【核心词】
【定义】
　　对各种灾害造成的财产损失、生产中断和人身伤害所付出的代价进行经济意义上的补偿。
【来源】《灾害经济学》
【分类信息】
　【NDC 类目】
　　一般术语
【词条属性】
　【功用】
　　【功能】经济意义上的补偿
【词条关系】
　【适用情况】
　　【用于】灾害
　【层级关系】
　　【子类】农业灾害补偿
　【组成关系】
　　【部件有】农业保险
　　【部件有】蓄滞洪区补偿

◎ 灾害评估方法
【基本信息】
　【英文名】disaster assessment method
　【拼音】zai hai ping gu fang fa
　【核心词】
【定义】
　　用于灾害评估的方法。
【来源】《灾害学导论》
【分类信息】
　【NDCC 分类类目】
　　灾害评估
【词条属性】
　【方法手段】
　　【方法】资料分析法
　　【方法】实验模拟法
　　【方法】数学模型法
　　【方法】遥感 GIS 法
　【目的】
　　【目的目标】灾害评估
【词条关系】
　【适用情况】
　　【用于】灾害评估
　【层级关系】
　　【子类】综合灾害评估方法
　　【子类】水旱灾害评估方法
　　【子类】科技灾害评估方法
　　【子类】冰雹灾害评估方法
　　【子类】冰凌灾害评估方法
　　【子类】次生灾害评估方法
　　【子类】城市地裂缝灾害评估方法
　　【子类】城市环境灾害评估方法

【子类】城市风暴潮灾害评估方法
【子类】城市雹灾评估方法
【子类】城市冰雪灾害评估方法
【子类】农业生态灾害评估方法
【子类】荒漠化灾害评估方法
【子类】崩塌灾害评估方法
【子类】矿山灾害评估方法
【子类】飓风灾害评估方法
【子类】农田雨涝灾害评估方法
【子类】城市内涝灾害评估方法
【子类】农田涝渍灾害评估方法
【子类】农业洪水灾害评估方法
【子类】草原气象灾害评估方法
【子类】草原生态灾害评估方法
【子类】地面沉降灾害评估方法
【子类】城市暴雨灾害评估方法
【子类】寒潮灾害评估方法
【子类】沙尘暴灾害评估方法
【子类】霜害评估方法
【子类】火山灾害评估方法
【子类】海浪灾害评估方法
【子类】涝渍灾害评估方法
【子类】兽害评估方法
【子类】植物灾害评估方法
【子类】动物灾害评估方法
【子类】农村灾害评估方法
【组成关系】
【部件有】农作物病虫害评估方法
【部件有】游程理论

◎ 灾害识别
【基本信息】
【英文名】disaster identification
【拼音】zai hai shi bie
【基础词】
【定义】
对灾害特征、影响因素、规律及严重程度等方面的认知。
【分类信息】
【NDCC 分类类目】
一般术语
【词条属性】
【方法手段】
【方法】高分影像纹理分维变化灾害自动识别法
【词条关系】
【适用情况】
【用于】防灾
【层级关系】
【子类】干旱灾害识别
【子类】洪涝灾害识别
【组成关系】
【部件有】灾害系统诊断

◎ 灾害诊断模型
【基本信息】
【英文名】disaster diagnosis model
【拼音】zai hai zhen duan mo xing
【核心词】
【定义】
用于诊断灾害的一种表示方法。
【来源】《英汉汉英灾害科学词典》
【分类信息】
【NDCC 分类类目】
（1）一般术语
（2）灾害评估
【词条属性】
【功用】
【用途】灾害风险评估
【词条关系】
【适用情况】
【用于】灾害诊断
【层级关系】
【子类】地质灾害诊断模型
【子类】地貌灾害诊断模型
【子类】天文灾害诊断模型

【子类】城市火灾诊断模型
　　【子类】草原雪灾诊断模型
　　【子类】草原火灾诊断模型
　　【子类】瓦斯灾害诊断模型
　　【子类】城市雪灾诊断模型
　　【子类】农业旱灾诊断模型
　　【子类】化学灾害诊断模型
【组成关系】
　　【部件有】社会灾害诊断模型

◎灾害调查
【基本信息】
　　【英文名】disaster investigation
　　【拼音】zai hai diao cha
　　【核心词】
【定义】
　　指对灾害进行的一般性考察了解，其精度比较低，使用的技术方法比较简单，主要应用遥感和地面调查手段。
【来源】《城市灾害学原理》
【分类信息】
　　【NDC类目】
　　（1）恢复重建
　　（2）一般术语
【词条属性】
　　【目的】
　　　　【目的目标】调查过程中应尽量收集该区域内水文、气象、地层及岩性资料，并利用简单、易携带的工具和仪器进行大致测量，以此确定承灾体的特征、稳定状态和发展趋势，为划分灾害程度分区，论证灾害发生的危险性提供依据
【词条关系】
　　【适用情况】
　　　　【用于】灾害分析
　　　　【用于】灾害评估
　　【组成关系】
　　　　【部件有】震后灾害调查

◎灾害遥感
【基本信息】
　　【英文名】disaster remote sensing
　　【拼音】zai hai yao gan
　　【基础词】
【定义】
　　应用遥感技术，作为宏观、综合、动态、快速而准确的监测手段，获取自然灾害的发生、发展及受灾的损失情况信息，进行区域调查研究及预测、预报。
【来源】《现代小卫星及其应用》
【分类信息】
　　【NDC类目】
　　防灾备灾
【词条属性】
　　【功用】
　　　　【用途】灾害监测
　　　　【用途】灾害预警
【词条关系】
　　【适用情况】
　　　　【用于】灾害监测

◎灾害链
【基本信息】
　　【英文名】disaster chain
　　【拼音】zai hai lian
　　【核心词】
【定义】
　　一系列灾害相继发生的现象。
【来源】《主要气象灾害风险评价与管理的数量化方法及其应用》
【分类信息】
　　【NDC类目】
　　一般术语
【词条属性】
　　【效应】
　　　　【负效应】引发一系列灾害现象

【词条关系】
　【层级关系】
　　【子类】山地灾链
　　【子类】塌陷灾害链
　　【子类】地裂缝灾害链
　　【子类】人为灾害链
　　【子类】火灾灾害链
　　【子类】环境污染链
　　【子类】冰灾链
　　【子类】雪灾链
　　【子类】地貌灾害链
　　【子类】天文灾害链
　　【子类】城市火灾链
　　【子类】城市雪灾链
　　【子类】火灾链
　　【子类】农业旱灾链
　　【子类】综合灾害链
　　【子类】旱灾链
　　【子类】高温灾害链
　　【子类】涝灾链
　　【子类】洪灾链
　　【子类】水旱灾害链
　　【子类】科技灾害链
　　【子类】城市地裂缝灾害链
　　【子类】城市生物灾害链
　　【子类】城市环境灾害链
　　【子类】城市风暴潮灾害链
　　【子类】城市雹灾害链
　　【子类】城市冰雪灾害链
　　【子类】农业生态灾害链
　　【子类】拉尼娜灾害链
　　【子类】矿山灾害链
　　【子类】飓风灾害链
　　【子类】农田水涝灾害链
　　【子类】农田雨涝灾害链
　　【子类】城市内涝灾害链
　　【子类】农田涝渍灾害链
　　【子类】农业洪水灾害链
　　【子类】草原气象灾害链
　　【子类】草原生态灾害链
　　【子类】城市暴雨灾害链
　　【子类】寒潮灾害链
　　【子类】火山灾害链
　　【子类】海浪灾害链
　　【子类】涝渍灾害链
　　【子类】植物灾害链
　　【子类】动物灾害链
　　【子类】农村灾害链
　　【子类】工业灾害链
　　【子类】牧区灾害链
　　【子类】地质灾害链
　　【子类】灾害地貌链
　　【子类】泥沙灾害链
　　【子类】大气灾害链
　　【子类】寒潮—大风灾害链
　　【子类】洪水灾害链
　　【子类】台风灾害链
　　【子类】洪涝灾害链
　　【子类】暴雪冰冻灾害链
　【等同关系】
　　【基本等同】灾害连发性
　　【基本等同】链
　　【基本等同】灾因链
　【组成关系】
　　【成分有】因果型灾害链
　　【成分有】同源型灾害链
　　【成分有】重现型灾害链
　　【成分有】互斥型灾害链
　　【成分有】偶排型灾害链
　　【成分有】自然灾害平衡链
　　【成分有】同源链
　　【成分有】互生链
　　【成分有】因果链
　　【部件有】巨灾链
　【因果关系】
　　【影响（部分因果）】致灾过程

【结果（因-果）】群发性灾害
【对应关系】
　【现象-结论】蝴蝶效应

◎ **灾害防御管理**
【基本信息】
　【英文名】disaster prevention and management
　【拼音】zai hai fang yu guan li
　【核心词】
【定义】
　　包含规划、计划实施、预警、紧急应变等措施，以达到防御灾害对社会的冲击及影响的目的。
【来源】《自然灾害风险管理与预警体系》
【分类信息】
　【NDCC 分类类目】
　　（1）灾害管理
　　（2）灾害预测
　　（3）灾害预报
　　（4）灾害管理与处置
【词条属性】
　【方法手段】
　　【方法】灾害对策
　　【方法】灾害风险区划
　　【方法】灾害风险预警
　【目的】
　　【目的目标】自然灾害防御
【词条关系】
　【层级关系】
　　【类属】灾害管理

◎ **灾害预报**
【基本信息】
　【英文名】disaster prediction
　【拼音】zai hai yu bao
　【核心词】

【定义】
　　由政府部门或权威机构通过媒介向社会发布的包含灾害可能爆发的时间、强度及其危害范围和程度的灾害迫近报告，是灾害监测、预测的结果。
【来源】《自然灾害管理基本术语》
【分类信息】
　【NDC 类目】
　　防灾备灾
　【NDCC 分类类目】
　　一般术语
【词条属性】
　【方法手段】
　　【方法】灾害趋势研究
　【效应】
　　【正效应】减灾
【词条关系】
　【层级关系】
　　【子类】水灾预报
　　【子类】地质灾害气象条件警报
　　【子类】农业气象灾害预报
　　【子类】台风强度预报
　　【子类】火险气象等级中长期预报
　　【子类】火险气象等级短期预报
　　【子类】霜冻预报
　　【子类】干热风预报
　　【子类】海浪统计预报
　【等同关系】
　　【基本等同】灾前预报
　【组成关系】
　　【部件有】持续性预报
　　【部件有】长期预报
　　【部件有】灾害中长期预报

◎ **灾害预警**
【基本信息】
　【英文名】disaster warning
　【拼音】zai hai yu jing

【核心词】
【定义】
　　是指灾害发生前的应急网络的建立和灾害信息的发布。为便于应对特大自然灾害的发生，中央和地方（县级以上）政府，要逐步建立和完善自然灾害预警机制，责任要落实到具体人头上，减少灾害造成的各种破坏。
【来源】《英汉汉英灾害科学词典》
【分类信息】
　　【NDC类目】
　　　　防灾备灾
　　【NDCC分类类目】
　　　　一般术语
【词条属性】
　　【目的】
　　　　【目的目标】防灾减灾
【词条关系】
　　【适用情况】
　　　　【用于】减灾措施
　　【层级关系】
　　　　【子类】崩塌灾害预警
　　　　【子类】环境污染预警
　　　　【子类】地貌灾害预警
　　　　【子类】天文灾害预警
　　　　【子类】城市火灾预警
　　　　【子类】草原雪灾预警
　　　　【子类】瓦斯灾害预警
　　　　【子类】综合灾害预警
　　　　【子类】自然灾害预警
　　　　【子类】高温灾害预警
　　　　【子类】水旱灾害预警
　　　　【子类】科技灾害预警
　　　　【子类】冰雹灾害预警
　　　　【子类】冰凌灾害预警
　　　　【子类】地面沉降灾害预警
　　　　【子类】边坡地质灾害预警
　　　　【子类】次生灾害预警
　　　　【子类】城市地裂缝灾害预警
　　　　【子类】城市生物灾害预警
　　　　【子类】城市环境灾害预警
　　　　【子类】城市风暴潮灾害预警
　　　　【子类】城市雹灾预警
　　　　【子类】海冰灾害预警
　　　　【子类】冰山灾害预警
　　　　【子类】城市冰雪灾害预警
　　　　【子类】农业生态灾害预警
　　　　【子类】草原气象灾害预警
　　　　【子类】地震海啸灾害预警
　　　　【子类】厄尔尼诺灾害预警
　　　　【子类】矿山灾害预警
　　　　【子类】飓风灾害预警
　　　　【子类】农田雨涝灾害预警
　　　　【子类】城市内涝灾害预警
　　　　【子类】农田涝渍灾害预警
　　　　【子类】农业洪水灾害预警
　　　　【子类】草原生态灾害预警
　　　　【子类】城市暴雨灾害预警
　　　　【子类】寒潮灾害预警
　　　　【子类】霜害预警
　　　　【子类】火山灾害预警
　　　　【子类】植物灾害预警
　　　　【子类】动物灾害预警
　　　　【子类】海啸灾害预警
　　　　【子类】城市灾害预警
　　　　【子类】农村灾害预警
　　　　【子类】工业灾害预警
　　　　【子类】牧区灾害预警
　【等同关系】
　　【基本等同】预警
　【组成关系】
　　【部件有】农业灾害预警
　　【部件有】早期预警系统
　　【部件有】地震预报
　　【部件有】海浪灾害预警
　　【部件有】地质灾害预报预警系统

【部件有】赤潮灾害预警
　　【部件有】气象灾害预报技术
　　【部件有】灾害预警技术

◎ **灾害预防**
【基本信息】
　【英文名】disaster preparedness
　【拼音】zai hai yu fang
　【核心词】
【定义】
　　对灾害的各种措施进行主动的预防和抵御。
【来源】《防灾减灾工程学》
【分类信息】
　【NDC 类目】
　　防灾备灾
【词条属性】
　【方法手段】
　　【方法】监测预警
　　【方法】制定预案
　【目的】
　　【目的目标】整合灾害管理
【词条关系】
　【层级关系】
　　【子类】地震灾害预防
　【等同关系】
　　【基本等同】灾害防御
　【对应关系】
　　【概念－实例】倒塌预防

◎ **灾害风险**
【基本信息】
　【英文名】disaster risk
　【拼音】zai hai feng xian
　【核心词】
【定义】
　　预期出现的伤亡人数、财产损失和对经济活动的破坏，这种预期归因于特定的自然现象和因此产生的风险要素。
【来源】《中国的灾害与危险》
【分类信息】
　【NDC 类目】
　　防灾备灾
【词条属性】
　【目的】
　　【目的目标】灾害风险评价
　【基本情况】
　　【形成原因】灾害风险源
【词条关系】
　【层级关系】
　　【子类】草原雪灾风险
　　【子类】城市雪灾风险
　　【子类】环境污染灾害风险
　　【子类】农林生物灾害风险
　　【子类】天气灾害风险
　　【子类】边坡地质灾害风险
　　【子类】鼠疫灾害风险
　　【子类】海冰灾害风险
　　【子类】赤潮灾害风险
　　【子类】拉尼娜灾害风险
　　【子类】地震海啸灾害风险
　　【子类】农田水涝灾害风险
　　【子类】草原生态灾害风险
　　【子类】城市暴雨灾害风险
　　【子类】地面塌陷灾害风险
　　【子类】寒潮灾害风险
　　【子类】霜害风险
　　【子类】植物灾害风险
　　【子类】动物灾害风险
　　【子类】农村灾害风险
　　【子类】工业灾害风险
　　【子类】牧区灾害风险
　　【类属】国家风险
　【组成关系】
　　【部件有】综合险

【部件有】科技灾害风险
【部件有】海潮灾害风险
【对应关系】
【指标-主体】危险因子

◎ **灾害风险估计**
【基本信息】
【英文名】disaster risk assessment
【拼音】zai hai feng xian gu ji
【核心词】
【定义】
对灾害发生概率及其潜在损失进行估算。
【来源】《主要气象灾害风险评价与管理的数量化方法及其应用》
【分类信息】
【NDCC 分类类目】
灾害监测预警
【词条属性】
【功用】
【用途】风险评估
【词条关系】
【层级关系】
【子类】综合灾害风险估计
【子类】自然灾害风险估计
【子类】水旱灾害风险估计
【子类】科技灾害风险估计
【子类】次生灾害风险估计
【子类】城市地裂缝灾害风险估计
【子类】城市生物灾害风险估计
【子类】农业生态灾害风险估计
【子类】城市环境灾害风险估计
【子类】城市风暴潮灾害风险估计
【子类】城市雹灾风险估计
【子类】崩塌灾害风险估计
【子类】矿山灾害风险估计
【子类】城市内涝灾害风险估计
【子类】农业洪水灾害风险估计
【子类】草原生态灾害风险估计
【子类】城市暴雨灾害风险估计
【子类】寒潮灾害风险估计
【子类】霜害风险估计
【子类】火山灾害风险估计
【子类】海浪灾害风险估计
【子类】兽害风险估计
【子类】植物灾害风险估计
【子类】动物灾害风险估计
【子类】农村灾害风险估计
【子类】农业灾害风险估计
【子类】工业灾害风险估计
【子类】化学灾害风险估计
【子类】牧区灾害风险估计
【等同关系】
【基本等同】风险评估
【组成关系】
【部件有】海啸灾害风险估计

◎ **灾害风险决策**
【基本信息】
【英文名】disaster risk decision
【拼音】zai hai feng xian jue ce
【核心词】
【定义】
针对灾害发生的可能性采取相应的手段。
【来源】自然灾害风险管理与预警体系
【分类信息】
【NDCC 分类类目】
灾害管理与处置
【词条属性】
【功用】
【用途】防灾避险
【词条关系】
【层级关系】
【子类】高温灾害风险决策
【子类】冰凌灾害风险决策
【子类】地面沉降灾害风险决策

【子类】城市地裂缝灾害风险决策
【子类】城市生物灾害风险决策
【子类】农业生态灾害风险决策
【子类】城市爆炸灾害风险决策
【子类】城市环境灾害风险决策
【子类】城市风暴潮灾害风险决策
【子类】城市雹灾风险决策
【子类】城市冰雪灾害风险决策
【子类】草原气象灾害风险决策
【子类】崩塌灾害风险决策
【子类】矿山灾害风险决策
【子类】飓风灾害风险决策
【子类】农田雨涝灾害风险决策
【子类】城市内涝灾害风险决策
【子类】农田涝渍灾害风险决策
【子类】农业洪水灾害风险决策
【子类】城市暴雨灾害风险决策
【子类】火山灾害风险决策
【子类】海浪灾害风险决策
【子类】植物灾害风险决策
【子类】动物灾害风险决策
【子类】农村灾害风险决策
【子类】农业灾害风险决策
【子类】工业灾害风险决策
【子类】化学灾害风险决策
【子类】牧区灾害风险决策
【类属】风险决策
【组成关系】
【部件有】农作物病虫害风险决策
【部件有】海啸灾害风险决策

◎ **灾害风险区划图**
【基本信息】
【英文名】disaster risk zoning map
【拼音】zai hai feng xian qu hua tu
【核心词】
【定义】
将灾害风险划分等级，并利用地图的方法加以展示。
【来源】《灾害辨识与风险评价技术》
【分类信息】
【NDCC分类类目】
一般术语
【词条属性】
【功用】
【用途】灾害风险管理
【词条关系】
【层级关系】
【子类】冰凌灾害风险区划图
【子类】地面沉降灾害风险区划图
【子类】农业生态灾害风险区划图
【子类】城市地裂缝灾害风险区划图
【子类】城市生物灾害风险区划图
【子类】城市环境灾害风险区划图
【子类】城市风暴潮灾害风险区划图
【子类】城市雹灾风险区划图
【子类】城市冰雪灾害风险区划图
【子类】草原气象灾害风险区划图
【子类】飓风灾害风险区划图
【子类】农田水涝灾害风险区划图
【子类】城市内涝灾害风险区划图
【子类】农业洪水灾害风险区划图
【子类】草原生态灾害风险区划图
【子类】城市暴雨灾害风险区划图
【子类】山洪灾害风险区划图
【子类】霜害风险区划图
【子类】火山灾害风险区划图
【子类】海浪灾害风险区划图
【子类】涝渍灾害风险区划图
【子类】兽害风险区划图
【对应关系】
【表明（反映）】灾害风险区划

◎ **灾害风险指数**
【基本信息】
【英文名】disaster risk index

【拼音】zai hai feng xian zhi shu
【核心词】
【定义】
　　灾害风险指数最初是由联合国环境规划署全球资源信息数据库的专家小组在 2000 年提出的，是世界第一个全球尺度的、空间分辨率到国家的人类脆弱性评价指标体系，其研究的目的是创建一种定量的方法，可以比较灾害暴露国家之间的灾害风险。该指数侧重于研究国家发展与灾害风险之间的关系，度量灾害造成的死亡风险。
【来源】《综合灾害管理导论》
【分类信息】
　【NDCC 分类类目】
　　灾害评估
【词条属性】
　【功用】
　　【用途】灾害风险评价
【词条关系】
　【层级关系】
　　【子类】低温冷害风险指数
　　【子类】生态灾害风险指数
　　【子类】社区灾害风险指数
　【等同关系】
　　【基本等同】灾害指数
　【组成关系】
　　【组成】灾害风险指数系统

◎ 灾害风险源

【基本信息】
　【英文名】disaster risk source
　【拼音】zai hai feng xian yuan
　【核心词】
【定义】
　　引起或产生灾害风险的原因称为风险源。
【来源】《防灾事典》
【分类信息】
　【NDCC 分类类目】
　　一般术语
【词条属性】
　【特征】
　　【特点】危险性
【词条关系】
　【触发条件】
　　【是前提】灾害风险
　【层级关系】
　　【子类】气象灾害风险源

◎ 灾害风险管理

【基本信息】
　【英文名】disaster risk management
　【拼音】zai hai feng xian guan li
　【核心词】
【定义】
　　将灾害风险减至最低的管理过程。
【来源】《主要气象灾害风险评价与管理的数量化方法及其应用》
【分类信息】
　【NDC 类目】
　　防灾备灾
【词条属性】
　【时间属性】
　　【发生时间】灾害周期
　【方法手段】
　　【手段】灾害预警
　　【方法】灾害风险评价
　【目的】
　　【目的目标】灾害防御
【词条关系】
　【适用情况】
　　【用于】灾害管理
　【层级关系】
　　【子类】崩塌灾害风险管理
　　【子类】地貌灾害风险管理
　　【子类】天文灾害风险管理
　　【子类】草原火灾灾害风险管理

【子类】瓦斯灾害风险管理
【子类】冰凌灾害风险管理
【子类】地面沉降灾害风险管理
【子类】次生灾害风险管理
【子类】城市地裂缝灾害风险管理
【子类】城市生物灾害风险管理
【子类】农业生态灾害风险管理
【子类】城市环境灾害风险管理
【子类】城市风暴潮灾害风险管理
【子类】城市雹灾风险管理
【子类】城市冰雪灾害风险管理
【子类】草原气象灾害风险管理
【子类】矿山灾害风险管理
【子类】飓风灾害风险管理
【子类】农田水涝灾害风险管理
【子类】农田雨涝灾害风险管理
【子类】城市内涝灾害风险管理
【子类】农田涝渍灾害风险管理
【子类】农业洪水灾害风险管理
【子类】草原生态灾害风险管理
【子类】城市暴雨灾害风险管理
【子类】寒潮灾害风险管理
【子类】霜害风险管理
【子类】火山灾害风险管理
【子类】海浪灾害风险管理
【子类】涝渍灾害风险管理
【子类】植物灾害风险管理
【子类】动物灾害风险管理
【子类】城市灾害风险管理
【子类】农村灾害风险管理
【子类】工业灾害风险管理
【子类】牧区灾害风险管理
【组成关系】
　【成分有】气象灾害风险管理
　【成分有】水文灾害风险管理
　【成分有】农林灾害风险管理
　【成分有】地质灾害风险管理
　【部件有】农作物病虫害风险管理

◎ **灾害风险管理技术**
【基本信息】
　【英文名】disaster risk management techniques
　【拼音】zai hai feng xian guan li ji shu
　【核心词】
【定义】
　　灾害风险减至最低的管理技术手段。
【来源】《灾害辨识与风险评价技术》
【分类信息】
　【NDCC分类类目】
　　灾害管理与处置
【词条属性】
　【功用】
　　【用途】防灾避险
【词条关系】
　【适用情况】
　　【用于】灾害风险管理
　【层级关系】
　　【子类】高温灾害风险管理技术
　　【子类】水旱灾害风险管理技术
　　【子类】冰凌灾害风险管理技术
　　【子类】城市地裂缝灾害风险管理技术
　　【子类】城市生物灾害风险管理技术
　　【子类】农业生态灾害风险管理技术
　　【子类】城市爆炸灾害风险管理技术
　　【子类】城市环境灾害风险管理技术
　　【子类】城市风暴潮灾害风险管理技术
　　【子类】城市雹灾风险管理技术
　　【子类】城市冰雪灾害风险管理技术
　　【子类】草原气象灾害风险管理技术
　　【子类】矿山灾害风险管理技术
　　【子类】飓风灾害风险管理技术
　　【子类】农田雨涝灾害风险管理技术
　　【子类】城市内涝灾害风险管理技术
　　【子类】农业洪水灾害风险管理技术
　　【子类】草原生态灾害风险管理技术
　　【子类】城市暴雨灾害风险管理技术

【子类】海浪灾害风险管理技术
　　【子类】兽害风险管理技术
　　【子类】植物灾害风险管理技术
　　【子类】动物灾害风险管理技术
　　【类属】风险管理技术
【组成关系】
　　【部件有】农作物病虫害风险管理技术
　　【部件有】海啸灾害风险管理技术

◎ **灾害风险管理指标系统**
【基本信息】
　　【英文名】indicator system of disaster risk management
　　【拼音】zai hai feng xian guan li zhi biao xi tong
　　【核心词】
【定义】
　　灾害风险管理指标系统是由国立哥伦比亚大学和美洲间发展银行共同研究的成果。该指标系统旨在对美洲国家 1980—2000 年灾害风险管理相关方面进行系统地、定量地评价。利用该系统可以进行国与国之间的对比；可以进行国家级别上灾害分析的描述，识别出经济和社会领域的关键问题；有助于建立国家风险管理标准，以提高管理效率。另外，还可以进行不同级别地区的风险分析。
【来源】《中国自然灾害风险综合评估初步研究》
【分类信息】
　　【NDCC 分类类目】
　　　灾害管理
【词条属性】
　　【功用】
　　　【用途】灾害风险管理
【词条关系】
　　【组成关系】
　　　【成分有】通用脆弱性指数
　　　【成分有】地方灾害指数
　　　【成分有】灾害赤字指数

◎ **灾度指数**
【基本信息】
　　【英文名】disaster index
　　【拼音】zai du zhi shu
　　【核心词】
【定义】
　　指在承灾体现有生产力发展水平下，要消除灾害影响所需的社会平均劳动力投入量。
【来源】《灾度指数及其意义》
【分类信息】
　　【NDC 类目】
　　　防灾备灾
【词条属性】
　　【状况】
　　　【现状】目前，我国实行的灾度判别方法的基础，马宗晋等根据我国自然灾害情况建立的以人口直接死亡数和社会财产损失值作为判别因子的双因子判定分级方法。该方法将自然灾害的灾情分为巨、大、中、小、微等 5 个灾度。
　　【功用】
　　　【功能】灾害管理
【词条关系】
　　【触发条件】
　　　【处境】社会经济损失
　　【对应关系】
　　　【表明（反映）】灾度

◎ **灾情**
【基本信息】
　　【英文名】disaster situation
　　【拼音】zai qing
　　【核心词】
【定义】
　　在一定孕灾环境和承灾体条件下，因灾导致某个区域内、一定时期生命和财产损失的情况，包括人员伤亡及造成的心理影响，直接经济损失和间接经济损失等。
【来源】《主要气象灾害风险评价与管理的数量化方法及其应用》
【分类信息】
　【NDC 类目】
　　防灾备灾
【词条属性】
　【功用】
　　【用途】灾害管理
　　【用途】灾后救助
　【基本情况】
　　【形成原因】灾害
【词条关系】
　【层级关系】
　　【子类】灾害可能损失值
　　【子类】地震灾情
　　【子类】灾害事故现场损失
　　【子类】洪涝灾情
　　【子类】救援损失
　　【子类】地震灾害灾情
　　【子类】冰灾灾情
　　【子类】雪灾灾情
　　【子类】地貌灾害灾情
　　【子类】草原雪灾灾情
　　【子类】草原火灾灾情
　　【子类】瓦斯灾害灾情
　　【子类】城市雪灾灾情
　　【子类】农业旱灾灾情
　　【子类】化学灾害灾情
　　【子类】旱灾灾情
　　【子类】涝灾灾情
　　【子类】洪灾灾情
　　【子类】天气灾害灾情
　　【子类】海啸灾情
　　【子类】草原灾害灾情
　【组成关系】
　　【成分有】非经济损害
　　【成分有】生态损失
　　【成分有】财产损失率
　　【部件有】灾情报
　　【集成为】自然灾害系统
　【因果关系】
　　【影响（部分因果）】平均预期寿命
　【对应关系】
　　【主体－指标】人口
　　【指标－主体】轻伤人数
　　【指标－主体】伤害人数
　　【指标－主体】旱涝县次
　　【指标－主体】受灾空间指标
　　【指标－主体】紧急转移人口
　　【指标－主体】事故死亡率

◎ **灾情会商**
【基本信息】
　【英文名】disaster situation consultation
　【拼音】zai qing hui shang
　【核心词】
【定义】
　　由民政、水利、国土、农业、气象、地震、林业、海洋、统计等多个部门联合对灾情进行的综合分析与研究。
【来源】《自然灾害管理基本术语》
【分类信息】
　【NDC 类目】
　　防灾备灾
【词条属性】
　【方法手段】
　　【手段】减灾
【词条关系】
　【组成关系】
　　【部件有】灾情会商制度
　　【部件有】灾情核定
　　【部件有】临时会商
　　【部件有】例行会商
　　【部件有】灾情预警会商

【部件有】灾情会商通报
【部件有】防汛会商
【部件有】灾情会商会议
【部件有】灾情会商系统
【隶属于】灾害管理

◎ **灾情区划**
【基本信息】
　【英文名】disaster regionalization
　【拼音】zai qing qu hua
　【核心词】
【定义】
　根据灾害程度或特点进行的地域划分。
【分类信息】
　【NDCC 分类类目】
　　一般术语
【词条属性】
　【目的】
　　【目的目标】灾情风险评估
【词条关系】
　【适用情况】
　　【描述】灾情
　【层级关系】
　　【子类】地质灾害灾情区划
　　【子类】城市雪灾灾情区划
　　【子类】草原雪灾灾情区划
　　【子类】草原火灾灾情区划
　　【子类】农业旱灾灾情区划
　　【子类】综合灾害灾情区划
　　【子类】自然灾害灾情区划
　　【子类】旱灾灾情区划
　　【子类】高温灾害灾情区划
　　【子类】涝灾灾情区划
　　【子类】洪灾灾情区划
　　【子类】水旱灾害灾情区划
　　【子类】科技灾害灾情区划
　　【子类】冰凌灾害灾情区划
　　【子类】地面沉降灾害灾情区划
　　【子类】城市地裂缝灾害灾情区划
　　【子类】城市环境灾害灾情区划
　　【子类】城市风暴潮灾害灾情区划
　　【子类】城市雹灾灾情区划
　　【子类】城市冰雪灾害灾情区划
　　【子类】农业生态灾害灾情区划
　　【子类】拉尼娜灾害灾情区划
　　【子类】拉尼娜灾害灾情区划图
　　【子类】崩塌灾害灾情区划
　　【子类】矿山灾害灾情区划
　　【子类】飓风灾害灾情区划
　　【子类】农田水涝灾害灾情区划
　　【子类】农田雨涝灾害灾情区划
　　【子类】农田涝渍灾害灾情区划
　　【子类】农业洪水灾害灾情区划
　　【子类】草原气象灾害灾情区划
　　【子类】草原生态灾害灾情区划
　　【子类】城市暴雨灾害灾情区划
　　【子类】寒潮灾害灾情区划
　　【子类】霜害灾情区划
　　【子类】海浪灾害灾情区划
　　【子类】涝渍灾害灾情区划
　　【子类】植物灾害灾情区划
　　【子类】动物灾害灾情区划
　　【子类】海啸灾害灾情区划

◎ **灾情区划图**
【基本信息】
　【英文名】disaster map
　【拼音】zai qing qu hua tu
　【核心词】
【定义】
　根据灾害程度或特点进行的地域划分图。
【来源】《灾害区划》
【分类信息】
　【NDCC 分类类目】
　　灾害管理与处置

【词条属性】
　【功用】
　　【功能】编制灾害防御规划奠定坚实基础，为各级党委政府灾害防御决策提供科学依据，灾害风险区划图可以直观展示各地的灾害风险程度，指导社会公众提高防灾意识和避险自救能力
【词条关系】
　【适用情况】
　　【描述】灾情
　【层级关系】
　　【子类】综合灾害灾情区划图
　　【子类】自然灾害灾情区划图
　　【子类】旱灾灾情区划图
　　【子类】高温灾害灾情区划图
　　【子类】涝灾灾情区划图
　　【子类】洪灾灾情区划图
　　【子类】水旱灾害灾情区划图
　　【子类】科技灾害灾情区划图
　　【子类】冰凌灾害灾情区划图
　　【子类】地面沉降灾害灾情区划图
　　【子类】城市地裂缝灾害灾情区划图
　　【子类】城市环境灾害灾情区划图
　　【子类】城市风暴潮灾害灾情区划图
　　【子类】城市雹灾灾情区划图
　　【子类】城市冰雪灾害灾情区划图
　　【子类】农业生态灾害灾情区划图
　　【子类】崩塌灾害灾情区划图
　　【子类】矿山灾害灾情区划图
　　【子类】飓风灾害灾情区划图
　　【子类】农田水涝灾害灾情区划图
　　【子类】农田雨涝灾害灾情区划图
　　【子类】城市内涝灾害灾情区划图
　　【子类】农田涝渍灾害灾情区划图
　　【子类】农业洪水灾害灾情区划图
　　【子类】草原气象灾害灾情区划图
　　【子类】草原生态灾害灾情区划图
　　【子类】城市暴雨灾害灾情区划图
　　【子类】寒潮灾害灾情区划图
　　【子类】火山灾害灾情区划图
　　【子类】海浪灾害灾情区划图
　　【子类】涝渍灾害灾情区划图
　　【子类】植物灾害灾情区划图
　　【子类】动物灾害灾情区划图
　　【子类】海啸灾害灾情区划图

◎ **灾情损失评估**
【基本信息】
　【英文名】disaster loss evaluation
　【拼音】zai qing sun shi ping gu
　【核心词】
【定义】
　　评估风险区内一定时段可能发生的一系列不同强度自然灾害给风险区造成的可能后果。损失包括：（1）直接损失，可用风险财产的损失来计算。（2）人员伤亡损失。（3）间接损失，如通信、交通中断造成的风险区与区外的正常信息、物资交流困难和失灵而导致的损失等。
【来源】《自然灾害风险分析》
【分类信息】
　【NDCC 分类类目】
　　灾害评估
【词条属性】
　【特征】
　　【关键指标】损失率
　【方法手段】
　　【方法】灾情统计、直接经济损失估算、间接损失估算
【词条关系】
　【组成关系】
　　【组成】自然灾害风险分析基本内容

◎ **灾情等级划分**
【基本信息】
　【英文名】disaster grade classification

【拼音】zai qing deng ji hua fen
【核心词】
【定义】
　　根据不同受灾程度进行划分。
【来源】《主要气象灾害风险评价与管理的数量化方法及其应用》
【分类信息】
　【NDCC 分类类目】
　　一般术语
【词条属性】
　【功用】
　　【用途】灾情区划图
【词条关系】
　【适用情况】
　　【描述】灾情
　【层级关系】
　　【子类】环境污染等级划分
　　【子类】冰灾灾情等级划分
　　【子类】雪灾灾情等级划分
　　【子类】火灾灾情等级划分
　　【子类】综合灾害灾情等级划分
　　【子类】自然灾害灾情等级划分
　　【子类】旱灾灾情等级划分
　　【子类】高温灾害灾情等级划分
　　【子类】涝灾灾情等级划分
　　【子类】洪灾灾情等级划分
　　【子类】农业生态灾害灾情等级划分
　　【子类】城市地裂缝灾害灾情等级划分
　　【子类】城市生物灾害灾情等级划分
　　【子类】城市爆炸灾害灾情等级划分
　　【子类】城市环境灾害灾情等级划分
　　【子类】城市冰雪灾害灾情等级划分
　　【子类】草原气象灾害灾情等级划分
　　【子类】崩塌灾害灾情等级划分
　　【子类】矿山灾害灾情等级划分
　　【子类】飓风灾害灾情等级划分
　　【子类】农田雨涝灾害灾情等级划分
　　【子类】农田涝渍灾害灾情等级划分
　　【子类】农业洪水灾害灾情等级划分
　　【子类】草原生态灾害灾情等级划分
　　【子类】城市暴雨灾害灾情等级划分
　　【子类】寒潮灾害灾情等级划分
　　【子类】霜害灾情等级划分
　　【子类】火山灾害灾情等级划分
　　【子类】海浪灾害灾情等级划分
　　【子类】兽害灾情等级划分
　　【子类】植物灾害灾情等级划分
　　【子类】动物灾害灾情等级划分

◎灾情评估
【基本信息】
　【英文名】disaster situation assessment
　【拼音】zai qing ping gu
　【核心词】
【定义】
　　对灾害情况进行的评判估计。
【来源】《灾害学导论》
【分类信息】
　【NDCC 分类类目】
　　灾害评估
【词条属性】
　【目的】
　　【目的目标】更加全面系统地掌握灾情，为部署和实施减灾工作提供依据
【词条关系】
　【层级关系】
　　【子类】事前评估
　　【子类】事中评估
　　【子类】事后评估
　　【子类】灾情评估能力
　　【子类】灾期监测性评估
　　【子类】雪灾灾情评估
　　【子类】洪涝灾情评估
　　【子类】地貌灾害灾情评估
　　【子类】天文灾害灾情评估
　　【子类】城市火灾灾情评估

【子类】城市雪灾灾情评估
【子类】草原雪灾灾情评估
【子类】草原火灾灾情评估
【子类】瓦斯灾害灾情评估
【子类】农业旱灾灾情评估
【子类】化学灾害灾情评估
【子类】综合灾害灾情评估
【子类】旱灾灾情评估
【子类】涝灾灾情评估
【子类】洪灾灾情评估
【子类】环境污染灾害灾情评估
【子类】农林生物灾害灾情评估
【子类】水旱灾害灾情评估
【子类】冰雹灾害灾情评估
【子类】冰凌灾害灾情评估
【子类】地面沉降灾害灾情评估
【子类】次生灾害灾情评估
【子类】海啸灾情评估
【子类】草原灾害灾情评估
【子类】草原火灾灾害灾情评估
【子类】海雾灾害灾情评估
【子类】城市雹灾情评估
【子类】冰山灾害灾情评估
【子类】城市冰雪灾害灾情评估
【子类】赤潮灾害灾情评估
【子类】风暴潮灾害灾情评估
【子类】地震海啸灾害灾情评估
【子类】厄尔尼诺灾害灾情评估
【子类】崩塌灾害灾情评估
【子类】矿山灾害灾情评估
【子类】农田水涝灾害灾情评估
【子类】农田涝渍灾害灾情评估
【子类】农业洪水灾害灾情评估
【子类】寒潮灾害灾情评估
【子类】霜害灾情评估
【子类】火山灾害灾情评估
【子类】涝渍灾害灾情评估
【子类】兽害灾情评估

【子类】植物灾害灾情评估
【子类】动物灾害灾情评估
【组成关系】
【部件有】损害核定
【部件有】评估上报
【部件有】农作物病虫害灾情评估
【部件有】海啸灾害灾情评估
【对应关系】
【指标－主体】灾害损失影响度

◎ **作物热害**
【基本信息】
【英文名】hot weather damage
【拼音】zuo wu re hai
【核心词】
【定义】
　　高温对植物生长发育以及产量形成损害的一种农业气象灾害。
【来源】《英汉汉英灾害科学词典》
【分类信息】
【NDC 类目】
　　（1）气象灾害
　　（2）生物灾害
　　（3）农业灾害
【NDCC 分类类目】
　　高温灾害
【词条属性】
【空间属性】
　　【位置】华北地区的小麦，马铃薯，长江流域以南的水稻，北方和长江中下游地区的棉花常受其害
【词条关系】
【基本情况】
　　【形成原因】高温热害
【层级关系】
　　【子类】高温逼熟
　　【子类】日烧
　　【子类】作物热害

【子类】小麦热害
　【子类】早稻热害
　【子类】蔬菜热害
　【子类】果林热害
　【子类】地热害
　【子类】日烧（果树）
　【类属】农业气象灾害
　【类属】气候灾害
　【类属】热害
【等同关系】
　【全称-缩略同义】高温热害
　【基本等同】热危害
　【本名-别名同义】高温胁迫
【组成关系】
　【部件有】存储期伤热
【因果关系】
　【受影响（有关）】极限温度
　【受影响（有关）】亚致死热胁迫
【对应关系】
　【主体-指标】热害指数
　【结论-现象】热害症状
　【表示（表征）】热害区

◎ 热带气旋灾害
【基本信息】
　【英文名】tropical cyclone disaster
　【拼音】re dai qi xuan zai hai
　【核心词】
【定义】
　热带气旋是在热带海洋大气中形成的中心温度高、气压低的强烈涡旋的统称。该系统一旦形成，狂风、暴雨和巨浪的恶劣天气现象出现在距气旋中心几百公里到几十公里的环形范围内，所经之处可造成很大危害，特别是它一旦侵入我国陆地，造成的损失更为严重。这一灾害每年均有发生，但灾情严重程度不同。
　【来源】《气象灾害丛书——气候变化与灾害》
【分类信息】
　【NDC 类目】
　　气象灾害
　【NDCC 分类类目】
　　气象水文灾害
【词条属性】
　【特征】
　　【特点】发生频率高
　　【特点】累积损失高
　【效应】
　　【正效应】解除旱情
　　【负效应】伴有强风
　　【负效应】伴有暴雨
　　【负效应】产生风暴潮
【词条关系】
　【组成关系】
　　【组成】主要气象灾害
　　【部件有】热带气旋灾害周期
　【因果关系】
　　【结果（因-果）】热带气旋灾害危害
　　【结果（因-果）】热带气旋灾害损失

◎ 热污染
【基本信息】
　【英文名】thermal pollution
　【拼音】re wu ran
　【核心词】
【定义】
　热污染是指现代工业生产和生活中排放的废热所造成的环境污染。热污染可以污染大气和水体。火力发电厂、核电站和钢铁厂的冷却系统排出的热水，以及石油、化工、造纸等工厂排出的生产性废水中均含有大量废热。这些废热排入地面水体之后，能使水温升高。
　【来源】《热污染》
【分类信息】

【NDC 类目】
　人为灾害
【NDCC 分类类目】
　其他灾害
【词条属性】
　【空间属性】
　　【位置】工业企业附近
【词条关系】
　【层级关系】
　　【子类】水体热污染
　　【子类】大气热污染
　　【子类】海洋热污染
　　【类属】能量污染
　【因果关系】
　　【受影响（有关）】核热电厂
　　【成因（果－因）】废热
　　【成因（果－因）】热电堆

◎ 热浪灾害
【基本信息】
　【英文名】heat disaster
　【拼音】re lang zai hai
　【核心词】
【定义】
　热浪灾害是指天气持续地保持过度炎热的过程，由于炎热持续时间较长，引起人、动物以及植物不能适应并且产生不利影响的一种气象灾害。
　【来源】《气象灾害丛书——高温热浪与人体健康》
【分类信息】
　【NDC 类目】
　　气象灾害
【词条属性】
　【基本情况】
　　【形成原因】反气旋
　　【形成原因】高压脊
【词条关系】

【组成关系】
　【部件有】热浪灾害链
　【部件有】热浪灾害周期
　【部件有】热浪灾害规律
　【部件有】热浪灾害成因
　【部件有】热浪灾害风险
　【部件有】热浪灾害历史
　【部件有】热浪灾害等级
　【部件有】热浪灾害危害
　【部件有】热浪灾害分类
　【部件有】热浪灾害类型
　【部件有】热浪灾害损失
　【部件有】热浪灾害防治
　【部件有】热浪灾害监测
　【部件有】热浪灾害预测
　【部件有】热浪灾害预警
　【部件有】热浪灾害灾情
　【部件有】热浪灾害应急
　【隶属于】灾害
【因果关系】
　【结果（因－果）】高温灾害

◎ 爆炸事故
【基本信息】
　【英文名】explosive accidents
　【拼音】bao zha shi gu
　【核心词】
【定义】
　是指各种物理性爆炸及化学性爆炸造成的财产损失和人身伤亡的灾害现象。
　【来源】《人为的灾害》
【分类信息】
　【NDC 类目】
　　人为灾害
【词条属性】
　【效应】
　　【负效应】地震效应
　【基本情况】

【形成原因】违规操作
【词条关系】
　【组成关系】
　　【部件有】粉尘爆炸
　　【部件有】火灾爆炸事故
　　【部件有】瓦斯爆炸事故
　　【部件有】锅炉爆炸事故
　　【部件有】炸药爆炸事故
　　【部件有】铁炉爆炸
　　【部件有】火药爆炸
　　【部件有】石油化工制品爆炸
　　【隶属于】人为灾害
　【因果关系】
　　【受影响（有关）】危险化学品
　　【受影响（有关）】拒爆原因
　【对应关系】
　　【指标－主体】爆炸现场
　　【指标－主体】爆炸原因

◎ 物种灭绝
【基本信息】
　【英文名】species extinction
　【拼音】wu zhong mie jue
　【核心词】
【定义】
　　泛指植物或动物的种类不可再生性的消失或破坏。
【来源】《环境学词典》
【分类信息】
　【NDC 类目】
　　生物灾害
　【NDCC 分类类目】
　　其他生物灾害
【词条属性】
　【特征】
　　【特点】生物大灭绝
【词条关系】
　【层级关系】

　　【子类】终极绝灭
　　【子类】集群绝灭
　【组成关系】
　　【部件有】注定灭绝
　　【部件有】二叠纪大灭绝
　　【部件有】第三次物种大灭绝
　　【部件有】第五次物种大灭绝
　　【部件有】白垩纪大灭绝
　　【部件有】功能性灭绝
　【因果关系】
　　【受影响（有关）】宇宙线辐射
　　【成因（果－因）】生态环境破坏
　　【成因（果－因）】环境污染
　　【成因（果－因）】人口爆炸
　【对应关系】
　　【概念－实例】第四次物种大灭绝
　　【概念－实例】第一次物种大灭绝
　　【概念－实例】奥陶纪大灭绝

◎ 环境污染
【基本信息】
　【英文名】environmental pollution
　【拼音】huan jing wu ran
　【核心词】
【定义】
　　是指人类直接或间接地向环境排放超过其自净能力的物质或能量，从而使环境的质量降低，对人类的生存与发展、生态系统和财产造成不利影响的现象。
【来源】《环境学词典》
【分类信息】
　【NDCC 分类类目】
　　生态环境灾害
【词条属性】
　【特征】
　　【危害】危害人体健康，破坏生态环境
　【状况】
　　【现状】我国近年来盲目追求高速的经

济增长，忽略了环境的平衡发展问题，使生态环境恶化严重，这就致使环境治理问题成为我国社会关注的焦点，特别是城市环境的治理问题。
【词条关系】
　【层级关系】
　　【子类】城市环境污染
　　【子类】农业环境污染
　　【子类】矿山环境污染源
　　【子类】沙尘污染
　　【子类】环境病毒污染
　　【子类】矿山环境污染
　　【子类】氰化物污染
　　【子类】垃圾焚化
　　【子类】氟污染
　　【子类】钒污染
　　【子类】二噁英污染
　　【子类】多环芳烃污染
　　【子类】氡污染
　　【子类】工业环境污染
　　【子类】生态环境污染
　　【子类】丙烯酰胺污染
　　【子类】烟缕污染
　　【子类】烟污染
　　【子类】农业生态环境污染
　　【子类】矿山水土污染
　　【类属】城市污染
　【等同关系】
　　【基本等同】地理环境污染
　【组成关系】
　　【组成】生态环境危机
　　【部件有】海洋污染
　　【部件有】农田污染
　　【部件有】水环境污染
　　【部件有】黑色污染
　　【部件有】系统污染
　　【部件有】气溶胶污染
　　【部件有】土地污染

　【因果关系】
　　【受影响（有关）】危险性转移
　　【受影响（有关）】污水害
　　【受影响（有关）】草坪灾害
　　【受影响（有关）】易腐蚀性
　　【受影响（有关）】大气降尘
　　【影响（部分因果）】污染土
　　【影响（部分因果）】绿色GDP
　　【影响（部分因果）】第二环境
　　【成因（果-因）】无机污染物
　　【成因（果-因）】农业废弃物
　　【成因（果-因）】污染物排出
　　【结果（因-果）】持久性有机污染物
　　【结果（因-果）】人为环境污染物
　　【结果（因-果）】物种灭绝
　　【结果（因-果）】污染受害者
　　【结果（因-果）】危害环境
　　【结果（因-果）】致畸
　　【结果（因-果）】致突变
　　【结果（因-果）】致癌

◎ **环境污染灾害**
【基本信息】
　【英文名】environmental pollution disasters
　【拼音】huan jing wu ran zai hai
　【核心词】
【定义】
　　由于人类活动引起环境污染所导致的灾害。
【来源】《地理学词典》
【分类信息】
　【NDCC分类类目】
　　其他灾害
【词条属性】
　【时间属性】
　　【发生时间】环境污染之后
【词条关系】
　【层级关系】

【类属】社会灾害
【类属】环境破坏型灾害

◎ 环境灾害
【基本信息】
　【英文名】environmental disaster
　【拼音】huan jing zai hai
　【核心词】
【定义】
　由于人类活动引起环境恶化所导致的灾害，是除自然变异因素外的另一重要致灾原因。
【来源】《环境学词典》
【分类信息】
　【NDC 类目】
　　一般术语
【词条属性】
　【状况】
　　【现状】发生频繁，类型多样，灾情严重
【词条关系】
　【层级关系】
　　【子类】海洋环境灾害
　　【子类】人为环境灾害
　　【子类】工程环境灾害
　　【子类】环境退化灾害
　【组成关系】
　　【部件有】农药污染
　　【部件有】环境破坏型灾害
　　【集成为】环境灾难
　【因果关系】
　　【影响（部分因果）】异常水土环境

◎ 环境质量指数计算
【基本信息】
　【英文名】the environmental quality index calculation
　【拼音】huan jing zhi liang zhi shu ji suan
　【核心词】
【定义】
　依据环境标准，计算环境质量指数的方法。
【来源】《生态环境状况评价技术规范（试行）》
【分类信息】
　【NDC 类目】
　　（1）应急管理
　　（2）防灾备灾
【词条属性】
　【方法手段】
　　【方法】环境质量指数 = 0.4 × (100 − 二氧化硫的归一化系数 × 二氧化硫排放量/区域面积) + 0.4 × (100 − COD 的归一化系数 × COD 排放量/区域年均降雨量) + 0.2 × (100 − 固体废物的归一化系数 × 固体废物排放量/区域面积)
【词条关系】
　【适用情况】
　　【用于】环境质量指数

◎ 现代病
【基本信息】
　【英文名】modern disease
　【拼音】xian dai bing
　【核心词】
【定义】
　与工业化和现代生产、生活方式有关的疾病。
【来源】《英汉汉英灾害科学词典》
【分类信息】
　【NDCC 分类类目】
　　其他灾害
【词条属性】
　【状况】
　　【困境】无确定指标描述

【词条关系】
　【层级关系】
　　【子类】亚健康症

◎ **瓦斯爆炸灾害**
【基本信息】
　【英文名】gas explosion disaster
　【拼音】wa si bao zha zai hai
　【核心词】
【定义】
　　瓦斯与窄气混合，在高温下急剧氧化，并产生强大冲击波的爆炸所造成的灾害。瓦斯只有达到一定浓度后才发生爆炸。瓦斯爆炸浓度与氧浓度、点火能量、初压、混合气体运动方向、空间大小和其他气体的存在有关。实验室测定的爆炸下限为5%~6%。上限为14%~15%。瓦斯燃点为650~750℃。煤矿井下因明火、吸烟、煤炭自燃、爆破、电火花、电弧、炽热的金属表面，甚至撞击或摩擦火花，都能点燃瓦斯。在瓦斯中，乙烷的爆炸界限低于甲烷，丙烷更低。中国煤矿瓦斯爆炸的火源主要是电火花和爆破，主要发生地点是采掘工作面。瓦斯爆炸产生强大的冲击波，常造成严重的人员伤亡以及巷道、器材、设施毁坏。爆炸后氧浓度降低，生成大量二氧化碳和一氧化碳，容易使人窒息和中毒。
【来源】《人为的灾害》
【分类信息】
　【NDCC分类类目】
　　其他灾害
【词条属性】
　【约束】
　　【极限】实验室测定的爆炸下限为5%~6%。上限为14%~15%
　【物理特性】
　　【燃点】瓦斯燃点为650~750℃
【词条关系】

　【层级关系】
　　【类属】灾害

◎ **生命线灾害**
【基本信息】
　【英文名】lifeline disaster
　【拼音】sheng ming xian zai hai
　【核心词】
【定义】
　　多种原因导致的城市生命线系统受到影响的灾害。
【来源】《人为的灾害》
【分类信息】
　【NDC类目】
　　（1）气象灾害
　　（2）人为灾害
【词条属性】
　【特征】
　　【特点】灾害经济损失较大
【词条关系】
　【因果关系】
　　【成因（果-因）】气象灾害
　　【成因（果-因）】事故灾害

◎ **生态修复**
【基本信息】
　【英文名】ecological remediation
　【拼音】sheng tai xiu fu
　【核心词】
【定义】
　　以生物修复为基础，强调生态学原理在污染土壤和地下水以及地表水修复中的应用，是物理—生物修复、化学—生物修复、微生物—植物修复等各种修复技术的综合。
【来源】《生态修复》
【分类信息】
　【NDC类目】

(1) 防灾备灾
(2) 恢复重建
【词条属性】
　【方法手段】
　　【方法】生态修复技术
【词条关系】
　【触发条件】
　　【依据】生物修复
　【组成关系】
　　【分解为】微生物—植物修复
　　【分解为】化学—生物修复
　　【分解为】物理—生物修复
　　【集成为】生物资源保护

◎ **生态公益林**
【基本信息】
　【英文名】ecological public-welfare forests
　【拼音】sheng tai gong yi lin
　【核心词】
【定义】
　　生态公益林是指生态区位极为重要，或生态状况极为脆弱，对国土生态安全、生物多样性保护和经济社会可持续发展具有重要作用，以提供森林生态和社会服务产品为主要经营目的的重点的防护林和特种用途林。
【来源】《森林生态学》
【分类信息】
　【NDC类目】
　　防灾备灾
【词条属性】
　【空间属性】
　　【位置】生态区位极为重要或生态状况极为脆弱的保护区域
　【目的】
　　【目的目标】以提供森林生态和社会服务产品、保护和改善人类生存环境、维持生态平衡、保存物种资源、科学实验、森林旅游、国土保安等需要为主要经营目的。

【词条关系】
　【层级关系】
　　【子类】地方公益林
　　【子类】国家公益林
　【等同关系】
　　【全称-缩略同义】公益林
　【组成关系】
　　【部件有】水源涵养林
　　【部件有】国防林
　　【部件有】水土保持林
　　【部件有】护岸林
　　【部件有】自然保护区森林
　　【部件有】防风固沙林

◎ **生态压力**
【基本信息】
　【英文名】ecology pressure
　【拼音】sheng tai ya li
　【核心词】
【定义】
　　是危及生物个体或种群的生长及生殖的外界干扰（如寒冷、干旱或饥饿等）及其所产生的生理效应；危及生态系统稳定性的外界干扰（如人口增长、资源短缺或环境污染等）及其所产生的生态效应。
【来源】《中国区域发展与生态压力时空差异分析》
【分类信息】
　【NDC类目】
　　生态灾害
【词条属性】
　【效应】
　　【负效应】危及生物个体或种群的生长及生殖
　【基本情况】
　　【形成原因】人口增长、资源短缺或环境污染等
【词条关系】

【组成关系】
　　【隶属于】环境效应
【对应关系】
　　【表明（反映）】生态安全

◎ **生态完整性调查**
【基本信息】
　　【英文名】ecological integrity survey
　　【拼音】sheng tai wan zheng xing diao cha
　　【核心词】
【定义】
　　对生态完整性的调查。
【来源】《生态学》
【分类信息】
　　【NDC 类目】
　　（1）应急管理
　　（2）防灾备灾
【词条属性】
　　【方法手段】
　　　　【方法】区域蒸散模式
【词条关系】
　　【组成关系】
　　　　【成分有】自然系统生产能力估测
　　　　【组成】生态现状调查

◎ **生态恢复技术**
【基本信息】
　　【英文名】ecological recovery technology
　　【拼音】sheng tai hui fu ji shu
　　【核心词】
【定义】
　　就是指运用生态学原理和系统科学的方法，把现代化技术与传统的方法通过合理的投入和时空的巧妙结合，使生态系统保持良性的物质、能量循环，从而达到人与自然的协调发展的恢复治理技术。
【来源】《恢复生态学》

【分类信息】
　　【NDC 类目】
　　（1）防灾备灾
　　（2）恢复重建
【词条属性】
　　【功用】
　　　　【用途】生态恢复
【词条关系】

◎ **生态损失评估**
【基本信息】
　　【英文名】ecological loss evaluation
　　【拼音】sheng tai sun shi ping gu
　　【核心词】
【定义】
　　对灾害事故造成的潜在生态破坏进行评估。
【来源】《海洋溢油生态损害快速预评估技术研究》
【分类信息】
　　【NDC 类目】
　　生态灾害
【词条属性】
　　【特征】
　　　　【关键指标】生态损失度
　　　　【特点】潜在损失
　　【方法手段】
　　　　【方法】环境效益
【词条关系】
　　【适用情况】
　　　　【用于】生态损失
　　　　【用于】地质灾害生态损失
　　　　【用于】海洋灾害生态损失
　　　　【用于】农林灾害生态损失
　　【层级关系】
　　　　【子类】草原火灾生态损失评估
　　　　【子类】森林火灾生态损失评估
　　【等同关系】

【本名-别名同义】生态损失评价

◎ 生态敏感区
【基本信息】
　【英文名】ecological sensitive area
　【拼音】sheng tai min gan qu
　【核心词】
【定义】
　　生态敏感区是指那些对人类生产、生活活动具有特殊敏感性或具有潜在自然灾害影响，极易受到人为的不当开发活动影响而产生生态负面效应的地区。生态敏感区包括生物、环境、水资源、大气、土壤、地质、地貌以及环境污染等属于生态范畴的所有内容。
【来源】《生态学》
【分类信息】
　【NDC类目】
　　（1）防灾备灾
　　（2）生态灾害
【词条属性】
　【特征】
　　【关键指标】生态敏感因子
　　【特点】生态敏感区是一个区域中生态环境变化最激烈和最易出现生态问题的地区，也是区域生态系统可持续发展及进行生态环境综合整治的关键地区
【词条关系】
　【层级关系】
　　【子类】特殊植物群落
　　【子类】稀有植物群落
　　【子类】山地丘陵
　　【子类】野生动物栖息地
　　【子类】滨水地区
　　【子类】河流水系
　　【子类】海岸湿地
　　【子类】沼泽
　　【子类】海滩

　【子类】复杂生态系统

◎ 生态灾害
【基本信息】
　【英文名】ecological disaster
　【拼音】sheng tai zai hai
　【核心词】
【定义】
　　由于生态系统平衡改变所带来的各种始料未及的不良后果。
【来源】《应用生态学》
【分类信息】
　【NDC类目】
　　生态灾害
【词条属性】
　【特征】
　　【特点】重灾迟滞性
　　【特点】重复递增性
　　【特点】生态灾害链
【词条关系】
　【层级关系】
　　【子类】草原生态灾害
　【等同关系】
　　【基本等同】生态冲击
　　【基本等同】生态报复
　　【基本等同】自然包袱
　【组成关系】
　　【组成】草原退化
　　【组成】森林退化
　　【组成】流沙扩展
　　【组成】生态环境类灾害
　　【部件有】生物多样性减少
　　【部件有】生态污染
　　【部件有】生态环境损害
　　【部件有】农作物生态灾害
　　【集成为】生态灾害群
　【对应关系】
　　【概念-实例】水葫芦疯长

◎ 生态灾害风险
【基本信息】
　【英文名】ecological disaster risk
　【拼音】sheng tai zai hai feng xian
　【核心词】
【定义】
　　生态系统过程出现异常的可能性及其对社会和生态环境造成的影响。
【分类信息】
　【NDC 类目】
　　（1）应急管理
　　（2）防灾备灾
【词条属性】
　【特征】
　　【关键指标】生态灾害
【词条关系】
　【层级关系】
　　【子类】土地沙化风险

◎ 生态环境影响评价
【基本信息】
　【英文名】ecological environmental impact assessment
　【拼音】sheng tai huan jing ying xiang ping jia
　【核心词】
【定义】
　　通过定量揭示和预测人类活动对生态影响及对人类健康和经济发展的作用，分析确定一个地区的生态负荷或环境容量。
【来源】《生态学》
【分类信息】
　【NDC 类目】
　　（1）应急管理
　　（2）防灾备灾
【词条属性】
　【状况】
　　【现状】生态系统是生态影响评价的基本对象
　【空间属性】
　　【位置】敏感生态区
【词条关系】
　【层级关系】
　　【子类】生态环境现状评价
　【等同关系】
　　【基本等同】生态影响评价
　【组成关系】
　　【成分有】区域自然系统生态完整性评价
　　【成分有】敏感生态区域和敏感生态问题评价

◎ 生态环境状况指数
【基本信息】
　【英文名】ecological environmental situation index
　【拼音】sheng tai huan jing zhuang kuang zhi shu
　【核心词】
【定义】
　　反映被评价区域生态环境质量状况，数值范围 0~100。
【来源】《生态环境状况评价技术规范（试行）》
【分类信息】
　【NDC 类目】
　　（1）应急管理
　　（2）防灾备灾
【词条属性】
　【约束】
　　【数值范围】数值范围 0~100
【词条关系】
　【对应关系】
　　【表明（反映）】生态环境质量
　　【表明（反映）】生态环境质量状况

◎ **生态环境状况评价**

【基本信息】

【英文名】the ecological environmental situation assessment

【拼音】sheng tai huan jing zhuang kuang ping jia

【核心词】

【定义】

对生态环境状况及变化趋势的评价。

【来源】《生态环境状况评价技术规范（试行）》

【分类信息】

【NDC 类目】

（1）应急管理

（2）防灾备灾

【词条属性】

【方法手段】

【方法】生态环境状况指数

【目的】

【目的目标】生态环境保护

【词条关系】

【触发条件】

【依据】生态环境状况评价技术规范（试行）

◎ **生态环境补偿机制**

【基本信息】

【英文名】the ecological environment compensation mechanism

【拼音】sheng tai huan jing bu chang ji zhi

【核心词】

【定义】

以保护生态环境、促进人与自然和谐为目的，根据生态系统服务价值、生态保护成本、发展机会成本，综合运用行政和市场手段，调整生态环境保护和建设相关各方之间利益关系的环境经济政策。主要针对区域性生态保护和环境污染防治领域，是一项具有经济激励作用、与"污染者付费"原则并存、基于"受益者付费和破坏者付费"原则的环境经济政策，是环境管理的一种经济手段。它通过调节人类生产活动行为来达到生态环境保护的目的。

【来源】《森林生态学》

【分类信息】

【NDC 类目】

防灾备灾

【词条属性】

【目的】

【目的目标】生态环境保护

【目的目标】促进人与自然和谐

【词条关系】

【适用情况】

【用于】生态环境补偿

【组成关系】

【成分有】狭义生态环境补偿机制

【成分有】广义生态环境补偿机制

◎ **生态现状调查**

【基本信息】

【英文名】ecological investigation

【拼音】sheng tai xian zhuang diao cha

【核心词】

【定义】

对生态环境现状的调查。

【来源】《生态学》

【分类信息】

【NDC 类目】

（1）应急管理

（2）防灾备灾

【词条属性】

【方法手段】

【方法】植被样方调查

【方法】遥感技术

【词条关系】

【适用情况】

【用于】生态环境影响评价

【用于】生态环境现状评价
【层级关系】
　【子类】基本生态因子调查
　【子类】生态系统调查
　【子类】生态环境问题调查
　【子类】重要敏感生态保护目标调查
　【子类】自然资源调查
【组成关系】
　【成分有】生态完整性调查
　【成分有】物种多样性调查

◎ **生态系统**
【基本信息】
　【英文名】ecosystem
　【拼音】sheng tai xi tong
　【核心词】
【定义】
　在一定空间范围内，植物、动物、真菌、微生物群落与其非生命环境，通过能量流动和物质循环而形成的相互作用、相互依存的动态复合体。
　【来源】《生态经济学》
【分类信息】
　【NDC 类目】
　　生态灾害
【词条属性】
　【特征】
　　【特点】生物与环境是不可侵害的整体
　【效应】
　　【负效应】生态灾害
【词条关系】
　【层级关系】
　　【子类】草地生态系统
　　【子类】淡水生态系统
　　【子类】城市生态系统
　　【子类】农田生态系统
　　【子类】森林生态系统
　　【子类】世界生态系统
　　【子类】海岸带生态系统
　　【子类】海洋生态系统
　　【子类】海岸生态系统
　　【子类】成熟生态系统
　　【子类】草原生态系统
　　【子类】荒漠生态系统
　　【类属】生态区系
　　【类属】生态管理系统
　　【类属】生态动力系统
【等同关系】
　【基本等同】生态系
【组成关系】
　【分解为】温带生态系统
　【成分有】生态食物链
　【成分有】生物组分
　【成分有】非生物环境
　【成分有】非生命系统
　【成分有】生命系统
　【成分有】群落演替
　【组成】生物群落
　【组成】无机环境
　【部件有】生态势位
　【部件有】生态群种
　【部件有】生态群
　【部件有】生态圈
　【部件有】生态区
　【部件有】生态空间
　【部件有】生态均衡
　【部件有】生态聚居环境
　【部件有】生态结构
　【部件有】生态技术
　【部件有】生态活动
　【部件有】生态恢复力
　【部件有】生态环境
　【部件有】生态过渡区
　【部件有】生态更替
　【部件有】自然生态系统
　【部件有】复合生态系统

【部件有】河流生态系统
　　【部件有】土地生态系统
　　【部件有】水生生态系统
　　【部件有】植被生态系统
　　【部件有】湿地生态系统
　　【部件有】陆生生态系统
【因果关系】
　　【受影响（有关）】毁林

◎ **生态系统退化诊断**
【基本信息】
　　【英文名】ecological system degradation diagnosis
　　【拼音】sheng tai xi tong tui hua zhen duan
　　【核心词】
【定义】
　　退化生态系统恢复和重建时要首先合理诊断退化的过程及退化的程度，才可能合理选择应该采取的途径和技术方法。
　　【来源】《恢复生态学》
【分类信息】
　　【NDC类目】
　　　　（1）应急管理
　　　　（2）生态灾害
【词条属性】
　　【方法手段】
　　　　【方法】生态系统退化程度诊断方法
【词条关系】
　　【适用情况】
　　　　【用于】生态系统退化

◎ **生态系统退化过程**
【基本信息】
　　【英文名】ecological system degradation process
　　【拼音】sheng tai xi tong tui hua guo cheng
　　【核心词】
【定义】
　　生态系统退化过程是系统内组分及其相互作用发生不良变化的过程。
　　【来源】《恢复生态学》
【分类信息】
　　【NDC类目】
　　　　生态灾害
【词条属性】
　　【特征】
　　　　【特点】逆向演替过程
【词条关系】
　　【适用情况】
　　　　【描述】退化生态系统
　　【层级关系】
　　　　【子类】突变过程
　　　　【子类】复合退化过程
　　　　【子类】间断不连续过程
　　　　【子类】跃变过程
　　　　【子类】渐变过程

◎ **生态红线**
【基本信息】
　　【英文名】ecological red line
　　【拼音】sheng tai hong xian
　　【核心词】
【定义】
　　"生态红线"主要分为重要生态功能区、陆地和海洋生态环境敏感区、脆弱区三大区域。
　　【来源】《环境学词典》
【分类信息】
　　【NDCC分类类目】
　　　　灾害管理
【词条属性】
　　【特征】
　　　　【关键指标】生态功能区
　　　　【关键指标】生态脆弱区
　　　　【关键指标】生物多样性保育区
【词条关系】

【适用情况】
　　【适用】生态保护

◎ **生态脆弱区**
【基本信息】
　　【英文名】ecological fragile zone
　　【拼音】sheng tai cui ruo qu
　　【核心词】
【定义】
　　是指两种不同类型生态系统交界过渡区域。这些交界过渡区域生态环境条件与两个不同生态系统核心区域有明显的区别，是生态环境变化明显的区域，已成为生态保护的重要领域。
【分类信息】
　　【NDC类目】
　　（1）防灾备灾
　　（2）生态灾害
【词条属性】
　　【特征】
　　【特点】系统抗干扰能力弱。生态脆弱区生态系统结构稳定性较差，对环境变化反映相对敏感，容易受到外界的干扰发生退化演替，而且系统自我修复能力较弱，自然恢复时间较长
　　【特点】对全球气候变化敏感。生态脆弱区生态系统中，环境与生物因子均处于相变的临界状态，对全球气候变化反应灵敏。具体表现为气候持续干旱，植被旱生化现象明显，生物生产力下降，自然灾害频发等。
　　【特点】时空波动性强。波动性是生态系统的自身不稳定性在时空尺度上的位移。在时间上表现为气候要素、生产力等在季节和年际间的变化；在空间上表现为系统生态界面的摆动或状态类型的变化
　　【特点】边缘效应显著。生态脆弱区具有生态交错带的基本特征，因处于不同生态系统之间的交接带或重合区，是物种相互渗透的群落过渡区和环境梯度变化明显区，具有显著的边缘效应
　　【特点】环境异质性高。生态脆弱区的边缘效应使区内气候、植被、景观等相互渗透，并发生梯度突变，导致环境异质性增大。具体表现为植被景观破碎化，群落结构复杂化，生态系统退化明显，水土流失加重等
【空间属性】
　　【位置】我国生态脆弱区主要分布在北方干旱半干旱区、南方丘陵区、西南山地区、青藏高原区及东部沿海水陆交接地区，行政区域涉及黑龙江、内蒙古、吉林、辽宁、河北、山西、陕西、宁夏、甘肃、青海、新疆、西藏、四川、云南、贵州、广西、重庆、湖北、湖南、江西、安徽等21个省（自治区、直辖市）
　　【基本情况】
　　【形成原因】生态本底脆弱
　　【形成原因】人类活动的过度干扰
【词条关系】
　　【层级关系】
　　【子类】沿海水陆交接带生态脆弱区
　　【子类】西南山地农牧交错生态脆弱区
　　【子类】青藏高原复合侵蚀生态脆弱区
　　【子类】西南岩溶山地石漠化生态脆弱区
　　【子类】东北林草交错生态脆弱区
　　【子类】北方农牧交错生态脆弱区
　　【子类】西北荒漠绿洲交接生态脆弱区
　　【子类】南方红壤丘陵山地生态脆弱区
　　【子类】重点生态脆弱区
　　【等同关系】
　　【本名-别名同义】生态交错区

◎ **生态脆弱区现状调查**
【基本信息】
　　【英文名】investigation on the current situa-

tion in ecologically vulnerable areas

【拼音】sheng tai cui ruo qu xian zhuang diao cha

【核心词】

【定义】

以"3S"技术为主要手段，结合地面生态调查，全面开展全国八大类生态脆弱区资源、环境现状调查与基线评估，建立脆弱区生态背景数据库，明确不同生态脆弱区时空演变动态，制定符合中国国情的生态脆弱区评价指标体系，编制符合不同生态脆弱区植被恢复与系统重建的技术规范与技术标准，确定不同生态脆弱区资源、环境承载力阈值（生态警戒线），为脆弱区生态保育奠定科学基础。

【来源】《全国生态脆弱区保护规划纲要》

【分类信息】

　【NDC 类目】

　　防灾备灾

【词条属性】

　【方法手段】

　　【手段】3S 技术

　　【手段】生态调查

【词条关系】

　【适用情况】

　　【用于】生态脆弱区基线评估

　【组成关系】

　　【成分有】生态脆弱区资源现状调查

　　【成分有】生态脆弱区环境现状调查

◎生态调查

【基本信息】

　【英文名】ecological investigation

　【拼音】sheng tai diao cha

　【核心词】

【定义】

生态调查是为了了解区域生态环境乃至生物圈内动植物现况（或包括其他微生物族群）与分布的一种科学方法。基本的生态调查，有助于建立环境与生物基础资料，并了解生物现象与动态变化等诸多的环境因子。一般野生动物资源调查包括对于生态栖境中特定动物组成、动物族群分布、族群数量与栖息环境背景资料等；而范围的生态调查甚至也动用到地理资讯系统、地理统计等整合性的资料。

【来源】《生态学》

【分类信息】

　【NDC 类目】

　　（1）防灾备灾

　　（2）应急管理

【词条属性】

　【方法手段】

　　【方法】收集资料法

　　【方法】现场调查法

　　【方法】遥感调查法

【词条关系】

　【层级关系】

　　【子类】区域生态调查

　【组成关系】

　　【成分有】社会产业调查

　　【成分有】生态系统特征调查

　　【成分有】生物物理环境调查

◎生态阈限

【基本信息】

　【英文名】ecological threshold

　【拼音】sheng tai yu xian

　【核心词】

【定义】

生态系统虽然有一定的自我调节能力，但是只能在一定条件下，一定范围内起作用，如果干扰过大超出了生态系统本身的调节能力，就会导致生态平衡的破坏，这个临界限度叫生态阈限。

【来源】《中国农业百科全书》

【分类信息】
　【NDC 类目】
　　（1）防灾备灾
　　（2）一般术语
　　（3）生物灾害
　　（4）生态灾害
【词条属性】
　【功用】
　　【功能】生态系统分析
【词条关系】
　【触发条件】
　　【依据】环境质量
　　【依据】生物数量

◎ 生物丰度指数计算
【基本信息】
　【英文名】biological abundance index calculation
　【拼音】sheng wu feng du zhi shu ji suan
　【核心词】
【定义】
　　计算单位面积上不同生态系统类型在生物物种数量上的差异，间接地反映被评价区域内生物丰度的丰贫程度的指数的计算过程。
【来源】《中华人民共和国环境保护行业标准》
【分类信息】
　【NDC 类目】
　　（1）应急管理
　　（2）防灾备灾
【词条属性】
　【方法手段】
　　【方法】生物丰度指数 = 生物丰度指数的归一化系数 × （0.35 × 林地 + 0.21 × 草地 + 0.28 × 水域湿地 + 0.11 × 耕地 + 0.04 × 建设用地 + 0.01 × 未利用地）/区域面积
【词条关系】

【适用情况】
　【用于】生物丰度指数

◎ 生物入侵
【基本信息】
　【英文名】biological invasion
　【拼音】sheng wu ru qin
　【核心词】
【定义】
　　某种外来生物进入新分布区成功定居，并得到迅速扩展蔓延的现象。生物入侵是指某种生物从外地自然传入或人为引种后成为野生状态，并对本地生态系统造成一定危害的现象。
【来源】《中国农业百科全书》
【分类信息】
　【NDC 类目】
　　（1）生物灾害
　　（2）人为灾害
【词条属性】
　【状况】
　　【现状】农业部总经济师朱秀岩说，目前已有 400 多种外来物种"全面"入侵中国，在国际自然保护联盟公布的全球 100 种最具有威胁的外来生物中，入侵中国的物种有 50 余种，其中 11 种主要外来生物每年给中国造成的经济损失高达 570 亿元。
　【方法手段】
　　【方法】入侵途径
　【效应】
　　【负效应】生态环境破坏
【词条关系】
　【层级关系】
　　【子类】灌木侵入
　　【子类】侵入种
　　【子类】建立种群
　　【类属】生态气象灾害
　【因果关系】

【受影响（有关）】依赖人工繁育外来物种
　　【成因（果–因）】薇甘菊
　　【成因（果–因）】凤眼莲
　　【成因（果–因）】外来种
　　【结果（因–果）】葛藤灾害
　　【结果（因–果）】"女巫草"灾害
　【对应关系】
　　【概念–实例】豚草
　　【概念–实例】毒麦
　　【概念–实例】假高粱
　　【概念–实例】大米草
　　【概念–实例】狼毒
　　【概念–实例】野兔之灾
　　【概念–实例】牛粪之灾
　　【概念–实例】刺梨之灾
　　【概念–实例】飞机草
　　【概念–实例】互花米草
　　【概念–实例】紫茎泽兰
　　【概念–实例】雀鳝

◎ 生物入侵灾害
【基本信息】
　【英文名】biological invasion disasters
　【拼音】sheng wu ru qin zai hai
　【核心词】
【定义】
　　由于物种入侵带来的生态失衡。
【来源】《中国生态气象灾害研究》
【分类信息】
　【NDC 类目】
　　生物灾害
【词条属性】
　【特征】
　　【危害】会因其可能携带的病原微生物而对其他生物的生存甚至对人类健康构成直接威胁
【词条关系】

　　【因果关系】
　　　【结果（因–果）】生物入侵灾害损失

◎ 生物入侵灾害风险
【基本信息】
　【英文名】disaster risk of biological invasion
　【拼音】sheng wu ru qin zai hai feng xian
　【核心词】
【定义】
　　生物入侵灾害造成损失的大小及其可能性。
【来源】《中国生态气象灾害研究》
【分类信息】
　【NDC 类目】
　　生态灾害
【词条属性】
　【特征】
　　【关键指标】生物入侵灾害风险脆弱性
　　【关键指标】生物入侵灾害风险防灾减灾能力
　　【关键指标】生物入侵灾害风险暴露性
　　【关键指标】生物入侵灾害风险危险性
【词条关系】

◎ 生物圈灾害
【基本信息】
　【英文名】biosphere disasters
　【拼音】sheng wu quan zai hai
　【核心词】
【定义】
　　农业生物灾害和森林生物灾害。
【来源】《环境学词典》
【分类信息】
　【NDC 类目】
　　（1）一般术语
　　（2）生物灾害
【词条属性】

【特征】
　　　　【危害】生物多样性减少
【词条关系】
　　【层级关系】
　　　　【子类】草兽害

◎ **生物灾害**
【基本信息】
　　【英文名】biological disaster
　　【拼音】sheng wu zai hai
　　【核心词】
【定义】
　　在自然界，人类与各种动植物相互依存，可一旦失去平衡，生物灾难就会接踵而至。如捕杀鸟、蛙，会招致老鼠泛滥成灾；用高新技术药物捕杀害虫，反而增强了害虫的抗药性；盲目引进外来植物会排挤本国植物，均会造成不同程度的生物灾害，危及生态环境。
【来源】《地理学词典》
【分类信息】
　　【NDC类目】
　　　　人为灾害
　　【NDCC分类类目】
　　　　生物灾害
【词条属性】
　　【特征】
　　　　【特点】它直接导致人畜伤亡
　　　　【特点】间接危害人畜
　　　　【特点】危害农牧林业生产
【词条关系】
　　【层级关系】
　　　　【子类】森林生物灾害
　　　　【子类】农作物生物灾害
　　　　【子类】草原生物灾害
　　　　【子类】蝗虫灾害
　　　　【子类】鼠灾
　　　　【子类】农田鼠害

　　　　【子类】草原鼠害
　　　　【子类】森林鼠害
　　　　【子类】森林病害
　　　　【子类】森林虫害
　　　　【子类】林木病害
　　　　【子类】非侵染性病原
　　　　【子类】侵染性病原
　　　　【子类】林木虫害
　　　　【子类】林木鼠害
　　　　【子类】林业有害生物
　　　　【子类】植物病害
　　　　【子类】大田作物病害
　　　　【子类】马铃薯晚疫病
　　　　【子类】天牛病
　　　　【子类】鼠虫害
　　　　【子类】植物病虫害
　　　　【子类】渔业灾害
　　　　【子类】致突变
　　　　【子类】赤衣病
　　　　【子类】败坏过程
　　　　【子类】斑驳腐
　　　　【子类】疫灾
　　　　【子类】染色体末端变短
　　　　【子类】突发性林业有害生物灾害
　　　　【子类】常发性林业有害生物灾害
　　　　【子类】鼠疫灾害
　　　　【子类】疾疫流行
　　　　【子类】植物虫害
　　　　【子类】城市生物灾害
　　　　【子类】微生物灾害
　　【组成关系】
　　　　【组成】全球灾害
　　　　【部件有】植株感染率
　　　　【部件有】生物多样性减少
　　　　【部件有】赤潮生物
　　　　【部件有】鼠害
　　　　【部件有】兽害
　　　　【部件有】植物土壤污染

【部件有】蚁灾
　　【部件有】夏威夷的蜗牛灾
　　【部件有】浮萍灾害
　　【部件有】蚁患
　　【部件有】入侵植物害
【时间关系】
　　【前】物理机械防治
　　【同一时段】物理机械防治
【因果关系】
　　【受影响（有关）】氨氧化细菌
　　【受影响（有关）】生物量
　　【受影响（有关）】生态幅
　　【受影响（有关）】感光指数
　　【影响（部分因果）】植物残余
　　【影响（部分因果）】野生动物危害
　　【成因（果－因）】减产
　　【成因（果－因）】过快繁殖
　　【结果（因－果）】麦蛾
【对应关系】
　　【概念－实例】马里温岛的猫灾
　　【概念－实例】华盛顿州的金鱼灾
　　【概念－实例】西班牙的螃蟹灾
　　【概念－实例】澳大利亚兔灾
　　【结论－现象】伪死状

◎ 生物灾害损失评估
【基本信息】
　　【英文名】biological disaster loss assessment
　　【拼音】sheng wu zai hai sun shi ping gu
　　【核心词】
【定义】
　　对由于生物原因造成的灾害损失进行评估。
　　【来源】《防灾事典》
【分类信息】
　　【NDCC 分类类目】
　　　　灾害模拟与评估
【词条属性】

　　【时间属性】
　　　　【发生时间】灾后
【词条关系】
　　【层级关系】
　　　　【子类】农作物生物灾害损失评估
　　　　【子类】鼠疫灾害损失评估

◎ 电压
【基本信息】
　　【英文名】voltage
　　【拼音】dian ya
　　【核心词】
【定义】
　　电场强度 E 沿一规定路径从一点到另一点的线积分；在无旋场条件下，电压与路径无关，等于两点之间的电位差。
　　【来源】《防灾事典》
【分类信息】
　　【NDCC 分类类目】
　　　　一般术语
【词条属性】
　　【特征】
　　　　【关键指标】压强
【词条关系】
　　【层级关系】
　　　　【子类】击穿电压
　　　　【子类】突度电压
　　　　【子类】浪涌电压
　　　　【子类】接触电压
　　　　【子类】跨步电压

◎ 病原物
【基本信息】
　　【英文名】pathogen
　　【拼音】bing yuan wu
　　【核心词】
【定义】

引起植物病害的生物的统称，现已知道的主要有真菌、细菌（类菌原体）、病毒（类病毒）、线虫和寄生性种子植物。
【来源】《植物病理学》
【分类信息】
  【NDCC 分类类目】
    植物病虫害
【词条属性】
  【特征】
    【特点】致病性
    【特点】寄生性
【词条关系】
  【层级关系】
    【子类】病原菌
    【子类】林木病原物
    【子类】致病性
    【子类】寄生性
  【组成关系】
    【组成】林木病害四面体
    【组成】作物病害系统
  【因果关系】
    【结果（因-果）】病变

◎ 病害症状类型
【基本信息】
  【英文名】symptomatic type
  【拼音】bing hai zheng zhuang lei xing
  【核心词】
【定义】
  病害机体受到致病因素作用后，由内而外产生病症的类型。
【来源】《植物病害的症状类型》
【分类信息】
  【NDCC 分类类目】
    植物病虫害
【词条属性】
  【功用】
    【用途】农业病害风险识别

【用途】农业病害监测
【基本情况】
【形成原因】农业病害
【词条关系】
【适用情况】
【描述】症状
【层级关系】
  【子类】白粉病类
  【子类】锈病类
  【子类】煤污病类
  【子类】发霉
  【子类】斑点病类
  【子类】炭疽病类
  【子类】溃疡病类
  【子类】腐朽病类
  【子类】变色
  【子类】畸形
  【子类】肿瘤
  【子类】丛枝
  【子类】萎缩
  【子类】萎靡

◎ 病虫害
【基本信息】
  【英文名】plant diseases and insect pests
  【拼音】bing chong hai
  【核心词】
【定义】
  病害和虫害的并称，常对农、林、牧业等造成不良影响。
【来源】《作物病虫害田间防治》
【分类信息】
  【NDCC 分类类目】
    生物灾害
【词条属性】
  【特征】
    【危害】农作物受到威胁，甚至死亡，牧草质量受到损害

【方法手段】
　　【手段】防治病虫害可分为采用杀菌剂或杀虫剂等化学物质进行的化学防治；利用光或射线等物理能，或建造障壁的物理防治；改变作物品种，栽培时间或环境以减少为害的耕作防治；以利用天敌为主的生物防治等
【词条关系】
　　【层级关系】
　　　　【子类】作物病虫害
　　　　【子类】昆虫骚扰
　　【等同关系】
　　　　【全称－缩略同义】病虫灾害
　　【组成关系】
　　　　【成分有】病害
　　　　【成分有】虫害
　　　　【部件有】农业病虫害
　　　　【部件有】苗期病虫害
　　　　【部件有】蔬菜病虫害
　　【因果关系】
　　　　【成因（果－因）】饥荒
　　　　【结果（因－果）】天幕毛虫

◎ **病虫害防治**
【基本信息】
　　【英文名】pest control
　　【拼音】bing chong hai fang zhi
　　【核心词】
【定义】
　　为了减轻或防止病原微生物和害虫危害作物或人畜，而人为地采取某些手段，此称为病虫害防治。
　　【来源】《林木病虫害防治》
【分类信息】
　　【NDCC 分类类目】
　　　　植物病虫害
【词条属性】
　　【方法手段】

　　【方法】化学防治
　　【方法】物理机械防治
　　【方法】营林技术防治
　　【方法】遗传防治
　　【方法】生物防治
【词条关系】
　　【层级关系】
　　　　【子类】害虫防治措施
　　　　【子类】昆虫防治
　　【组成关系】
　　　　【成分有】化学防治法
　　　　【成分有】物理机械防治法
　　　　【成分有】生物防治法
　　　　【部件有】果树病虫害防治
　　　　【部件有】经济作物病虫害防治
　　　　【部件有】蔬菜病虫害防治
　　　　【部件有】粮食作物病虫害防治

◎ **盐碱化防治**
【基本信息】
　　【英文名】salinization prevention
　　【拼音】yan jian hua fang zhi
　　【核心词】
【定义】
　　预防和治理土地盐碱化的办法或措施。土地盐碱化分原生盐碱化和次生盐碱化两类。预防土地盐碱化主要针对次生盐碱化而言。基本途径是科学地进行农田灌溉，并建立有效的农田排水系统，使地下水水位保持在临界水位以下，防止盐分在土壤中大量积聚。治理盐碱化的途径主要是因地制宜地改良和开发利用盐碱化土地，取得变害为利的效果。
　　【来源】《防灾减灾工程学》
【分类信息】
　　【NDCC 分类类目】
　　　　灾害管理与处置
【词条属性】

【方法手段】
　【方法】排涝除碱
【词条关系】
　【适用情况】
　　【用于】盐碱化

◎ 盐碱灾害
【基本信息】
　【英文名】salinity hazard
　【拼音】yan jian zai hai
　【核心词】
【定义】
　　盐碱灾害是指土壤含盐量太高（超过 0.3%），而使农作物低产或不能生长。
　【来源】《防灾事典》
【分类信息】
　【NDCC 分类类目】
　　其他灾害
【词条属性】
　【效应】
　　【负效应】荒漠化
【词条关系】
　【层级关系】
　　【子类】盐害
　【因果关系】
　　【影响（部分因果）】干盐湖
　　【成因（果－因）】盐碱化
　　【成因（果－因）】盐碱毒性

◎ 盲谷
【基本信息】
　【英文名】blind valley
　【拼音】mang gu
　【基础词】
【定义】
　　是指地表河流流至石灰岩地区水流流进落水洞而形成的没有谷口的死胡同或河谷。

　【来源】《地理学词典》
【分类信息】
　【NDCC 分类类目】
　　地质地震灾害
【词条属性】
　【特征】
　　【特点】在岩溶区，有的河流突然终止于石灰岩壁，有时又会从岩壁另一侧流出；前方没有出口的河流，植被茂密动植物种类众多，大多较长较深；地下河的流量较大。
【词条关系】
　【层级关系】
　　【类属】峡谷

◎ 直接损失
【基本信息】
　【英文名】direct loss
　【拼音】zhi jie sun shi
　【核心词】
【定义】
　　人类生命健康和物质财富的破坏具有更直接的作用，由此形成的灾害损失属于直接损失。
　【来源】《灾害经济学》
【分类信息】
　【NDCC 分类类目】
　　灾害评估
【词条属性】
　【基本情况】
　　【形成原因】灾害
【词条关系】
　【层级关系】
　　【子类】环境污染直接损失
　　【子类】旱灾直接损失
　　【子类】涝灾直接损失
　　【子类】洪灾直接损失
　　【子类】水旱灾害直接损失
　　【类属】灾后损失评估

【组成关系】
　　【成分有】人身伤害指标
　　【成分有】财产物资损失
　　【成分有】其他损失
　　【组成】灾害损失评估指标体系

◎ 相对效益
【基本信息】
　　【英文名】relative benefits
　　【拼音】xiang dui xiao yi
　　【核心词】
【定义】
　　又称成本效益、产投比、效益费用比等，不仅说明有无效益，而且还表示取得效益的水平高低。
【来源】《森林生态学》
【分类信息】
　　【NDCC分类类目】
　　　　灾害管理与处置
【词条属性】
　　【方法手段】
　　　　【方法】成本效益＝（∑收益/∑成本）×100%
【词条关系】
　　【等同关系】
　　　　【本名－别名同义】效益费用比
　　　　【本名－别名同义】产投比
　　　　【本名－别名同义】成本效益
　　【对应关系】
　　　　【表示（表征）】林业生产活动效益

◎ 矿井灾害
【基本信息】
　　【英文名】mine disaster
　　【拼音】kuang jing zai hai
　　【核心词】

【定义】
　　灾害发生位置位于矿井内，这样的灾害称之为矿井灾害。
【来源】《地质灾害词典》
【分类信息】
　　【NDCC分类类目】
　　　　其他灾害
【词条属性】
　　【特征】
　　　　【关键指标】人为改变
【词条关系】
　　【组成关系】
　　　　【部件有】矿井热害类型
　　　　【部件有】淹没矿井
　　　　【隶属于】人为灾害
　　【因果关系】
　　　　【受影响（有关）】未出油井
　　　　【受影响（有关）】通风不足
　　　　【受影响（有关）】暗井

◎ 矿井突水灾害
【基本信息】
　　【英文名】water gushing disaster in mines
　　【拼音】kuang jing tu shui zai hai
　　【核心词】
【定义】
　　又称矿井水灾。在矿井采掘过程中，暴雨、山洪、江河湖水、地下水、老窿水，经井口或岩石裂隙、断层、岩溶洞穴等大量涌入矿井，远远超过矿井正常排水能力，以致淹没井巷，危害矿工生命，破坏资源环境，影响矿井生产的灾害。矿井突水是常见的突发性强烈的矿井灾害。
【来源】《汉英地质词典》
【分类信息】
　　【NDCC分类类目】
　　　　气象水文灾害
【词条属性】

【特征】
　　【特点】发生突然
　　【特点】来势凶猛
【词条关系】
　　【层级关系】
　　　　【类属】突水灾害

◎矿山灾害
【基本信息】
　　【英文名】mine disaster
　　【拼音】kuang shan zai hai
　　【核心词】
【定义】
　　在矿床开采活动中，因大量采掘井巷破坏和岩土体变形以及矿区地质、水文地质条件与自然环境发生严重变化，危害人类生命财产安全，破坏采矿工程设备和矿区资源环境，影响采矿生产的灾害。
【来源】《汉英地质词典》
【分类信息】
　　【NDCC 分类类目】
　　　　地质地震灾害
【词条属性】
　　【特征】
　　　　【特点】灾害种类多
　　　　【特点】发生频率高
　　　　【特点】分布广
　　　　【特点】破坏损失最大
【词条关系】
　　【层级关系】
　　　　【类属】固体地球灾害
　　【等同关系】
　　　　【基本等同】矿害

◎破坏
【基本信息】
　　【英文名】damage
　　【拼音】po huai
　　【核心词】
【定义】
　　本意是摧毁；毁坏；割裂使破碎；扰乱；变乱；毁弃等。
【来源】《防灾事典》
【分类信息】
　　【NDCC 分类类目】
　　　　一般术语
【词条属性】
　　【特征】
　　　　【关键指标】强度
【词条关系】
　　【层级关系】
　　　　【子类】中等破坏
　　　　【子类】严重破坏
　　　　【子类】机械破坏
　　　　【子类】轻微破坏
　　　　【子类】压（缩破）坏
　　　　【子类】失稳破坏
　　　　【子类】渐进式破坏
　　【组成关系】
　　　　【成分有】直接破坏
　　【因果关系】
　　　　【受影响（有关）】差异流动

◎磁层亚暴
【基本信息】
　　【英文名】magnetospheric substorm
　　【拼音】ci ceng ya bao
　　【核心词】
【定义】
　　伴随着地球极区极光突然增强的磁层能量释放过程。
【来源】《气象灾害丛书——空间天气灾害》
【分类信息】
　　【NDCC 分类类目】
　　　　其他灾害

【词条属性】
　【效应】
　　【负效应】高纬度地区无线电通讯中断
　　【负效应】地球同步轨道上的卫星充电
【词条关系】
　【层级关系】
　　【类属】地球空间暴
　【组成关系】
　　【组成】磁层空间暴
　【因果关系】
　　【影响（部分因果）】电子通量突增事件
　　【结果（因-果）】电离层亚暴
　　【结果（因-果）】热层亚暴

◎ 磁极
【基本信息】
　【英文名】pole
　【拼音】ci ji
　【核心词】
【定义】
　　磁体两端吸引钢铁能力最强之处。分为N极和S极。同性磁极相互排斥，异性磁极相互吸引。
【分类信息】
　【NDCC分类类目】
　　一般术语
【词条属性】
　【特征】
　　【特点】吸引
【词条关系】
　【层级关系】
　　【子类】南磁极

◎ 社区灾害风险指数
【基本信息】
　【英文名】community disaster risk index
　【拼音】she qu zai hai feng xian zhi shu
　【核心词】
【定义】
　　是指利用因子分析方法，通过选取社区灾害风险指标和建模方法，用指标值来表示风险程度的方法。
【分类信息】
　【NDCC分类类目】
　　灾害管理
【词条属性】
　【功用】
　　【用途】灾害风险管理
【词条关系】
　【层级关系】
　　【类属】灾害风险指数
　【组成关系】
　　【隶属于】社区灾害风险管理系统

◎ 积涝灾害
【基本信息】
　【英文名】waterlogging disasters
　【拼音】ji lao zai hai
　【核心词】
【定义】
　　由于暴雨、洪水等原因造成地面积水，给社会经济带来损失和人身安全带来威胁的灾害。
　【来源】《基于GIS的城市暴雨积涝灾害危险性模拟研究》
【分类信息】
　【NDCC分类类目】
　　其他气象水文灾害
【词条属性】
　【基本情况】
　　【形成原因】暴雨洪水
【词条关系】
　【时间关系】
　　【同一时段】积涝过程

【因果关系】
　【受影响（有关）】短时强降雨
　【受影响（有关）】积涝灾害风险
　【受影响（有关）】积涝灾害危险性

◎ 突发事件
【基本信息】
　【英文名】emergent events
　【拼音】tu fa shi jian
　【核心词】
【定义】
　突然发生，造成或者可能造成严重社会危害，需要采取应急处置措施予以应对的自然灾害、事故灾难、公共卫生事件和社会安全事件。
　【来源】《灾害学导论》
【分类信息】
　【NDCC 分类类目】
　　一般术语
【词条属性】
　【特征】
　　【特点】突发事件
【词条关系】
　【触发条件】
　　【是条件】突发事件处置
　【层级关系】
　　【子类】突发公共卫生事件
　　【子类】社会群体性事件
　　【子类】911
　　【子类】中度危害突发事件
　　【子类】重度危害突发事件
　　【子类】不可防不可控突发事件
　　【子类】地方性突发事件
　　【子类】区域性突发事件
　　【子类】国家性突发事件
　　【子类】世界性突发事件
　　【子类】国际性突发事件
　　【子类】自然性突发事件
　　【子类】社会性突发事件
　　【子类】轻度危害突发事件
　　【子类】可防可控突发事件
　　【子类】公共安全事件
　　【子类】市民暴动
　　【子类】重大突发事件
　　【子类】特别重大突发事件
　　【子类】较大突发事件
　　【子类】一般突发事件
　　【子类】火山突发
　　【子类】空中劫机
　　【子类】绑架
【组成关系】
　【部件有】巨大灾害
　【部件有】受灾群众
　【部件有】民间组织
　【部件有】物资供应商
　【部件有】社会公众
　【部件有】突发事件模拟
　【部件有】复合型突发事件
　【部件有】常规性突发事件
　【部件有】危机性突发事件
　【部件有】突发事件损失
　【部件有】突发事件指挥系统
　【部件有】国家突发公共事件
　【部件有】突发事件预测
　【部件有】突发事件预警
　【部件有】事件公告
　【部件有】突发事件防范
　【部件有】应对突发事件能力
　【部件有】事件应对能力
　【部件有】突发事件反应速度
　【部件有】突发事件协调系统
　【部件有】突发事件预防
　【部件有】事件链
　【部件有】事件场景
　【部件有】事件级别
　【部件有】突发事件演化机理

【部件有】突发事件演化规律
【部件有】突发事件发生模式
【部件有】渐发事件
【部件有】可预测突发事件
【部件有】不可预测突发事件
【部件有】突发事件分析模型
【部件有】突发事件发展模式
【部件有】突发事件发展动力学模型
【部件有】突发事件转化机理模型
【部件有】突发事件蔓延机理
【部件有】突发事件衍生机理
【部件有】突发事件衍生模型
【部件有】突发事件耦合机理
【部件有】突发事件耦合机理模型
【部件有】突发事件终结
【部件有】突发事件终结模式
【部件有】突发事件总体预案
【部件有】突发事件响应
【部件有】突发事件应急
【部件有】突发事件应急手册
【部件有】自然灾害类突发事件
【因果关系】
【成因（果–因）】国际恐怖组织
【结果（因–果）】冲突

◎ 突水灾害
【基本信息】
　【英文名】water bursting
　【拼音】tu shui zai hai
　【核心词】
【定义】
　　地下水因自然原因或人为原因大量涌入采矿井巷发生的灾害。
　【来源】《岩溶隧道突水灾害与防治研究》
【分类信息】
　【NDCC分类类目】
　　气象水文灾害
【词条属性】

【特征】
　【关键指标】突水系数
【空间属性】
　【位置】突水点
【基本情况】
　【形成原因】突水
【词条关系】
【层级关系】
　【子类】诱发突水灾害
　【子类】隐伏型岩溶塌陷突水灾害
　【子类】岩溶水突水灾害
　【子类】陷落柱突水灾害
　【子类】老窑水突水灾害
　【子类】矿井突水灾害
　【子类】华北型岩溶突水灾害
　【子类】断裂带突水灾害
　【子类】地下水突水灾害
　【子类】地表水突水灾害
　【子类】暴雨突水灾害
　【子类】暗河突水灾害
　【子类】缓发式突水灾害
　【类属】灾害
【组成关系】
　【部件有】煤矿突水灾害

◎ 突泥突沙灾害
【基本信息】
　【英文名】mud and sand gushing disaster
　【拼音】tu ni tu sha zai hai
　【核心词】
【定义】
　　又称涌沙涌泥灾害。伴随矿井突水活动，大量泥沙涌入井巷所造成的灾害。泥沙主要来源于岩溶陷落柱、断裂破碎带、松散含水层。突泥突沙除造成人员伤亡外，有时还堵塞排水系统，淤埋井下设备，并常伴有地面塌陷，增加了突发水灾害的破坏程度和治理难度。

【来源】《汉英地质词典》
【分类信息】
　【NDCC 分类类目】
　　地质地震灾害
【词条属性】
　【特征】
　　【特点】易发生次生灾害
【词条关系】
　【等同关系】
　　【本名-别名同义】涌沙涌泥灾害

◎ 管涌灾害
【基本信息】
　【英文名】piping disaster
　【拼音】guan yong zai hai
　【核心词】
【定义】
　　堤防管涌导致的灾害。管涌又称潜蚀。是在高水位压力下，堤、坝、闸等水工建筑物地基发生渗漏侵蚀活动，把地基中细小颗粒和可溶盐类带走，使土层结构破坏的现象。分机械管涌和化学管涌两类：机械管涌是在渗透压力作用下，地下水将土层中细小颗粒由地裂缝、管道、洞穴带走的现象；化学管涌是地下水把土层中可溶盐溶解带走的现象。管涌主要发生在河、湖、水库中的水位高于堤坝以外地面高度的地方，或发生在堤坝外坡，或堤外平地冒水。管涌常使堤基、坝基岩土结构破坏，强度降低，甚至形成空洞、沉陷，进而导致堤防、大坝变形、塌陷甚至溃决，造成严重的洪水灾害。管涌主要受土体性质和水动力条件控制，一般情况下，岩土结构不均一，土质松散，裂隙或孔洞发育，渗透压力大，容易发生管涌。
【来源】《英汉汉英灾害科学词典》
【分类信息】
　【NDCC 分类类目】
　　地质地震灾害

【词条属性】
　【特征】
　　【危害】使堤防、水闸地基土壤骨架破坏
　　【危害】引起建筑物塌陷
　　【危害】造成决堤、垮坝、倒闸等事故
【词条关系】
　【层级关系】
　　【类属】灾害
　【因果关系】
　　【结果（因-果）】管涌灾害损失
　　【结果（因-果）】管涌灾害危害

◎ 紫外线
【基本信息】
　【英文名】ultraviolet ray
　【拼音】zi wai xian
　【核心词】
【定义】
　　来自太阳辐射的一部分，它由紫外光谱区的 3 个不同波段组成，从短波的紫外线 C 到长波的紫外线 A。
【来源】《灾害学》
【分类信息】
　【NDC 类目】
　　其他灾害
【词条属性】
　【特征】
　　【危害】紫外线强烈作用于皮肤时，可发生光照性皮炎，皮肤上出现红斑、痒、水疱、水肿、眼痛、流泪等；严重的还可引起皮肤癌。紫外线照射时，眼睛受伤的程度和时间成正比，与照射源的距离平方成反比，并和光线的投射角度有关。
　【约束】
　　【数值范围】电磁波谱中波长 10～400nm 的辐射
【词条关系】

【组成关系】
　【分解为】中波紫外线
　【分解为】长波紫外线
　【分解为】短波紫外线
【因果关系】
　【影响（部分因果）】紫外线污染
　【结果（因-果）】安德逊病
　【结果（因-果）】紫外线损伤

◎ 绝对效益
【基本信息】
　【英文名】absolute benefits
　【拼音】jue dui xiao yi
　【核心词】
【定义】
　又称净效益、净收益，可以用来说明林业经营活动有无效益和效益大小。
【来源】《森林生态学》
【分类信息】
　【NDCC 分类类目】
　　一般术语
【词条属性】
　【方法手段】
　　【方法】净效益 = ∑收益 - ∑成本
【词条关系】
　【等同关系】
　　【本名-别名同义】净效益
　　【本名-别名同义】净收益
　【对应关系】
　　【表示（表征）】林业生产活动效益

◎ 综合气象干旱指数
【基本信息】
　【英文名】comprehensive meteorological drought index
　【拼音】zong he qi xiang gan han zhi shu
　【核心词】
【定义】
　综合气象干旱指数是利用近 30 天（相当月尺度）和近 90 天（相当季尺度）降水量标准化降水指数，以及近 30 天相对湿润指数进行综合而得，该指标既反映短时间尺度（月）和长时间尺度（季）降水量气候异常情况，又反映短时间尺度（影响农作物）水分亏欠情况。该指标适合实时气象干旱监测和历史同期气象干旱评估。
【来源】《中国自然灾害影响评价方法研究》
【分类信息】
　【NDCC 分类类目】
　　灾害评估
【词条属性】
　【功用】
　　【功能】反映降水量异常情况
　　【功能】反映短时间尺度水分亏欠情况
【词条关系】
　【适用情况】
　　【用于】气象干旱
　【层级关系】
　　【子类】近 30 天相对湿润系数
　【组成关系】
　　【成分有】近 30 天标准化降水量 SPI
　　【成分有】近 90 天标准化降水量 SPI
　　【成分有】近 30 天相对湿润度指数
　　【成分有】近 30 天标准化降水系数
　　【成分有】近 90 天标准化降水系数

◎ 综合致灾因子图
【基本信息】
　【英文名】comprehensive hazard map
　【拼音】zeng he zhi zai yin zi tu
　【核心词】
【定义】
　综合致灾因子图将所有单个致灾因子的信息综合起来表达在一张图上，以反映每一个地区所有灾害发生的可能性。
【来源】《中国自然灾害风险综合评估初步研究》
【分类信息】
　【NDCC 分类类目】
　　灾害评估
【词条属性】
　【功用】
　　【用途】灾害风险评估
【词条关系】

◎ **缓发式突水灾害**
【基本信息】
　【英文名】delayed water burst disaster
　【拼音】huan fa shi tu shui zai hai
　【核心词】
【定义】
　突水发生过程介于突发式突水和滞后式突水之间的矿井突水，并由此引起的灾害。
【来源】《英汉汉英灾害科学词典》
【分类信息】
　【NDCC 分类类目】
　　气象水文灾害
【词条属性】
　【特征】
　　【危害】造成人员和财产损失
【词条关系】
　【层级关系】
　　【类属】突水灾害

◎ **翻垦造林**
【基本信息】
　【英文名】reclamation and afforestation
　【拼音】fan ken zao lin
　【核心词】
【定义】
　植树造林的一种方式，将耕地改种树林，它是培育森林的一个基本环节。
【来源】《水土保持》
【分类信息】
　【NDCC 分类类目】
　　灾害管理与处置
【词条属性】
　【方法手段】
　　【方法】全面整地
【词条关系】
　【层级关系】
　　【类属】造林整地

◎ **脆弱性**
【基本信息】
　【英文名】vulnerability
　【拼音】cui ruo xing
　【核心词】
【定义】
　生态系统抗外界干扰能力低、自身稳定性差，在环境改变不大的条件下保持稳定的状态。
【来源】《英汉汉英灾害科学词典》
【分类信息】
　【NDCC 分类类目】
　　灾害评估
【词条属性】
　【特征】
　　【关键指标】承载体
【词条关系】
　【层级关系】
　　【子类】历史脆弱性
　　【子类】旱灾风险脆弱性
　【等同关系】
　　【基本等同】受灾体脆弱性
　【组成关系】
　　【成分有】经济密度
　　【部件有】环境脆弱性
　　【隶属于】灾害风险指标

【对应关系】
　【指标－主体】脆弱性等级

◎ 致灾因子
【基本信息】
　【英文名】disaster – causing factor
　【拼音】zhi zai yin zi
　【核心词】
【定义】
　　它是指可能造成财产损失、人员伤亡、资源与环境破坏、社会系统混乱等孕灾环境中的变异因子。
【来源】《主要气象灾害风险评价与管理的数量化方法及其应用》
【分类信息】
　【NDCC 分类类目】
　　灾害评估
【词条属性】
【词条关系】
　【触发条件】
　　【是条件】灾害
　【层级关系】
　　【子类】总体致灾因子
　　【子类】气象致灾因子
　　【子类】城市火险气象因子
　【等同关系】
　　【基本等同】灾害源
　【组成关系】
　　【部件有】人畜共患病
　　【部件有】技术致灾因子
　　【部件有】自然致灾因子
　　【部件有】地质致灾因子
　　【部件有】生物致灾因子
　　【部件有】电火花
　　【部件有】涝渍因子
　　【部件有】水文气象致灾因子
　　【部件有】社会自然致灾因子
　　【集成为】自然灾害系统

　　【集成为】致灾指标

◎ 致灾因子风险分析
【基本信息】
　【英文名】risk analysis of hazard-formative factor
　【拼音】zhi zai yin zi feng xian fen xi
　【核心词】
【定义】
　　研究某一区域一定时间段内特定强度的自然灾害发生的概率或重现期。
【来源】《自然灾害风险分析》
【分类信息】
　【NDCC 分类类目】
　　灾害评估
【词条属性】
　【功用】
　　【用途】自然灾害风险分析
【词条关系】
　【组成关系】
　　【组成】自然灾害风险分析基本内容

◎ 致险危险性程度图
【基本信息】
　【英文名】risk – caused hazard map
　【拼音】zhi xian wei xian xing cheng du tu
　【核心词】
【定义】
　　危险性程度图反映研究区各险种的危险性。
【来源】《中国自然灾害风险综合评估初步研究》
【分类信息】
　【NDCC 分类类目】
　　灾害评估
【词条属性】
　【功用】

【用途】自然灾害风险制图
【词条关系】
　【适用情况】
　　【适用】致险程度评估
　【组成关系】
　　【组成】灾害风险图

◎ 节理
【基本信息】
　【英文名】joint
　【拼音】jie li
　【核心词】
【定义】
　将岩体切割成具有一定几何形状的岩块的裂隙系统。也是岩体中未发生位移的（包括实际的或潜在的）破裂面。
【来源】《构造地质学》
【分类信息】
　【NDCC 分类类目】
　　地质地震灾害
【词条属性】
　【效应】
　　【负效应】山崩
　　【负效应】地滑
　　【负效应】侵蚀灾害
　【基本情况】
　　【形成原因】构造运动
【词条关系】
　【层级关系】
　　【子类】张性节理
　　【子类】共轭节理
　　【子类】原生节理
　　【子类】x-节理
　　【子类】剪节理
　　【子类】垂直节理
　　【子类】腾冲柱状节理
　　【子类】柱状节理带
　　【子类】羽状节理
　　【子类】剪切节理
　　【子类】板状节理
　　【子类】走向节理
　　【子类】盲节理
　　【子类】层面节理
　　【子类】柱状节理
　　【子类】黄土节理
　　【子类】收缩节理
　　【子类】斜节理
　　【子类】横节理
　　【类属】次生构造
　【组成关系】
　　【部件有】节理面

◎ 草原火灾
【基本信息】
　【英文名】grassland fire
　【拼音】cao yuan huo zai
　【核心词】
【定义】
　草原上的可燃物在有利燃烧条件下，接触人为火源或自然火源后，就能燃烧、蔓延，对草原造成不同程度的损害，这就是草原火灾。
【来源】《主要气象灾害风险评价与管理的数量化方法及其应用》
【分类信息】
　【NDCC 分类类目】
　　其他灾害
【词条属性】
　【状况】
　　【困境】草原火险
　【方法手段】
　　【方法】森林草原火险预测预报
【词条关系】
　【层级关系】
　　【子类】一般草原火灾
　　【子类】特大草原火灾

【子类】重大草原火灾
【子类】森林草原火灾
【类属】草原灾害
【等同关系】
【本名-别名同义】草地火灾
【组成关系】
【组成】植物灾害
【部件有】草原自然起火
【部件有】草原火灾灾害风险
【对应关系】
【指标-主体】时滞

◎ 草地退化风险
【基本信息】
【英文名】grassland degradation risk
【拼音】cao di tui hua feng xian
【核心词】
【定义】
在不合理利用下，草原生态系统逆行演替、生产力下降的过程称为草地退化，也称草原退化。主要表现是草地植被的高度、盖度、产量和质量下降，土壤生境恶化，生产能力和生态功能衰退。长时间、大范围的草地退化，引起的不仅仅是草地本身生产力的下降，还造成生态环境恶化和对人类生存与发展的威胁。
【来源】《中国生态气象灾害研究》
【分类信息】
【NDCC分类类目】
生态环境灾害
【词条属性】
【特征】
【关键指标】草地退化
【词条关系】
【适用情况】
【用于】草地退化风险预警
【用于】草地退化风险评估
【用于】草地退化风险区划
【用于】草地退化风险管理

◎ 草害
【基本信息】
【英文名】weeds disaster
【拼音】cao hai
【核心词】
【定义】
（1）由于杂草太多，和作物争阳光、水分、营养，妨碍作物生长。
（2）农田杂草由于长期的自然选择，具有顽强的适应性。杂草根系发达，能够吸收大量的水分养分，使土壤肥力无效地被消耗，减少了土壤对农作物水分养分的供应。同时，杂草占据农作物生长发育的空间，降低农作物的光能利用率，影响光合作用，抑制作物生长。杂草还使田间郁蔽，给害虫产卵繁殖提供了丰富食料、产卵的场所和繁殖为害的条件；给病害蔓延提供了适宜的环境，扩大了病虫基数，加重了危害。
【来源】《灾害学词典》
【分类信息】
【NDCC分类类目】
一般术语
【词条属性】
【方法手段】
【手段】化学除草
【词条关系】
【层级关系】
【子类】养殖业草害
【子类】森林草害
【子类】农作物草害
【子类】农田草害
【子类】农业草害
【组成关系】
【隶属于】植物灾害
【因果关系】
【受影响（有关）】多年生杂草

【成因（果－因）】杂草
【对应关系】
　【概念－实例】藜

◎荒漠化
【基本信息】
　【英文名】desertization；desertification
　【拼音】huang mo hua
　【核心词】
【定义】
　　指由于人为和自然因素的综合作用，使得干旱、半干旱甚至半湿润地区自然环境退化的总过程。
　【来源】《气象灾害》
【分类信息】
　【NDCC 分类类目】
　　生态环境灾害
【词条属性】
　【状况】
　　【现状】荒漠化是一个世界性的生态环境问题。据联合国环境规划署（UNEP）统计，全球已经受到和预计会受到荒漠化影响的地区占全球土地面积的 35%。荒漠和荒漠化土地在非洲占 55%，北美和中美占 19%，南美占 10%，亚洲占 34%，澳大利亚占 75%，欧洲占 2%。荒漠和荒漠化土地在干旱地区和半干旱地区占土地面积的 95%，在半湿润地区占土地面积的 28%。
【词条关系】
　【层级关系】
　　【子类】水蚀荒漠化
　　【子类】风蚀荒漠化
　　【子类】海洋荒漠化
　　【子类】海底荒漠化
　　【类属】生态气象灾害
　【组成关系】
　　【部件有】冻融荒漠化
　　【部件有】温带荒漠
　　【部件有】热带荒漠
　　【部件有】沙质荒漠化
　　【部件有】盐碱荒漠化
　【因果关系】
　　【成因（果－因）】荒漠化土地
　　【成因（果－因）】滥伐乱垦
　　【结果（因－果）】荒地

◎荒漠化灾害
【基本信息】
　【英文名】desertification disaster
　【拼音】huang mo hua zai hai
　【核心词】
【定义】
　　由于大风吹蚀，流水侵蚀，土壤盐渍化等造成的土壤生产力下降或丧失，对社会经济和人民生活造成一定损失。
　【来源】《中国的灾害与危险》
【分类信息】
　【NDCC 分类类目】
　　生态环境灾害
【词条属性】
　【状况】
　　【现状】据联合国资料显示，目前全球 1/5 人口，1/3 土地受到荒漠化的影响
【词条关系】
　【组成关系】
　　【隶属于】土壤退化
　【因果关系】
　　【受影响（有关）】荒漠化灾害链
　　【结果（因－果）】荒漠化损失

◎虫害
【基本信息】
　【英文名】insect pest
　【拼音】chong hai
　【核心词】

【定义】
　　虫害是害虫取食或产卵等行为，造成农作物经济损失的受害。
【分类信息】
　【NDC类目】
　　生物灾害
【词条属性】
　【基本情况】
　　【形成原因】害虫
【词条关系】
　【层级关系】
　　【子类】农作物虫害
　　【子类】养殖业虫害
　　【子类】森林虫害
　　【子类】林业虫灾
　　【子类】突发性虫害
　　【子类】螟害
　　【子类】虫毒病害
　　【子类】主要虫害
　　【子类】蚁害
　　【子类】浮尘子虫害
　　【子类】松毛虫害
　　【子类】白背飞虱虫害
　　【子类】蝗害
　　【子类】昆虫暴发
　【组成关系】
　　【组成】病虫害
　　【部件有】小麦吸浆虫
　　【隶属于】自然灾害
　【因果关系】
　　【成因（果-因）】虫害木
　　【结果（因-果）】中度危害面积
　　【结果（因-果）】重度危害面积
　　【结果（因-果）】轻度危害面积
　　【结果（因-果）】蛀干害虫
　【对应关系】
　　【指标-主体】虫害发生量
　　【指标-主体】发生面积

【概念-实例】米象
【概念-实例】小米象
【概念-实例】烟草虫害

◎蚀变作用
【基本信息】
　【英文名】alteration
　【拼音】shi bian zuo yong
　【基础词】
【定义】
　　岩石、矿物受到热液作用，产生新的物理化学条件，使原岩的结构、构造以及成分相应地发生改变生成新的矿物组合的过程。
【来源】《汉英地质词典》
【分类信息】
　【NDCC分类类目】
　　地质地震灾害
【词条属性】
　【特征】
　　【关键指标】化学蚀变指数
　　【关键指标】化学风化指数
　　【关键指标】斜长石蚀变指数
【词条关系】
　【层级关系】
　　【子类】硝化作用

◎蝗灾
【基本信息】
　【英文名】plague of locusts
　【拼音】huang zai
　【核心词】
【定义】
　　蝗灾，是指蝗虫引起的灾变。一旦发生蝗灾，大量的蝗虫会吞食禾田，使农产品完全遭到破坏，引发严重的经济损失以致因粮食短缺而发生饥荒。
【来源】《中国农业百科全书》

【分类信息】
　【NDCC 分类类目】
　　其他生物灾害
【词条属性】
　【特征】
　　【特点】多发生在干旱后
【词条关系】
　【触发条件】
　　【是条件】农业虫灾
　【层级关系】
　　【子类】外来迁飞蝗灾
　　【子类】本地原生蝗灾
　　【子类】特大蝗灾
　【因果关系】
　　【影响（部分因果）】干旱
　　【结果（因-果）】澳大利亚蝗虫

◎ **蝗虫灾害**
【基本信息】
　【英文名】a plague of locusts
　【拼音】huang chong zai hai
　【核心词】
【定义】
　指蝗虫引起的灾变。
　【来源】《中国农业百科全书》
【分类信息】
　【NDCC 分类类目】
　　其他生物灾害
【词条属性】
　【特征】
　　【特点】蝗虫
【词条关系】
　【层级关系】
　　【类属】农作物生物灾害
　　【类属】草原生物灾害
　　【类属】生物灾害
　【等同关系】
　　【基本等同】蝗虫灾

【因果关系】
　【受影响（有关）】蝗蝻
　【成因（果-因）】水文变化
　【成因（果-因）】过度放牧
　【成因（果-因）】过度砍伐森林

◎ **融冰洪水灾害**
【基本信息】
　【英文名】melting ice floods
　【拼音】rong bing hong shui zai hai
　【核心词】
【定义】
　由于冰雪融化引起的，造成水量剧增或水位急涨的水文现象，并由此引起的灾害。
　【来源】《英汉汉英灾害科学词典》
【分类信息】
　【NDCC 分类类目】
　　气象水文灾害
【词条属性】
　【效应】
　　【负效应】引起人员和财产损失。
【词条关系】
　【层级关系】
　　【类属】洪水灾害
　　【类属】冰凌洪水灾害

◎ **融水性洪水灾害**
【基本信息】
　【英文名】melt water flooding
　【拼音】rong shui xing hong shui zai hai
　【核心词】
【定义】
　由于冰雪融水等引起的洪水灾害。
　【来源】《英汉汉英灾害科学词典》
【分类信息】
　【NDCC 分类类目】
　　（1）气象水文灾害

（2）洪涝灾害
【词条属性】
　【特征】
　　【危害】造成人员和财产损失。
【词条关系】
　【适用情况】
　　【描述】融水性洪水
　【层级关系】
　　【类属】洪水灾害

◎融雪洪水灾害
【基本信息】
　【英文名】snowmelt floods
　【拼音】rong xue hong shui zai hai
　【核心词】
【定义】
　　春季由于气温急剧回升，地表土层尚未解冻，融水入渗较少，造成前山区及冲积扇平原区的积雪急剧消融，集水汇流后形成融雪洪水灾害。
【来源】《英汉汉英灾害科学词典》
【分类信息】
　【NDCC 分类类目】
　　气象水文灾害
【词条属性】
　【时间属性】
　　【发生时间】春季
【词条关系】
　【层级关系】
　　【类属】洪水灾害

◎衍生灾害
【基本信息】
　【英文名】derivative disasters
　【拼音】yan sheng zai hai
　【核心词】
【定义】
　　由原生灾害、次生灾害衍生的间接灾害。
【来源】《气象灾害词典》
【分类信息】
　【NDC 类目】
　　一般术语
【词条属性】
　【时间属性】
　　【发生时间】原生灾害
【词条关系】
　【层级关系】
　　【子类】气象衍生灾害
　　【子类】相互致死
　【等同关系】
　　【基本等同】间接灾害
　【组成关系】
　　【隶属于】灾害

◎裂隙
【基本信息】
　【英文名】crack
　【拼音】lie xi
　【核心词】
【定义】
　（1）地质地貌学：裂隙是断裂构造的一种，通常把岩体中产生的无明显位移的裂缝叫作裂隙。
　（2）水文地质学：裂隙是指固结的坚硬岩石（沉积岩，岩浆岩和变质岩）在各种应力作用下破裂变形而产生的空隙。
【来源】《防灾事典》
【分类信息】
　【NDCC 分类类目】
　　地质地震灾害
【词条属性】
　【特征】
　　【关键指标】方向长度宽度
【词条关系】

【层级关系】
【子类】主裂隙
【子类】剪裂隙
【子类】非地质裂隙
【子类】环状裂隙
【子类】喀斯特裂隙
【子类】冻裂隙
【子类】褶皱裂隙
【子类】冰川裂隙
【子类】显微裂隙
【子类】张裂隙
【子类】起始裂隙
【子类】解压裂隙
【子类】冰裂隙
【子类】次生裂隙
【子类】次生缝隙
【子类】尖灭张裂隙
【子类】剪切裂隙
【子类】隐伏裂隙
【子类】卸荷裂隙
【子类】闭合裂隙
【子类】板状裂隙
【类属】裂陷
【等同关系】
【基本等同】破裂
【组成关系】
【部件有】自生裂隙

◎ 设计洪水
【基本信息】
【英文名】design flood
【拼音】she ji hong shui
【核心词】
【定义】
符合工程设计中防洪标准要求的洪水。包括水工建筑物正常运用的设计洪水和非常运用的校核洪水。
【来源】《防灾事典》
【分类信息】
【NDC 类目】
（1）应急管理
（2）防灾备灾
【词条属性】
【功用】
【用途】防洪规划和防洪工程预计设防的最大洪水
【词条关系】
【触发条件】
【是条件】设计洪水位
【是条件】设计洪水过程线
【层级关系】
【子类】小流域设计洪水
【组成关系】
【部件有】校核洪水

◎ 设计流量
【基本信息】
【英文名】design flow rate
【拼音】she ji liu liang
【核心词】
【定义】
根据历年的流量资料经过 P-Ⅲ适线法计算而来。
【来源】《水利水电工程设计洪水计算规范》
【分类信息】
【NDC 类目】
水文灾害
【词条属性】
【功用】
【用途】防洪标准
【目的】
【目的目标】计算施工设计洪水。
【词条关系】
【层级关系】
【子类】设计洪峰流量

【子类】雨水设计流量
　　【子类】管道设计流量

◎ 资源短缺
【基本信息】
　　【英文名】resource shortage
　　【拼音】zi yuan duan que
　　【核心词】
【定义】
　　区域资源开发利用中由于资源自然分布贫乏或是资源过度浪费等造成资源需求量超过资源供应量的现象。
【来源】《地理学词典》
【分类信息】
　　【NDC类目】
　　　　（1）一般术语
　　　　（2）人为灾害
【词条属性】
　　【效应】
　　　　【改变效应】经济发展缓慢
　　【基本情况】
　　　　【形成原因】资源浪费
　　　　【形成原因】资源利用率
　　　　【形成原因】人口增长
【词条关系】
　　【层级关系】
　　　　【子类】土地资源短缺
　　　　【子类】耕地资源短缺
　　　　【子类】能源短缺
　　【组成关系】
　　　　【成分有】金属资源短缺
　　　　【成分有】煤资源短缺
　　　　【成分有】石油资源短缺
　　　　【成分有】天然气资源短缺
　　【因果关系】
　　　　【受影响（有关）】农村能源
　　　　【影响（部分因果）】石油危机
　　　　【结果（因-果）】资源枯竭城市

　　【对应关系】
　　　　【指标-主体】自然资源保证率
　　　　【指标-主体】资源短缺度

◎ 赤潮灾害
【基本信息】
　　【英文名】red–tide disaster
　　【拼音】chi chao zai hai
　　【核心词】
【定义】
　　因赤潮对海洋环境、生物造成的灾害。赤潮是海洋中漂浮的某种或多种微小植物、原生动物或细菌，在一定环境下暴发性增殖或聚集，使一定范围内的海水在一段时间内变色的生态异常现象。赤潮发生后，随赤潮起因、生物种类和数量的不同，海水颜色不同，除红色、黄色外，还有绿色、褐色等。赤潮的主要危害是破坏海洋环境，造成大量海洋生物和海水养殖生物死亡，破坏渔业、养殖业、旅游业。
【来源】《气象灾害丛书——海洋气象灾害》
【分类信息】
　　【NDC类目】
　　　　生态灾害
【词条属性】
　　【特征】
　　　　【危害】赤潮对海洋生态平衡的破坏
　　　　【危害】赤潮对海洋水体的破坏
　　　　【危害】赤潮对海洋生物资源的破坏
　　　　【危害】赤潮对海洋旅游业的危害
　　　　【危害】赤潮对人类健康的危害
【词条关系】
　　【组成关系】
　　　　【部件有】有害赤潮
　　【因果关系】
　　　　【受影响（有关）】赤潮藻类
　　　　【结果（因-果）】赤潮重灾区

◎ 辐射
【基本信息】
　【英文名】radiation
　【拼音】fu she
　【核心词】
【定义】
　　大气科学中主要指太阳辐射（或称短波辐射）与长波辐射，前者来自太阳，后者来自地面或大气。为实现世界各国气象观测的标准化，1957 年，世界气象组织仪器与观测方法委员会设立了各种辐射中心。
【来源】《大气科学辞典》
【分类信息】
　【NDC 类目】
　　气象灾害
【词条属性】
　【特征】
　　【关键指标】电磁波
　　【关键指标】热量
　　【关键指标】粒子
【词条关系】
　【层级关系】
　　【子类】光辐射
　　【子类】宇宙背景辐射
　　【子类】天文辐射
　　【子类】天空辐射
　　【子类】散射辐射
　　【子类】冷辐射
　　【子类】雷电辐射
　　【子类】灭生性辐射
　　【子类】光合有效辐射
　　【子类】全辐射
　　【子类】漫射辐射
　　【子类】地球辐射
　　【子类】声波辐射
　　【子类】异常辐射
　　【子类】电磁波辐射
　　【子类】夜间辐射
　　【子类】放射性辐射
　　【子类】红外辐射
　　【子类】大地辐射
　　【子类】谐振辐射
　　【子类】净辐射
　　【子类】电离辐射
　　【子类】海面辐射
　　【子类】3K 微波背景辐射
　　【子类】地球反射辐射
　　【子类】太阳射电辐射
　【组成关系】
　　【部件有】粒子辐射
　　【部件有】辐射元
　　【部件有】地辐射
　　【部件有】逆辐射
　　【部件有】反辐射
　　【部件有】再辐射
　　【部件有】过辐射
　　【部件有】前辐射
　　【部件有】内辐射
　　【部件有】高爆磁辐射
　　【部件有】双光子辐射
　　【部件有】超弱光子辐射
　　【部件有】光子辐射
　　【部件有】韧致辐射
　　【部件有】内韧致辐射
　　【部件有】磁韧致辐射
　　【部件有】黑体辐射
　　【部件有】荧光辐射
　　【部件有】暗辐射
　　【部件有】紫外辐射
　　【部件有】γ 辐射
【因果关系】
　【影响（部分因果）】气候
　【影响（部分因果）】显热
【对应关系】
　【概念－实例】星体辐射

◎ 边坡灾害
【基本信息】
　【英文名】slope disaster
　【拼音】bian po zai hai
　【核心词】
【定义】
　　指岩体或土体在重力作用下整体顺坡下滑造成的灾害。
【来源】《边坡灾害防治工程》
【分类信息】
　【NDC 类目】
　　（1）地貌灾害
　　（2）地质灾害
【词条属性】
　【特征】
　　【特点】地质条件复杂，危险性，边坡稳定性差
【词条关系】
　【层级关系】
　　【子类】风化剥落
　　【子类】边坡病害
　　【类属】地貌灾害

◎ 连锁灾害
【基本信息】
　【英文名】chain disasters
　【拼音】lian suo zai hai
　【核心词】
【定义】
　　灾害不仅自身具有危害性，还可以引发多个相应的灾害，形成连锁反应给社会造成严重危害。
【来源】《探索连锁性灾害的系统和实态》
【分类信息】
　【NDC 类目】
　　一般术语
　【NDCC 分类类目】
　　一般术语
【词条属性】
　【特征】
　　【特点】重视程度不够，往往造成巨大损失
【词条关系】
　【触发条件】
　　【是前提】次生灾害

◎ 连阴雨
【基本信息】
　【英文名】continuous rain
　【拼音】lian yin yu
　【核心词】
【定义】
　　指连续 3~5 天以上的阴雨天气现象（中间可以有短暂的日照时间）。连阴雨天气的日降水量可以是小雨、中雨，也可以是大雨或暴雨。不同地区对连阴雨有不同的定义，一般要求雨量达到一定值才称为连阴雨。
【来源】《气象学词典》
【分类信息】
　【NDCC 分类类目】
　　气象水文灾害
【词条属性】
　【特征】
　　【特点】根据阴雨和气温的状况，可划分为：低温型阴雨、温暖型阴雨、前冷后暖型阴雨、前暖后冷型阴雨、冷暖交替型阴雨等。按照温度又可分低温连阴雨和高温连阴雨两种，前者日平均气温低于 12℃，后者高于 12℃。
　【效应】
　　【负效应】连阴雨主要危害农作物：在农作物生长发育期间，连阴雨天气使空气和土壤长期潮湿，日照严重不足，影响作物正常生长；在农作物成熟收获期，连阴雨可造

成果实发芽霉烂，导致农作物减产。
【基本情况】
　【持续时间】连续3～5天以上的阴雨天气现象（中间可以有短暂的日照时间）
【词条关系】
　【层级关系】
　　【子类】高温连阴雨
　　【子类】秋季连阴雨
　　【子类】春季连阴雨
　【等同关系】
　　【基本等同】久雨
　　【本名－别名同义】梅雨
　　【本名－别名同义】黄梅天
　【组成关系】
　　【成分有】前冷后暖型阴雨
　　【成分有】前暖后冷型阴雨
　　【成分有】冷暖交替型阴雨
　　【部件有】开花期连阴雨
　　【部件有】春播期连阴雨
　　【部件有】收获期连阴雨
　　【部件有】长期连阴雨
　【因果关系】
　　【影响（部分因果）】湿冬
　　【结果（因－果）】连阴雨害
　【对应关系】
　　【概念－实例】华南春季连阴雨

◎ **连阴雨灾害**
【基本信息】
　【英文名】disaster of period rain
　【拼音】lian yin yu zai hai
　【核心词】
【定义】
　连续3～5天以上的阴雨天气所造成的灾害。主要发生在中国南方地区，以华南和西南的一些地区最严重。连阴雨除容易导致涝灾外，还影响农作物的生长和收成，如发生在农作物生长发育期，因光照不足、温度下降、空气和土壤长期潮湿，影响农作物正常生长，造成减产甚至绝收；又如发生在农作物成熟收获期，连阴雨容易造成果实发芽霉变，因而影响收成。
【来源】《气象学词典》
【分类信息】
　【NDCC分类类目】
　　气象水文灾害
【词条属性】
　【特征】
　　【危害】容易导致涝灾
　　【危害】影响农作物生长
【词条关系】
　【层级关系】
　　【类属】雨害
　【组成关系】
　　【隶属于】气象灾害

◎ **适旱植物**
【基本信息】
　【英文名】xerophilous plant
　【拼音】shi han zhi wu
　【核心词】
【定义】
　对不良环境（干旱环境）的适应和抵抗力比较大，可以适应干旱环境的植物，称为适旱植物。
【来源】《英汉农业生物学词典》
【分类信息】
　【NDCC分类类目】
　　一般术语
【词条属性】
　【特征】
　　【特点】适旱特征
【词条关系】
　【适用情况】
　　【适用】干旱地区

◎ 逆温

【基本信息】
　【英文名】temperature inversion
　【拼音】ni wen
　【核心词】
【定义】
　　气温随高度升高而递增的状况。具有这种气温垂直分布的气层称为逆温层。逆温层中的大气十分稳定，难以发生垂直扰动和交换，以致下层的水汽和杂质都集中于逆温层底部。逆温层底和层顶的气流也常有很大的差异（形成风的垂直切变）。
【来源】《气象学词典》
【分类信息】
　【NDCC 分类类目】
　　气象水文灾害
【词条属性】
　【特征】
　　【危害】大气污染
　　【危害】阻碍空气垂直运动
【词条关系】
　【层级关系】
　　【子类】乱流逆温
　　【子类】反气旋逆温
　　【子类】辐射逆温
　　【子类】下沉逆温
　　【子类】锋面逆温
　　【子类】信风逆温
　　【子类】平流层逆温
　　【子类】山区逆温
　　【子类】地形逆温
　【因果关系】
　　【结果（因-果）】多诺拉事件

◎ 遥感监测

【基本信息】
　【英文名】remote sensing monitoring
　【拼音】yao gan jian ce
　【核心词】
【定义】
　　遥感监测是利用遥感技术进行监测的技术方法。监测对象主要是地面覆盖、大气、海洋和近地表状况等。遥感广泛用于气象、土地、海洋、农业、地质和军事等领域。
【来源】《防灾事典》
【分类信息】
　【NDCC 分类类目】
　　灾害监测预警
【词条属性】
　【方法手段】
　　【方法】航空三角测量
【词条关系】
　【组成关系】
　　【部件有】沙尘暴遥感监测

◎ 避难

【基本信息】
　【英文名】take refuge
　【拼音】bi nan
　【核心词】
【定义】
　　逃离战争或动乱不安的地方。
【来源】《沿海农村台风灾害区避难所优化布局理论与实践研究——以浙江为例》
【分类信息】
　【NDCC 分类类目】
　　灾害管理与处置
【词条属性】
　【目的】
　　【目的目标】防灾备灾
【词条关系】
　【层级关系】
　　【子类】强制避难
　【组成关系】
　　【成分有】避难广播

【部件有】避难群体
【部件有】避难者
【部件有】应急避难能力
【部件有】避灾工程
【部件有】应急措施
【部件有】避难圈域
【部件有】避难疏散
【部件有】避灾中心
【部件有】疏散指挥
【部件有】就近疏散
【部件有】集中疏散
【部件有】远程疏散
【部件有】转移安置
【部件有】避难层
【部件有】避难通道
【部件有】应急照明
【部件有】紧急避难
【部件有】应急疏散
【部件有】避难迁安
【部件有】避难原则
【部件有】避难引导
【部件有】避难路径
【部件有】避难装备
【部件有】避难城市
【部件有】避难舱
【部件有】避难宣传
【部件有】避难距离
【部件有】避难时间
【部件有】防灾能力
【部件有】避难行动预案
【部件有】避难指挥机构
【部件有】民众疏散路线
【部件有】避难标志
【部件有】避难演练
【部件有】避难心理
【部件有】避难可达性
【部件有】避难需求
【部件有】临时避难期
【部件有】短期避难
【部件有】中长期避难
【部件有】长期避难
【部件有】避难管理
【部件有】避难组织
【部件有】避难物资
【部件有】过渡安置场所
【部件有】避难效果
【部件有】避难圈域规划
【部件有】绿色隔离带
【部件有】避难行动
【部件有】避难生活圈
【部件有】避难空间系统
【部件有】避难教育
【部件有】避难服务设施
【部件有】避难咨询
【部件有】安全避难面积
【部件有】临时避难
【部件有】逃生技术
【隶属于】应急管理
【因果关系】
【影响（部分因果）】生命伤亡预测

◎避难所

【基本信息】
【英文名】refuge
【拼音】bi nan suo
【核心词】
【定义】
　　是应对突发公共事件的一项灾民安置措施，是现代化大城市用于民众躲避火灾、爆炸、洪水、地震、疫情等重大突发公共事件的安全避难场所。
【来源】《地理学词典》
【分类信息】
【NDCC分类类目】
　　灾害管理与处置
【词条属性】

【目的】
　【目的目标】防灾备灾
【词条关系】
　【适用情况】
　　【用于】灾害救援
　【层级关系】
　　【子类】陆龙卷躲避所
　　【子类】地震避难场所
　　【子类】乡村公园
　　【子类】紧急避难场所
　　【子类】中心避难疏散场所
　　【子类】指定避难所
　　【子类】固定避难疏散场所
　　【类属】庇护所
　【等同关系】
　　【基本等同】防灾广场
　　【基本等同】防灾公园
　【组成关系】
　　【部件有】避难所选址
　　【部件有】暂时避难
　　【部件有】大规模避难
　　【部件有】收容避难
　　【部件有】临时避难所
　　【部件有】固定避难所
　　【部件有】中心避难所
　　【部件有】永久性避难所
　　【部件有】避难空间
　　【部件有】避难所规划
　　【部件有】大众避难所
　　【部件有】特需避难所
　　【部件有】最后诉诸避难所
　　【部件有】避难居民
　　【部件有】避难规则
　　【部件有】急救用品
　　【部件有】供应设施
　　【部件有】避难所容量
　　【部件有】避难所建设标准
　　【部件有】避难公园

　　【部件有】避难广场
　　【部件有】避难设施
　　【部件有】避难绿地
　　【部件有】应急避难疏散区
　　【部件有】应急供水
　　【部件有】应急供电
　　【部件有】应急物资储备
　　【部件有】应急卫生防疫
　　【部件有】应急机坪
　　【部件有】应急消防设施
　　【部件有】应急监控
　　【部件有】市级避难所
　　【部件有】区级避难所
　　【部件有】社区级避难所
　　【部件有】城乡式避难所
　　【部件有】多功能避难所
　　【部件有】避难所区位优化
　　【部件有】选址空间
　　【部件有】避难服务
　　【部件有】避难安全性
　　【部件有】避难所等级
　　【部件有】避难功能
　　【部件有】过渡安置场所
　　【部件有】空间匹配
　　【部件有】流模式
　　【部件有】服务变量
　　【部件有】平灾结合
　　【部件有】最优路径
　　【部件有】规划性选址
　　【部件有】补充性选址
　　【部件有】功能布局
　　【部件有】防灾型社区
　　【部件有】抗灾型社区
　　【部件有】避难所优化布局
　　【部件有】避难规划
　　【部件有】家户层次避难所
　　【部件有】区域层次避难所
　　【部件有】紧急避难点

【部件有】Weber
【部件有】竞争选址
【部件有】多目标选址
【部件有】设施区位
【部件有】区位模式
【部件有】分派模型
【部件有】连续空间
【部件有】区位覆盖
【部件有】LSCP 模型
【部件有】避难所收容能力
【部件有】避难面积基准
【部件有】避难所服务范围
【部件有】避难所选址模型
【部件有】选址适宜性
【部件有】统筹规划
【部件有】地震避难所
【部件有】洪灾避难所
【部件有】避灾绿地
【部件有】公共绿地
【部件有】气象型避难场所
【部件有】地质型避难场所
　【对应关系】
　　【类比】避难区域

◎ **部门灾害**
【基本信息】
　【英文名】sector disaster
　【拼音】bu men zai hai
　【核心词】
【定义】
　对生产生活各个部门造成影响的各种灾害都属于部门灾害。
【来源】《防灾事典》
【分类信息】
　【NDCC 分类类目】
　　一般术语
【词条属性】
　【特征】

　【危害】居民生产与生活
【词条关系】
　【层级关系】
　　【类属】灾害

◎ **酸雨灾害风险**
【基本信息】
　【英文名】acid rain disaster risk
　【拼音】suan yu zai hai feng xian
　【核心词】
【定义】
　因大气中降落酸雨造成的灾害，以及由此引起的灾害风险。
【来源】《气象学词典》
【分类信息】
　【NDCC 分类类目】
　　气象水文灾害
【词条属性】
　【特征】
　　【关键指标】酸雨灾害风险危险性
　　【关键指标】酸雨灾害风险暴露性
　　【关键指标】酸雨灾害风险脆弱性
　　【关键指标】酸雨灾害风险防灾减灾能力
【词条关系】

◎ **重点地区监测**
【基本信息】
　【英文名】the key areas monitoring
　【拼音】zhong dian di qu jian ce
　【核心词】
【定义】
　对重点预防防护区、重点治理区、重点监督区进行水土流失类型、强度、分布、面积、治理程度、治理效益与动态变化进行监测。
【来源】《森林生态学》

【分类信息】
　【NDCC 分类类目】
　　灾害监测预警
【词条属性】
　【空间属性】
　　【位置】重点监督区
　　【位置】重点治理区
　　【位置】重点预防防护区
【词条关系】
　【层级关系】
　　【类属】森林生态环境监测方法

◎ 铁路灾害
【基本信息】
　【英文名】railway disasters
　【拼音】tie lu zai hai
　【核心词】
【定义】
　　危及铁路行车安全的风、雨、雪、水灾、地震等自然灾害。
　【来源】《防灾事典》
【分类信息】
　【NDCC 分类类目】
　　其他灾害
【词条属性】
　【特征】
　　【特点】危害大
【词条关系】
　【层级关系】
　　【类属】交通灾害

◎ 锋面暴雨洪水灾害
【基本信息】
　【英文名】frontal rainstorm floods
　【拼音】feng mian bao yu hong shui zai hai
　【核心词】
【定义】
　　因冷暖气团交集而产生的暴雨引起的洪水，锋面雨一般历时较长，雨强较小而降水总量大，它形成的洪水在中小流域上也往往表现为峰低量大，但在大流域上则可能出现较大的洪峰与洪量。
　【来源】《英汉汉英灾害科学词典》
【分类信息】
　【NDCC 分类类目】
　　气象水文灾害
【词条属性】
　【特征】
　　【特点】由于它持续时间久，覆盖范围大，往往形成组合型天气系统的暴雨洪水，造成较严重的洪水灾害。锋面暴雨洪水的特点，因锋面雨的性质不同而异。一般，冷锋雨造成的洪水峰值较高，静止锋降水往往在较大范围内造成连续持久的降雨天气而导致大流域上的大洪水。
【词条关系】
　【因果关系】
　　【结果（因-果）】锋面暴雨洪水灾害损失

◎ 间接损失
【基本信息】
　【英文名】indirect losses
　【拼音】jian jie sun shi
　【核心词】
【定义】
　　对人类经济社会活动和资源环境的破坏，虽然也很重要，但相对于直接破坏作用而言，属于灾害破坏活动的外延和发展，由此形成的损失属于间接损失或衍生灾害损失。
　【来源】《灾害经济学》
【分类信息】
　【NDCC 分类类目】

一般术语
【词条属性】
　【基本情况】
　　【形成原因】灾害
【词条关系】
　【层级关系】
　　【子类】环境污染间接损失
　　【子类】冰灾间接损失
　　【子类】雪灾间接损失
　　【子类】旱灾间接损失
　　【子类】涝灾间接损失
　　【子类】洪灾间接损失
　　【子类】水旱灾害间接损失
　　【子类】科技灾害间接损失
　　【类属】灾后损失评估
　【等同关系】
　　【本名－别名同义】衍生灾害损失
　【组成关系】
　　【成分有】间接非经济损失
　　【成分有】间接经济损失
　　【组成】灾害损失评估指标体系

◎ **防水**
【基本信息】
　【英文名】water－proof
　【拼音】fang shui
　【核心词】
【定义】
　　使某些物品防水的行为或过程。
【来源】《防灾事典》
【分类信息】
　【NDCC 分类类目】
　　灾害管理与处置
【词条属性】
　【目的】
　　【目的目标】防护
【词条关系】

◎ **防洪措施**
【基本信息】
　【英文名】flood control measures
　【拼音】fang hong cuo shi
　【核心词】
【定义】
　　防洪措施是指防止或减轻洪水灾害损失的各种手段和对策。
【来源】《主要气象灾害风险评价与管理的数量化方法及其应用》
【分类信息】
　【NDCC 分类类目】
　　灾害管理与处置
【词条属性】
　【功用】
　　【用途】防洪减灾
　【基本情况】
　　【形成原因】洪涝灾害
【词条关系】
　【层级关系】
　　【子类】洼淀滞洪
　　【子类】人工防暴雨
　　【子类】边坡加固设计
　　【子类】工程防洪措施
　　【子类】非工程防洪措施
　　【子类】防洪投入
　　【子类】调洪
　　【子类】岸坡加固
　　【子类】边坡加固处理
　　【子类】坝坡加固
　【组成关系】
　　【成分有】水位调节
　　【组成】水利工程建设
　　【部件有】双曲拱坝
　　【部件有】洪水保险与再保险
　　【部件有】立堵法截流
　　【部件有】分洪
　　【部件有】土石围堰

【部件有】干法迎水堵漏
【部件有】缓溜落淤
【对应关系】
【概念-实例】斜坡加固

◎ 防洪标准
【基本信息】
【英文名】flood control standard
【拼音】fang hong biao zhun
【核心词】
【定义】
防洪保护对象达到的或要求达到的防御水平或能力。一般将实际达到的防洪能力也称为已达到的防洪标准。
【来源】《防洪标准》
【分类信息】
【NDCC 分类类目】
一般术语
【词条属性】
【特征】
【关键指标】设计洪水
【关键指标】设计水位
【词条关系】
【层级关系】
【子类】城市防洪标准
【子类】乡村防洪标准
【子类】山洪防治标准
【子类】校核洪水标准
【子类】校核防洪标准
【子类】山洪防治工程标准
【组成关系】
【成分有】防洪工程管理运行费
【成分有】防洪工程造价

◎ 防潮
【基本信息】
【英文名】dump-proof
【拼音】fang chao
【核心词】
【定义】
防潮就是防止空气中的湿度过高，空气的湿度过高会使霉菌快速繁殖，霉菌不但能使物品发霉变质，同时也会使免疫力低下的老人、儿童感染各种疾病，全球每年因潮湿、霉变造成的经济损失高达数千亿美元。
【来源】《防灾事典》
【分类信息】
【NDCC 分类类目】
灾害管理与处置
【词条属性】
【方法手段】
【方法】隔气层防潮
【方法】防潮层防潮
【词条关系】
【适用情况】
【用于】建筑安全

◎ 防火设施
【基本信息】
【英文名】fire prevention facilities
【拼音】fang huo she shi
【核心词】
【定义】
为减少火灾的发生或预防、减轻火灾对社会造成的有害影响所采取的措施。
【来源】《防火材料与防火设施：性能、生产与应用》
【分类信息】
【NDCC 分类类目】
灾害管理与处置
【词条属性】
【功用】
【用途】防火措施
【用途】防火系统

【词条关系】
　【适用情况】
　　【用于】防火
　【层级关系】
　　【子类】防火栅
　　【子类】防火通道
　　【子类】防火梯
　　【子类】防火水龙头
　　【子类】防火壁
　　【子类】防火挡板
　　【子类】防火道（通）路
　　【子类】防焰装置
　　【子类】火花熄灭器
　　【类属】防火胶
　【组成关系】
　　【部件有】防火隔板
　　【部件有】防火林

◎防灾
【基本信息】
　【英文名】natural disaster prevention
　【拼音】fang zai
　【核心词】
【定义】
　　为减少灾害、减轻灾害所造成的损失，在灾前采取的各种预防性措施。包括工程性措施和非工程性措施两大类。
　【来源】《GB/T 26376—2010 自然灾害管理基本术语》
【分类信息】
　【NDCC分类类目】
　　一般术语
【词条属性】
　【特征】
　　【关键指标】防灾投入
　【目的】
　　【目的目标】主动保护
【词条关系】

　【层级关系】
　　【子类】减压
　　【子类】防护植物
　　【子类】地震公园
　　【子类】防霜
　　【子类】植草护坡
　　【子类】城市防灾
　　【子类】旱涝灾害防御
　　【子类】灾前抢收
　　【子类】防渍栽培
　　【子类】防荒
　【等同关系】
　　【基本等同】防灾救灾
　　【基本等同】减灾防灾
　【组成关系】
　　【部件有】防灾水平
　　【部件有】防火
　　【部件有】卫生防疫
　　【部件有】防灾抗灾
　　【部件有】航空防灾
　　【集成为】灾害管理

◎防灾减灾能力
【基本信息】
　【英文名】disaster prevention and mitigation capabilities
　【拼音】fang zai jian zai neng li
　【核心词】
【定义】
　　描述一个地区、城市或者国家在遇到灾害时的应对能力。
　【来源】《英汉汉英灾害科学词典》
【分类信息】
　【NDCC分类类目】
　　一般术语
【词条属性】
　【特征】
　　【关键指标】防灾备灾

【词条关系】
　【层级关系】
　　【子类】抗震能力
　　【子类】综合灾害防灾减灾能力
　　【子类】自然灾害防灾减灾能力
　　【子类】旱灾防灾减灾能力
　　【子类】高温灾害防灾减灾能力
　　【子类】涝灾防灾减灾能力
　　【子类】洪灾防灾减灾能力
　【组成关系】
　　【隶属于】灾害风险指标
　【因果关系】
　　【影响（部分因果）】风险可接受度

◎ 防灾减灾资金投入
【基本信息】
　【英文名】the input of funds for reducing disaster
　【拼音】fang zai jian zai zi jin tou ru
　【核心词】
【定义】
　　用于灾害防治的资金量。
【来源】《防灾减灾资金投入体系建设》
【分类信息】
　【NDCC分类类目】
　　一般术语
【词条属性】
　【约束】
　　【要求】成本效益分析
　【功用】
　　【用途】防灾减灾建设
　【效应】
　　【正效应】减灾
【词条关系】
　【组成关系】
　　【组成】减灾投入
　　【部件有】排涝防汛投入
　　【部件有】抗旱投入
　　【部件有】防雹投入
　　【部件有】防震抗震投入
　　【部件有】消防投入
　　【部件有】公路减灾投入
　　【部件有】民航减灾投入
　　【部件有】铁路减灾投入
　　【部件有】矿山事故减灾投入
　　【部件有】预报投入
　　【部件有】防灾投入
　　【部件有】抗灾投入
　　【部件有】灾后救援投入
　　【部件有】工程措施投入
　　【部件有】国家减灾投入
　　【部件有】地区减灾投入
　　【部件有】社区或单位减灾投入
　　【部件有】家庭减灾投入
　　【部件有】专项减灾投入
　　【部件有】混合投入
　　【部件有】附带投入
　　【部件有】监测预报投入

◎ 防灾备灾
【基本信息】
　【英文名】disaster prevention and disaster preparation
　【拼音】fang zai bei zai
　【核心词】
【定义】
　　防灾，预防或防御灾害；备灾，救灾的准备工作。
【来源】《防灾事典》
【分类信息】
　【NDCC分类类目】
　　一般术语
【词条属性】
　【效应】
　　【正效应】减少灾害造成的损失
　【方法手段】

【方法】加强灾害信息员培训，增强防灾责任意识
　　【方法】加强应急值守力度，确保灾情信息畅通
　　【方法】加强危房隐患排查，确保重点对象生命财产安全
　　【方法】加强救灾物资储备，增强应急救助能力
　　【方法】加强救灾资金管理，确保阳光救灾
【词条关系】
　【层级关系】
　　【子类】农作物保险
　　【子类】设防
　　【子类】抗冻试验
　　【子类】抗倒塌
　　【子类】抗倒伏
　　【子类】抗磁性材料
　　【子类】抗侧力结构
　　【子类】抗病
　　【子类】抗崩解持久性试验
　　【子类】抗爆性试验
　　【子类】抗爆汽油
　　【子类】抗爆
　　【子类】抗扳强度
　　【子类】抗搬运能力
　　【子类】赤潮防治
　　【子类】防荒救荒
　【组成关系】
　　【部件有】灾害准备
　　【部件有】补强加固
　【对应关系】
　　【概念－实例】边侧裂隙

◎防灾措施
【基本信息】
　【英文名】disaster prevention measures
　【拼音】fang zai cuo shi
　【核心词】
【定义】
　　通过灾害的发生规律及其所造成影响进行分析和研究，总结出的灾害防治技术方法和制度规范。
【分类信息】
　【NDCC分类类目】
　　灾害管理与处置
【词条属性】
　【功用】
　　【用途】灾害管理
　【基本情况】
　　【形成原因】自然灾害
【词条关系】
　【适用情况】
　　【适用】防灾
　【层级关系】
　　【子类】沙荒治理
　　【子类】防灾疏散
　　【子类】山泥倾泻警报
　【组成关系】
　　【部件有】水土保持工程
　　【部件有】非工程性措施
　　【部件有】工程性措施
　　【部件有】日内瓦公约
　　【部件有】防灾避难
　　【部件有】保险防灾
　　【部件有】城市防洪
　　【部件有】防灾工程
　　【部件有】加固

◎陆地灾害
【基本信息】
　【英文名】land disasters
　【拼音】lu di zai hai
　【核心词】
【定义】
　　按照自然灾害的分布，将发生在陆地的

灾害叫作陆地灾害。
【来源】《英汉汉英灾害科学词典》
【分类信息】
　【NDCC 分类类目】
　　一般术语
【词条属性】
　【空间属性】
　　【位置】发生在陆地
【词条关系】
　【组成关系】
　　【隶属于】灾害

◎ 雨凇灾害
【基本信息】
　【英文名】glaze disaster
　【拼音】yu song zai hai
　【核心词】
【定义】
　　超冷却的降水碰到温度等于或低于零摄氏度的物体表面时所形成玻璃状的透明或无光泽的表面粗糙的冰覆盖层，叫作雨凇。俗称"树挂"，也叫冰凌、树凝，给市民出行、城市交通和油田生产都带来了较大程度的影响。
【来源】《英汉汉英灾害科学词典》
【分类信息】
　【NDCC 分类类目】
　　气象水文灾害
【词条属性】
　【时间属性】
　　【发生时间】中国大部分地区雨凇都在 12 月至次年 3 月出现
【词条关系】
　【等同关系】
　　【指标－主体】雨凇害
　【因果关系】
　　【受影响（有关）】冻雨

◎ 雨洪水灾害
【基本信息】
　【英文名】rain floods
　【拼音】yu hong shui zai hai
　【核心词】
【定义】
　　在中低纬度地带，洪水的发生多由雨形成。
【来源】《英汉汉英灾害科学词典》
【分类信息】
　【NDCC 分类类目】
　　洪涝灾害
【词条属性】
　【特征】
　　【特点】大江大河的流域面积大，且有河网、湖泊和水库的调蓄，不同场次的雨在不同支流所形成的洪峰，汇集到干流时，各支流的洪水过程往往相互叠加，组成历时较长涨落较平缓的洪峰。小河的流域面积和河网的调蓄能力较小，一次雨就形成一次涨落迅猛的洪峰。雨洪水可分为两大类，一种暴洪是突如其来的湍流，它沿着河流奔流，摧毁所有事物，暴洪具有致命的破坏力；另一种是缓慢上涨的大洪水。
【词条关系】
　【层级关系】
　　【类属】洪水灾害

◎ 雪崩
【基本信息】
　【英文名】avalanche
　【拼音】xue beng
　【核心词】
【定义】
　　当山坡积雪内部的内聚力抗拒不了它所受到的重力拉引时，便向下滑动，引起大量雪体崩塌，人们把这种自然现象称作雪崩。

也有的地方把它叫作"雪塌方"、"雪流沙"或"推山雪"。同时，它还能引起山体滑坡、山崩和泥石流等可怕的自然现象。
【来源】《英汉汉英灾害科学词典》
【分类信息】
　【NDCC 分类类目】
　　地质地震灾害
【词条属性】
　【效应】
　　【负效应】自然灾害
【词条关系】
　【层级关系】
　　【子类】坚固雪片崩落
　　【子类】松软雪片崩落
　　【子类】人工雪崩
　　【子类】即时雪崩
　　【子类】空降雪崩
　　【子类】风积干硬雪崩
　　【子类】干散雪崩
　　【子类】混合雪崩
　　【子类】降水型雪崩
　　【子类】空气雪崩
　　【子类】正温型雪崩
　　【子类】雪板雪崩
　　【子类】干雪崩
　　【子类】粉雪崩
　　【子类】降雨型雪崩
　　【子类】地面雪崩
　　【子类】雪泥雪崩
　　【子类】辐射型雪崩
　　【类属】松散雪崩
　　【类属】板状雪崩
　　【类属】半融雪崩
　　【类属】山地灾害
　　【类属】雪灾
　【组成关系】
　　【成分有】雪崩堆
　　【成分有】堆积区
　　【成分有】通过区
　　【成分有】形成区
　　【组成】雪害
　　【部件有】松雪塌陷
　　【部件有】直接雪崩
　　【部件有】最大雪崩
　【因果关系】
　　【受影响（有关）】冰塔
　　【成因（果-因）】重力地质作用
　　【成因（果-因）】雪崩角砾岩
　　【成因（果-因）】雪崩巨砾舌
　　【成因（果-因）】雪崩扇
　　【成因（果-因）】雪崩小塘
　　【成因（果-因）】雪崩岩屑堆
　　【成因（果-因）】雪崩岩屑尾沙
　【对应关系】
　　【概念-实例】秘鲁大雪崩

◎**雪暴灾害**
【基本信息】
　【英文名】blizzard disaster
　【拼音】xue bao zai hai
　【核心词】
【定义】
　俗称暴风雪。大量的雪被强风卷起并随风而运行，并且不能判定当时是否有降雪，水平能见度小于 1km 的天气现象。
【来源】《英汉汉英灾害科学词典》
【分类信息】
　【NDCC 分类类目】
　　气象水文灾害
【词条属性】
　【空间属性】
　　【位置】多发生在我国的内蒙古、西藏自治区
【词条关系】
　【等同关系】
　　【本名-别名同义】暴风雪

【组成关系】
　【组成】雪害

◎雪灾
【基本信息】
　【英文名】snow damage
　【拼音】xue zai
　【核心词】
【定义】
　　降雪过多、积雪过厚和雪层维持时间过长造成的灾害。
【来源】《主要气象灾害风险评价与管理的数量化方法及其应用》
【分类信息】
　【NDCC 分类类目】
　　气象水文灾害
【词条属性】
　【特征】
　　【关键指标】积雪厚度
　　【特点】降雪量过多和积雪过厚，雪层维持时间长
　【基本情况】
　　【形成原因】大气环流
【词条关系】
　【适用情况】
　　【描述】雪灾预警
　　【描述】雪灾监测
　　【描述】雪灾灾害数据库
　【层级关系】
　　【子类】一般雪灾
　　【子类】严重雪灾
　　【子类】白灾
　　【子类】雪崩
　　【子类】风吹雪
　　【子类】牧区雪灾
　　【子类】冰冻雪灾
　　【子类】春季雪灾
　　【子类】前冬雪灾
　　【子类】后冬雪灾
　　【子类】雪污染
　　【子类】雪面裂缝
　　【子类】雪面冰霜
　　【子类】雪流
　　【子类】雪飑
　　【子类】雪冰
　　【子类】积雪异常
　　【子类】吹雪
　　【子类】草原雪灾
　　【子类】持续型雪灾
　　【类属】轻雪灾
　　【类属】中雪灾
　　【类属】重雪灾
　　【类属】暴风雪灾
　　【类属】牧区雪灾
　　【类属】猝发型雪灾
　　【类属】雨态灾害
【等同关系】
　【基本等同】雪害
【组成关系】
　【组成】铁路自然灾害
　【部件有】新雪
　【部件有】风吹雪灾害
　【隶属于】冰雪灾害
　【集成为】雨雪灾害
　【集成为】雪灾白灾
【时间关系】
　【前】终雪日期
　【后】初雪日期
【因果关系】
　【受影响（有关）】寒潮天气
　【成因（果－因）】寒潮
　【成因（果－因）】持续降雪
　【结果（因－果）】积雪阻塞
【对应关系】
　【主体－指标】牧区雪灾等级
　【主体－指标】雪灾气象指标

【指标-主体】积雪硬度
【指标-主体】积雪深度
【概念-实例】2008年南方雪灾

◎**雷暴云**
【基本信息】
  【英文名】thunder cloud
  【拼音】lei bao yun
  【核心词】
【定义】
  产生雷暴的积雨云叫作雷暴云。一个雷暴云叫作一个雷暴单体，其水平尺度约十几千米。多个雷暴单体成群成带地聚集在一起叫作雷暴群或雷暴带。
【来源】《气象与气候学》
【分类信息】
  【NDCC分类类目】
    气象水文灾害
【词条属性】
  【特征】
  【危害】强风暴系统常常带来严重的灾害如雷暴、暴雨、大风、龙卷风、冰雹等。例如，在热带和亚热带地区年降水量的很大部分是由对流性暴雨造成的。在有些地区，强对流系统甚至是引起最严重灾害的天气现象，如美国中西部在强对流系统中发生的龙卷风是最严重的天气灾害。
  【空间属性】
  【位置】尽管雷暴云的高度随地理位置的不同有较大的差异，但一般认为在海拔8~12km。对于夏季雷暴，正电荷区的海拔高度一般为10~16km，而负电荷区的海拔高度为6~10km。
【词条关系】
  【层级关系】
    【子类】雷暴卷云
    【子类】强雷暴云
  【等同关系】
    【基本等同】雷暴云型
  【组成关系】
    【成分有】雷暴单体
    【部件有】雷暴单体云
  【因果关系】
    【受影响（有关）】冰晶繁生
    【成因（果-因）】雷暴电荷

◎**雷暴灾害**
【基本信息】
  【英文名】thunderstorm disaster
  【拼音】lei bao zai hai
  【核心词】
【定义】
  因强雷暴造成的灾害。
【来源】《气象灾害丛书——雷电灾害》
【分类信息】
  【NDCC分类类目】
    气象水文灾害
【词条属性】
  【描述】
    【形成原因】大气层不稳定
    【形成原因】有充沛的水汽
    【形成原因】足够的冲击力
【词条关系】
  【因果关系】
    【受影响（有关）】强对流天气
    【结果（因-果）】雷暴灾害危害
    【结果（因-果）】雷暴灾害损失

◎**雷电灾害**
【基本信息】
  【英文名】thunder and lightning disaster
  【拼音】lei dian zai hai
  【核心词】
【定义】
  泛指雷击或雷电电磁脉冲入侵和影响

造成人员伤亡或财物受损、部分或全部功能丧失，酿成不良的社会和经济后果的事件。自然界中由雷电造成的损害可分为两类：直接雷击灾害和雷电感应灾害（次生灾害）。

【来源】《气象灾害丛书——雷电灾害》

【分类信息】

　【NDCC 分类类目】

　　气象水文灾害

【词条属性】

　【特征】

　　【特点】灾害频繁性

【词条关系】

　【层级关系】

　　【子类】旁侧闪击

　　【子类】旁侧闪络

　　【子类】直接雷害风险

　　【子类】间接雷害风险

　【组成关系】

　　【组成】主要气象灾害

　　【部件有】雷电感应灾害

　　【部件有】雷电灾害风险评价

　　【部件有】雷电灾害应急

　【因果关系】

　　【受影响（有关）】闪电干扰

　　【受影响（有关）】雷电活动

　　【受影响（有关）】雷电绕击

　　【受影响（有关）】雷电监测

　　【影响（部分因果）】雷击危害对象

　　【成因（果－因）】雷电

　　【成因（果－因）】雷暴

　　【成因（果－因）】雷电效应

　　【结果（因－果）】雷电

◎ 雷雨灾害

【基本信息】

　【英文名】rainstorm disaster

　【拼音】lei yu zai hai

　【核心词】

【定义】

　　雷雨天气造成的灾害。雷雨天气是伴有雷电的降雨现象，其成因复杂。常见的有热雷雨、锋雷雨和地形雷雨，多发生在夏季。陆地上的雷雨常出现在午后，海洋上的雷雨常出现在夜间。雷雨天气除了出现阵性强降雨和雷电现象外，还常常伴有大风、冰雹。因此，雷雨除破坏农作物以及树木外，还常造成人畜伤亡，并破坏房屋等工程设施和车辆、船舶等，造成比较严重的损失。

【来源】《气象学词典》

【分类信息】

　【NDCC 分类类目】

　　气象水文灾害

【词条属性】

　【时间属性】

　　【发生时间】多发生在夏季

　【效应】

　　【负效应】伴有雷电

　【基本情况】

　　【形成原因】雷雨天气

【词条关系】

　【层级关系】

　　【类属】雨害

　【组成关系】

　　【隶属于】气象灾害

◎ 雹洪灾害

【基本信息】

　【英文名】hail flood disaster

　【拼音】bao hong zai hai

　【核心词】

【定义】

　　指强降水伴随强冰雹狂风等，并引发洪水泥石流等自然灾害。

【来源】《英汉汉英灾害科学词典》

【分类信息】

【NDCC 分类类目】
　　一般术语
【词条属性】
　【特征】
　　【特点】双重灾害
【词条关系】
　【因果关系】
　　【受影响（有关）】强降水
　　【受影响（有关）】冰雹
　【对应关系】
　　【概念－实例】"5·10"岷县特大冰雹雹洪灾害

◎ **雾害**
【基本信息】
　【英文名】fog pollution
　【拼音】wu hai
　【核心词】
【定义】
　　指由于雾日多或雾的浓度大所造成的危害。大雾是一种灾害性的天气现象，主要发生在近地面层。严重的视程障碍威胁着城市道路系统、高速公路、航空港、海港航道的安全。雾日多，对植物生长发育不利，容易引起植物病害。
【来源】《大气科学辞典》
【分类信息】
　【NDCC 分类类目】
　　大雾灾害
【词条属性】
　【特征】
　　【特点】能见度低
【词条关系】
　【层级关系】
　　【子类】坨坨雾
　【等同关系】
　　【本名－别名同义】雾灾
　【因果关系】

　　【受影响（有关）】冷湖效应
　　【成因（果－因）】雾

◎ **震害估计**
【基本信息】
　【英文名】earthquake damage estimates
　【拼音】zhen hai gu ji
　【核心词】
【定义】
　　对地震灾害可能带来的损失的评估。
【来源】《英汉汉英灾害科学词典》
【分类信息】
　【NDCC 分类类目】
　　灾害评估
【词条属性】
　【功用】
　　【用途】防震减灾
【词条关系】
　【适用情况】
　　【用于】地震灾害

◎ **震害区划**
【基本信息】
　【英文名】earthquake hazard zoning
　【拼音】zhen hai qu hua
　【核心词】
【定义】
　　是按地震危险性的程度将国地划分若干区，对不同的区规定不同的抗震设防标准。
【来源】《英汉汉英灾害科学词典》
【分类信息】
　【NDCC 分类类目】
　　一般术语
【词条属性】
　【目的】
　　【目的目标】防震减灾

【词条关系】
　【等同关系】
　　【基本等同】地震区划

◎ **震源**
【基本信息】
　【英文名】area source
　【拼音】zhen yuan
　【核心词】
【定义】
　　地震发生的地点。
　【来源】《英汉汉英灾害科学词典》
【分类信息】
　【NDCC 分类类目】
　　地质地震灾害
【词条属性】
　【特征】
　　【关键指标】离源角
　　【关键指标】震源线度
　　【关键指标】震源机制参数
　【效应】
　　【维持效应】震源介质效应
　　【负效应】震源射线效应
【词条关系】
　【层级关系】
　　【子类】地震预报三要素
　　【子类】人工震源
　　【子类】多重震源
　　【子类】化学震源
　　【子类】人工爆破震源
　　【子类】天然地震震源
　　【子类】压缩空气震源
　　【子类】受控震源
　　【子类】潜在震源
　　【子类】位错源
　　【子类】近（震）源
　　【子类】连续震源
　　【子类】平面震源
　　【子类】线状震源
　　【类属】炸药震源
　　【类属】冰上地震震源
　【等同关系】
　　【基本等同】震源体
　　【基本等同】震源区
　　【基本等同】震源地
　【组成关系】
　　【成分有】震源道
　【因果关系】
　　【受影响（有关）】近源浊积岩
　　【影响（部分因果）】地震波谱
　　【结果（因-果）】近（震）源效应
　【对应关系】
　　【指标-主体】震源机制参数
　　【指标-主体】震源矩
　　【指标-主体】震源线度
　　【类比】震源力学模型

◎ **震源类型**
【基本信息】
　【英文名】type of source
　【拼音】zhen yuan lei xing
　【核心词】
【定义】
　　震源的分类。
　【来源】《中国袖珍百科全书》
【分类信息】
　【NDCC 分类类目】
　　地质地震灾害
【词条属性】
　【功用】
　　【用途】地震监测
　【基本情况】
　　【形成原因】震源区
【词条关系】
　【适用情况】
　　【描述】震源

【层级关系】
　【子类】一级源
　【子类】单力偶震源
　【子类】偶极震源
　【子类】二级源
　【子类】双力偶震源
　【子类】双偶极源
　【子类】集中震源
　【子类】点源
　【子类】非炸药震源
　【子类】气枪震源
　【子类】电火花震源
　【子类】气爆震源
　【子类】电磁脉冲震源
　【子类】空气枪震源
　【子类】无矩偶极震源
【等同关系】
　【基本等同】震源模型

◎ **震级**
【基本信息】
　【英文名】earthquake magnitude
　【拼音】zhen ji
　【核心词】
【定义】
　对地震大小的相对量度。
　【来源】《英汉汉英灾害科学词典》
【分类信息】
　【NDC 类目】
　　地质灾害
【词条属性】
　【特征】
　　【关键指标】b 值
　【效应】
　　【正效应】震级饱和
【词条关系】
　【层级关系】
　　【子类】地震预报三要素

　　【子类】体波震级
　　【子类】单频震级
　　【子类】历史地震震级
　　【子类】起始震级
　　【子类】统一震级
　　【子类】局部震级
　　【子类】近震震级
　　【子类】短震级
　　【子类】震级下限
　　【子类】震级上限
　　【子类】地方震震级
　　【子类】持续时间震级
　　【类属】谱震级
　　【类属】矩震级
　【等同关系】
　　【全称－缩略同义】地震震级
　【组成关系】
　　【集成为】地震三要素
　【因果关系】
　　【影响（部分因果）】震级－频度关系

◎ **霜冻灾害**
【基本信息】
　【英文名】frost disaster
　【拼音】shuang dong zai hai
　【核心词】
【定义】
　因霜冻造成的灾害。多发生在春末、秋初季节。霜冻是由于冷空气活动等原因使土壤表面、植物表面及近地面的气温突然下降到 0℃以下，植物体原生质受到破坏，导致植株受害或者死亡的天气现象。
　【来源】《灾害学导论》
【分类信息】
　【NDC 类目】
　　气象灾害
　【NDCC 分类类目】
　　气象水文灾害

【词条属性】
　【时间属性】
　　【发生时间】多发生在春末、秋初季节
　【基本情况】
　　【形成原因】霜冻
【词条关系】
　【层级关系】
　　【子类】辐射型霜冻
　　【子类】平流型霜冻
　　【子类】平流辐射型霜冻
　　【子类】花期霜冻
　【组成关系】
　　【部件有】霜冻灾害链
　　【部件有】霜冻灾害预警技术
　　【部件有】霜冻灾害预报技术
　　【部件有】霜冻灾害风险预警
　　【部件有】霜冻灾害风险辨识
　　【部件有】霜冻灾害风险指标
　　【部件有】霜冻灾害风险评价指标体系
　　【部件有】霜冻灾害风险评估

◎ 霜害风险评估
【基本信息】
　【英文名】frost risk assessment
　【拼音】shuang hai feng xian ping gu
　【核心词】
【定义】
　　对霜害及其对人类生命财产破坏的可能性进行评估。
【来源】《英汉汉英灾害科学词典》
【分类信息】
　【NDCC 分类类目】
　　灾害评估
【词条属性】
　【功用】
　　【用途】霜害防治
【词条关系】

◎ 霜点
【基本信息】
　【英文名】frost point
　【拼音】shuang dian
　【核心词】
【定义】
　　空气等压冷却到 0℃ 以下，使空气中的水汽（对冰面）达到饱和时的温度。
【来源】《英汉汉英灾害科学词典》
【分类信息】
　【NDC 类目】
　　（1）一般术语
　　（2）气象灾害
【词条属性】
　【功用】
　　【用途】自然灾害研究
　【目的】
　　【目的目标】防霜
【词条关系】
　【适用情况】
　　【用于】霜冻害

◎ 霾
【基本信息】
　【英文名】haze
　【拼音】mai
　【核心词】
【定义】
　　空气中的灰尘、硫酸、硝酸、有机碳氢化合物等粒子也能使大气混浊，视野模糊并导致能见度恶化，如果水平能见度小于 10km 时，将这种非水成物组成的气溶胶系统造成的视程障碍称为霾（Haze）或灰霾（Dust-haze），香港天文台称烟霞（Haze）。霾的厚度比较厚，可达 1~3km。由于灰尘、硫酸、硝酸等粒子组成的霾，其散射波长较长的光比较多，因而霾看起来呈黄色或橙灰色。天气预报中霾可分为三级：轻度霾：空气相对湿度小于等于 80%，能见度大于 5km 且小于 10km；中度霾：空气相对湿度小于等于 80%，能见度大于 2km 且小于等于 5km；重度霾：空气相对湿度小于等于 80%，且能见度小于等于 2km。
【来源】《气象灾害丛书——雾和霾》
【分类信息】
　【NDCC 分类类目】
　　气象水文灾害
【词条属性】
　【特征】
　　【关键指标】大气气溶胶微粒
　　【特点】低能见度灾害
【词条关系】
　【层级关系】
　　【子类】干霾
　　【子类】尘霾
　　【子类】北极霾
　　【子类】轻霾
　　【子类】盐霾
　　【子类】逆温霾
　　【子类】湿霾
　　【子类】烟霾
　　【子类】高空霾
　　【子类】冻霾
　　【子类】烈霾
　【等同关系】
　　【本名-别名同义】灰霾
　【组成关系】
　　【成分有】气溶胶粒子
　　【组成】大气霾雾
　　【隶属于】灾害性天气
　【因果关系】
　　【成因（果-因）】雾闪
　　【成因（果-因）】污闪

◎ **静态风险**
【基本信息】
　【英文名】static risk
　【拼音】jing tai feng xian
　【核心词】
【定义】
　　指在社会经济正常的情况下，自然力的不规则变化或人们的过失行为所致损失或损害的风险。
【来源】《保险学》
【分类信息】
　【NDCC 分类类目】
　　一般术语
【词条属性】
　【特征】
　　【特点】静态风险主要是指自然灾害和意外事故带来风险。静态风险所造成的后果银行可以通过大数法则加以估计，是可以计量的
　【功用】
　　【用途】静态灾害风险管理
【词条关系】
　【层级关系】
　　【子类】地震灾害风险
　　【子类】洪水灾害风险
　　【子类】飓风灾害风险
　　【子类】交通事故风险
　　【子类】火灾风险
　　【子类】工业伤害风险
　　【类属】风险

◎ **面波**
【基本信息】
　【英文名】surface wave
　【拼音】mian bo

【核心词】
【定义】
　　亦称"表面波"。沿地球表面或地下界面（或层）传播的地震波。常见的有瑞利面波、洛夫面波和短周期面波，还有斯通利波、通道波及长周期面波等。面波是纵波和横波传至界面时激发的次生波，其波形与地层介质的均匀性有很大关系。
【来源】《地质学》
【分类信息】
　【NDCC分类类目】
　　地质地震灾害
【词条属性】
　【特征】
　　【特点】频散
　　【特点】面波的传播较为复杂，既可以引起地表上下的起伏，也可以是地表做横向的剪切，其中剪切运动对建筑物的破坏最为强烈
　　【特点】只能沿着界面传播，只要离开界面即很快衰减
　　【特点】波长大、振幅强，振动周期较长
　　【特点】是造成建筑物强烈破坏的主要因素
　　【特点】高振幅，是最有威力的地震波
　【空间属性】
　　【位置】只能沿地表传播
　【物理特性】
　　【速度】波速约为3.8km/s，低于体波
　　【频率】低
　【基本情况】
　　【形成原因】体波在地表衍生而成的次生波
【词条关系】
　【层级关系】
　　【子类】M2波
　　【子类】Πg波
　　【子类】瑞雷波
　　【子类】勒夫波
　　【子类】洛夫波
　　【子类】横面波
　　【子类】瑞利面波
　　【子类】漏能式面波
　　【子类】核面反射波
　　【子类】砂波
　　【子类】斯通利波
　　【子类】地滚波
　　【子类】Rg波
　　【类属】地震波
【等同关系】
　【全称-缩略同义】表面波
　【本名-别名同义】L波

◎ 预警
【基本信息】
　【英文名】early warning
　【拼音】yu jing
　【核心词】
【定义】
　　预警是指在灾害或灾难以及其他需要提防的危险发生之前，根据以往的总结的规律或观测得到的可能性前兆，向相关部门发出紧急信号，报告危险情况，以避免危害在不知情或准备不足的情况下发生，从而最大程度的减低危害所造成的损失的行为。
【来源】《自然灾害应急管理》
【分类信息】
　【NDCC分类类目】
　　灾害监测预警
【词条属性】
　【功用】
　　【用途】防灾减灾
【词条关系】
　【触发条件】
　　【是前提】预警响应

【层级关系】
　【子类】红色预警
　【子类】黄色预警
　【子类】蓝色预警
　【子类】预警分析
　【子类】财务危机预警
　【子类】预警控制
　【子类】预警网络
　【子类】预警指标体系
　【子类】预警方法
　【子类】社会心理预警
　【子类】产业损害预警
　【子类】预警前震
　【子类】橙色预警
　【子类】龙卷警报
　【子类】风速预警
　【子类】内涝预警
　【子类】冰灾预警
　【子类】工程事故预警
　【子类】城市雪灾预警
　【子类】农业旱灾预警
　【子类】化学灾害预警
　【子类】旱灾预警
　【子类】涝灾预警
　【类属】提前报警
　【类属】提前告警
【等同关系】
　【基本等同】灾害预警
【组成关系】
　【组成】应急管理
　【部件有】预案
　【部件有】防范
　【部件有】跟踪
　【部件有】监督
　【部件有】采样
　【部件有】反潜
　【部件有】观测
　【部件有】探测
【部件有】预报
【部件有】监测
【部件有】反馈
【部件有】侦察
【部件有】监测网络
【部件有】监测报表
【部件有】信息报送分级
【部件有】预警发布
【部件有】警报信息
【部件有】有效预警
【部件有】警示功能
【部件有】报警临界点
【部件有】警报传播
【部件有】重大危险源
【部件有】危险源监督管理
【部件有】应急接警中心
【部件有】应急监控中心
【部件有】应急移动警情终端
【部件有】应急警报系统
【部件有】警戒区
【部件有】应急预警
【部件有】警戒
【部件有】危害程度级别
【部件有】应急监测
【部件有】区域警报系统
【部件有】预警级别
【部件有】预警体系
【部件有】预警预防行动
【部件有】预警支持系统
【部件有】预警信息服务
【部件有】突发事件预警级别
【部件有】预警措施
【部件有】气象灾害预警
【部件有】地震灾害预警
【部件有】地质灾害预警
【部件有】火险预警
【部件有】暴雨预警
【部件有】海洋灾害预警

【部件有】灾前预警能力
【部件有】预警设施
【部件有】预警公告
【部件有】预测机制
【部件有】社会预警
【部件有】地区通报
【部件有】预警级别调整
【部件有】火灾仿真模拟
【部件有】地震仿真模拟
【部件有】洪灾仿真模拟
【部件有】飓风仿真模拟
【部件有】泥石流灾害仿真模拟
【部件有】洪灾预警
【部件有】火灾预警
【部件有】地震预警
【部件有】飓风预警
【部件有】雪灾预警
【部件有】预警决策支持系统
【部件有】预警触发
【部件有】危机预警
【部件有】投资预警
【部件有】导弹预警
【对应关系】
【相似】示警

◎ 风化
【基本信息】
【英文名】weathering
【拼音】feng hua
【核心词】
【定义】
（1）由于受水、大气、气温或动植物作用，岩石失去原有的强度，这种现象叫风化。
（2）使岩石发生破坏和改变的各种物理、化学和生物作用。一般可定义为在地表或接近地表的常温条件下，岩石在原地发生的崩解或蚀变。
【来源】《防灾事典》

【分类信息】
【NDCC 分类类目】
地质地震灾害
【词条属性】
【特征】
【特点】作用时间长、风化物体暴露
【词条关系】
【层级关系】
【子类】化学风化
【子类】物理风化
【子类】选择风化
【子类】球形风化
【子类】温差风化
【子类】土壤风化
【子类】微风化
【子类】弱风化
【子类】生物化学风化
【子类】差异风化
【子类】热力风化
【类属】半风化状态
【组成关系】
【部件有】寒冻风化
【因果关系】
【受影响（有关）】搬运量
【结果（因-果）】风化残留物

◎ 风化作用
【基本信息】
【英文名】weathering
【拼音】feng hua zuo yong
【核心词】
【定义】
风化作用是指地表或接近地表的坚硬岩石、矿物与大气、水及生物接触过程中产生物理、化学变化而在原地形成松散堆积物的全过程。根据风化作用的因素和性质可将其分为三种类型：物理风化作用、化学风化作用、生物风化作用。

【来源】《地质学与地貌学》
【分类信息】
　【NDCC 分类类目】
　　一般术语
【词条属性】
　【特征】
　　【关键指标】风化淋溶系数
　【效应】
　　【负效应】侵蚀灾害
【词条关系】
　【层级关系】
　　【子类】化学风化
　　【子类】岩石风化作用
　　【子类】盐致风化作用
　　【子类】生物化学风化作用
　　【子类】差异风化（作用）
　　【子类】盐风化
　　【子类】根劈作用
　　【类属】物理风化作用
　　【类属】生物风化作用
　　【类属】外力作用
　【因果关系】
　　【影响（部分因果）】地球化学旋回
　　【影响（部分因果）】淋淀作用
　　【影响（部分因果）】节理谷
　　【影响（部分因果）】孔隙—裂隙水
　　【影响（部分因果）】残积黏化作用
　　【成因（果－因）】冰缘地貌
　　【成因（果－因）】风化地貌
　　【结果（因－果）】冰缘岩柱
　　【结果（因－果）】风化基面
　　【结果（因－果）】岩石风化
　　【结果（因－果）】残渣

◎风化带
【基本信息】
　【英文名】zone of weathering
　【拼音】feng hua dai
　【核心词】
【定义】
　　地壳表层岩石按其风化程度，从地壳表层向下分成为全风化、强风化、弱风化和微风化的层带。
【来源】《气象学词典》
【分类信息】
　【NDCC 分类类目】
　　气象水文灾害
【词条属性】
　【基本情况】
　　【形成原因】风化作用
【词条关系】
　【适用情况】
　　【描述】风化
　【层级关系】
　　【子类】风化带类型
　　【子类】弱风化带
　　【子类】强风化带
　　【子类】古风化壳

◎风暴
【基本信息】
　【英文名】storm
　【拼音】feng bao
　【核心词】
【定义】
　　广义上指大气扰动，特别是影响地面并造成灾害性天气的大气扰动；狭义上专指伴随灾害性大风的天气现象。
【来源】《气象与气候学》
【分类信息】
　【NDCC 分类类目】
　　气象水文灾害
【词条属性】
　【特征】
　　【关键指标】风暴强度
　【基本情况】

【形成原因】热带气旋
【词条关系】
　【触发条件】
　　【是条件】风暴多发地
　【层级关系】
　　【子类】海风暴
　　【子类】焚风风暴（德）
　　【子类】复合体风暴
　　【子类】科纳风暴
　　【子类】冷风暴
　　【子类】季风暴发
　　【子类】风暴洋
　　【子类】洪水风暴
　　【类属】风暴灾害
　　【类属】背风面风暴
　【组成关系】
　　【部件有】旋转风暴
　　【部件有】山风暴
　　【部件有】猛烈风暴
　　【部件有】线（布）风暴
　　【部件有】亚热带风暴
　　【部件有】超单体风暴
　　【部件有】低压风暴
　　【部件有】地形风暴
　　【部件有】对流风暴
　　【部件有】非龙卷风暴
　【因果关系】
　　【影响（部分因果）】风暴云堤
　　【结果（因-果）】风暴大浪
　　【结果（因-果）】风暴沉积
　　【结果（因-果）】风暴流
　【对应关系】
　　【概念-实例】英格兰猛烈风暴

◎风沙灾害
【基本信息】
　【英文名】wind-sand disaster
　【拼音】feng sha zai hai
　【核心词】
【定义】
　　因风沙活动或风沙现象造成的灾害。
【来源】《气象灾害丛书——沙尘暴灾害》
【分类信息】
　【NDCC分类类目】
　　气象水文灾害
【词条属性】
　【效应】
　　【负效应】风沙灾害主要表现是：吹蚀土壤，流沙掩埋耕地、村庄、公路、铁路及其他工程设施，造成并加剧土地沙漠化，影响交通运输，造成空气污染，破坏国土资源与生态环境。风沙活动除受气候、地表土性质、地形等自然条件控制外，还与耕植、伐木、采樵、挖药以及取水、采矿、工程建设等人为活动有关。
【词条关系】
　【组成关系】
　　【部件有】风沙淤埋灾害
　　【部件有】高吹沙
　【因果关系】
　　【受影响（有关）】黄沙
　　【受影响（有关）】砾石
　　【受影响（有关）】风沙防治
　　【受影响（有关）】天然沙坝
　　【影响（部分因果）】舌状积沙
　　【影响（部分因果）】鸣沙
　　【结果（因-果）】沙埋

◎风灾
【基本信息】
　【英文名】wind-related disaster
　【拼音】feng zai
　【核心词】
【定义】
　　是指因暴风、台风或飓风过境而造成的灾害。风灾与风向、风力和风速等具有密切关系。
【来源】《英汉汉英灾害科学词典》
【分类信息】
　【NDCC 分类类目】
　　大风灾害
【词条属性】
　【特征】
　　【关键指标】风向
　　【关键指标】风速
　　【关键指标】风力
【词条关系】
　【层级关系】
　　【子类】飓风
　　【子类】区域风灾
　　【子类】暴风
　　【子类】龙卷风
　　【类属】流体灾害
　【等同关系】
　　【基本等同】大风灾难
　【组成关系】
　　【组成】铁路自然灾害
　　【组成】风旱
　　【组成】水旱风灾
　　【部件有】null
　　【部件有】奥唐风
　　【部件有】城市风灾
　【时间关系】
　　【前】风灾迹地幼林
　【因果关系】
　　【受影响（有关）】气穴
　　【受影响（有关）】风穴
　　【结果（因－果）】风灾损害
　　【结果（因－果）】风成雪波
　　【结果（因－果）】风灾事故

◎ 风蚀灾害
【基本信息】
　【英文名】wind erosion hazard
　【拼音】feng shi zai hai
　【核心词】
【定义】
　　地表松散物质被风吹扬或搬运的过程，以及地表受到风吹起颗粒的磨蚀作用引起的灾害。
【来源】《吉林省西部地区的风蚀灾害和防治措施》
【分类信息】
　【NDCC 分类类目】
　　气象水文灾害
【词条属性】
　【特征】
　　【关键指标】风蚀强度
　　【关键指标】风蚀等级
　【效应】
　　【负效应】土壤侵蚀
【词条关系】
　【因果关系】
　　【受影响（有关）】风蚀作用
　　【成因（果－因）】风蚀灾害链
　　【结果（因－果）】风蚀灾害生态损失

◎ 风险
【基本信息】
　【英文名】risk
　【拼音】feng xian
　【核心词】
【定义】
　　风险是指在一定条件下和一定时期内可能发生的各种结果的变动程度。
【来源】《主要气象灾害风险评价与管理的数量化方法及其应用》
【分类信息】
　【NDC 类目】
　　一般术语
【词条属性】
　【特征】

【特点】不确定性
【词条关系】
　【层级关系】
　　【子类】非常高风险
　　【子类】高风险
　　【子类】中等风险
　　【子类】低至中等风险
　　【子类】低风险
　　【子类】微风险
　　【子类】风险分类系统
　　【子类】工程风险
　　【子类】财务风险
　　【子类】超额风险
　　【子类】不确定风险
　　【子类】生产功能风险
　　【子类】显著风险
　　【子类】不显著风险
　　【子类】行程风险
　　【子类】病率风险
　　【子类】第一类风险
　　【子类】紧急情况下所冒风险
　　【子类】巨灾危险
　　【子类】城市水灾风险
　　【子类】个人风险
　　【子类】简单风险
　　【子类】复杂风险
　　【子类】不确定性风险
　　【子类】自留风险
　　【子类】投机风险
　　【子类】气象风险
　　【子类】环境污染风险
　　【子类】真实风险
　　【子类】统计风险
　　【子类】预测风险
　　【子类】察觉风险
　　【子类】死亡风险
　　【子类】经济损失风险
　　【类属】生态风险
　　【类属】碳吸收功能风险
　【组成关系】
　　【成分有】易损度
　　【成分有】评估风险
　　【组成】风险链
　　【部件有】风险计划
　　【部件有】市场风险
　　【部件有】农业风险
　　【部件有】可保风险
　　【部件有】残余风险
　　【部件有】可接受风险
　　【部件有】强势型风险
　　【部件有】安全风险
　　【部件有】供应链风险
　　【部件有】不可接受风险
　　【部件有】条件风险
　　【部件有】战略风险
　【因果关系】
　　【成因（果-因）】综合风险

◎ **风险决策**
【基本信息】
　【英文名】risk decisions
　【拼音】feng xian jue ce
　【核心词】
【定义】
　　风险决策是指存在一些不可控制的因素，有出现几种不同结果的可能性，要冒一定风险的决策。
　【来源】《地理学词典》
【分类信息】
　【NDCC分类类目】
　　一般术语
【词条属性】
　【功用】
　　【用途】风险管理
【词条关系】
　【适用情况】

【用于】风险管理
【层级关系】
　【子类】综合灾害风险决策
　【子类】旱灾风险决策
　【子类】灾害风险决策
　【子类】涝灾风险决策
　【子类】洪灾风险决策
　【子类】寒潮灾害风险决策
【组成关系】
　【部件有】防洪减灾风险决策

◎风险分析
【基本信息】
　【英文名】risk analysis
　【拼音】feng xian fen xi
　【核心词】
【定义】
　　对可能遇到的自然环境的灾难和危害的潜在频率和后果，所提出的各种备选方案，作出评估和分析。
【来源】《主要气象灾害风险评价与管理的数量化方法及其应用》
【分类信息】
　【NDCC分类类目】
　　一般术语
【词条属性】
　【特征】
　　【关键指标】不确定性
　　【关键指标】敏感性
　【功用】
　　【用途】风险管理
【词条关系】
　【层级关系】
　　【子类】坝全风险分析
　　【子类】旱灾风险分析
　　【子类】高温灾害风险分析
　　【子类】涝灾风险分析
　　【子类】海潮灾害风险分析
　　【子类】山崩灾害风险分析
　　【子类】草原火灾灾害风险分析
　　【子类】海啸风险分析
　　【子类】草原灾害风险分析
　　【子类】海雾灾害风险分析
　　【子类】冰山灾害风险分析
　　【子类】赤潮灾害风险分析
　　【子类】地震海啸灾害风险分析
　　【子类】厄尔尼诺灾害风险分析
【等同关系】
　【基本等同】风险预测
【组成关系】
　【成分有】风险度量
　【组成】灾害风险理论
　【部件有】故障树分析
　【部件有】敏感性分析
　【部件有】风险比较
　【部件有】风险概率分析
　【部件有】风险－利益分析
　【部件有】判定风险
　【部件有】风险扩散行为
　【部件有】致灾危险性分析

◎风险可接受度
【基本信息】
　【英文名】risk acceptable degrees
　【拼音】feng xian ke jie shou du
　【核心词】
【定义】
　　能接受的最大风险。
【来源】《风险管理与保险原理（第9版）》
【分类信息】
　【NDCC分类类目】
　　一般术语
【词条属性】
　【方法手段】
　　【方法】风险度量
　【功用】
　　【用途】灾害保险

【词条关系】
　【适用情况】
　　【用于】灾害风险管理
　【因果关系】
　　【受影响（有关）】防灾减灾能力

◎ 风险回避
【基本信息】
　【英文名】risk avoidance
　【拼音】feng xian hui bi
　【核心词】
【定义】
　　是指考虑到风险存在和发生的可能性，主动放弃或拒绝实施可能导致风险损失的方案。
【来源】《主要气象灾害风险评价与管理的数量化方法及其应用》
【分类信息】
　【NDCC 分类类目】
　　一般术语
【词条属性】
　【特征】
　　【关键指标】成本效益分析
　　【优点】具有简单易行，全面彻底的优点，能将风险的概率降低到零。
【词条关系】
　【适用情况】
　　【用于】风险控制
　　【用于】风险管理

◎ 风险因素
【基本信息】
　【英文名】risk factors
　【拼音】feng xian yin su
　【核心词】
【定义】
　　是指风险事故发生的潜在原因，是造成损失的内在或间接原因。
【来源】《主要气象灾害风险评价与管理的数量化方法及其应用》
【分类信息】
　【NDCC 分类类目】
　　一般术语
【词条属性】
　【功用】
　　【用途】风险分析
　【基本情况】
　　【形成原因】风险
【词条关系】
　【触发条件】
　　【是条件】风险事故
　【组成关系】
　　【部件有】道德风险因素
　　【部件有】心理风险因素
　　【部件有】物质风险因素
　【时间关系】
　　【后】风险损失

◎ 风险场
【基本信息】
　【英文名】risk field
　【拼音】feng xian chang
　【核心词】
【定义】
　　危险源在空间的风险分布。
【来源】《基于风险场的评价理论研究》
【分类信息】
　【NDCC 分类类目】
　　一般术语
【词条属性】
　【特征】
　　【关键指标】风险率
　【方法手段】
　　【方法】风险评价
【词条关系】

【适用情况】
　　【描述】灾害风险
【触发条件】
　　【是条件】灾害

◎ 风险指标体系
【基本信息】
　【英文名】risk indicator system
　【拼音】feng xian zhi biao ti xi
　【核心词】
【定义】
　　表征评价灾害对象各方面特性及其相互联系的多个指标，所构成的具有内在结构的有机整体。
【来源】《主要气象灾害风险评价与管理的数量化方法及其应用》
【分类信息】
　【NDCC 分类类目】
　　灾害管理与处置
【词条属性】
　【特征】
　　【特点】科学性、体系性、综合性
　【效应】
　　【正效应】灾害风险管理
【词条关系】
　【适用情况】
　　【用于】风险评估
　【层级关系】
　　【子类】冰灾风险指标体系
　　【子类】雪灾风险指标体系
　　【子类】地质灾害风险指标体系
　　【子类】天文灾害风险指标体系
　　【子类】草原雪灾风险指标体系
　　【子类】草原火灾风险指标体系
　　【子类】社会灾害风险指标体系
　　【子类】火灾风险指标体系
　　【子类】工程事故风险指标体系
　　【子类】城市雪灾风险指标体系
　　【子类】农业旱灾风险指标体系
　　【子类】化学灾害风险指标体系
　　【子类】综合灾害风险指标体系
　　【子类】自然灾害风险指标体系
　　【子类】旱灾风险指标体系
　　【子类】洪灾风险指标体系
　　【子类】水旱灾害风险指标体系

◎ 风险管理
【基本信息】
　【英文名】risk management
　【拼音】feng xian guan li
　【核心词】
【定义】
　　决定如何对待并规划项目风险的管理活动。
【来源】《主要气象灾害风险评价与管理的数量化方法及其应用》
【分类信息】
　【NDCC 分类类目】
　　一般术语
【词条属性】
　【功用】
　　【用途】风险
【词条关系】
　【层级关系】
　　【子类】地震保险风险管理
　　【子类】环境污染风险管理
　　【子类】冰灾风险管理
　　【子类】雪灾风险管理
　　【子类】城市火灾风险管理
　　【子类】草原雪灾风险管理
　　【子类】社会风险管理
　　【子类】火灾风险管理
　　【子类】工程事故风险管理
　　【子类】城市雪灾风险管理
　　【子类】农业旱灾风险管理

【子类】综合灾害风险管理
【子类】旱灾风险管理
【子类】涝灾风险管理
【子类】洪灾风险管理
【子类】水旱灾害风险管理
【子类】海潮灾害风险管理
【子类】海潮灾害防治
【子类】海潮灾害风险应急管理
【子类】边坡地质灾害风险管理
【子类】边坡地质灾害防治
【子类】海啸风险管理
【子类】海啸防治措施
【子类】海啸风险应急管理
【子类】草原灾害风险管理
【子类】海雾灾害风险管理
【子类】冰山灾害风险管理
【子类】赤潮灾害风险管理
【子类】拉尼娜灾害风险应急管理
【子类】地震海啸灾害风险管理
【子类】厄尔尼诺灾害风险管理
【组成关系】
　【分解为】风险管理方针
　【分解为】风险管理计划
　【成分有】风险跟踪
　【成分有】风险约束
　【成分有】风险管理者
　【成分有】确定背景
　【成分有】识别风险
　【成分有】分析风险
　【成分有】处置风险
　【部件有】综合自然灾害风险管理
　【部件有】危机管理
　【部件有】风险管理流程
　【部件有】纠偏性灾害风险管理
　【部件有】减轻灾害风险计划
　【部件有】前瞻性灾害风险管理
　【部件有】预防风险
　【部件有】风险隔离

【因果关系】
　【受影响（有关）】风险管理文化
【对应关系】
　【相似】综合风险治理

◎ **风险管理指数**
【基本信息】
　【英文名】risk management index
　【拼音】feng xian guan li zhi shu
　【核心词】
【定义】
　是一组度量一个国家风险管理方面表现的指数集合。这些指数反映了一个国家在组织、发展、降低脆弱性和损失、备灾和灾后尽快恢复的能力和制度行为方面的表现。
【来源】《自然灾害风险管理与预警体系》
【分类信息】
　【NDCC 分类类目】
　　灾害管理
【词条属性】
　【功用】
　　【用途】灾害风险管理
【词条关系】
　【对应关系】
　　【表示（表征）】风险管理

◎ **风险评估**
【基本信息】
　【英文名】risk assessment
　【拼音】feng xian ping gu
　【核心词】
【定义】
　一个包括在特定条件下，风险源暴露时将对人体健康和环境产生不良效果的事件发生可能性的评估，此风险评估过程包括：危害识别、危害描述、暴露评估、风险描述。
【来源】《联合国国际减灾计划 2009》

【分类信息】
　【NDCC 分类类目】
　　一般术语
【词条属性】
　【方法手段】
　　【方法】量化风险评估
　【功用】
　　【用途】防灾减灾
【词条关系】
　【适用情况】
　　【用于】灾害预警
　【层级关系】
　　【子类】自然灾害综合风险评估
　　【子类】致险程度评估
　　【子类】冰灾风险评估
　　【子类】雪灾风险评估
　　【子类】交通灾害风险评估
　　【子类】城市火灾风险评估
　　【子类】草原雪灾风险评估
　　【子类】草原火灾风险评估
　　【子类】社会灾害风险评估
　　【子类】火灾风险评估
　　【子类】工程事故风险评估
　　【子类】城市雪灾风险评估
　　【子类】农业旱灾风险评估
　　【子类】化学灾害风险评估
　　【子类】综合灾害风险评估
　　【子类】旱灾风险评估
　　【子类】涝灾风险评估
　　【子类】洪灾风险评估
　　【子类】水旱灾害风险评估
　　【子类】海潮灾害风险评估
　　【子类】海潮灾害风险估计
　　【子类】边坡地质灾害风险评估
　　【子类】山崩灾害风险估计
　　【子类】山崩灾害风险评估
　　【子类】草原灾害风险评估
　　【子类】草原灾害风险估计
　　【子类】草原火灾灾害风险估计
　　【子类】海冰灾害风险评估
　　【子类】海冰灾害风险估计
　　【子类】海雾灾害风险评估
　　【子类】海雾灾害风险估计
　　【子类】冰山灾害风险评估
　　【子类】冰山灾害风险估计
　　【子类】拉尼娜灾害风险估计
　　【子类】地震海啸灾害风险评估
　　【子类】厄尔尼诺灾害风险评估
　　【子类】动态评估
　【等同关系】
　　【基本等同】灾害风险估计
　【组成关系】
　　【成分有】风险辨识
　　【组成】灾害风险理论
　　【部件有】经济损失评估
　　【部件有】社会影响评估
　　【部件有】环境损害评估
　　【部件有】危险源识别
　　【部件有】环境因素识别
　　【部件有】雷击风险评估
　　【部件有】震害快速评估
　　【部件有】风险效益评估
　　【部件有】安全风险评估
　　【部件有】生态风险评估
　　【部件有】定量风险评估
　　【部件有】单灾种风险损失评估
　　【部件有】风险—得益估计

◎风险辨识
【基本信息】
　【英文名】risk identification
　【拼音】feng xian bian shi

【核心词】
【定义】
　　风险辨识着重于风险存在情况，对尚未发生的、潜在的以及客观存在的自然灾害进行系统地、连续地判断与归纳。
【来源】《生态风险评价》
【分类信息】
　【NDCC 分类类目】
　　一般术语
【词条属性】
　【方法手段】
　　【方法】风险辨识方法
　【功用】
　　【用途】风险识别
　　【用途】风险应对
【词条关系】
　【层级关系】
　　【子类】环境污染辨识
　　【子类】冰灾风险辨识
　　【子类】雪灾风险辨识
　　【子类】地质灾害风险辨识
　　【子类】天文灾害风险辨识
　　【子类】城市火灾风险辨识
　　【子类】草原雪灾风险辨识
　　【子类】草原火灾风险辨识
　　【子类】社会灾害风险辨识
　　【子类】火灾风险辨识
　　【子类】工程事故风险辨识
　　【子类】城市雪灾风险辨识
　　【子类】农业灾害风险辨识
　　【子类】化学灾害风险辨识
　　【子类】综合灾害风险辨识
　　【子类】旱灾风险辨识
　　【子类】涝灾风险辨识
　　【子类】洪灾风险辨识
　　【子类】边坡地质灾害风险辨识
　　【子类】地震海啸灾害风险辨识
　　【子类】厄尔尼诺灾害风险辨识
　【组成关系】
　　【组成】风险评估

◎风雹
【基本信息】
　【英文名】wind hail
　【拼音】feng bao
　【核心词】
【定义】
　　冰雹常与雷暴大风结伴而行，因此，风、雹公害互为一体。其主要特点有：第一，突发性强。由于雷暴大风的移动速度快，往往云到风雹到，顷刻之间狂风大作，冰雹倾砸，大雨滂沱，来势凶猛。第二，危害时间短。一般持续时间仅几分钟，很少超过半小时。第三，危害范围小。俗话说"雹打一条线"，其宽度一般只有 1~2km。第四，破坏性大。由于风强，雹砸，所经之地，往往房倒屋损，树木、电杆倒折，农作物被毁，人畜被砸伤亡。
【来源】《气象灾害丛书——冰雹灾害》
【分类信息】
　【NDCC 分类类目】
　　气象水文灾害
【词条属性】
　【特征】
　　【关键指标】风雹抗击工程评估指标
　【约束】
　　【极限】耐风雹能力
【词条关系】
　【适用情况】
　　【受限】耐风雹能力
　【等同关系】
　　【基本等同】风雹灾

【基本等同】风雹灾害
【本名-别名同义】对流性风暴
【本名-别名同义】强雷暴
【对应关系】
【主体-指标】风雹抗击工程评估指标

◎ 风雹灾害风险
【基本信息】
【英文名】hailstorm disaster risk
【拼音】feng bao zai hai feng xian
【核心词】
【定义】
由风雹灾害引起的风险，可能造成人员和财产的损失。
【来源】《英汉汉英灾害科学词典》
【分类信息】
【NDCC 分类类目】
气象水文灾害
【词条属性】
【特征】
【关键指标】风雹灾害风险危险性
【关键指标】风雹灾害风险暴露性
【关键指标】风雹灾害风险防灾减灾能力
【关键指标】风雹灾害风险脆弱性
【词条关系】
【组成关系】
【部件有】风雹灾害防灾减灾能力

◎ 飑
【基本信息】
【英文名】squall
【拼音】biao
【核心词】
【定义】
在强冷风前或积雨云前沿所出现的狭窄的强风带。在其过境时，风速突增，风向突变，气象要素急骤变化，常伴有阵性降水。
【来源】《中国百科大辞典》
【分类信息】
【NDCC 分类类目】
气象水文灾害
【词条属性】
【特征】
【特点】飑线通常具有典型的弓状特征。飑线的水平范围很小，长度通常只有 150～300km，宽度仅半千米到几十千米，高度也只有 3km 左右。
【基本情况】
【形成原因】雷暴群
【持续时间】其维持时间一般为 4～10 小时。
【词条关系】
【层级关系】
【子类】风飑
【子类】缓线飑
【子类】冷飑
【子类】烈飑
【子类】斯诺飑
【子类】牛眼云飑
【子类】热带飑
【子类】台风飑
【类属】乌云飑
【类属】布蓝克飑
【类属】布谷鸟风暴
【组成关系】
【部件有】轻飑
【部件有】飑鼻
【隶属于】气象灾害
【因果关系】
【受影响（有关）】冷锋
【对应关系】
【概念-实例】伊朗五月飑

◎ 飑线天气

【基本信息】

【英文名】squall line weather

【拼音】biao xian tian qi

【核心词】

【定义】

呈线状排列的中尺度雷暴群体。

【来源】《英汉汉英灾害科学词典》

【分类信息】

【NDCC 分类类目】

气象水文灾害

【词条属性】

【特征】

【特点】能力大，破坏力强，并且难预报

【词条关系】

【等同关系】

【基本等同】飑线气候

【因果关系】

【影响（部分因果）】飑沟

◎ 高温灾害

【基本信息】

【英文名】high temperature disasters

【拼音】gao wen zai hai

【核心词】

【定义】

高温灾害主要是气温太高而引起人员、动植物不能适应的现象。

【来源】《气象灾害丛书——高温热浪与人体健康》

【分类信息】

【NDCC 分类类目】

气象水文灾害

【词条属性】

【特征】

【关键指标】日最高气温

【基本情况】

【形成原因】高温

【词条关系】

【层级关系】

【子类】日灼

【子类】高温不实

【子类】高温热风

【等同关系】

【基本等同】高温害

【组成关系】

【部件有】高温天数

【部件有】大陆酷热

【部件有】高温灾害风险评价指标

【因果关系】

【成因（果-因）】热浪灾害

【结果（因-果）】逼熟

【结果（因-果）】落蕾

【结果（因-果）】落铃

【对应关系】

【指标-主体】热浪日数

【概念-实例】2006 年高温灾害

【概念-实例】2007 年高温灾害

【概念-实例】2006 年夏天高温灾害

【概念-实例】2007 年全球高温灾害

◎ 高温热浪灾害

【基本信息】

【英文名】heat wave disaster

【拼音】gao wen re lang zai hai

【核心词】

【定义】

高温热浪又叫高温酷暑，是一个气象学术语，通常指持续多天的 35℃ 以上的高温天气。高温热浪灾害即为高温对人类和人类赖以生存的环境造成的破坏性影响。

【来源】《气象灾害丛书——高温热浪与人体健康》

【分类信息】

【NDCC 分类类目】
　　气象水文灾害
【词条属性】
　【特征】
　　【特点】热浪
　　【特点】高温
【词条关系】
　【组成关系】
　　【组成】主要气象灾害
　　【部件有】高温热浪灾害链
　　【部件有】高温热浪灾害周期
　　【部件有】高温热浪灾害监测
　　【部件有】高温热浪灾害预报
　　【部件有】高温热浪灾害预报技术
　　【部件有】高温热浪灾害预警技术
　　【部件有】高温热浪灾害风险辨识
　　【部件有】高温热浪灾害风险评估
　　【部件有】高温热浪灾害评估
　　【部件有】高温热浪灾害风险评估指标
　　【部件有】高温热浪灾害风险区划
　　【部件有】高温热浪灾害灾情
　　【部件有】高温热浪灾害灾情评估体系
　　【部件有】高温热浪灾害灾情评估
　　【部件有】高温热浪灾害管理
　　【部件有】高温热浪灾害风险管理
　　【部件有】高温热浪灾害防治
　【因果关系】
　　【受影响（有关）】高温热浪标准
　【对应关系】
　　【概念-实例】1988 年高温热浪灾害
　　【概念-实例】1980 年高温热浪灾害
　　【概念-实例】2003 年高温热浪灾害

◎ **黄土岩溶灾害风险**
【基本信息】
　【英文名】loess in karst disaster risk
　【拼音】huang tu yan rong zai hai feng xian
　【核心词】

【定义】
　　由黄土岩溶活动对工程建筑造成的危害，并由此产生的灾害风险。
【来源】《英汉汉英灾害科学词典》
【分类信息】
　【NDCC 分类类目】
　　地质地震灾害
【词条属性】
　【特征】
　　【关键指标】黄土岩溶灾害风险脆弱性
　　【关键指标】黄土岩溶灾害风险暴露性
　　【关键指标】黄土岩溶灾害风险防灾减灾能力
　　【关键指标】黄土岩溶灾害风险危险性
【词条关系】

◎ **鼠害**
【基本信息】
　【英文名】rodent damage
　【拼音】shu hai
　【核心词】
【定义】
　　指鼠类对农业生产及人类健康造成的危害。
【来源】《中国农业百科全书》
【分类信息】
　【NDCC 分类类目】
　　鼠害
【词条属性】
　【特征】
　　【特点】鼠类繁殖次数多，孕期短，产仔率高，性成熟快，数量能在短期内急剧增加。它的适应性很强，除南极大陆外，在世界各地的地面、地下、树上，水中都能生存，不论平原、高山、森林、草原以至沙漠地区都有其踪迹，常对农业生产酿成巨大灾害。
【词条关系】

【层级关系】
　　【子类】农作物鼠害
　　【子类】山地草原鼠害
【组成关系】
　　【成分有】鼠疫灾害
　　【部件有】草地鼠害
　　【部件有】森林害鼠
　　【部件有】豁鼠鼠害
　　【部件有】草原鼠灾
　　【隶属于】动物灾害
　　【隶属于】生物灾害
【因果关系】
　　【受影响（有关）】鼠疫
　　【结果（因-果）】鼠害剪株
　　【结果（因-果）】鼠害型退化
【对应关系】
　　【概念-实例】洞庭湖鼠害

◎ 鼠疫
【基本信息】
　　【英文名】yersinia pestis
　　【拼音】shu yi
　　【核心词】
【定义】
　　鼠疫杆菌所致的烈性传染病。是一种自然疫源性疾病，先流行于鼠类或其他啮齿动物，借蚤类为媒介，传染给人，死亡率高。常分为腺鼠疫、肺鼠疫、败血症鼠疫等类型。由于临床类型不同，可有不同的症状。
　　【来源】《英汉汉英灾害科学词典》
【分类信息】
　　【NDC 类目】
　　　生物灾害
【词条属性】
　　【特征】
　　　【特点】高热
　　　【特点】淋巴结肿痛
　　　【特点】出血倾向
　　　【特点】肺部特殊炎症
　　　【特点】鼠疫自然疫源性世界各地存在许多自然疫源地，野鼠鼠疫长期持续存在。人间鼠疫多由野鼠传至家鼠，由家鼠传染于人引起。偶因狩猎（捕捉旱獭）、考察、施工、军事活动进入疫区而被感染
　　　【特点】本病多由疫区籍交通工具向外传播，形成外源性鼠疫，引起流行、大流行。
　　　【特点】季节性与鼠类活动和鼠蚤繁殖情况有关。人间鼠疫多在 6~9 月，肺鼠疫多在 10 月以后流行
【词条关系】
　　【层级关系】
　　　【子类】动物灾害
　　　【子类】淋巴腺鼠疫
　　　【子类】肺型鼠疫
　　　【子类】败血性鼠疫
　　　【子类】腹股沟淋巴结鼠疫
　　　【类属】自然疫源性疾病
　　　【类属】传染病
　　【等同关系】
　　　【基本等同】黑死病
　　【组成关系】
　　　【隶属于】动物灾害
　　【因果关系】
　　　【影响（部分因果）】鼠害
　　【对应关系】
　　　【实例-概念】鼠源性疾病

◎ 龙卷风
【基本信息】
　　【英文名】tornado
　　【拼音】long juan feng
　　【核心词】
【定义】
　　是在极不稳定天气下，由两股空气强烈

对流运动而产生的一种伴随着高速旋转的漏斗状云柱的强风涡旋。
【来源】《气象学词典》
【分类信息】
　【NDCC 分类类目】
　　大风灾害
【词条属性】
　【基本情况】
　　【形成原因】强对流天气
【词条关系】
　【适用情况】
　　【描述】龙卷风走廊
　　【描述】龙卷风破坏程度
　　【描述】龙卷风涡旋中心
　【层级关系】
　　【子类】风态灾害
　　【类属】多漩涡龙卷风
　　【类属】反气旋龙卷
　　【类属】农业灾害性天气
　　【类属】风灾
　【等同关系】
　　【基本等同】龙卷
　【组成关系】
　　【成分有】陆龙卷
　　【组成】风雹灾害
　　【组成】大风灾难
　　【部件有】较强龙卷风
　　【部件有】中龙卷风
　　【隶属于】灾害性天气
　　【集成为】龙卷风暴
　【因果关系】
　　【结果（因-果）】龙卷风灾害
　　【结果（因-果）】中度破坏
　　【结果（因-果）】轻度破坏
　　【结果（因-果）】重大破坏
　　【结果（因-果）】极度破坏

　　【结果（因-果）】毁灭性破坏
　　【结果（因-果）】强烈破坏
　　【结果（因-果）】龙卷风走廊
　【对应关系】
　　【指标-主体】龙卷风强度等级
　　【概念-实例】三州龙卷风

◎ **龙卷风灾害**
【基本信息】
　【英文名】tornadoes disasters
　【拼音】long juan feng zai hai
　【核心词】
【定义】
　　龙卷风是从高空向下伸展出的强烈转动的漏斗状的云柱。所到之处，会把地面的水、尘土、泥沙卷起，甚至可拔树倒屋，人、畜也会一并升起。龙卷风影响范围虽小，但造成的灾情却很大。
【来源】《英汉汉英灾害科学词典》
【分类信息】
　【NDC 类目】
　　气象灾害
【词条属性】
　【特征】
　　【特点】影响范围小，灾情严重
【词条关系】
　【组成关系】
　　【组成】主要气象灾害
　　【部件有】龙卷风灾害风险评价
　　【部件有】龙卷风灾害应急
　　【部件有】龙卷风灾害应急管理
　【因果关系】
　　【成因（果-因）】龙卷风
　　【结果（因-果）】龙卷风灾害损失
　　【结果（因-果）】龙卷风灾害危害

第四部分

附　　录

A 实例词条音序索引

A
  安全事故

B
  半定位监测
  雹洪灾害
  暴露性
  暴雨
  暴雨灾害
  爆炸事故
  崩落灾害
  崩塌
  崩塌灾害
  避难
  避难所
  边坡灾害
  飑
  飑线天气
  冰雹预报
  冰雹灾害
  冰川运动
  冰川灾害
  冰凌洪水灾害
  冰碛湖溃决灾害
  冰塞洪水灾害
  冰雪融水泥石流灾害
  病虫害
  病虫害防治
  病害症状类型
  病原物
  不确定性风险
  部门灾害

C
  草地退化风险
  草害
  草原火灾
  潮汐
  潮灾
  沉降
  沉降物
  成灾面积
  承险体脆弱性程度图
  承险体脆弱性评估
  承险体风险损失度评估
  承险体灾损敏感性评估
  承灾体
  承灾体脆弱性综合评估
  承灾体易损性评价
  城市沉降灾害
  城市干旱
  城市火险气象等级
  城市积水灾害
  城市缺水
  城市污染
  城市灾害
  赤潮灾害
  虫害
  抽水塌陷灾害
  磁层亚暴
  磁极
  次生构造
  次生灾害
  脆弱性

D
  大风灾害
  大气绝热过程
  大气圈灾害
  大雾灾害
  单点沙尘暴天气
  低温寡照灾害
  低温冷害
  地槽
  地磁暴事件
  地基灾害
  地壳垂直运动
  地壳运动
  地裂缝灾害
  地面沉降灾害
  地面坍塌灾害
  地球空间暴
  地球膨胀说
  地下水
  地下水水文灾害
  地形
  地震波
  地震波谱
  地震次生灾害
  地震带
  地震分析
  地震烈度表
  地震台网
  地震原生灾害
  地震灾害
  地震灾害保险
  地质灾害防治
  电压

定期监测
定位监测
东北冷害
动态风险
冻害
冻土灾害
断层
断裂
断裂带
多灾种综合风险损失图

F

发震构造
翻垦造林
泛塘
防潮
防洪标准
防洪措施
防火设施
防水
防灾
防灾备灾
防灾措施
防灾减灾能力
防灾减灾资金投入
放射性污染
废水
风雹
风雹灾害风险
风暴
风化
风化带
风化作用
风沙灾害
风蚀灾害
风险
风险辨识
风险场
风险分析

风险管理
风险管理指数
风险回避
风险决策
风险可接受度
风险评估
风险因素
风险指标体系
风灾
锋面暴雨洪水灾害
浮尘天气
辐射

G

干旱灾害
干旱指标
干热风
干热风灾害
高温热浪灾害
高温灾害
工程治理措施
公害病
管涌灾害
灌溉
光害
光化学反应
光化学污染
光污染

H

海岸侵蚀灾害
海岸侵蚀灾害风险
海冰灾害
海浪灾害
海平面变化
海事灾害
海水倒灌
海啸
海啸灾害
海洋环境灾害风险

海洋灾害
害虫
寒潮
寒潮预报
寒潮灾害
寒冻灾害
寒害
寒流
寒露风
旱涝急转
旱情分析
旱情预报
旱灾
旱灾分析
旱灾评估
旱灾指数
河道灾害
河湖灾害
河流水文灾害
河流灾害
核辐射灾害
宏观监测
洪涝灾害
洪水
洪水三要素
洪水预报
湖泊洪水灾害
湖泊水文灾害
滑坡
滑坡灾害
环境污染
环境污染灾害
环境灾害
环境质量指数计算
缓发式突水灾害
荒漠化
荒漠化灾害
黄土岩溶灾害风险

蝗虫灾害
蝗灾
火山带
火山活动
火山喷发
火山碎屑流灾害
火山灾害
火生态
火灾

J

积涝灾害
基础应灾能力
间接损失
减灾规划
减灾教育
减灾培训
减灾投入
剪切力
交通灾害
节理
金融泡沫
静态风险
巨浪灾害
绝对效益

K

抗旱救灾
矿井突水灾害
矿井灾害
矿山灾害
溃坝灾害

L

涝渍灾害
雷暴云
雷暴灾害
雷电灾害
雷雨灾害
冷害
连锁灾害

连阴雨
连阴雨灾害
裂隙
临时安置房
凌洪灾害
凌汛灾害
流体灾害
流域
龙卷风
龙卷风灾害
陆地灾害
旅游灾害

M

霾
盲谷
冒顶灾害
面波
敏感生态区

N

内涝灾害
泥流灾害
泥沙淤积灾害
泥沙灾害
泥沙灾害风险
泥石流防护
泥石流灾害
逆温
凝冻灾害
农林气象灾害
农林生物灾害
农田水涝灾害风险评估
农业防治法
农业干旱
农业洪水灾害
农业灾害
农业灾害补偿
农业灾害防治

农作物病害
农作物灾害

P

排水
平原灾害
破坏

Q

气候
气候变幅
气候带
气候异常
气候灾害
气象干旱
气象灾害风险
强对流天气
侵蚀平原
侵蚀灾害
区域应灾能力评估
全球变暖
全灾害管理

R

热带气旋灾害
热害
热浪灾害
热污染
人工地震
人口
人为水文灾害
日烧病
融冰洪水灾害
融水性洪水灾害
融雪洪水灾害

S

森林草原火险预测预报
森林火险天气预报
森林火灾
森林火灾经济损失

评估
　森林生态环境监测
　森林生态环境效益
评价
　森林生态系统退化
风险
　森林灾害风险
　沙尘暴
　沙尘暴灾害
　山地灾害
　山洪
　山洪灾害
　山火
　善后恢复
　伤亡人员
　墒情监测
　设计洪水
　设计流量
　社区灾害风险指数
　渗流灾害
　生命线灾害
　生态脆弱区
　生态脆弱区现状调查
　生态调查
　生态公益林
　生态红线
　生态环境补偿机制
　生态环境影响评价
　生态环境状况评价
　生态环境状况指数
　生态恢复技术
　生态敏感区
　生态损失评估
　生态完整性调查
　生态系统
　生态系统退化过程
　生态系统退化诊断
　生态现状调查

生态修复
生态压力
生态阈限
生态灾害
生态灾害风险
生物丰度指数计算
生物圈灾害
生物入侵
生物入侵灾害
生物入侵灾害风险
生物灾害
生物灾害损失评估
湿地退化
湿地退化风险
蚀变作用
事故保险
事故报告
事故报警信号
事故调查
事故调查报告
事故防护
事故分析
事故井喷
事故率
事故识别信号灯
适旱植物
受淹面积
受灾面积
受灾者
兽害防治
兽害风险评估
鼠害
鼠疫
数值预报
霜点
霜冻灾害
霜害风险评估
水旱灾害

水库荷载
水库最高水位
水流
水情预报
水圈灾害
水土保持
水土保持工程
水土保持生物措施
水土流失风险
水土流失灾害风险辨识
水土流失灾害风险预警
水网密度指数计算
水位变化
水文干旱
水文观测
水文情报
水文特征
水文预报
水文灾害
水污染灾害
水系
水资源规划
酸雨灾害风险

T

塌岸灾害
台风暴雨洪水灾害
台风紧急警报
台风灾害
太阳风暴
太阳风暴灾害
坍塌
坍塌灾害
天气预报
天气灾害
天然有机污染物
天文灾害

铁路灾害
突发事件
突泥突砂灾害
突水灾害
土崩灾害
土地复垦技术
土地沙化
土地沙化风险
土地退化
土地退化灾害
土地退化指数计算
土壤侵蚀
土壤湿度
土壤污染灾害

W
瓦斯爆炸灾害
危机管理
危险性废物
危险性分析
微观监测
微生物灾害
位移测量
涡度
污染源
污染灾害
污水处理
物种灭绝
雾害

X
现代病
相对效益
小流域综合整治技术
效益损失
雪暴灾害
雪崩
雪灾

Y
压力

崖屑堆
淹没边缘
岩爆灾害
岩崩灾害
岩溶
岩石圈灾害
盐碱化防治
盐碱灾害
衍生灾害
遥感监测
易损度
溢洪道
溢油灾害
应激反应
应急管理
应急救援
应急决策
应急平台
应急评估
应急抢险
应急疏散
应急搜救
应急演练
应急预案
应力
有害藻华
有机污染
雨洪水灾害
雨凇灾害
预警
原生水文灾害
原生灾害
孕灾环境
孕灾环境图

Z
灾变
灾变致险程度评估
灾度指数

灾害
灾害保险
灾害报警
灾害补偿
灾害等级
灾害地貌
灾害调查
灾害动力学
灾害防御管理
灾害风险
灾害风险估计
灾害风险管理
灾害风险管理技术
灾害风险管理指标系统
灾害风险决策
灾害风险区划图
灾害风险源
灾害风险指数
灾害感知
灾害管理
灾害监测
灾害经济损失
灾害救援
灾害类型
灾害链
灾害密度
灾害评估方法
灾害气候
灾害前兆
灾害区划
灾害群
灾害识别
灾害事故应急管理
灾害损失
灾害损失评估
灾害效应
灾害心理干预

灾害形成机理	灾情等级划分	植物灾害风险评估
灾害性天气	灾情会商	治沙
灾害性天气自动警报系统	灾情评估	致险危险性程度图
灾害遥感	灾情区划	致灾因子
灾害应对	灾情区划图	致灾因子风险分析
灾害应急评估	灾情损失评估	重点地区监测
灾害影响评估	灾因链	专项监测
灾害预报	震害估计	专项应灾能力
灾害预防	震害区划	坠石灾害
灾害预警	震级	浊积物
灾害源	震源	资源短缺
灾害诊断模型	震源类型	紫外线
灾害直接损失	直接损失	综合气象干旱指数
灾害指数	植被的恢复与重建技术	综合致灾因子图
灾害综合管理	植被覆盖指数计算	最优灌溉制度
灾后损失评估	植物病虫害	作物病虫害
灾情	植物灾害	作物热害
		作用半径

B 实例词条笔画索引

二画
人口
人工地震
人为水文灾害

三画
山火
大风灾害
大气绝热过程
大气圈灾害
土地沙化
土地沙化风险
山地灾害
土地退化
土地退化灾害
土地退化指数计算
土地复垦技术
干旱灾害
干旱指标
山洪
山洪灾害
干热风
干热风灾害
小流域综合整治技术
土崩灾害
工程治理措施
大雾灾害
土壤污染灾害
土壤侵蚀
土壤湿度

四画
火山灾害
火山带
火山活动

水土保持
水土保持工程
水土保持生物措施
水土流失风险
水土流失灾害风险辨识
水土流失灾害风险预警
火山喷发
火山碎屑流灾害
风化
水文干旱
水文观测
风化作用
水文灾害
天文灾害
天气灾害
风化带
天气预报
水文预报
水文特征
水文情报
火生态
太阳风暴
太阳风暴灾害
水污染灾害
水网密度指数计算
火灾
风灾
水系
水旱灾害
风沙灾害
水位变化
水库荷载
水库最高水位

风险
风险分析
风险可接受度
风险场
风险因素
风险决策
风险回避
风险评估
专项应灾能力
风蚀灾害
风险指标体系
专项监测
风险管理
风险管理指数
风险辨识
水流
气候
气候异常
气候灾害
内涝灾害
气候带
气候变幅
日烧病
公害病
水资源规划
气象干旱
区域应灾能力评估
水圈灾害
气象灾害风险
水情预报
天然有机污染物
不确定性风险
瓦斯爆炸灾害

风雹
风雹灾害风险
风暴

五画

台风灾害
台风紧急警报
台风暴雨洪水灾害
东北冷害
电压
孕灾环境
孕灾环境图
生物入侵
生物入侵灾害
生物入侵灾害风险
龙卷风
龙卷风灾害
生物丰度指数计算
生态公益林
生态压力
生态红线
生态系统
生态系统退化诊断
生态系统退化过程
生态灾害
生物灾害
边坡灾害
生态灾害风险
半定位监测
生物灾害损失评估
生态完整性调查
生命线灾害
生态现状调查
生态环境状况指数
生态环境状况评价
生态环境补偿机制
生态环境影响评价
生态修复
生态恢复技术

生态损失评估
生态调查
生态脆弱区
生态脆弱区现状调查
生物圈灾害
生态阈限
生态敏感区
巨浪灾害
平原灾害
节理
发震构造

六画

压力
伤亡人员
地下水
地下水水文灾害
冰川运动
冰川灾害
防水
污水处理
防火设施
光化学反应
光化学污染
设计洪水
设计流量
农业干旱
农田水涝灾害风险评估
农业防治法
农业灾害
次生灾害
农业灾害防治
农业灾害补偿
次生构造
农业洪水灾害
有机污染
安全事故
光污染
危机管理

地形
防灾
地壳运动
防灾备灾
农作物灾害
地壳垂直运动
农作物病害
成灾面积
多灾种综合风险损失图
全灾害管理
防灾减灾能力
防灾减灾资金投入
防灾措施
动态风险
农林气象灾害
农林生物灾害
地质灾害防治
地面沉降灾害
污染灾害
地面坍塌灾害
危险性分析
危险性废物
防洪标准
防洪措施
污染源
虫害
光害
交通灾害
冰凌洪水灾害
有害藻华
地基灾害
地球空间暴
全球变暖
冰雪融水泥石流灾害
地球膨胀说
地裂缝灾害
冰雹灾害
冰塞洪水灾害

冰雹预报
冰碛湖溃决灾害
地磁暴事件
防潮
地槽
地震分析
地震台网
地震次生灾害
地震灾害
地震灾害保险
地震波
地震波谱
地震带
地震原生灾害
地震烈度表

七画

应力
冻土灾害
社区灾害风险指数
作用半径
坠石灾害
陆地灾害
连阴雨
连阴雨灾害
灾后损失评估
宏观监测
灾因链
沙尘暴
沙尘暴灾害
旱灾
旱灾分析
旱灾评估
旱灾指数
抗旱救灾
沉降
沉降物
作物病虫害
作物热害

灾变
应急平台
应急决策
应急评估
应急抢险
灾度指数
灾变致险程度评估
应急预案
应急救援
应急搜救
应急疏散
应急演练
应急管理
冻害
冷害
灾害
灾害区划
灾害风险
灾害风险区划图
灾害风险决策
灾害风险估计
灾害风险指数
灾害风险源
灾害风险管理
灾害风险管理技术
灾害风险管理指标系统
灾害气候
灾害心理干预
灾害动力学
灾害防御管理
灾害地貌
灾害应对
灾害形成机理
灾害识别
灾害评估方法
灾害应急评估
灾害补偿
灾害诊断模型

灾害报警
灾害性天气
灾害性天气自动警报系统
灾害事故应急管理
灾害经济损失
灾害直接损失
灾害前兆
旱涝急转
灾害保险
灾害类型
灾害指数
灾害损失
灾害损失评估
灾害预防
灾害预报
灾害效应
灾害监测
灾害调查
灾害预警
灾害综合管理
灾害密度
灾害救援
灾害链
灾害等级
灾害源
灾害群
灾害感知
灾害遥感
灾害管理
灾害影响评估
灾情
灾情区划
灾情区划图
旱情分析
灾情会商
灾情评估
位移测量
间接损失

灾情损失评估　　　事故识别信号灯　　　衍生灾害
旱情预报　　　　　承险体灾损敏感性评估　突发事件
灾情等级划分　　　承险体脆弱性程度图　城市缺水
连锁灾害　　　　　承险体脆弱性评估　　城市积水灾害
低温冷害　　　　　事故报警信号　　　　相对效益
低温寡照灾害　　　事故保险　　　　　　绝对效益
坍塌　　　　　　　事故调查　　　　　　草地退化风险
泛塘　　　　　　　事故调查报告　　　　临时安置房
坍塌灾害　　　　　事故率　　　　　　　受灾者
赤潮灾害　　　　　河流水文灾害　　　　受灾面积
应激反应　　　　　河流灾害　　　　　　适旱植物

八画　　　　　　　泥流灾害　　　　　　面波
　矿山灾害　　　　雨凇灾害　　　　　　飑线天气
　废水　　　　　　放射性污染　　　　　冒顶灾害
　矿井灾害　　　　易损度　　　　　　　突泥突砂灾害
　矿井突水灾害　　岩崩灾害　　　　　　侵蚀平原
　抽水塌陷灾害　　直接损失　　　　　　重点地区监测
　现代病　　　　　河湖灾害　　　　　　蚀变作用
　泥石流防护　　　河道灾害　　　　　　侵蚀灾害
　泥石流灾害　　　定期监测　　　　　　草害
　岩石圈灾害　　　岩溶　　　　　　　　草原火灾
　治沙　　　　　　环境污染　　　　　　洪涝灾害
　盲谷　　　　　　环境污染灾害　　　　浊积物
　承灾体　　　　　环境灾害　　　　　　受淹面积
　承灾体易损性评价　环境质量指数计算　逆温
　泥沙灾害　　　　金融泡沫　　　　　　荒漠化
　泥沙灾害风险　　岩爆灾害　　　　　　荒漠化灾害
　承灾体脆弱性综合评估
　定位监测　　　　九画　　　　　　　　十画
　泥沙淤积灾害　　　飑　　　　　　　　　部门灾害
　雨洪水灾害　　　　洪水　　　　　　　　海水倒灌
　事故分析　　　　　洪水三要素　　　　　原生水文灾害
　事故井喷　　　　　突水灾害　　　　　　原生灾害
　物种灭绝　　　　　洪水预报　　　　　　海平面变化
　事故防护　　　　　城市干旱　　　　　　害虫
　承险体风险损失度评估　城市火险气象等级　浮尘天气
　单点沙尘暴天气　　城市污染　　　　　　海冰灾害
　事故报告　　　　　城市沉降灾害　　　　凌汛灾害
　　　　　　　　　　城市灾害　　　　　　热污染

病虫害
病虫害防治
破坏
致灾因子
致灾因子风险分析
流体灾害
海事灾害
海岸侵蚀灾害
海岸侵蚀灾害风险
涡度
热带气旋灾害
致险危险性程度图
海洋灾害
凌洪灾害
海洋环境灾害风险
热害
积涝灾害
海浪灾害
热浪灾害
病原物
脆弱性
效益损失
病害症状类型
海啸
流域
海啸灾害
涝渍灾害
旅游灾害
高温灾害
高温热浪灾害
铁路灾害
核辐射灾害
资源短缺
盐碱化防治
盐碱灾害
预警

十一画

黄土岩溶灾害风险

排水
剪切力
综合气象干旱指数
综合致灾因子图
雪灾
断层
淹没边缘
减灾投入
减灾规划
减灾培训
减灾教育
兽害风险评估
兽害防治
基础应灾能力
渗流灾害
崖屑堆
雪崩
断裂
崩落灾害
断裂带
崩塌
敏感生态区
崩塌灾害
雪暴灾害

十二画

缓发式突水灾害
紫外线
强对流天气
湿地退化
湿地退化风险
善后恢复
最优灌溉制度
寒冻灾害
溃坝灾害
滑坡
湖泊水文灾害
森林火灾
森林火灾经济损失评估

森林火险天气预报
森林生态系统退化风险
森林生态环境效益评价
森林生态环境监测
滑坡灾害
植物灾害
植物灾害风险评估
森林灾害风险
湖泊洪水灾害
森林草原火险预测预报
植物病虫害
锋面暴雨洪水灾害
寒害
寒流
植被的恢复与重建技术
植被覆盖指数计算
裂隙
寒潮
寒潮灾害
寒潮预报
寒露风

十三画

雷电灾害
微生物灾害
微观监测
雷雨灾害
塌岸灾害
溢油灾害
鼠疫
雹洪灾害
溢洪道
辐射
雾害
鼠害
数值预报
遥感监测
雷暴云
雷暴灾害

十四画
　磁极
　磁层亚暴
　静态风险
　酸雨灾害风险
　管涌灾害
　墒情监测
十五画
　潮汐
　震级
　蝗虫灾害
　潮灾
　蝗灾

暴雨
暴雨灾害
震害区划
震害估计
震源
震源类型
暴露性
十六画
　融水性洪水灾害
　融冰洪水灾害
　凝冻灾害
　避难
　避难所

融雪洪水灾害
十七画
　霜冻灾害
　霜点
　霜害风险评估
十八画
　翻垦造林
十九画
　爆炸事故
二十画
　灌溉
二十二画
　霾

C 自然灾害分类法

1 地貌灾害
2 地质灾害
3 防灾备灾
4 恢复重建
5 农业灾害
6 其他灾害
7 气象灾害
　城市气象灾害
　大气成分与环境气象灾害
　地质气象灾害
　交通气象灾害
　农业气象灾害
　林业气象灾害
　畜牧气象灾害
　生态气象灾害
8 人为灾害
9 生态灾害
10 生物灾害
11 水文灾害
　海洋灾害
　洪涝灾害
12 一般术语
13 应急管理

D 全部核心词列表（4940 条）

以汉语拼音顺序排列，其中在词后打星号（*）的为本书第二部分收录的词条。

"三北"防护林工程	安全疏散	雹洪
20 世纪十大自然灾害	安全系统	雹洪灾害*
4R 模式	安全限度	雹块冻冷害
"5·10"岷县特大冰雹暴洪灾害	安全泄量	雹灾
	安全预警机制	保护生物多样性
"75·8"大暴雨	安置点	保险
Dst 指数	岸冰	保险防灾
ENSO 现象	岸坡	报警工具
GPS 技术	岸坡治理	鲍尔太阳指数
k 类害虫	凹陷	暴风雪
NGO 备灾中心	凹陷带	暴风雪灾
Phantom	八月低温	暴露
PM2.5	巴士底日闪焰	暴露评估
P 波抵达时间	巴士底日事件	暴露性*
r 类害虫	坝	暴雪
SPI	坝地	暴雪橙色警报
S-P 波走时差	白毛风	暴雪冻雨
X 型断裂	白色污染	暴雨*
阿空加瓜火山	白头山	暴雨调查
安全保障	白灾	暴雨洪涝灾害
安全常识	板块	暴雨洪水
安全风险学	板块构造	暴雨洪水灾害
安全管理	板块会聚	暴雨洪灾
安全警戒	板块碰撞	暴雨泥石流
安全距离	板块运动	暴雨泥石流灾害
安全区	半定位监测*	暴雨强度
安全社区	半干旱区	暴雨衰减指数
安全生产	半荒漠地区	暴雨突水灾害
安全生产事故	雹	暴雨预警
安全事故*	雹暴回波	暴雨云
安全事故责任追究制度	雹害	暴雨灾害*

暴雨灾害风险	避难道路	冰雹规律
暴雨组合	避难管理	冰雹谱
暴涨潮	避难所*	冰雹预报*
爆破危害	避难所选址	冰雹灾害*
爆炸	避难物资	冰雹灾害防治
爆炸事故*	避难系统	冰雹灾害风险评估
北方秋季低温	避难指示	冰雹指数
北太平洋暖流	避难组织	冰崩
贝尼奥夫带	避霜技术	冰川
备荒救荒措施	避灾行为	冰川变化
备灾	边界效应	冰川地貌
备灾能力指数	边坡地质灾害	冰川地质学
背冲断层	边坡加固设计	冰川泥石流
被动抗病性物理因素	边坡稳定评价	冰川消融
被困人员	边坡稳定性观测	冰川运动*
本地海啸	边坡削峭作用	冰川灾害*
本州造山运动	边坡灾害*	冰川作用
崩波	边坡灾害风险	冰岛型火山
崩顶碎波	边缘效应	冰冻灾害
崩滑流灾害	变旱	冰冻灾害风险
崩滑体	变质带	冰湖溃决过程
崩坏作用	变质建造	冰湖溃决洪水
崩积层	变质相	冰壳害
崩积土	变质岩	冰裂
崩积土滑移	变质岩构造	冰凌洪水
崩积物	变质作用	冰凌洪水灾害*
崩落	遍燃火	冰凌灾害
崩落灾害*	标准型泥石流	冰凌灾害防治
崩鸣	飑*	冰凌灾害风险评估
崩塌*	飑线	冰流
崩塌地裂缝灾害	飑线雹暴	冰面辐射雾
崩塌泥石流	飑线气候	冰面消融
崩塌压力	飑线天气*	冰期
崩塌灾害*	飑性天气	冰碛
崩塌灾害风险评估	飑云	冰碛地貌
比例分析法	表面波	冰碛湖溃决
避难*	冰坝洪水灾害	冰碛湖溃决灾害*
避难场所	冰雹	冰碛物

冰塞洪水	不可预测突发事件	侧蚀
冰塞洪水灾害*	不利地段	侧蚀作用
冰蚀作用	不确定性	侧向侵蚀
冰水堆积地貌	不确定性风险*	测定产量损失基本方法
冰淞	不稳定大气	层结流体
冰丸	部门灾害*	层理
冰雾	部门灾害学	察觉风险
冰雪冻雨	财务评价方法	察隅—墨脱地震
冰雪复合型积雪	采矿塌陷灾害	差额评价法
冰雪融水	残余风险	产量损失
冰雪融水泥石流	草场沙漠化	产流
冰雪融水泥石流灾害*	草地鼠害	产业恢复重建
冰雪消融洪水	草地退化	长浪
冰灾	草地退化风险*	长期恢复
病程	草害*	长期连阴雨
病虫害*	草原虫害	长期气候变化
病虫害防治*	草原动物疫病灾害	长期水文预报
病虫害气象学	草原防火	长周期地震波
病虫气象	草原风沙灾害	长周期震相
病虫气象预报	草原管理	常规地震台站
病毒病害	草原蝗虫	常规紧急事件
病害	草原蝗灾	常规性突发事件
病害等级	草原火	常平仓
病害环	草原火灾*	常态应急管理
病害进展曲线	草原火灾应急管理	常态灾害理论
病害四角锥体	草原火灾应急预案	场地烈度
病害预测	草原火灾预测	场外应急
病害症状类型*	草原可燃物	超标因子
病原	草原气象灾害防治	超单体风暴
病原物*	草原气象灾害风险评估	超级单体
病原物致病生化因子	草原人为灾害	超级单作风暴
病症	草原生态灾害防治	超级火山
病状	草原生态灾害风险评估	超级火山大爆发
波浪	草原鼠害	超级雷暴
剥蚀	草原有毒植物灾害	超级闪电
剥蚀地貌	草原灾害	超强台风梅花
剥蚀面	草原灾害学	超微震
不可接受风险	草原植物病害	潮流

潮滩	城市爆炸灾害	城市积涝
潮位	城市冰雹灾害	城市积水灾害*
潮汐*	城市冰雪灾害	城市径流
潮灾*	城市冰雪灾害防治	城市救援
潮灾总损失评估	城市沉降灾害*	城市抗旱能力
潮州断层	城市次生灾害	城市空气污染灾害
车辆伤害事故	城市大气污染	城市垃圾灾害
尘暴	城市大气污染灾害	城市内涝
尘卷风	城市地裂缝灾害	城市内涝灾害
尘霾	城市地裂缝灾害防治	城市内涝灾害风险评估
尘泥	城市地裂缝灾害风险评估	城市气象灾害
尘源	城市地震	城市缺水*
沉积	城市防洪	城市缺水程度
沉积物崩塌	城市防噪声规划	城市缺水类型
沉积岩	城市废弃物	城市缺水率
沉降*	城市风暴潮灾害	城市热岛
沉降裂缝	城市风暴潮灾害防治	城市热害
沉降物*	城市风沙灾害	城市人为热
沉陷	城市风灾	城市人为灾害
沉陷灾害	城市干旱*	城市沙尘暴灾害
成层火山	城市干旱灾害	城市生活垃圾
成长性危机	城市工业化灾害	城市生物灾害防治
成灾指标	城市工业灾害	城市生物灾害风险评估
承险体脆弱性程度图*	城市洪涝灾害	城市水害
承险体脆弱性评估*	城市洪水风险	城市水资源应急管理
承险体风险损失度评估*	城市洪灾	城市隧道火灾
承险体物理暴露性评估*	城市化	城市塌陷灾害
承险体灾损敏感性评估*	城市化水文效应	城市台风灾害
承灾能力指数	城市化学灾害	城市污染*
承灾体*	城市环境污染	城市污水
承灾体脆弱性综合评估*	城市环境污染灾害	城市需水量
承灾体易损性评价*	城市环境灾害	城市应急规划
承载体	城市环境灾害风险评估	城市应急能力
城市安全	城市火险气象等级*	城市应急水源
城市雹灾	城市火险气象等级国家标准	城市雨雪冰冻灾害
城市雹灾防治	城市火灾	城市灾害*
城市暴雨内涝灾害	城市火灾应急管理	城市灾害管理
城市暴雨灾害风险评估	城市火灾预测	城市灾害学

城市灾害应急管理	传统模式	大风
城市灾害应急管理系统	传统应急管理	大风灾害*
城市灾害源	传统灾害	大风灾难
城市噪声	船舶生活污水	大流行病
城市噪声灾害	船舶油污水	大陆裂谷
城市震害预测	创伤后压力心理障碍症	大陆坡
城市自然灾害	创伤后应激障碍	大陆增长
城市综合防灾	吹风防霜	大面积拱形构造
城镇泥石流	吹沙防止	大气本底污染
城镇污水	吹蚀作用	大气二次污染物
橙色预警	春雹区	大气海啸
持久性有机污染物	春旱	大气环境评价
持续型雪灾	春雷	大气环境事故
赤潮	春夏雹区	大气环境灾害
赤潮生物	纯粹风险	大气环流
赤潮灾害*	磁暴	大气绝热过程*
赤潮藻	磁暴短期预报	大气扩散
冲火	磁暴警报	大气扩散模式
虫害*	磁暴现报	大气凝结核
虫害防治	磁层	大气浓度
虫害率	磁层粒子暴	大气圈灾害*
虫数	磁层亚暴*	大气透明度
虫灾	磁极	大气污染
抽水塌陷灾害*	次生构造*	大气污染负荷
臭氧层漏洞	次生水文灾害	大气污染控制
臭氧空洞	次生盐碱地	大气污染事故
初霜冻	次生灾害*	大气污染物
初霜期	次生灾害源	大气污染物质
除尘	次生自然灾害	大气污染源
处置措施	猝发型雪灾	大气污染灾害
处置风险	脆弱生态系统	大气污染指示动物
处置机制	脆弱性*	大气污染指示生物
传播病害	脆弱性指标	大气污染指示植物
传染病	脆性断层	大气污染综合防治
传染病传播	存储期伤热	大气现象
传染病防治	大坝	大气悬浮物
传染病灾害	大变形灾害	大气烟尘现象
传统安全	大到暴雨	大气杂质

大同火山群
大雾灾害*
大型活动事故
大型天气过程
大雪
大汛
大洋中脊地震带
大众避难所
代田法
单次灾害
单次灾害经济损失
单次灾害灾度等级
单次自然灾害
单点沙尘暴天气*
单发型地震
单类自然灾害风险评估
单粒子事件
单粒子效应
单险种风险损失(风险度)图
单循环病害
单一单体风暴
氮磷污染
岛弧
倒春寒
倒石堆
道路交通事故
道路结冰
道路结冰应对措施
道路救援
稻草防火
登陆型台风
等离子
等离子体
等烈度线图
等震线图
低吹沙
低吹雪
低地湖

低空风切变
低空逆温
低山沟谷型岩溶
低温
低温冰冻灾害
低温冻害
低温寡照
低温寡照灾害*
低温寒冷黄色预警信号
低温寒冷蓝色预警信号
低温冷冻灾害
低温冷害*
低温冷害防御
低温冷害灾指数
低温连阴雨灾害
低温伤害
低温霜冻
低温缩裂
低温溢口
低温灾害
低温灾害学
低压
低压风暴
低应力脆断
堤坝
堤防堵口
堤防滑坡
堤防决口抢险
堤防溃决洪水计算
底板断层
地表沉陷
地槽*
地槽—褶皱区
地层
地层评价
地层伤害
地层学
地磁

地磁暴事件*
地磁测量
地磁亚暴
地磁指数
地动仪
地动异常
地方性天气
地方灾害指数
地方震
地方震尾波
地缝合线
地基沉降
地基下沉
地基灾害*
地壳
地壳变动
地壳变迁
地壳垂直运动*
地壳减薄
地壳均衡
地壳微脉动
地壳细颈构造
地壳下沉
地壳相对升降波
地壳运动*
地块
地理环境重建
地理信息系统
地裂
地裂缝
地裂缝灾害*
地裂现象
地幔
地貌
地貌学
地貌灾害
地面凹陷
地面沉降

地面沉降防治	地下水降落漏斗	地震断层模型
地面沉降监测	地下水水文灾害*	地震发光现象
地面沉降灾害*	地下水水质	地震发生概率
地面沉降灾害防治	地下水位壅高值	地震分布
地面沉降灾害风险评估	地下水位预报	地震分析*
地面沉裂	地下水污染	地震高水平活动期
地面开裂	地下水异常	地震工程学
地面倾斜	地下水资源枯竭	地震公园
地面塌陷预测	地陷	地震构造带
地面塌陷灾害	地形*	地震观测
地面坍塌	地形雹暴	地震海啸
地面坍塌灾害*	地形变前兆	地震荷载
地面下沉	地形风暴	地震横波
地面运动	地形雨	地震宏观异常
地堑	地域风险度	地震湖
地堑盆地	地震	地震活动
地倾斜	地震安全性评价	地震活动区
地球动力学	地震避难所	地震活动周期
地球辐射带	地震波*	地震火灾
地球化学灾害	地震波频谱	地震火灾损失评估
地球空间暴*	地震波频谱异常	地震计
地球膨胀说*	地震波谱*	地震记录
地球物理灾害	地震波衰减	地震间接影响评估
地区地震台网	地震波速度	地震监测预报
地区年度灾情统计表	地震采集	地震戒严
地区年度自然灾害经济损失	地震次生火灾	地震经济损失预测
地台	地震次生灾害*	地震经验预报
地凸	地震带*	地震警告
地洼	地震带划分	地震救援
地洼区	地震地面反应	地震救援搜索
地下工程灾害	地震地质	地震矩
地下火	地震地质学	地震勘探
地下廊道	地震地质灾害	地震考古
地下煤层自燃	地震电磁波	地震空区
地下水*	地震定位	地震联防
地下水脆弱性	地震动	地震烈度
地下水供给量	地震动参数	地震烈度表*
地下水观测井	地震断层	地震烈度分布图

地震烈度值	地震预测	地质环境
地震裂缝	地震预测区	地质理论
地震隆起	地震预警	地质气象灾害
地震轮回	地震预警系统	地质时期
地震面波	地震原生灾害*	地质事件
地震泥石流	地震云	地质现象
地震频度	地震孕育过程	地质学
地震评估	地震灾变强度评估	地质营力
地震前兆	地震灾害*	地质运动
地震强度	地震灾害保险*	地质灾害
地震区	地震灾害等级	地质灾害防治*
地震三要素	地震灾害分析	地质灾害风险管理
地震伤	地震灾害风险	地质灾害风险评估
地震社会灾害	地震灾害风险分析	地质灾害风险区划
地震水灾	地震灾害风险评估	地质灾害风险识别
地震死亡	地震灾害风险评价	地质灾害监测
地震速度	地震灾害风险区划	地质灾害救援
地震台	地震灾害评估	地质灾害期望损失评估
地震台网*	地震灾害损失估计	地质灾害事故
地震图	地震灾害学	地质灾害损失评估
地震微观前兆	地震灾害应急管理	地质灾害危险区
地震袭击	地震灾害应急计划	地质灾害学
地震系数	地震灾害预警	地质灾害应急管理
地震效应	地震灾害综合评估	地质灾害与防治
地震形势预测	地震闸	地质灾害预报
地震型泥石流	地震震害面积	地质灾害预报预警系统
地震学	地震震级	地质致灾因子
地震亚次生灾害	地震震级 M 测定方法	点降水量
地震堰塞湖	地震震源参数	电磁地震仪
地震摇起	地震震中分布图	电磁辐射
地震仪	地震中心	电磁干扰
地震异常	地震子波	电磁环境
地震易损性分析	地震自救	电离层
地震影响	地震纵波	电离层暴
地震预报	地震走时	电离层骚扰
地震预报策略	地震作用	电离层骚扰预报
地震预报社会反映预测	地质	电离层突然骚扰
地震预报研究计划	地质构造	电离层突扰

电离层行扰	冻土地貌	对流层锋
电气火灾	冻土工程地质灾害	对流单体
电压*	冻土抗剪强度	对流风暴
电子污染	冻土灾害*	盾形火山
调查评估	冻雪	盾状火山
调查评估表	冻雨	多单体
调节坝	冻雨荷载	多单体风暴
调节水位	冻雨灾害	多年生杂草
叠瓦状断层	冻胀	多普勒效应
定期监测*	都市雾	多气旋区
定位监测*	毒气污染	多旋回构造
定襄—忻县地震	毒雾	多旋回构造运动说
东北冷害*	度汛	多循环病害
东北夏季冷害	短期恢复	多盐毒害
冬春救助	短期水文预报	多元统计分析
冬旱	断层*	多源互补模式
冬季风	断层闭锁	多灾种综合风险损失图*
动力学理论	断层边界	厄尔尼诺
动态风险*	断层参数	厄尔尼诺现象
动态监测	断层错动	恶地形
动物病害	断层带	恶劣天气
动物多样性调查	断层地震	饿灾
动物灾害	断层端部效应	二次污染
动物灾害防治	断层断距	二次污染物
动物灾害风险评估	断层面	二度灾害
冻害*	断层倾角	二噁英
冻害风险	断层位移	二级紧急事件
冻结	断层崖	发病度
冻结强度	断层黏滑	发病率
冻涝	断后慢行	发病期
冻涝害	断块	发病期防治
冻裂（林木）	断块山	发病速率
冻霾	断块山地型岩溶	发生量预测
冻融地貌	断裂*	发育进度预测法
冻融风化	断裂带*	发展性恢复
冻融荒漠化	断裂构造	发震构造*
冻融夷平面	断裂构造岩	发震机制
冻土	断水天数	翻垦造林*

反冲断层	防沙治沙工程措施	放射模式
反气旋强度	防霜	放射线
泛滥区	防水*	放射性
泛塘*	防汛会商	放射性粉尘
防潮*	防疫	放射性事故
防尘	防灾*	放射性污染*
防尘网	防灾备灾*	放射性污染物
防风固沙	防灾避难	放射性元素
防风植树带	防灾措施*	非常态应急管理
防辐射	防灾功能	非常溢洪道
防寒	防灾规划	非对流性降水
防洪	防灾技能	非工程防洪措施
防洪标准*	防灾减灾	非工程性措施
防洪措施*	防灾减灾措施	非工程性防御
防洪调度管理	防灾减灾非工程措施	非机动车事故
防洪对策	防灾减灾工程措施	非经济损害
防洪法	防灾减灾工程学	非经济损失
防洪高水位	防灾减灾能力*	非侵染病害防治
防洪工程	防灾减灾日	非侵染性病害
防洪工程体系	防灾减灾资金投入*	非侵染性病原
防洪技术	防灾教育	非岩溶性塌陷
防洪减灾对策	防灾救灾	非黏性土沉降
防洪减灾区划	防灾据点	非政府救灾组织
防洪减灾体系	防灾科普教育	废弃物
防洪救灾	防灾科学	废弃物分类
防洪设计标准	防灾设施	废水*
防洪体系	防灾树林	废水生物处理
防洪限制水位	防灾效能	费用效益评价法
防洪兴利	防灾学	分洪
防洪研究	防灾有效度评估	分洪区
防护林	防震	分洪滞洪区
防护植物	防震减灾	分级响应
防火	防震减灾对策	分类灾害学
防火措施	防震减灾法	分析风险
防火隔离带	防震减灾能力指数	汾渭地震带
防火设施*	防震演习	焚风现象
防侵蚀规则	放火火灾	焚风效应
防沙措施	放射病	丰水年

丰图义仓	风蚀	风险控制
风	风蚀（农业气象灾害）	风险评估*
风雹*	风蚀残丘	风险评估制度
风雹灾	风蚀沙害	风险评价
风雹灾害	风蚀沙化	风险区划
风雹灾害风险*	风蚀灾害*	风险区确定
风暴*	风蚀作用	风险区特性评价
风暴潮	风险*	风险识别
风暴潮橙色警报	风险保留	风险识别指数
风暴潮红色警报	风险辨识*	风险事故
风暴潮预报	风险标准	风险事件
风暴潮灾	风险表征	风险受体
风暴潮增水	风险补偿理论	风险水平
风暴大浪	风险场*	风险所有者
风暴海啸	风险成本	风险态度
风暴涌浪	风险承受能力	风险图谱
风暴灾害	风险程度综合评估	风险因素*
风吹雪	风险处理	风险预测
风带	风险等级	风险预警
风倒木	风险等值线	风险源
风害	风险度量	风险源识别
风化*	风险分析*	风险约束
风化带*	风险感知	风险载体
风化地貌	风险隔离	风险指标
风化壳	风险跟踪	风险指标体系*
风化作用*	风险估计	风险制图
风火山	风险管理*	风险制图原则
风积雪堆	风险管理过程	风险转移
风级	风险管理框架	风险转移指数
风级表	风险管理体系	风险准则
风浪	风险管理政策	风险资本
风沙	风险管理指数*	风雪防治
风沙地貌	风险规避	风灾*
风沙流	风险回避*	风灾保险
风沙灾害*	风险监控	风灾监测
风沙灾害风险	风险决策*	风灾木
风沙作用	风险可接受度*	风灾事故
风伤	风险可容忍度	风灾灾情

封闭地貌	干旱缺水灾害	高温热
锋	干旱识别	高温热害
锋面	干旱天气	高温热浪
锋面暴雨洪水	干旱危机期	高温热浪标准
锋面暴雨洪水灾害*	干旱预案	高温热浪灾害*
锋面气旋	干旱预警	高温灾害*
锋面雾	干旱灾害*	高压
锋线	干旱灾害风险管理	隔离灭火法
伏旱	干旱灾害识别	个别地区旱灾年
伏流	干旱指标*	个人风险
浮尘	干旱指数	根茎灼伤（林木）
浮尘天气*	干冷	工厂爆炸
浮膜辐射雾	干冷型冷害	工程地质塌陷
辐射*	干裂	工程地质学
辐射危害	干霾	工程地质灾害
辐射雾	干热风*	工程防洪措施
辐射型寒害	干热风危害	工程环境灾害
辐射型霜冻	干热风灾害*	工程环境灾害学
辐射型雪崩	干热型高温	工程屏障
辐射状断层	干缩变形	工程失事洪水
复合火山	干燥地貌	工程事故
复合火山锥	干燥度	工程型缺水
复合灾害	感应雷击灾害	工程性措施
复式火山	高层大气曳力效应	工程性防御措施
副热带高气压带	高层建筑火灾	工程性缺水
富营养化	高吹沙	工程指挥部模式
富营养化评价	高吹雪	工程治理措施*
富营养化治理	高光谱遥感	工程治沙
富营养沼泽	高空霾	工具设备
覆盖防霜	高能电子暴	工矿企业伤亡事故
干旱	高能粒子	工业废气
干旱防备系统	高速太阳风	工业废水
干旱风险	高温	工业污染
干旱管理	高温逼热	工业灾害
干旱减产率模型	高温逼熟	工业灾害学
干旱模型	高温害	公共安全
干旱区	高温警报	公共人力资源
干旱区喀斯特	高温酷暑	公共设施修复

公共事件	古泥石流	国际援助
公共卫生事件	古生物灾害学	国际灾害救援
公共污水处理系统	固结沉陷	国家安全
公共信息	固沙	国家风险
公共资源	固沙能力	国家级专项应急预案
公害事件	固沙植物	国家突发事件
公路崩塌灾害	固体地球灾害	国家自然灾害救助应急预案
公路病害	怪柳	果林热害
公路病害防治	管道输水	果林热害风险
公路泥石流	管涌	果树虫害
公路灾害	管涌灾害*	果树冻害
公益捐赠	灌溉*	果树风害
公众互救	灌溉喷雾法	裹头
公众疏散	灌水防霜	过度捕捞
公众意识	灌水模数	过度城市化
功能性演习	光害*	过度放牧
供应链风险	光害等级	过渡型地壳
拱隆作用	光合潜力	过渡性安置
共轭地震	光化学反应*	过渡性生活救助
共轭断层系	光化学污染*	过渡性沼泽
共生型泥石流	光化学烟雾	过冷却雾
沟谷泥石流	光化学烟雾效应	过冷却雨
沟弧盆系	光环境污染	海岸带区
沟坡滑塌	光温潜力	海岸地貌
沟蚀	光污染*	海岸堆积地貌
构造	光纤地震波监测	海岸侵蚀地貌
构造变动	光线技术	海岸侵蚀灾害*
构造变形	光学生命探测仪	海岸侵蚀灾害风险*
构造带	光学污染	海岸坍塌灾害
构造单元	广义光污染	海岸潟湖
构造地震	广义灾害	海岸淤进灾害
构造回返	规划重建	海岸灾害
构造三角带	国际发展援助	海冰
构造旋回	国际经济救援	海冰区
构造域	国际救援	海冰灾害*
构造运动	国际救援队	海潮
古地震学	国际救援机构	海底地震
古滑坡	国际救援组织	海底地质灾害

海底断裂带	海洋放射性污染	寒潮警报
海底滑坡	海洋富营养化	寒潮天气
海底火山	海洋工程	寒潮天气过程
海底微震	海洋管理	寒潮预报*
海浸	海洋环境容量	寒潮灾害*
海浪统计预报	海洋环境灾害	寒潮灾害防治
海浪灾害*	海洋环境灾害风险*	寒冬
海岭地震带	海洋荒漠化	寒冻灾害*
海流	海洋气候	寒害*
海面相对上升	海洋气象灾害	寒流*
海鸣	海洋倾倒	寒露风*
海难	海洋生态监测	寒露风害
海平面变化*	海洋危害	旱涝
海平面上升	海洋污染	旱涝风险
海侵	海洋污染调查	旱涝急转*
海丘	海洋污染危害	旱涝期
海区天气预报	海洋污染物	旱涝灾害
海山	海洋污染灾害	旱涝指数
海上大风	海洋灾变强度评估	旱情
海蚀	海洋灾害*	旱情分析*
海蚀岸	海洋灾害风险	旱情预报*
海蚀地貌	海洋灾害损失评估	旱灾*
海事灾害*	海洋灾害学	旱灾成灾率
海水倒灌*	海洋灾害预警	旱灾分析*
海水入侵	海洋致灾因子	旱灾评估*
海水入侵灾害	海洋重金属污染	旱灾情
海水温度距平预报	海洋综合管理	旱灾受灾率
海温变化	海震	旱灾应急管理
海雾	害虫*	旱灾指数*
海雾灾害	害虫发生期预测	旱作农业
海啸*	害虫防治	旱作区
海啸等级	害虫趋性诱测法	航天减灾
海啸地震	害虫预测预报	航行警告
海啸防护林	害虫种群自然控制	合成孔径雷达干涉技术
海啸恐惧症	寒潮*	河道冰塞
海啸灾害*	寒潮暴风雪	河道灾害*
海啸灾害风险评估	寒潮—大风灾害链	河道治理
海洋动力	寒潮低温	河堤溃决洪水

河谷型泥石流	红锈病	洪水管理
河湖水库灾害	宏观监测*	洪水泥石流
河湖灾害*	宏观烈度	洪水三要素*
河口治理	洪潮灾害	洪水位
河口最大浑浊带	洪洞地震	洪水预报*
河流	洪洞—赵城地震	洪水灾变强度评估
河流冰情	洪泛区	洪水灾害
河流地貌	洪泛区区划	洪水灾害评估
河流洪水	洪峰	洪水灾情
河流阶地	洪峰出现时间	洪灾
河流劫夺	洪峰流量	洪灾暴雨
河流偏移	洪涝	洪灾避难所
河流水文灾害*	洪涝高风险区	洪灾风险
河流水质污染	洪涝害	洪灾应急管理
河流污染	洪涝评估	洪灾预测
河流袭夺	洪涝事件	洪灾预警
河流淤积	洪涝水位	后勤保障
河流灾害*	洪涝危险区	呼叫搜索
河流治理	洪涝易损性	湖泊
河蚀	洪涝灾度	湖泊富营养化
河水泛滥	洪涝灾害*	湖泊洪水灾害*
核爆炸海啸	洪涝灾害成因	湖泊水文灾害*
核电站事故	洪涝灾害风险	湖震
核辐射	洪涝灾害风险评估	蝴蝶效应
核辐射灾害*	洪涝灾害风险区划	互斥型灾害链
核事故	洪涝灾害监测	互助应急
核泄漏	洪涝灾害识别	户外救援
核灾害	洪涝灾害损失评估	护坡
黑白灾	洪涝灾情	花棒
黑风暴	洪流	华北春旱
黑色高温信号	洪水*	华北地震区
黑色素	洪水保险	华北主要害虫防治手册
黑锈病	洪水波	华南寒害
黑灾	洪水分析	滑断层
横波	洪水风暴	滑面
红色台风信号	洪水风险	滑坡*
红色预警	洪水风险管理	滑坡地质灾害
红外生命探测仪	洪水风险图	滑坡工程

滑坡面	环境问题	缓变性灾害
滑坡泥石流	环境污染*	缓发式突水灾害*
滑坡台地	环境污染病	缓慢持续性恢复
滑坡型泥石流	环境污染事故	荒漠
滑坡灾害*	环境污染损失	荒漠化*
滑坡灾害应急管理	环境污染危害	荒漠化灾害*
滑坡整治	环境污染物	黄斑叶枯病
滑塌	环境污染灾害*	黄河凌汛
滑塌构造	环境污染治理	黄河灾害
滑塌侵蚀	环境物理学	黄色预警
滑移	环境胁迫	黄土多种地质作用形成说
滑走坡	环境修复	黄土岩溶灾害风险*
化学防治	环境遥感	蝗虫
化学风化作用	环境异常	蝗虫灾害*
化学固沙	环境影响评估	蝗灾*
化学危险品	环境影响评价	灰霾
化学污染	环境用水	恢复
化学性污染	环境与灾害监测预报小卫星星座	恢复力
化学灾害		恢复行动
环保工程	环境灾害*	恢复重建
环境	环境灾害事件	恢复重建承载力评估
环境安全教育	环境灾害学	恢复重建规划
环境保护	环境噪声	恢復力
环境保护法	环境噪声排放标准	回返
环境变化	环境噪声污染	回归分析预测法
环境超载	环境噪音	回归统计法
环境地质灾害	环境指标	回归性恢复
环境法学	环境指标因子	毁灭性大旱灾年
环境风险评估	环境指数	毁灭性破坏
环境管理	环境治理	混合堵
环境恢复	环境质量	混合雾
环境恢复能力	环境质量指数计算*	混合型寒害
环境监测	环境质量综合评价	混合型冷害
环境监测与治理	环境质量综合指数	混合型缺水
环境评价	环境致畸因子	混合灾害
环境破坏	环境阻力	活动带
环境损害评估	环太平洋地震带	活动断裂带
环境退化	环太平洋火山带	活动构造

活动构造带	火山口湖	火雨
活动裂缝	火山块	火源
活断层（裂）	火山雷雨灾害	火灾*
活火山	火山砾	火灾安全
活性污泥法	火山毛	火灾风险
火成碎屑流	火山泥流	火灾风险识别
火发生预报	火山泥石流	火灾环境
火管理	火山泥石流灾害	火灾救援技术
火警	火山喷出物	火灾科学
火口穴	火山喷发*	火灾扑救
火山	火山喷发阶段	火灾形势
火山爆发	火山喷发类型	火灾旋风
火山爆发指数	火山喷发前兆现象	火灾隐患
火山尘	火山喷发物	火灾应急管理
火山成因矿床	火山喷发灾害	火灾应急预案
火山次生灾害	火山喷气灾害	火灾预测
火山带*	火山气体	火灾预警
火山岛	火山群	饥荒
火山地貌	火山熔岩流灾害	机动车事故
火山地貌景观	火山碎屑	机械侵蚀
火山地形	火山碎屑流	机械沙障
火山地震	火山碎屑流灾害*	机械伤亡事故
火山地震灾害	火山碎屑物	积寒
火山地质学	火山碎屑涌流	积涝
火山发光云	火山体	积涝预测
火山构造	火山通道	积涝灾害*
火山海啸	火山型泥石流	积雪
火山海啸灾害	火山岩	积雪水当量
火山湖	火山云	基本风险
火山环境灾害	火山云灾害	基础地震学
火山灰	火山灾害*	基础理论灾害学
火山灰微粒	火山锥	基础设施
火山灰阵	火山作用	基础设施恢复重建
火山活动*	火生态*	基础应灾能力*
火山集块岩	火险天气预报	基蚀
火山景观	火险预警	基性熔岩盾
火山臼	火行为预报	基岩崩塌
火山口	火焰龙卷风	基准监测

激光遥感
激光应变地震仪
激浪带
极潮
极度破坏
极端低温事件
极端干旱
极端高温事件
极端降水事件
极端气候
极端气候灾害
极端气温
极端气象计划
极端天气
极端天气气候事件
极端天气事件
极端天气灾害
极端温度
极锋理论
极盖吸收
极盖吸收事件
极限温度
极重灾区
急潮
急救处理
急救资源
急流
急性工业中毒
急性生理应激反应
急性心理应激反应
急性行为应激反应
急性应激反应
疾病
疾病传播
疾病防治能力
计量经济评价方法
计算机病毒
技术风险

技术致灾因子
技术装备
剂量—反应评估
季风
季风活跃
季风强度
继生灾害
寄生性
寄生锥
加热防霜
加速度仪
加速侵蚀
家畜低温灾害
间接损失*
间接灾害
间接致因
间歇泉
监测
监测信息网络
监测组织
监控系统
减产
减产率
减产系数法
减灾
减灾策略
减灾产出量
减灾措施
减灾对策
减灾法规
减灾防灾
减灾管理
减灾规划*
减灾规则
减灾技术
减灾建设
减灾教育*
减灾救荒措施

减灾救荒思想
减灾决策学
减灾能力
减灾能力评价
减灾培训*
减灾评价模型
减灾体系
减灾投入*
减灾投资
减灾效益
减灾宣传
剪力墙
剪劈理
剪切带
剪切力*
剪切应力
剪褶皱
简易填埋场
建筑安全
建筑安全事故
建筑火灾
建筑火灾风险
建筑事故
建筑物抗震标准
建筑灾害
建筑灾害学
健康风险
健康危害
健康状况指标
渐变型灾害
江河冰凌
降雹
降尘
降水
降水量等级
降水型雪崩
降水异常
降雪量

降雨	紧急状态	救灾物资
降雨量	近地面层锋	救灾物资储备
降雨污染	近海污染	救灾响应
降雨型泥石流	近震	救灾信息系统
交通管制	经济风险	救灾志愿者
交通气象灾害	经济门槛	救灾资金
交通事故	经济损失	救助
交通雪害	经济损失率	救助标准
交通运输污染源	经济损失评估	救助补偿
交通灾害*	经济危机	救助体制
交通噪声监测	经济阈值	居民生活重建
胶质	经验性温度指标法	局部旱灾年
角度逆断层	精神障碍	局地性灾害
角裂缝	井喷事故	莒县—郯城地震
较大事故	井水位突变	巨大地震
较大损失事故	警报	巨大陨石撞击地球
阶地	径流	巨浪灾害*
阶地变形	径流过程预报	巨灾保险
阶地斜坡	径流量	巨灾学
接触期	径流量预报	飓风
接触期防治	径流模数	飓风应急管理
节理*	径流形成过程	飓风预测
节水	境遇性危机	飓风预警
节水灌溉	静态风险*	飓风灾害风险评估
节水灌溉措施	救济物资供应点	捐赠
结构物破坏预测	救援	捐赠法
结构易损度	救援电话	捐赠平台
结垢油层伤害	救援队伍	捐赠支出
截接	救援规划	捐助
解冻湖	救援能力	决策能力
介质参数异常	救援知识	决策支持系统
金融泡沫*	救援装备	绝对涡度
金融危机	救灾	绝对效益*
紧急公告	救灾保障	军事灾害学
紧急抢救费用	救灾补偿	喀斯特景观
紧急事件	救灾捐赠	卡脖旱
紧急转移安置	救灾统计制度	卡灵顿事件
紧急转移安置人口	救灾投入	卡特里娜飓风

开合构造旋回	空间搜索	矿山泥石流
抗病虫害	空间天气	矿山事故
抗虫育种	空间天气尺度	矿山水害
抗旱剂	空间天气过程	矿山水灾
抗旱减灾	空间天气系统	矿山与地下工程灾害
抗旱救灾*	空间天气效应	矿山灾害*
抗旱能力	空间天气灾害	矿山灾害防治
抗旱信息	空间天气灾害监测	矿山灾害风险评估
抗剪强度	空间灾害天气	矿震
抗压强度	空难	矿震灾害
抗灾	空气湿度	溃坝冲蚀
抗灾能力	空气湿害	溃坝洪水
抗灾性能分析	空气污染	溃坝洪水波
抗震	空气污染扩散条件指数	溃坝洪水计算
抗震等级	空气污染物	溃坝洪水演进计算
抗震救灾	空气污染指数	溃坝洪水演进计算模型
抗震能力	空气质量	溃坝洪水灾害
抗震设防	恐怖袭击	溃坝计算
抗震设防标准	恐怖主义	溃坝决口
抗震设防烈度	控制灌溉	溃坝灾害*
抗震设防烈度图	控制性水库	溃堤
抗震设计	夸父计划	溃堤波
科技灾害	垮坝	溃决
科技灾害风险评估	垮坝洪水	溃决洪水
科托帕克希火山	垮堤	溃决洪灾
壳幔边界	块地	溃决水深
可保风险	块断作用	溃决型洪灾
可持续发展	块垒地	溃口
可供水量	块状崩落	垃圾填埋
可接受风险	快速紧急恢复	垃圾灾害
可能最大暴雨	矿产资源	拉尼娜现象
可燃气体	矿井火灾	拦河大坝
可燃物	矿井热害	蓝色台风信号
可燃物特征	矿井水害	蓝色预警
可燃性	矿井突水灾害*	烂冬
可预测突发事件	矿井灾害*	浪蚀
克拉香	矿难	浪蚀作用
克山病	矿山防尘	涝

涝害	冷锋雷暴	辽宁海城地震
涝区	冷锋强雹暴	列车火灾
涝灾	冷锋式切变	劣地
涝渍	冷害*	烈度
涝渍胁迫	冷害机理	裂点
涝渍因子	冷害类型	裂缝
涝渍灾害*	冷害胁迫	裂谷
雷	冷害指标	裂隙*
雷暴	冷害指数	裂隙式喷发
雷暴群	冷季混合雾	邻接分析
雷暴天气	冷空气	林带
雷暴雨洪水	冷气团	林火发生预报
雷暴雨洪水灾害	冷却灭火法	林火行为预报
雷暴云*	冷却水	林木病害
雷暴云型	冷应激	林木病原物
雷暴灾害*	冷雨	林木虫害
雷达风暴探测	冷雨害	林木非侵染性病害
雷达生命探测仪	冷灾	林木侵染性病害
雷电	冷子	林木受灾
雷电防护	里氏震级	林木鼠害
雷电火灾	里氏震级表	林业虫灾
雷电静电感应	历史大地构造	林业虫灾风险
雷电强度	历史地震学	林业有害生物
雷电损害风险	历史旱灾	临时安置房*
雷电损害概率	历史洪水	临时疏散
雷电预警信号	历史灾害	临时性恢复
雷电灾害*	历史自然灾害	临震应急
雷电灾难	立式沙障	灵活性
雷击点	沥涝	凌洪灾害*
雷击风险评估	砾石流	凌汛
雷击火	连锁灾害*	凌汛灾害*
雷击火灾	连续性泥石流	铃薯危机
雷雨灾害*	连阴雨*	流动沙丘
雷灾易损性	连阴雨害	流动型滑坡
累进性地质灾害	连阴雨灾害*	流滑
冷槽	联合国海洋法公约	流胶
冷岛效应	链形闪电	流胶病
冷冻害	粮食安全	流沙现象

流水作用	漫顶	磨蚀作用
流体灾害*	漫顶溃决	木栓化
流行病速率	冒顶	木栓化细胞
流行性病害	冒顶灾害*	木质素
流域管理	梅雨期	牧区雪灾等级国家标准
流域洪水预报	煤火	牧区灾害
流域水文模型	煤矿安全事故	内动力地质灾害
流域特征	煤矿地面沉陷灾害	内涝积水
流域性洪涝灾害	煤矿地震灾害	内涝应急管理
龙卷	煤矿滑坡灾害	内涝预测
龙卷风*	煤矿水害	内涝灾害*
龙卷风灾害*	煤矿塌陷灾害	耐旱树种
龙卷风灾害风险	煤矿突水灾害	耐火等级
龙卷雷暴	煤矿瓦斯突出灾害	南海道地震
隆滑构造	煤矿灾害	能见度
隆起型海啸	煤田火	能见度因子
漏泄效应	煤田火区治理	能见距离
陆地灾害*	煤田火灾	能量污染
陆陆碰撞	煤渣崩塌	尼勒克地震
陆坡失稳	闷热型高温	泥火山
陆上事故	孟加拉湾台风	泥火山喷出物
路基病害	米雷	泥火山锥
路基冻害	米雪	泥裂
路基洪水灾害	面波*	泥流
路基纵向裂缝	面蚀	泥流灾害*
路面病害	面状构造	泥沙
路面波浪病害	苗期湿害	泥沙调度
路面冻结	灾害性天气长期预报	泥沙通量
路面积雪	灭火	泥沙淤积灾害*
路面排水	灭火方法	泥沙灾害*
旅游灾害*	灭火剂	泥沙灾害风险*
旅游灾害学	灭火器	泥沙灾害学
乱流逆温	民生灾害	泥石流
落雷	敏感生态区*	泥石流防护*
马荣火山	模糊风险	泥石流防治
埋藏阶地	模糊性	泥石流风险
霾*	摩擦层	泥石流区划
脉冲噪声	磨蚀	泥石流危险度

泥石流灾害*	农业虫害	农作物保险
泥石流灾害应急管理	农业地质灾害	农作物病虫害
泥炭火灾	农业防治	农作物病害*
逆断层	农业防治法*	农作物生物灾害
逆温*	农业干旱*	农作物生物灾害损失评估
逆掩断层	农业干旱灾害	农作物遥感估产
年降水量	农业旱灾	农作物灾害*
年轻山区	农业旱灾损失评估	农作物灾害损失评估
黏性泥石流	农业洪涝风险	浓尾地震
堰塞湖	农业洪涝灾害	暖冬
聂拉木地震	农业洪水灾害*	暖季混合雾
柠条	农业洪水灾害防治	暖雨
凝冻	农业洪水灾害风险评估	暖云人工降水
凝冻型积雪	农业蝗灾	欧亚地震带
凝冻灾害*	农业昆虫学	欧洲多重风险评估
农村缺水	农业流域	欧洲极寒
农村灾害	农业气候学	偶排型灾害链
农机事故	农业气象系统	排洪
农林气象灾害*	农业气象灾害	排水*
农林生物灾害*	农业气象灾害观测	排水标准
农林业灾害学	农业气象灾害损失评估	排水工程
农林灾害	农业生态系统	抛物线形台风
农林灾害风险管理	农业生物性灾害	培训演练
农田管理	农业生物灾害	赔偿
农田涝渍灾害防治	农业天气预报	喷灌
农田涝渍灾害风险评估	农业灾害*	喷水防霜
农田沙漠化	农业灾害补偿*	盆地
农田鼠害	农业灾害防治*	劈理
农田水涝灾害风险评估*	农业灾害监测	霹雳
农田污染	农业灾害史	皮连式火山喷发
农田雨涝灾害防治	农业灾害性天气	皮灼（林木）
农田雨涝灾害风险评估	农业灾害学	毗连地貌
农药	农业灾害应急管理	片理
农药生物测定	农业灾害应急响应	漂砾
农业暴雨洪涝灾害	农业灾害预警	贫困化
农业冰雹灾害	农业灾情报告	平衡模式
农业病虫害防治	农业自然灾害	平流辐射霜
农业病害	农业自然灾害系统	平流辐射霜冻

平流辐射型霜冻	气候距平	气象灾害脆弱性
平流冷却雾	气候敏感性	气象灾害度
平流雾	气候难民	气象灾害风险*
平流型寒害	气候型	气象灾害风险分析
平流型霜冻	气候学	气象灾害风险管理
平流蒸发雾	气候异常*	气象灾害风险评估
平罗-银川地震	气候预测	气象灾害风险评价
平面型滑坡	气候灾害*	气象灾害风险区划
平推断层	气候诊断	气象灾害风险区划图
平原灾害*	气候转变	气象灾害风险时间变化图
评估风险	气候资源评价	气象灾害风险识别
评价因子	气流	气象灾害风险图件
坡地沉积	气溶胶污染	气象灾害管理
坡地侵蚀	气体灾害	气象灾害监测
坡面泥石流	气团	气象灾害区划
破坏*	气团雹暴	气象灾害识别
破坏机理	气象	气象灾害损失评估
破坏性地震	气象病	气象灾害危险性
破火山口	气象部门	气象灾害系统
扑救	气象次生灾害	气象灾害学
普林尼式火山喷发	气象法	气象灾害预报
期距	气象服务	气象灾害预警
祁连山地震带	气象干旱*	气象灾害预警信号
奇利克地震	气象干旱等级国家标准	气象灾害预评估
企业风险管理	气象观测	气旋
企业应急	气象过敏症	气旋风暴
企业职工伤亡事故	气象海啸	气旋降水
起火部位	气象海洋灾区	气旋强度
起火点	气象雷达	气旋—热低压
气候*	气象卫星云图	气油火山
气候变幅*	气象衍生灾害	汽车火灾
气候变化	气象要素	汽车尾气
气候变化风险	气象因素	千岛寒流
气候变暖	气象因子	千年极寒
气候带*	气象预报	前期降雨指数
气候短期变化	气象灾变强度评估	前震
气候风险分析	气象灾害	钱塘潮
气候锋	气象灾害暴露性	潜火山

潜火山岩	侵填体	全球气候变化
潜热	青藏高原地震区	全球性大气污染
潜蚀	轻雹	全球性灾害
潜蚀地裂缝灾害	轻度破坏	全球灾害
潜育期	轻度缺水	全球撞击灾害
潜育期防治	轻灾	全灾害管理*
潜在洪涝损失	轻灾年	泉州地震
浅源地震	情绪中暑	缺水国家
强暴风雪	晴空颠簸	确定背景
强磁暴	穹状—断块山系	燃烧
强对流天气*	秋吊	燃烧机理
强降温预警信号	秋老虎	燃烧性能
强冷空气	秋台风	热层暴
强冷空气活动	秋汛	热带低压
强烈地面运动	秋燥	热带风暴
强烈破坏	球形闪电	热带气旋
强烈热带风暴	区域地震研究	热带气旋监测
强热带风暴	区域地质	热带气旋灾害*
强热带风暴警报	区域气候模式	热带气旋灾害损失评估
强沙尘暴	区域社会应灾能力评估	热带性雷暴
强台风	区域性灾害	热带作物寒害
强震	区域应急管理	热岛环流
强震观测	区域应灾能力	热岛效应
抢险救灾	区域应灾能力评估*	热辐射
桥梁壅水	区域自然灾害	热害*
侵染性病害	全倒户	热害区
侵染循环	全国防灾减灾日	热浪灾害*
侵入期	全国森林火险天气等级标准	热雷暴
侵入期防治	全国生态脆弱区保护规划	热融沉陷
侵蚀	纲要	热融滑塌
侵蚀冲断层	全面风险的灾害管理	热融作用
侵蚀地貌	全面演练	热危害
侵蚀沟	全面演习	热污染*
侵蚀基准面	全球变化	热夏
侵蚀模数	全球变暖*	热应激
侵蚀平原*	全球地震灾害评估计划	热应力
侵蚀灾害*	全球环境问题	热作寒害
侵蚀作用	全球暖化效应	人工地震*

人工防雹	熔岩表壳构造	三峡工程
人工防雷	熔岩构造	骚乱
人工降雨	熔岩空洞构造	森林病虫害防治
人工搜索	熔岩流	森林病虫鼠害损失评估
人工消雹	熔岩台地	森林病害
人工增雨	熔岩堰塞湖	森林草害
人工震源	融冰洪水	森林草害风险
人口*	融冰洪水灾害*	森林草害风险辨识
人口爆炸	融冻泥流	森林草原火险预测预报*
人口过剩	融冻泥石流	森林虫害
人口过剩灾害	融水性洪水灾害*	森林大火
人口密度	融雪洪水	森林法
人类活动	融雪洪水灾害*	森林防火
人身事故	融雪机制	森林害虫化学防治
人为环境灾害	融雪水	森林害虫生物防治
人为火灾	融雪型洪水	森林害虫物理机械防治
人为泥石流	蠕变	森林害虫遗传防治
人为水文灾害*	蠕动	森林害虫营林防治
人为突发事件	蠕动式滑坡	森林火警
人为因素	乳化沥青固沙	森林火险
人为灾害	入库洪水预报	森林火险季节
人为灾害学	入侵途径	森林火险气象等级
人造黑洞	入侵植物害	森林火险天气预报*
人造卫星	入渗	森林火险预报
认知模式	软雹	森林火险预警信号
韧性剪切带	软土触变灾害	森林火灾*
日常管理	软灾害	森林火灾防治
日珥	撒哈拉沙尘暴	森林火灾风险
日高造山运动	萨菲尔—辛普森飓风等级	森林火灾经济损失评估*
日冕物质	三带六区计划	森林火灾危害
日冕物质抛射	三度灾害	森林火灾应急管理
日烧	三废治理	森林火灾预报
日烧病*	三寒灾害	森林火灾预测
日灼	三河—平谷地震	森林雷击害
容积	三级紧急事件	森林类型图
溶沟	三年自然灾害	森林破坏
溶蚀	三暖一寒	森林气象学
熔岩	三区划分法	森林气象灾害

森林气象灾害风险	沙棘林	山林火灾
森林燃烧	沙棘林带	山泥倾泻
森林生态环境监测*	沙霾	山泥倾泻防治
森林生态环境效益评价*	沙漠化	山坡堆积
森林生态系统退化	沙漠化防治	山坡防护网
森林生态系统退化风险*	沙漠化过程	山坡型泥石流
森林生态效益补偿	沙漠化阶段	山区
森林生物灾害	沙漠化评价	山区次生灾害
森林水文效应	沙漠化气候	山区地质灾害
森林消防	沙漠化指标	山岳雷暴
森林灾害	沙漠气候	闪电
森林灾害风险*	沙漠演变	闪电暴雷
森林灾害学	沙漠灾害学	善后处置
杀虫剂	沙丘	善后恢复*
杀霜	沙雾	伤病率
沙尘	沙旋风	伤病人口
沙尘暴*	沙枣树	伤害保险
沙尘暴红色预警信号	沙障材料	伤亡人口*
沙尘暴模式	沙障方向	伤亡事故
沙尘暴天气	沙障高度	商场火灾
沙尘暴天气等级	沙障间距	商业保险
沙尘暴天气等级国家标准	沙障孔隙度	商业保险补偿
沙尘暴灾害*	沙障配置形式	商业灾害
沙尘害	沙质荒漠	商业灾害学
沙尘天气	砂土液化灾害	墒情测报
沙尘天气规定	山崩	墒情监测*
沙尘天气预警业务服务暂行规定	山崩阶地	上地幔
	山地气候	设计暴雨
沙尘污染	山地效应	设计洪水*
沙尘物源	山地灾害*	设计流量*
沙尘源	山地灾害学	设施性缺水
沙尘源地	山风暴	社仓
沙尘灾害	山洪*	社会安全
沙尘指数	山洪泥石流	社会保险
沙荒海岸	山洪泥石流型洪水	社会保险补偿
沙荒滩地	山洪侵蚀	社会动员
沙荒治理	山洪灾害*	社会动员能力
沙棘	山火*	社会风险

社会经济干旱	生命线	生态气候
社会救助	生命线地震工程震害预测	生态气象灾害
社会圈灾害	生命线系统故障	生态失衡
社会危害性	生命线灾害*	生态损失
社会危机	生命线中断	生态损失评估*
社会应急潜力	生态脆弱区*	生态损失评价
社会应急实力	生态脆弱区现状调查*	生态完整性调查*
社会影响评估	生态带	生态危害
社会预警	生态调查*	生态危机
社会灾害	生态风险评价	生态污染
社会灾害风险	生态服务功能	生态系统*
社会灾害风险识别	生态公益林*	生态系统功能
社会治安能力	生态功能区划	生态系统退化
社会秩序恢复重建	生态红线*	生态系统退化过程*
社区应急能力	生态环境	生态系统退化诊断*
社区灾害	生态环境补偿机制*	生态现状调查
社区灾害风险指数*	生态环境材料	生态修复
社区灾害教育	生态环境敏感性	生态修复技术
深层渗漏	生态环境破坏	生态学
深断裂	生态环境损害	生态压力*
深源地震	生态环境特征	生态阈限*
神户地震	生态环境危机	生态灾害*
渗灌	生态环境影响评价*	生态灾害风险
渗流灾害*	生态环境灾害	生态灾害风险指数
渗透	生态环境指数	生态灾害群
升降运动	生态环境重建	生态灾害学
生产安全事故	生态环境状况评价*	生态状况
生产设施损失预测	生态环境状况评价技术规范（试行）	生物保护
生产设施震灾		生物大灭绝
生产自救	生态环境状况指数*	生物地理学
生活污染源	生态恢复	生物多样性
生活用火火灾	生态恢复技术*	生物防治
生境	生态恢复重建	生物分布
生理干旱	生态监测	生物丰度指数计算*
生理性污染	生态敏感区*	生物公害
生命圈	生态平衡	生物监测
生命伤亡预测	生态屏障区	生物科学
生命探测仪	生态破坏	生物灭绝

生物圈灾害*	实战模拟	适地适树
生物群落	蚀变	适旱植物*
生物扰动	食品安全	适应
生物入侵*	食品安全事件	收缩构造
生物入侵灾害*	食品公害	受旱程度
生物入侵灾害风险*	食品污染危害	受控填埋场
生物污染	史前灾害	受淹面积*
生物雾	世界标准化地震台网	受灾
生物效应	世界灾害分布图	受灾草地
生物性污染	世界灾害图	受灾林木
生物灾害*	世界自然灾害警报系统	受灾面积*
生物灾害风险识别	示警	受灾农作物
生物灾害损失评估*	事故	受灾人口
生物灾害系统	事故保险*	受灾体
生物灾害学	事故报告*	受灾体分析
生物噪声	事故报警信号*	受灾者*
生物致灾因子	事故调查*	兽害
生物自净作用	事故调查报告*	兽害防治*
声波振动生命探测仪	事故防护*	兽害风险评估*
牲畜害虫	事故分析*	枢纽断层
牲畜灾害	事故经济损失	疏散功能
牲畜灾害风险	事故井喷*	疏散走道
剩余风险	事故率*	输电线路气象灾害
失踪人口	事故识别信号灯*	输沙率
湿地退化*	事故应急救援	输沙能力
湿地退化风险*	事故应急救援预案	蔬菜风害
湿害	事故应急系统	蔬菜热害
湿冷型低温冷害	事故预测	鼠虫害
湿冷型冷害	事故预防	鼠害*
湿雾	事故灾害	鼠疫*
石砾型泥石流	事故灾难	鼠灾
石油化工火灾	事后评估	树木虫害
石油火灾	事件应对评估	竖向地震作用
石油类污染物	事前评估	数值预报*
石油泄溢防止	事态评估	双差分定位
时空分布	事中评估	双发地震
时令病	室内火灾	双峰型雹区
识别风险	室内污染	双台风

霜点*
霜冻
霜冻害
霜冻日
霜冻危害
霜冻预报
霜冻灾害*
霜冻灾损率
霜害
霜害防治
霜害风险评估*
霜洼
水产养殖灾害
水成岩
水稻病害
水稻虫害
水稻高温逼熟
水稻高温热害
水动力塌陷
水放射性污染源
水分
水分胁迫
水害
水害断道
水害慢行
水旱风灾
水旱灾害*
水华
水华现象
水环境污染
水荒
水毁
水毁灾害
水库
水库地震灾害
水库防渗
水库荷载*
水库洪水预报

水库泥沙灾害
水库水位预报
水库水文效应
水库淹没
水库淹没损失
水库最高水位*
水力侵蚀
水力学
水利枢纽工程
水利土壤改良
水流*
水平地震作用
水平冻胀力
水平沟
水汽收支
水情
水情预报*
水圈灾害*
水上交通事故
水石流
水石流灾害
水蚀
水体泛滥
水体富营养化
水体污染
水体污染灾害
水土保持*
水土保持法
水土保持工程*
水土保持林
水土保持生物措施*
水土流失
水土流失风险*
水土流失灾害风险辨识*
水土流失灾害风险预警*
水网密度指数计算*
水危机
水位

水位变化*
水位漫顶
水文地理学
水文地质学
水文风险
水文干旱*
水文观测*
水文过程
水文旱灾
水文年
水文频率曲线
水文情报*
水文实验
水文特征*
水文特征值
水文统计
水文要素
水文预报*
水文灾害*
水文灾害风险
水文灾害风险管理
水文重现期
水污染
水污染处理
水污染监测仪
水污染事故
水污染物毒性生物评价
水污染灾害*
水污染治理
水系*
水下地震
水异常
水域次生灾害
水源保护
水源污染
水灾
水灾保险
水灾分析

水灾管理	酸雨	台风轨迹
水灾害	酸雨防治	台风过程
水灾减灾	酸雨区	台风降水
水灾预报	酸雨灾害	台风紧急警报*
水灾预防	酸雨灾害风险*	台风群
水质安全	碎屑洪流	台风雨
水质风险	损害核定	台风灾害*
水质富营养化	损害索赔	台风灾害风险
水质监测	损害系数	台风灾害链
水质矿化	损害阈值	台湾台东地震
水质污染	损失补偿	太空垃圾
水质型缺水	损失补偿保险	太空灾害
水质影响	损失—超概率曲线	太平洋活动带
水质灾害	损失模量分级法	太阳暴
水注引雷	损失评估	太阳磁活动周期
水资源承载能力	缩缝	太阳风
水资源管理	塌岸灾害*	太阳风暴*
水资源管理水平	塌方	太阳风暴灾害*
水资源规划*	塌陷	太阳风湍流
水资源评价	塌陷地震	太阳辐射
水资源污染	塌陷湖	太阳辐射暴
水资源应急调配	塌陷火山口	太阳高能质子事件
水资源综合开发利用	塌陷漏斗	太阳光谱
瞬发性井喷事故	塌陷煤盆地	太阳黑子
斯蒂芬金效应	塌陷期	太阳活动
死火山	塌陷区	太阳活动长期预报
死库容	塌陷中心	太阳活动磁周期
死亡率	台地	太阳活动短期预报
死亡人员	台风	太阳活动预报
死亡事故	台风暴雨洪水	太阳活动中期预报
四度灾害	台风暴雨洪水灾害*	太阳活动周期
松软型积雪	台风参数	太阳耀斑
松软雪片崩落	台风次生灾害	泰山式断裂
松散层蠕动	台风风暴潮	坍塌*
松散雪崩	台风风暴潮紧急警报	坍塌灾害*
嵩明—杨林地震	台风风暴潮警报	坍陷作用
搜救工作	台风风暴潮灾害	唐山地震
溯源侵蚀	台风风浪	塘堰

桃花汛	天灾	突发性水污染事件
桃汛	田间持水量	突发性灾害
特别重大伤亡事故	田间防治	突发性自然灾害
特别重大事故	田间管理	突泥
特别重大死亡事故	田间水分不足	突泥突砂灾害*
特大旱灾年	铁路水害	突水点
特大破坏性地震	铁路灾害*	突水灾害*
特大伤亡事故	铁路自然灾害	徒长
特大损失事故	停水事故	土崩灾害*
特大雨	通货膨胀	土地负荷能力
特大灾害	通货收缩	土地复垦技术*
特需避难所	通用脆弱性指数	土地管理
特重灾年	同时感震线	土地荒漠化
藤原效应	同源型灾害链	土地利用
梯度流	同震效应	土地利用规划
体波	同震应变	土地利用普查
天牛病	统计风险	土地破坏
天气过程	投毒	土地沙化*
天气图	投资风险	土地沙化风险*
天气系统	透水事故	土地沙漠化
天气型	突发公共事件	土地石漠化
天气预报*	突发公共事件分级	土地退化*
天气灾害*	突发公共卫生事件	土地退化灾害
天然地震	突发公共卫生事件善后处置与恢复重建	土地退化指数计算*
天然火灾		土地污染
天然空气污染源	突发公众事件	土地盐碱化
天然林火	突发事件*	土地盐渍化
天然气渗漏	突发事件处置	土地沼泽化
天然气泄漏	突发事件发展动力学模型	土耳其斯坦型冰川
天然水污染	突发事件蔓延机理	土抗剪强度
天然污染	突发事件耦合机理	土壤
天然污染物	突发事件耦合机理模型	土壤比容水度
天然有机污染物*	突发事件全过程评估	土壤承载力
天然震源	突发事件衍生机理	土壤吹失
天山地震带	突发事件衍生模型	土壤次生盐渍化
天文灾害*	突发事件转化机理模型	土壤冻融
天文灾害系统	突发性虫害	土壤改良措施
天文灾害学	突发性水旱灾害	土壤干旱

土壤含水量	湍流碰并	危害性分析
土壤耗竭	推动式滑坡	危害因素
土壤环境质量评价	推覆构造	危机处理
土壤环境质量影响评价	退化生态系统	危机管理
土壤类型	洼淀滞洪	危机管理*
土壤贫化	瓦斯爆炸	危机事件
土壤潜育化	瓦斯爆炸灾害*	危机意识
土壤侵蚀*	瓦斯极限含量	危险地区
土壤侵蚀灾害	瓦斯煤矿	危险废弃物
土壤侵蚀综合治理	瓦斯喷出	危险分析
土壤沙漠化	瓦斯突出	危险固体废物
土壤墒情	瓦斯泄出	危险化学品事故
土壤生物污染	瓦斯灾害	危险警报
土壤湿度*	外动力地质灾害	危险警报系统
土壤石油污染	外动力地质作用	危险控制
土壤衰竭	外加火山砾	危险水平
土壤水分特性曲线	外来入侵物种	危险天气警报
土壤退化	外来入侵种	危险图
土壤温湿度	外来物种	危险信号
土壤污染	外来物种入侵	危险性
土壤污染防治	外来有害生物	危险性地震
土壤污染灾害*	外来有害生物入侵	危险性废物*
土壤物理性质	外来种	危险性分析*
土壤掀耸	外力作用	危险性估计
土壤修复	外营力作用	危险性评价
土壤盐化	完全预报	危险性评价系统
土壤盐碱化	晚霜冻	危险性转移
土壤盐渍化	晚霜害	危险源
土壤重金属污染	万圣节风暴	危险源控制
土体抗震刚度	望谟洪灾	危险源排查
土体蠕动	危害环境	危险源评估
土体稳定处理	危害控制工程	危险指数
土污染因子	危害识别	微地震学
土质边坡灾害	危害物	微观监测*
土质滑坡灾害	危害物风险系数	微量污染
兔害	危害系数	微喷灌技术
兔灾	危害性	微喷头
湍流	危害性调查	微弱地震

微弱型爆发活动	污染分布	无性孢子
微生物灾害*	污染分析	无震断裂带
微水灌溉	污染负荷量	五度灾害
微震	污染控制费用	五月低温
微震观测	污染控制技术	物候预测法
违章操作火灾	污染生态化学	物理暴露量
维苏威火山	污染事故	物理机械防治
尾流	污染事件	物理性次生灾害
卫生标准	污染受害者	物理性污染
卫生填埋场	污染危害	物质坡移
卫生灾害	污染危险临界点	物种灭绝*
未来灾害	污染物	物种入侵
未扰动沉降	污染物标准指数	物资
未遂事故	污染物散布	物资补偿机制
位移	污染物指数	雾
位移测量*	污染型缺水	雾害*
温带风暴潮	污染循环	雾况
温带风暴潮灾害	污染因子	雾霾
温带急流	污染预报	雾闪
温带局地强风暴	污染源*	雾凇
温度	污染源甸	雾灾
温室效应	污染源散布	西进型台风
温周期效应	污染灾害*	吸胀冷害
瘟病	污染指示物	稀性泥石流
瘟疫	污染治理	熄火山
文化资产重建	污染周期	袭夺湾
紊动混合	污闪	喜光树种
紊动漩涡	污水	喜马拉雅主边界断层
紊流	污水处理*	喜马拉雅主中央断层
紊流性泥石流	污水处理技术	系统
汶川地震	污水害	系统崩溃
涡度*	污水深度处理	系统畸变
涡流	污水污染	系统事故
污泥	污水系统	系统事故分析
污染	屋顶载雪	系统事故率
污染标准	无感觉地震	系统事故预测
污染防治	无害性灾害	细沟侵蚀
污染防治条例	无霜冻期	细菌感染

细菌污染	相对论电子事件预报	小气候
细菌污染物	相对污染指数	小气候热岛
细菌性污染	相对效益*	小气候效应
下凹形坡	相对雪线	小台风
下沉地面	相位畸变	小行星
下地幔	相位失真	小雪
下降流	香味污染	效益损失*
下降型海啸	镶嵌构造机制	校核洪水位
下切侵蚀	响应启动	楔冲式断层
下蚀作用	向斜拗陷湖	邪教组织
夏雹区	向斜盆地	斜面沼泽
夏旱	项目指挥部模式	斜坡变形灾害
夏威夷式火山喷发	削坡	斜轴环流
咸潮	消防	泄洪
涎流冰	消防措施	泄洪道
现场捐赠	消防电梯	泄洪雾化
现场清理费用	消防队	泄露
现场演练	消防法	泻溜
现场演习	消防工具	心理干预
现场应急	消防器材	心理干预模式
现场应急处置	消防设备	心理救援服务
现代病*	消防系统	心理救助
现代抗震标准	消融碛	心理社会转变模式
现代应急管理	小地震法	心理失衡
现代应急机制	小地震区	心理疏导
现代应急平台	小风暴	心理损害
现代应急资源管理	小旱	心理危机
线虫病害	小环流	心理危机表现
线路表层冻害	小雷暴	心理危机干预
线污染源	小流域综合整治技术*	心理性次生灾害
线性地震	小麦病害	心理压力消除法
线状闪电	小麦干热风	心理应激
线状震源	小麦秆锈病	心理应激反应
限制气候因子	小麦热害	心理应激源
陷落地震	小麦霜冻	心理障碍
陷落区	小麦条锈病	心理治疗
霰	小麦锈病	新全球构造
相对毒度	小麦叶锈病	新灾变论

信度	雪线	岩石圈断裂
信息公害	雪灾*	岩石圈灾害*
信息扩散原理	雪灾应急管理	岩体工程
星载遥感	雪灾预警	岩体滑坡
星震学	雪灾灾情评估	岩体蠕动
行洪	雪阻	岩土工程和地质灾害
行洪区	熏烟防霜	岩屑蠕动
行人事故	旬降雨量	沿海地区次生灾害
行星环流	汛	盐层辐射雾
行星际尘云	压力*	盐尘暴
形态指标法	崖屑堆*	盐风化
休眠火山	亚暴	盐化
畜牧气象灾害	亚欧地震带	盐碱地治理
畜牧气象灾害风险	亚洲备灾中心	盐碱腐蚀
絮凝沉降	烟害	盐碱化防治*
蓄洪区	烟霾	盐碱污染
蓄水	烟雾防霜法	盐碱灾害*
蓄水诱发地震	淹没边缘*	盐结皮
玄武岩	淹没人口	盐水沼泽
悬吊岩	淹水胁迫	盐土荒漠
悬浮沙	延迟型冷害	盐析效应
悬沟	延伸预报	盐渍草原
旋风	严重破坏	衍生灾害*
旋转流	严重伤亡事故	演习方案
选择风化	岩爆	演习控制
选择侵蚀	岩爆灾害*	演习评价
雪	岩崩	演习情景
雪暴	岩崩灾害*	演习事件
雪暴灾害*	岩浆活动	厌氧生物处理法
雪崩*	岩浆库	堰塞湖
雪崩堆积区	岩溶*	堰塞湖溃决
雪崩通过区	岩溶地貌	堰塞湖溃决洪水
雪崩形成区	岩溶断陷盆地型	堰塞体
雪盖	岩溶石漠化	雁行式断裂带
雪害	岩溶塌陷灾害	扬尘
雪卷	岩石	扬沙
雪凝	岩石变形	阳伞效应
雪蚀洼地	岩石弹性表象	洋脊地震带

洋流	溢流拱起构造	应急反应时间
洋盆火山	溢流口	应急方案评估
遥感	溢流型溃决	应急防疫
遥感监测*	溢流堰	应急服务
叶枯病	溢油灾害*	应急辅助决策系统
一般事故	因果型灾害链	应急隔离
一般事故保险	阴霾天气	应急功能模块
一般损失事故	音频生命探测仪	应急管理*
一度灾害	引浑淤灌	应急管理局
一级紧急事件	饮用水安全	应急管理模式
医疗救护	隐爆	应急管理能力标准
医疗救援	隐爆地震	应急管理评估
医疗救援队	隐地形	应急管理体制
医疗垃圾	隐伏断层	应急管理预案
仪器搜索	隐形雷击	应急管理组织体系
夷平作用	印度—尼泊尔地震	应急规划
以虫治虫	印支运动	应急过程评估
蚁患	应变	应急恢复
易沉陷地面	应对能力	应急活动
易沉陷土壤	应对能力自我评估法	应急机构
易滑移区	应激	应急基础数据库
易涝区	应激反应*	应急计划
易落岩石	应激源	应急监测
易损度*	应急	应急监督机制
疫病学	应急保障	应急减缓
疫情防治	应急避难	应急救援*
疫情防治预案	应急避难所	应急救援队建设
疫情监测	应急标准	应急救援管理
疫情控制	应急补偿	应急救援规划
疫情扩散	应急策略	应急救援基金会
疫情蔓延	应急常识	应急救援体系
疫情信息	应急程序	应急救援行动
疫情应急处理	应急处理技术	应急救援组织
意外事故	应急处理预案	应急救灾
意外事故损害	应急处置	应急决策*
溢洪	应急地理数据库	应急能力
溢洪道*	应急队伍	应急能力评估体系
溢流坝	应急反应	应急培训

应急平台*	应急指挥机制	有害化合物
应急评估*	应急志愿者	有害环境
应急评估方法	应急中心	有害垃圾
应急评估指标	应急终止机制	有害气溶胶
应急抢险*	应急准备	有害气体
应急人力资源	应急资金	有害杀虫剂
应急日常管理	应急资金储备	有害藻华*
应急设备	应急资源	有害植物
应急设施	应急资源管理系统	有害种
应急社会动员	应急组织	有机污染*
应急食品	应力*	有机污染物
应急疏散*	应用地震学	有机污染物监测
应急水源	应用气候学	有霜期
应急搜救*	营林技术防治	有限地震断层
应急体系	影响半径	有效积温法
应急通信	影响范围	有效积温法则
应急通讯	影响区	有效降雨
应急物资	涌波	有性孢子
应急响应	用水管理	有性繁殖
应急响应程序	尤拉风	诱发灾害
应急响应设施	油层污染	淤地造田
应急响应行动	油蒿	淤积
应急响应预案	油气污染	淤积量
应急效果评估	油烟污染	淤泥流
应急心理服务	游程理论	余震
应急训练	有毒废物	余震区
应急演练*	有毒化学废物	鱼鳞坑
应急演练脚本	有毒金属	渔业灾害
应急演练评估	有毒排放物	渔业灾害风险
应急演习	有毒污染物	渔业灾害学
应急演习评估	有毒无机污染物	舆情
应急医疗设备	有毒物	舆情监控
应急医疗物资	有毒有机污染物	宇宙背景辐射
应急预案*	有毒植物	雨雹
应急预备	有感地震	雨滴侵蚀
应急征用补偿	有害废物	雨害
应急指挥	有害辐射防护学	雨洪
应急指挥调度	有害固体废物	雨洪水灾害*

雨涝	远震	灾害地学
雨涝强度	越洋海啸	灾害地质学
雨量	云	灾害调查*
雨期	云中放电	灾害动力学*
雨水泥石流	陨石	灾害度
雨淞害	陨石学	灾害多度
雨淞灾害*	陨石雨	灾害多发区
雨雪灾害	孕灾环境*	灾害法学
玉米病害	孕灾环境图*	灾害防御顾问
玉米病害风险	杂草	灾害防御管理*
玉树地震	灾变*	灾害防御能力
预案	灾变规律	灾害防治学
预案编制	灾变前兆	灾害非经济损失
预案框架	灾变事件	灾害分析
预报	灾变说	灾害风险*
预测风险	灾变预测	灾害风险辨识
预防风险	灾变预测模型	灾害风险分析
预警*	灾变致险程度评估*	灾害风险估计*
预警飞机	灾次	灾害风险管理
预警机制	灾度	灾害风险管理技术*
预警级别	灾度等级	灾害风险管理指标系统*
预警雷达	灾度计量方法	灾害风险管理指数
预警软件	灾度指数*	灾害风险决策*
预警卫星	灾害*	灾害风险理论
预警响应	灾害保险*	灾害风险评估
预警信号	灾害保险学	灾害风险评价
预警指标	灾害报警*	灾害风险区划
预警指数	灾害补偿*	灾害风险区划图*
预警制度	灾害补偿统计	灾害风险识别
原发灾害	灾害成因	灾害风险学
原发自然灾害	灾害赤字指数	灾害风险预警
原生地质灾害	灾害带	灾害风险源*
原生水文灾害*	灾害等级*	灾害风险诊断
原生灾害*	灾害等级标准	灾害风险指数*
原位曝气技术	灾害等级量化方法	灾害风险综合评估
原油泄漏	灾害地理信息系统	灾害风险综合研究计划
援助机构	灾害地理学	灾害感知*
远源沙尘	灾害地貌*	灾害高发区

灾害工程学
灾害管理*
灾害管理系统
灾害后果
灾害后果研究
灾害护理学
灾害环境区划
灾害机制
灾害间接经济损失
灾害监测*
灾害监测学
灾害经济损失*
灾害经济损失计算模型
灾害经济损失评估
灾害经济学
灾害警报
灾害救援*
灾害救援服务
灾害救援医学
灾害空间研究
灾害类型*
灾害历史
灾害历史学
灾害历史资料
灾害立法
灾害链*
灾害链条
灾害旅游
灾害率
灾害密度*
灾害模型
灾害年
灾害评估
灾害评估方法*
灾害评估小组
灾害评估学
灾害评价
灾害期望损失

灾害气候*
灾害气候学
灾害前兆*
灾害区划*
灾害区划学
灾害趋势预报
灾害群*
灾害社会学
灾害生态学
灾害时间研究
灾害事故应急管理*
灾害适时统计
灾害损失*
灾害损失补偿
灾害损失度
灾害损失跟踪评估
灾害损失经济补偿
灾害损失经济补偿理论
灾害损失率
灾害损失评估*
灾害损失评估程序
灾害损失评估方法
灾害损失评估功能
灾害损失强度
灾害损失实评估
灾害损失统计
灾害损失指标
灾害天气
灾害天文学
灾害统计
灾害统计分析
灾害统计分析方法
灾害统计理论
灾害统计指标
灾害推断统计
灾害危险性
灾害文化
灾害文化学

灾害物理学
灾害系统
灾害现场响应
灾害响应
灾害效应*
灾害心理干预*
灾害心理学
灾害新闻学
灾害信息学
灾害形成机理*
灾害性海浪
灾害性滑坡
灾害性山崩
灾害性事件
灾害性天气*
灾害性天气联防
灾害性天气预报
灾害性天气预警信号
灾害性天气自动警报系统*
灾害宣传教育
灾害学
灾害学理论
灾害延期效应
灾害研究
灾害要素
灾害意识
灾害应变征用补偿
灾害应对*
灾害应急评估*
灾害应急演练
灾害影响
灾害影响评估*
灾害预报*
灾害预报技术
灾害预测
灾害预测学
灾害预防*
灾害预警*

灾害预警能力评价	灾荒	灾异
灾害预警信号	灾级	灾因
灾害源*	灾民安置点	灾因关联度
灾害灾情	灾难	灾因链*
灾害哲学	灾难心理学	灾因统计
灾害诊断模型*	灾难应对	灾中
灾害政治学	灾年	灾中意识
灾害直接经济损失	灾期监测性评估	灾种
灾害直接损失*	灾前监测	灾种损失率
灾害指数*	灾前思想准备	再保险
灾害周期	灾前意识	遭难者
灾害状态	灾前预备性规划	早稻热害
灾害准备阶段	灾前预评估	早期预警系统
灾害综合管理*	灾前组织准备	早霜冻
灾害综合评估	灾情*	造林整地
灾后	灾情报告	造山带
灾后安置	灾情等级划分*	造山旋回
灾后调查评估	灾情核定	造山运动
灾后恢复	灾情会商*	造山运动带
灾后恢复重建	灾情监测	噪声
灾后恢复重建方案	灾情评估*	噪声测量技术
灾后恢复重建模型	灾情评估系统	噪声防治
灾后救援	灾情评估指标体系	噪声环境
灾后救援能力	灾情评价	噪声监测
灾后救援投入	灾情区划*	噪声危害
灾后救助	灾情区划图*	噪音污染
灾后评估	灾情损失评估*	责任保险
灾后生活救助	灾情通报	责任事故
灾后实测评估	灾情统计	增长停滞
灾后损失评估*	灾情统计表	增温剂
灾后危机风险管理	灾区	闸门
灾后危机风险管理理论	灾区生活救助	黏土荒漠
灾后心理反应	灾区卫生防疫	黏性泥石流
灾后心理健康宣传教育	灾区医疗救助	战略工程
灾后意识	灾损等级	战略计划
灾后重建	灾损率	战略物资
灾后重建项目	灾损评估	战争灾害
灾后总结统计	灾损评价	战争灾难

张力断裂	震源参数	植物灾害风险评估*
张性节理	震源断层	植物真菌病害
障碍型冷害	震源类型*	植物自燃
嶂谷	震源区	指标法
沼泽	震源深度	指标体系
沼泽化	震源孕育	指标因子
褶曲	震兆	指挥机构
褶皱	震中	指示生物
褶皱带	震中带	治虫
褶皱回返	震中距	治涝标准
褶皱山	震中迁移	治沙*
褶皱效应	蒸汽雾	治沙措施
褶皱旋回	正常蓄水位	治水
真实风险	正断层	致病性
诊断标准	正温型雪崩	致害物
阵性泥石流	政府补偿	致险程度综合评估
振动地震	政府灾害管理	致险危险性程度图*
振动危害	政治风险	致险因子发生概率评估
振幅异常	政治危机	致险因子强度评估
赈灾	直击雷	致灾暴雨
震害	直接经济损失	致灾环境因子
震害分布	直接雷击灾害	致灾机理
震害估计*	直接损失*	致灾雷电
震害考察	直接致因	致灾临界气象条件
震害区划*	植被	致灾危险性分析
震级*	植被的恢复与重建技术*	致灾因子*
震级估计	植被地理学	致灾因子发生概率评估
震级图	植被分布规律	致灾因子风险分析*
震级异常	植被覆盖指数计算*	致灾指标
震例	植被指数	窒息灭火法
震裂	植物病虫害*	滞洪区
震前地震活动	植物病害	滞涝
震前异常	植物病害测量	滞水区
震区	植物病害流行预测	中雹
震群型地震	植物虫害	中尺度雨团
震尾	植物固沙	中等寒露风
震险估计	植物灾害*	中等旱灾年
震源*	植物灾害防治	中毒

中度破坏	重建恢复	着火
中度缺水	重建监管能力	资源短缺*
中高纬度环流	重建区	资源枯竭城市
中国地震带	重建选址	资源型缺水
中国地震动参数区划图	重建政策	紫外线*
中国南北地震带	重金属毒物	自溃式非常溢洪道
中国灾害学	重金属污染物	自溃式围堰
中间式喷发	重力变形	自然地质灾害
中间型害虫	重力沉降	自然风险
中期水文预报	重力地质作用	自然火源
中心式喷发	重力荷载	自然侵蚀
中源地震	重力侵蚀	自然入侵
中灾年	重现型灾害链	自然污染
终碛	重灾	自然疫源性疾病
终霜	重灾年	自然灾变
终霜冻	重灾区	自然灾害
终霜期	舟曲泥石流	自然灾害防御
种系绝灭	骤发洪水	自然灾害风险
重雹	猪瘟	自然灾害风险度
重雹灾	主堤	自然灾害风险分析基本内容
重大安全事故	主观概率估计	自然灾害风险分析基本任务
重大地震灾害	主震	自然灾害风险分析基本原理
重大干旱应急预案	主震型	自然灾害风险评估
重大环境安全事故	主震型地震	自然灾害风险区划
重大破坏	住房恢复重建	自然灾害管理
重大伤亡事故	贮藏冷害	自然灾害环境恢复
重大失落事件	专项监测*	自然灾害监测系统
重大损失事故	专项应灾能力*	自然灾害经济损失
重大突发公共事件	装置	自然灾害模糊风险计算模型
重大危险	撞击危害	自然灾害评估
重大危险源	坠石灾害*	自然灾害区划
重大危险源辨识标准	准地槽	自然灾害善后处置与恢复重建
重大灾害源	准灾害	
重大责任事故	桌面演习	自然灾害危险性评估
重点地区监测*	灼伤	自然灾害系统
重叠库容	浊度	自然灾害系统分析模型
重度缺水	浊积物*	自然灾害应急
重建	浊流	自然灾害预测

自然灾害预测基本原理	综合抗灾能力	走向断层
自然灾害预测基本原则	综合气象干旱指数*	走向滑动断层
自然灾害预防	综合污染指数	阻燃材料
自然灾害灾变评估	综合性备灾	最低自由核能
自然灾害灾情统计	综合性灾害防治	最后诉诸避难所
自然灾害种类	综合性灾害管理	最佳抗震设计
自然灾害综合风险评估	综合易损度	最小补偿投资
自然致灾因子	综合灾害学	最优灌溉制度*
自然资源衰竭灾害	综合治理	作物病虫害*
渍害	综合致灾因子图*	作物病害
渍涝	综合自然地理学	作物调亏灌溉技术
渍灾	综合自然灾害风险管理	作物干旱
综合病虫害防治	综合自然灾害风险评估	作物旱害
综合脆弱性图	总剂量效应	作物冷害
综合地震台	总量控制制度	作物—气候生产潜力
综合防灾规划	纵波	作物潜在蒸发蒸腾量
综合防治	纵火	作物热害*
综合风险图	纵向地震	作物受虫害损失估计
综合估测法	纵向构造置换	作用半径*
综合规划	走滑断裂	坐火
综合减灾	走山	坐水种
综合减灾管理		

E 示例中定义来源参考文献

[1] GB/T 28921—2012 自然灾害分类与代码 [S]
[2] GB/T 26376—2010 自然灾害管理基本术语 [S]
[3] GB/T 24438.1—2009 自然灾害灾情统计第1部分：基本指标 [S]
[4] GB/T 24438.2—2012 自然灾害灾情统计第2部分：扩展指标 [S]
[5] GB/T 24438.3—2012 自然灾害灾情统计第3部分：分层随机抽样调查方法 [S]
[6] GB/T 28923.1—2012 自然灾害遥感专题图产品制作要求第1部分：分类、编码与制图 [S]
[7] GB/T 28923.2—2012 自然灾害遥感专题图产品制作要求第2部分：监测专题图产品 [S]
[8] GB/T 28923.3—2012 自然灾害遥感专题图产品制作要求第3部分：风险评估专题图产品 [S]
[9] GB/T 28923.4—2012 自然灾害遥感专题图产品制作要求第4部分：损失评估专题图产品 [S]
[10] GB/T 28923.5—2012 自然灾害遥感专题图产品制作要求第5部分：救助与恢复重建评估专题图产品 [S]
[11] MZ/T 031—2012 自然灾害风险分级方法 [S]
[12] GB 50011—2010 建筑抗震设计规范应用与分析 [S]
[13] JGJ/T 97—95 工程抗震术语标准 [S]
[14] 王章俊，等. 汉英地质词典 [M]. 北京：地质出版社，1981
[15] 朱炳海，等. 气象学词典 [M]. 上海：上海辞书出版社，1985
[16] 徐祥浩，等. 英汉农业生物学词典 [M]. 北京：中国农业出版社，1990
[17] 徐世芳，等. 英汉汉英灾害科学词典 [M]. 北京：北京科学技术出版社，1992
[18] 中国农业百科全书总编辑委员会农业气象卷编辑委员. 中国农业百科全书（农业气象卷）[M]. 北京：中国农业出版社，1996
[19] 方如康. 环境学词典 [M]. 北京：科学出版社，2003
[20] 左大康，等. 现代地理学辞典 [M]. 北京：商务印书馆，1990
[21] 马克伟，等. 土地大辞典 [M]. 长春：长春出版社，1991
[22] 日本自然災害学会. 防災事典 [M]. 東京：築地書館，2002
[23] 水谷武司著. 自然災害と防災の科学 [M]. 東京：東京大学出版会，2002.6
[24] 寳馨，戸田圭一，橋本学. 自然災害と防災の事典 [M]. 東京：丸善出版株式会社，2011.11
[25] 京都大学防災研究所. 防災学ハンドブック [M]. 東京：朝倉書店，2001.4
[26] 日本リスク研究学会. 増補改訂版リスク学事典 [M]. 東京：阪急コミュニケーションズ，2006.7
[27] 佐々淳行. 自然災害の危機管理—明日の危機を減災 [M]. 東京：ぎょうせい，2001.3
[28] 真木太一，鴨田福也，泊功，鈴木義則，早川誠而. 農業気象災害と対策 [M]. 東京：養賢堂，1991.11
[29] 日本農業気象学会新編農業気象学用語解説集委員会. 新編農業気象学用語解説集—生物生産と環境の科学 [M]. 東京：日本農業気象学会，1997.6
[30] 憲三・土岐. 多国語防災用語集：日本語版 [M]. 京都市：京都観光出版社，1991.11
[31] 孙桂华，等译. 洪水风险分析制图实用指南 [M]. 北京：水利电力出版社，1992.10
[32] 张家诚，等. 中国灾害研究丛书——中国气象洪涝海洋灾害 [M]. 长沙：湖南人民出版社，1998

[33] 马宗晋, 等. 灾害学导论 [M]. 长沙: 湖南人民出版社, 1998
[34] 王子平. 灾害社会学 [M]. 长沙: 湖南人民出版社, 1998
[35] 姚清林, 等. 灾害管理学 [M]. 长沙: 湖南人民出版社, 1998
[36] 郑功成. 灾害经济学 [M]. 长沙: 湖南人民出版社, 1998
[37] 许飞琼, 等. 灾害统计学 [M]. 长沙: 湖南人民出版社, 1998
[38] 张建民, 等. 灾害历史学 [M]. 长沙: 湖南人民出版社, 1998
[39] 李鄂荣, 等. 中国地质地震灾害 [M]. 长沙: 湖南人民出版社, 1998
[40] 隋鹏程. 中国矿山灾害 [M]. 长沙: 湖南人民出版社, 1998
[41] 曾国安. 灾害保障学 [M]. 长沙: 湖南人民出版社, 1998
[42] 吴兑等. 雾和霾 [M]. 北京: 气象出版社, 2009.1
[43] 王劲松, 等. 空间天气灾害 [M]. 北京: 气象出版社, 2009.1
[44] 段英. 冰雹灾害 [M]. 北京: 气象出版社, 2009.3
[45] 丁一汇, 等. 暴雨洪涝 [M]. 北京: 气象出版社, 2009.4
[46] 许小峰, 等. 海洋气象灾害 [M]. 北京: 气象出版社, 2009.4
[47] 张义军, 等. 雷电灾害 [M]. 北京: 气象出版社, 2009.5
[48] 张小曳, 等. 大气成分与环境气象灾害 [M]. 北京: 气象出版社, 2009.5
[49] 张强, 等. 干旱 [M]. 北京: 气象出版社, 2009.5
[50] 谈建国, 等. 高温热浪与人体健康 [M]. 北京: 气象出版社, 2009.5
[51] 马树庆, 等. 寒潮和霜冻 [M]. 北京: 气象出版社, 2009.6
[52] 马力, 等. 地质气象灾害 [M]. 北京: 气象出版社, 2009.6
[53] 霍治国, 等. 农业与生物气象灾害 [M]. 北京: 气象出版社, 2009.6
[54] 卢琦, 等. 气象与森林草原火灾 [M]. 北京: 气象出版社, 2009.6
[55] 王式功, 等. 沙尘暴灾害 [M]. 北京: 气象出版社, 2010.6
[56] 王绍武, 等. 低温冷害 [M]. 北京: 气象出版社, 2009.6
[57] 翟盘茂, 等. 气候变化与灾害 [M]. 北京: 气象出版社, 2009.7
[58] 刘聪, 等. 交通气象灾害 [M]. 北京: 气象出版社, 2009.7
[59] 李文华, 等. 生态气象灾害 [M]. 北京: 气象出版社, 2009.10
[60] 沈永平, 等. 冰雪灾害 [M]. 北京: 气象出版社, 2009.10
[61] 陈联寿, 等. 台风预报及其灾害 [M]. 北京: 气象出版社, 2012.12
[62] 郑大玮. 农业灾害学 [M]. 北京: 中国农业出版社, 2000.1
[63] 苏特尔, 等. 生态风险评价 (第2版) [M]. 北京: 高等教育出版社, 2011.6
[64] 仇勇海, 等. 地震预测与预警 [M]. 长沙: 中南大学出版社, 2010.11
[65] 高庆华, 等. 中国地震次生地质灾害区域风险评估 [M]. 北京: 气象出版社, 2011.4
[66] 高庆华, 等. 论地震风险 [M]. 北京: 气象出版社, 2011.4
[67] 彭健, 等. 喀斯特生态脆弱区土地利用覆被变化研究 [M]. 北京: 科学出版社, 2008.1
[68] 崔鹏, 等. 地质气象灾害 [M]. 北京: 气象出版社, 2009.6
[69] 薛澜, 等. 危机管理 [M]. 北京: 清华大学出版社, 2003.1
[70] 丹尼斯·S. 米勒蒂. 人为的灾害 [M]. 武汉: 湖北人民出版社, 2008.9
[71] 叶义华, 等. 城市防灾工程 [M]. 北京: 冶金工业出版社, 1999.8
[72] 王丽萍. 洪灾风险及经济分析 [M]. 武汉: 武汉水利电力大学出版社, 1999.1
[73] 周云, 等. 防灾减灾工程学 [M]. 北京: 中国建筑工业出版社, 2007.8
[74] 李爱贞. 气象学与气候学基础 [M]. 北京: 气象出版社, 2004.2

[75] 金磊．城市灾害学原理［M］．北京：气象出版社，1997
[76] 夏保成．中国的灾害与危险［M］．长春：长春出版社，2008.5
[77] 郭建平，等．农作物低温冷害检测预测理论和实践［M］．北京：气象出版社，2009.12
[78] 邹铭，等．自然灾害风险管理与预警体系［M］．北京：科学出版社，2010.5
[79] 孙云潭．中国海洋灾害应急管理研究［M］．北京：中国海洋大学出版社，2010.7
[80] 张乃平．自然灾害应急管理［M］．北京：中国经济出版社，2009.11
[81] 邓子风．畜牧气象灾害及防御对策［M］．北京：气象出版社，1991.07
[82] 岳茂兴．灾害事故伤情评估及救护［M］．北京：化学工业出版社，2009.07
[83] 杨玉中，等．煤矿瓦斯重大灾害预警理论及应用［M］．北京：北京师范大学出版集团，2010.12
[84] 王劲峰，等．中国自然灾害影响评价方法研究［M］．北京：中国科学技术出版社，1993.8
[85] 张继权，等．主要气象灾害风险评价与管理的数量化方法及其应用［M］．北京师范大学出版社，2007.9
[86] 张继权，刘兴朋，严登华．综合灾害风险管理导论［M］．北京：北京大学出版社，2012.10
[87] 葛全胜，等．中国自然灾害风险综合评估初步研究［M］．北京：科学出版社，2008.9
[88] 高庆华，等．自然灾害评估［M］．北京：气象出版社，2007.7
[89] 黄崇福．自然灾害风险分析［M］．北京：北京师范大学出版社，2001.2
[90] 王宗礼．草原灾害［M］．北京：中国农业出版社，2009.6
[91] 章国材，等．气象灾害风险评估与区划方法［M］．北京：气象出版社，2010.1
[92] 张洪涛，郑功成．保险学（第2版）．北京：中国人民大学出版社，2008
[93] 李俊清．森林生态学（第2版）．北京：高等教育出版社，2010
[94] 王宏伟，等．突发事件应急管理：预防处置与恢复重建．北京：中央广播电视大学出版社，2009
[95] 潘瑞炽．植物生理学．北京：高等教育出版社，2012
[96] 刘敏方，如康．现代地理科学词典．北京：科学出版社，2009
[97] 山义昌，徐凤霞．低温寡照对日光温室蔬菜的影响及防御．山东气象，2008，3
[98] 中国农业百科全书．北京：中国农业出版社，1991
[99] M. E. Stevens，赵振华．山区侵蚀灾害分类及编目方法．水土保持科技情报，1983，12
[100] 皮尔斯．全球变暖．陈钢译．香港：生活·读书·新知三联书店，2003.11
[101] 李益敏．灾害与防灾减灾．北京：气象出版社，2012
[102] 中国地质调查局．简明汉英地质词典．北京：地质出版社，2012
[103] 朱国仁．大棚蔬菜病虫害防治种植技术．北京：金盾出版社，2009
[104] 陶铁男，明发源．主要农作物灾害评估．北京：中国农业科学技术出版社，2010
[105] 李志，刘万代，景延秋，等．农作物病害及其防治．北京：中国农业科学技术出版社，2008
[106] 王欣，刘时银．冰碛湖溃决灾害研究进展．冰川冻土，2007，29（4）
[107] 段英．气象灾害丛书——冰雹灾害．北京：气象出版社，2009
[108] 毛德华，等．灾害学．北京：科学出版社，2011
[109] 徐剑锋．黄河内蒙古段凌洪灾害及防凌减灾对策．冰川冻土，1995，17（1）
[110] 宋鸿林，张长厚，王根厚，等．构造地质学．北京：地质出版社，2013
[111] GB/T 26376—2010 自然灾害管理基本术语
[112] 马寅生，张业成，张春山，等．地质灾害风险评价的理论与方法．地质力学学报，2004，3
[113] 劳伦斯·巴顿．危机管理：一套无可取代的简易危机管理方案．许瀞予，译．北京：东方出版社，2009
[114] GB/T 18207.1—2008 防震减灾术语．北京：中国标准出版社

[115] 刘世梁. 恢复生态学. 北京：高等教育出版社，2010
[116] 国家环境保护总局. 生态环境状况评价技术规范（试行）. 北京：中国环境科学出版社，2006
[117] 中华人民共和国土地管理法. 北京：中国法制出版社 2013
[118] 余新晓，毕华兴. 水土保持学. 北京：中国林业出版社，2013
[119] 胡宝清，严志强. 基于GIS的喀斯特土地退化灾害风险评价——以广西都安瑶族自治县为例. 自然灾害学报，2006，8
[120] 王东初. 日本地基灾害及其预防对策. 地震地质译丛，1993，6
[121] 伍光和. 自然地理学. 北京：高等教育出版社，2008
[122] 严钦尚. 地貌学. 北京：高等教育出版社，1985
[123] 李峰，娄方旭. 论岩土工程地质灾害防治技术及防治措施. 今日科苑，2010，6
[124] 北京科文图书业信息技术有限公司. 工程抗震术语标准. 北京：中国建筑工业出版社，1996
[125] 中国地震烈度表（1980）. 中国地震局，1980
[126] 李培英，张海生，于洪军. 近海与海岸带地质灾害. 北京：海洋出版社，2010
[127] 王若柏. 城市地面沉降的灾害链特征——以天津市为例. 气象与减灾研究，2008
[128] 李亚玲. 岸坡冲刷与降雨诱发黄土塌岸灾害过程模拟研究. 北京：中国地质大学，2012
[129] 王绍玉，冯百侠. 城市灾害管理. 北京：化学工业出版社，2010
[130] 周淑贞，等. 气象与气候学（第三版）. 北京：高等教育出版社，1997
[131] 吴兑，吴晓京，朱小祥. 气象灾害丛书——雾和霾. 北京：气象出版社，2009
[132] 高建国. 天文灾害. 西安：未来出版社，2005
[133] 上海市林业总站. 林木病虫害防治（第2版）. 上海：上海科学技术出版社，2004
[134] 崔云，孔纪名，吴文平. 汶川地震次生山地灾害链成灾特点与防治对策. 自然灾害学报，2012，2
[135] 欧阳孝忠. 岩溶地质学. 北京：水利水电出版社，2013
[136] 林育真，付荣恕. 生态学. 北京：科学出版社，2011
[137] 王春乙，张雪芬，赵艳霞. 农业气象灾害影响评估与风险评价. 北京：气象出版社，2010
[138] 张秉荣. 工程力学（第4版）. 北京：机械工业出版社，2011
[139] 沈远平，江晓黎，杨思思. 应急管理预防、演练与自救. 广州：暨南大学出版社，2011
[140] 宋英华. 突发事件应急管理导论. 北京：中国经济出版社，2009
[141] 刘铁民. 应急体系建设和应急预案编制. 北京：企业管理出版社，2004
[142] 陈安，马建华，李季梅，等. 现代应急管理应用与实践. 北京：科学出版社，2010
[143] 潘安平. 沿海农村台风灾害区避难所优化布局理论与实践研究——以浙江为例. 北京：中国建筑工业出版社，2010
[144] 王延章. 应急管理信息系统：基本原理、关键技术、案例. 北京：科学出版社，2010
[145] 陈安. 现代应急管理理论与方法. 北京：科学出版社，2009
[146] 江见鲸. 防灾减灾工程学. 北京：机械工业出版社，2005
[147] 郭元裕. 农田水力学. 北京：中国水利水电出版社，1997
[148] 魏庆朝，万传风，曾学贵. 交通运输生命线灾害经济效益损失计算. 自然灾害学报，1999，5
[149] 毛文永. 生态环境影响评价概论. 北京：中国环境科学出版社，2003
[150] 沈桐立. 数值天气预报. 北京：气象出版社，2003
[151] 佟守正，王琦，李光，等. 长白山自然保护区旅游灾害及其防治对策. 山地学报，2002，12
[152] 潘克厚，姜广信. 有害藻华（HAB）的发生、生态学影响和对策. 中国海洋大学学报（自然科学版），2004，5
[153] 王连生. 有机污染化学. 北京：高等教育出版社，2004，7

[154] 中国辐射防护研究院老科技工作者协会．核辐射防护手册．南京：江苏人民出版社，2011
[155] 李福强，李莹莹，刘忠礼，等．吉林地区森林火险天气预报的研究．吉林林业科技，1998，4
[156] 邓振镛，等．中国生态气象灾害研究．高原气象，2010，3
[157] 汪鸿，汪宝山．植物灾害特征及其影响．四川气象，2003，12
[158] 郭豫元，李月华．植物病虫害防治基础知识．银川：宁夏人民出版社，1980
[159] 姚檀栋，刘晓东，王宁练．青藏高原地区的气候变化幅度问题．科学通报，2000
[160] 周波涛，於琍．管理气候灾害风险推进气候变化适应．中国减灾，2012，2
[161] GB/T 20481—2006 气象干旱等级．北京：中国标准出版社，2013
[162] 张胜利，吴祥云．水土保持工程学．北京：科学出版社，2012
[163] 李晓松，吴炳方，王浩，等．区域尺度海河流域水土流失风险评估．遥感学报，2011
[164] 赵丽，冯宝平，张书花．国内外干旱及干旱指标研究进展．江苏农业科学，2012，40（8）
[165] 中华人民共和国水利电力部．水文情报预报规范
[166] 黄振平，陈元芳．水文统计学．北京：水利水电出版社，2011
[167] 管华．水文学．北京：科学出版社，2010
[168] 于玲．水文预报．郑州：黄河水利出版社，2011
[169] 国家防汛抗旱总指挥部办公室，水利部南京水文水资源研究所．中国的水旱灾害及其防治．北京：中国水利水电出版社，1997
[170] 国家环境保护总局．污染源监测管理办法．1999，11
[171] 张丽萍，张妙仙．地学卷：环境灾害学．北京：科学出版社，2008
[172] 黄道平，刘乙奇，李艳．软测量在污水处理过程中的研究与应用．化工学报，2011
[173] 中国百科大辞典编撰委员会．中国百科大辞典．北京：中国大百科全书出版社，2004
[174] 郑烨．中小河流灾害防治及对策．河南水利与南水北调，2012
[175] 倪晋仁，等．江河泥沙灾害形成机理及其防治．北京：科学出版社，2008
[176] 课程教材研究所．人教版高中课本教材教科书高中地理书选修Ⅴ，自然灾害与防治，2007
[177] 林荣生，曹如明．环境与灾害中的流体力学问题．力学与实践，1989，5
[178] 胡景江．中国沿海海岸侵蚀灾害分析．中国地质科学院 562 综合大队集刊，1994
[179] 左军成，杜凌，陈美香，等．气候变化背景下海平面变化及其影响与应用．北京：科学出版社，2013
[180] 许富祥，吴学军．灾害性海浪危害及分布．中国海事，2007
[181] 王玮晶，邓立群．涝渍兼治的稻田排水模式研究．黑龙江水利科技，2011，6
[182] 张农，许兴亮，李桂臣．巷道围岩裂隙演化规律及渗流灾害控制．岩石力学与工程学报，2009，2
[183] 吕宪国．湿地退化与湿地功能修复．中国生态学会 2006 学术年会论文荟萃，2006
[184] 牟林，赵前．海洋溢油污染应急技术．北京：科学出版社，2011
[185] 中国社会科学院语言研究所．现代汉语词典．北京：商务印书馆，2005
[186] 殷坤龙．滑坡灾害风险分析．北京：科学出版社，2010
[187] 陈培善，白彤霞．火山灾害及减灾措施．国际地震动态，1999
[188] 李春风，吕纪宁，王军亮，等．长白山天池火山的危险性和火山碎屑流灾害评估．东北地震研究，1999，3（15）
[189] 周道玮，周以良，郑焕能．火生态学研究评述．世界林业研究，1993
[190] T. Joseph Scanlon．偶然事故、自然灾害和灾变．联合国国际减轻自然灾害十年论文精选本论文集，2004
[191] 卢建林，郭中锋．林业生物灾害防治基本原理及策略．现代农业科技，2010

[192] 胡光伟. 应急管理. 北京: 国家行政学院出版社, 2011
[193] 吴新艳. 城市灾害救援能力评价指标体系的研究. 唐山: 河北理工学院, 2003
[194] 王龙. 基于遥感影像的地震灾害损失评估方法研究与实现. 北京: 中国地震局地震预测研究所, 2007
[195] 董有尔. 简论灾害报警. 灾害学, 1995, 3
[196] 中国地震局震灾应急救援司. 地震现场工作报告 (2003 年). 北京: 地震出版社, 2008
[197] 张更新. 现代小卫星及其应用. 北京: 人民邮电出版社, 2009
[198] 孙卫东, 彭子成. 灾度指数及其意义. 灾害, 1995, 2
[199] 王亚军. 热污染及其防治. 安全与环境学报, 2004
[200] 周启星, 魏树和, 张倩茹. 生态修复. 北京: 中国环境科学出版社, 2006
[201] 杨振. 中国区域发展与生态压力时空差异分析. 中国人口资源与发展, 2011, 4
[202] 杨建强. 海洋溢油生态损害快速预评估技术研究. 北京: 海洋出版社, 2011
[203] 宗浩. 应用生态学. 北京: 科学出版社, 2011
[204] 沈满洪. 生态经济学. 北京: 中国环境科学出版社, 2008
[205] HJ/T 403—2007 中华人民共和国环境保护行业标准
[206] 尹红, 赵金盘, 梁平. 植物病害的症状类型. 现代园艺, 2013
[207] 徐秉良, 曹克强. 植物病理学. 北京: 中国林业出版社, 2012
[208] 沈宗焕. 作物病虫害的田间诊断. 现代农业科技, 2007
[209] 蒋新宇, 季钰, 张继权, 等. 基于 GIS 的城市暴雨积涝灾害危险性模拟研究. 中国视角的风险分析和危机反应——中国灾害防御协会风险分析专业委员会第四届年会论文集, 2010
[210] 王遇国. 岩溶隧道突水灾害与防治研究. 中国铁道科学研究院, 2010
[211] 徐祥德, 李泽椿, 柳崇健, 等. 地球大气中的涡旋: 揭秘气象灾害. 北京: 科学普及出版社, 2013
[212] 温克刚. 气象灾害大典. 北京: 气象出版社, 2008.8
[213] 中国水利部. 水利水电工程设计洪水计算规范. 北京: 中国水利水电出版社, 2006
[214] 顾钧禧, 章基嘉, 巢纪平, 等. 大气科学词典. 北京: 气象科学出版社, 2013
[215] 冯树荣, 彭土标. 水工设计手册 (第 10 卷): 边坡工程与地质灾害防治 (第 2 版). 北京: 中国水利水电出版社, 2013
[216] 翠川三郎, 卢振恒. 探索连锁性灾害的系统和实态. 地震科技情报, 1995, 5
[217] 彼得·巴特姆斯, 埃贝哈德·K. 塞弗特著. 绿色核算 (MBA 智库百科). 张磊, 王俊, 倪代荣, 等译. 北京: 经济管理出版社, 2011
[218] 中华人民共和国建设部. 防洪标准. 北京: 中国计划出版社, 1994
[219] 刘义祥, 赵敏. 防火材料与防火设施: 性能、生产与应用. 北京: 化学工业出版社, 2007
[220] 马志福, 陈玉杰, 祁玉清. 防灾减灾资金投入体系建设. 投融资研究与实务, 2011
[221] 李学文, 李彰宇. 中国袖珍百科全书. 北京: 长城出版社, 2001
[222] 徐九华, 谢玉玲, 李建平, 等. 地质学 (第 4 版). 北京: 冶金工业出版社, 2008
[223] 张祖陆. 地质学与地貌学. 北京: 科学出版社, 2012.1
[224] 韩文林. 吉林省西部地区的风蚀灾害和防治措施. 水土保持通报, 1986, 10
[225] 道弗曼著. 风险管理与保险原理 (第 9 版). 齐瑞宗, 等译. 北京: 清华大学出版社, 2009
[226] 黄沿波, 李剑峰, 张斌, 等. 基于风险场的评价理论研究. 中国安全生产科学技术, 2008, 4 (6)
[227] 苏特尔 著.《生态风险评价 (第 2 版)》尹大强, 林志芬, 刘树深, 等译. 北京: 高等教育出版社, 2011.6

《汉语科技词系统（重大自然灾害监测与防御卷)》

完整电子版光盘